U0835669

民族法与区域治理研究丛书
谢尚果◎主编

西部民族地区农村法治与和谐社会的构建：
以法人类学为视角

何立荣　覃晚萍◎著

XI BU MIN ZU DI QU NONG CUN FA ZHI YU
HE XIE SHE HUI DE GOU JIAN

中国法制出版社
CHINA LEGAL PUBLISHING HOUSE

总 序

如何有效地进行社会治理，是任何时代都必须面对的主题。中国社会要实现由传统向现代转型，社会治理现代化是其中关键一环。离开了社会治理的现代化，中华民族的伟大复兴、中国梦的实现，无异于空中楼阁。党的十八届三中全会将“完善和发展中国特色社会主义制度，推进国家治理体系和治理能力现代化”作为“全面深化改革”战略的总目标，可谓切中要害、意义深远。

在当下的中国，社会治理需要处理好两层关系：一是中央与地方的关系；二是各地方、各区域治理模式、治理结构的异同关系。现代社会“人口跨区域流动频繁”、“利益不断分化重组”、“信息技术改变人类交往与生活方式”等变化，使“散杂居民族群众权益保护问题”成为第一层关系中的一个工作重心，进而促成社会管理“去政府单边主义”、多主体参与的改革趋势；由是，“社会自治能力薄弱”、“地方政府行政能力亟待提升”凸显，成为第二层关系中的主要问题。就少数民族和民族地区而言，如何创新其社会治理体制、改进社会治理方式以提升治理能力、治理水平，既是当前学界、政府和社会的关切点，也是实现少数民族和民族地区跨越式、可持续发展中不容回避的问题。

民族法学是一门以国家处理民族关系、保障少数人权益的法制政策以及少数民族或乡土性固有法及法律现象为研究对象的学科。曾几何时，民族法学研究一直被认为缺乏应用价值而不具发展前景，但事实并非如此。实际上，民族法学与当下中国社会治理可谓相互契合、相得益彰。

民族法学基于特有的人类学、社会学研究方法，不仅构建了民族区域自治制度这一中国特色的调整民族关系、处理中央与地方关系制度的理论体系，而且还取得了如下成果：其一，提出了“法律多元”理论，丰富了作为调整社会关系工具的“法”概念；其二，证实了法的内生性与本土适应性，使人们开始关注制定、移植之外的法律的其他成长方式，以文化特殊性解释法律时代性，使中国法学界能够更理性地看待西方法治，重新认识中华法律的“本土资源”；其三，坚持社会系统论、“活法”论、“社会控制论”，注重法的实施过程和实际效果，抛弃了“立法中心主义”。

民族法学的上述研究成果，恰恰契合了当代中国社会治理之所需。中国当代社会治理需要引入多样智识，以构建符合中国实际的、科学有效的治理方案。民族法对于中国社会治理，尤其是基层社会、民族地区的多样性治理，能够提供“本土资源”和崭新视角，从而有利于更新社会治理观念，拓宽治理思路，提升治理的科学化、法治化水平。反过来，现代社会治理实践也恰可作为检验民族法学研究成果的真理性、展示成果应用价值的理想场所，从而解决该学科自身发展的重大问题。

我们认为，民族法研究与当下中国社会治理至少存在如下契合之处：一是现代社会均具有区域性和社群性，民族法在这些领域里恰恰是最富有经验的；二是社会治理涉及如何构建多元主体合作治理机制的问题，民族法恰曾经历过多种基层民主形式；三是社会治理事务庞杂，而民族法从来都以综合治理为其特征；四是区域治理是在国家统筹下实现局部社会自治，民族法也一直能达到这样的治理效果。概言之，民族法内外多元一体的基本治理理念，以及丰富的区域性、社群性实践，对于国家制定法既灵活多样又原则统一地实现社会治理，无疑具有不可替代的辅助性作用。

有鉴于此，我们于2012年成立了“民族法文化与社区治理协同创新中心”，收集、挖掘、整理多样民族法文化，提炼中华多民族基层治理经验，在城乡社区开展广泛的社会状况调查，进行社会管理改革研究与试点实践，以回应国家创新社会治理方式、构建和谐社会之需。2014年，为适应协同范围扩大、协同层次提高的需要，该中心更名为“民族法与区域治理研究协同创新中心”。我们将中心的核心任务确立为：“将民族法学研究成果应用于现代社会治理实践，以多元法智慧与资源，调整民族关系，解决地方基层社会治理难题，探索中国社会理想的治理模式，构建同时满足国家政治统一与地方治理多样需求的法治体系。”围绕这一核心任务，将协同各方力量建设三大平台：民族法学重大理论创新平台；民族事务管理法治化研究与实践平台；基层社会治理创新研究与实践平台。

三大平台中，“民族法学重大理论创新平台”将重点解决民族法学理论成果产出问题。其联合攻关课题内容侧重于：（1）区域治理的地方性与国家统一性之间的关系；（2）区域法治结构研究；（3）民族民间法在区域治理中的功能、地位与运作机理；（4）惯例、习惯法入法与司法化研究。其中内容（3）包括五个子课题：子课题一，广西民族地区法治状况调查；子课题二，广西11个世居少数民族习惯法研究（系列）；子课题三，广西民族乡法治状况研究；子课题四，广西民族地区多元化纠纷解决机制研究；子课题五，民族民间法在区域治理中的功能、地位与运作机理。此次出版的“民族法与区域治理研究”丛书，是“民族法学重大理论创新平台”的产出成果，具体言之，属于该平台联合攻关课题内容（3）之子课题二、子课题三和子课题四。

“民族法与区域治理研究”丛书包含九部专著，分别是《瑶族习惯法研究》、《西部民族地区农村法治与和谐社会的构建：以法人类学为视角》、《广西民族乡法治状况研究》、《广西少数民族地区多元化纠纷解决机制研究》、《苗族习惯法研究》、《侗族习惯法研究》、《广西京族习惯法研究》、《边疆民族地区社区治理现代化研究》和《少数民族非物质文化遗产保护问题研究》。本丛书立足广西、面向全国，以解决广西急需、国家急需作为宗旨和目的，以期于广西以至于中国的社会治理有所裨益，而于民族法学的学科发展有所贡献。

本丛书的作者均为广西民族大学法学院的中青年学者。他们为本丛书的问世辛勤调研，奋笔疾书，付出了巨大的劳动，在此表示衷心的感谢！由于各作者学术背景、学术水平不同，学术风格、研究思路有异，书中的疏漏和不足恐在所难免，恳请学界各位同仁批评指正。

丛书的出版得到中国法制出版社鼎力支持，该社戴蕊女士及编辑部同仁为丛书的策划和编辑尽心尽力、备其辛苦，在此谨致谢忱。

丛书主编　谢尚果

2015 年 8 月 8 日

目录
CONTENTS

绪　论 // 001

一、本课题研究的意义 // 001

二、学界对本课题研究的现状和不足 // 002

三、本课题研究的思路、方法和主要内容 // 003

四、田野调查情况 // 006

五、结论 // 009

第一章　历史上的民间法 // 012

一、苗族埋岩 // 014

二、侗族侗款 // 019

三、瑶族石牌 // 025

第二章　当前西部民族地区农村中的民间法 // 032

一、成文民间法 // 033

二、不成文民间法 // 084

第三章　民间法的运作 // 089

一、广西靖西县录峒乡“婚内”强奸案 // 089

二、十八家通奸案 // 092

三、金秀镇三片村偷松木案 // 092
四、长垌乡三角村偷八角案 // 093
五、三角乡郎旁村车祸案 // 095
六、金段屯故意伤人案 // 096
七、村民“祭龙”纠纷 // 097
八、“苗子”狗肉店店名纠纷 // 098
九、村民王 ×× 偷鸡案 // 099
十、大倮者村委会小倮者上寨村小组林地纠纷案 // 100
十一、村民周 ×× 与刘 ×× 婚姻彩礼纠纷案 // 101
十二、大花箥腻村婚姻调解案 // 101
十三、老寨村的土地纠纷 // 103
十四、村民舒 ×× 的烦恼事 // 103
十五、讨秋笋纠纷 // 105
十六、采石引发的纠纷 // 106

第四章 国家法与民间法的冲突和调适 // 108
一、民间法在与国家法的冲突中的地位 // 108
二、不同地区民间法作用的差异 // 112
三、民间法与国家法关系的发展趋势 // 113

第五章 西部民族地区农村的刑事法治 // 114
一、冲突与调适：民族地区农村刑事法治中的国家法与民间法 // 114
二、退与进：国家法在民族地区农村刑事法治中的适用 // 128
三、刑法在民族地区农村的变通 // 139
四、刑事和解在民族地区农村的提倡 // 149

第六章 西部民族地区农村立法问题调查研究 // 159
一、西部民族地区自治立法现状、问题及成因分析 // 160
二、西部民族地区自治立法的原则 // 180
三、自治法规变通法律、行政法规的范围与限制 // 188
附录 1：三江侗族自治县自治条例 // 192
附录 2：金平苗族瑶族傣族自治县自治条例 // 201

第七章 西部民族地区农村法治文化建设调查研究 // 211
一、村民法律意识中存在的问题 // 212
二、村民法律意识中存在的问题的民间法分析 // 229
三、加强西部民族地区农村法治文化建设的对策 // 233
附录 1：“西部民族地区农村法治建设”调查问卷 // 237
附录 2：调查问卷统计表 // 242

第八章 西部民族地区农村依法行政调查研究 // 252
一、西部民族地区农村实施依法行政面临的问题 // 253
二、西部民族地区农村实现依法行政的对策 // 257

第九章 西部民族地区农村多元纠纷解决机制调查研究 // 264
一、我国西部民族地区农村的纠纷 // 265
二、西部民族地区农村纠纷解决方式 // 275
三、构建和谐的西部民族地区农村纠纷解决机制 // 289
结语 // 304

第十章 出嫁女土地权益保护问题调查研究 // 307
一、“出嫁女”问题的由来及其现状 // 310
二、民间法语境下的“出嫁女”土地权益 // 316

三、国家法视野下的“出嫁女”土地权益 // 326
四、国家法与民间法在“出嫁女”问题上冲突的根源 // 338
五、解决“出嫁女”问题的路径 // 344
结语 // 361

第十一章　关于村民自治的调查研究 // 367
一、村民自治制度的产生、发展及其重大意义 // 368
二、合寨村村民自治制度实施情况及取得的成就 // 381
三、合寨村实施村民自治的经验 // 419
四、合寨村实施村民自治存在的问题及对策 // 430

绪　论

一、本课题研究的意义

笔者以《西部民族地区农村法治与和谐社会的构建——以法人类学为视角》这一课题作为研究点，主要是基于以下考虑：

第一，农村的稳定和发展，是全国稳定和发展的重要组成部分。构建和谐社会，建设社会主义新农村，是党中央部署的重点工作内容之一。构建和谐农村，建设社会主义新农村离不开法治的建设，法治建设是建设社会主义新农村的一个重要组成部分。因此，研究新时期民族地区的农村法治建设，对促进民族地区的农村的稳定、繁荣与和谐，具有重要的理论指导意义和现实意义。

第二，为如何增强西部民族地区农村群众的法律意识，正确处理好不同民族的民族习惯法与国家法、村规民约与法律的关系，为使西部民族地区农村群众树立起对国家法律的信仰，提供理论上的指导。我国民族地区农村建设和谐社会，是国家总体发展战略的有机组成部分。如何在尊重国家宪法和法律的前提下，在国家政策允许的范围内，结合民族地区的独特情况，发挥自己的主动权和灵活性，为实现本地区的和谐发展进行必要的法律制度的设计，值得深入研究。

第三，在西部民族地区农村实现法治具有特殊性。在一些西部民族地区农村，存在着多元的法律制度，这些法律制度在调整社会关系中共同发挥作用。多元的法律制度之间存在冲突，不利于社会稳定与和谐。其中民族风俗、习惯、习惯法等民间社会规范与国家法的冲突，尤其值得关注。这些民间社会规范存在和发挥作用的基础是什么？这些民间社会规范对民族地区农村的和谐稳定有没有消极影响？如果有，如何消除这些消极影响？如何消除民间社会规范与国家法的冲突，促进两者的融合？国家法向民族地区农村有效推进需要具备哪些条件？在民族地区农村怎样实现法治？法治怎样才能促进农村的和谐稳定？这些问题，学界并非没有思考，但是，似乎难以对症下药。因此，本课题拟另辟幽径，从一个新的角度，即法人类学的角度，运用人类学的研究方法，对上述问题展开研究，希望能找到问题存在的根源，并为民族地区农村法治与和谐社会的构建提出科学可行的路径。

二、学界对本课题研究的现状和不足

在国外有较多的学者以法社会学、法人类学的方法，对一个国家或社会的法治建设进行了研究和探讨，并取得了一定的研究成果。但由于国外的学者所能获取的关于我国法治建设的详细数据、资料相当有限，因而专门针对中国的研究不多，研究成果目前还比较少。从 20 世纪 90 年代到 21 世纪初，国内也有相当一部分学者对本课题的相关内容进行了一些研究，并取得了一定的研究成果。比如，在有关农村法治建设问题的研究方面：2001 年，中国政法大学薛刚凌教授所主持的国家社会科学基金项目《农村法治建设研究》；2001 年，浙江大学管理学院丁关良教授出版了专著:《中国农村法治基本问题研究》。此外，国内还有部分学者撰写论文对农村法治建设有关问题进行了探讨。上述研究成果，大都从宏观上分析农村法治建设存在的问题和解决办法，但对于西部少数民族聚居地区的农村这一特殊地域的法治建设问题，目前还没有人进行专门研究。研究方法上，未能从法社会学、法人类学的视角对西部少数民族聚居地区的农村法治建设存在的问题进行深入的研究。在有关西部的法治建设问题方面，曾有部分学者进行研究。如:2003年，贵州民族学院的吴大华教授和云南大学法学院的张晓辉教授分别主持的国家社会科学基金项目《西部大开发中的法律制度建设研究》和《边疆民族地区的政治文明与法治建设》，云南高院田成有副院长的《对接:国家制定法与民间习惯法的二元论》，张晓辉教授、王启梁博士的《少数民族地区农村的社会控制与法治建设》，张冠梓的《冲突与调适:南方山地民族的法律多元主义格局及其走向》，等等。上述研究虽然角度新颖，对现实有一定的指导作用，也为本课题的研究提供了丰富的资料和方法，但是，这些研究大都是从国家法在少数民族地区的适用问题进行宏观上的分析，或者仅以云南、贵州、四川等非自治区的省份选择个案来研究。而对于典型的少数民族聚居的民族自治区，尤其是对毗邻发达地区的沿海省份——广西壮族自治区这一特殊地区的农村没有进行研究和对比。

三、本课题研究的思路、方法和主要内容

选择西部若干个典型的民族地区农村，对这些农村的法治情况展开调查，收集数据、资料，对收集的数据进行分析、比较，以点带面，点面结合，研究西部民族地区农村法治建设中存在的

问题，提出推进西部民族地区农村法治建设、构建和谐社会的设想。

本课题研究以法人类学为视角。虽然法律的人类学研究早在19世纪中后期、20世纪初就兴起和发展起来，但是，关于何为“法人类学”，现在学界仍然分歧颇大难以达成共识。甚至有学者断言：“任何试图给法律人类学下定义的做法注定都要失败”[①]。日本学者千叶正士（Chiba）将法人类学定义为：“从社会人类学、文化人类学、民族志学等立场对法的研究”[②]。张永和教授认为：“法人类学是以研究国家法律领域之外所存在的，能够调整人与人之间、人与社会之间和人与自然之间的规范现象以及调整过程的学科”[③]。一般认为，“法人类学是立足于人类学观点，立足于经验和感受，立足于跨文化的比较，对传统法学的法概念、研究方法进行批判，试图建立全新的法学认识论体系的一门学科。”[④]笔者认为，法人类学，就是从他者的角度，以田野调查为基础，研究非主流社会的具有地方性特征的法的产生和发展规律及其与国家法的冲突与融合的学科。

本课题研究运用法人类学的研究方法，综合了法社会学、历史学、民族学和统计学的理论和原理，深入西部民族地区农村，以多种方式进行田野调查，获取西部民族地区农村法治状况的第

---

① 孙国东：《法律人类学介评》，载《广西政法管理干部学院学报》2005年第1期，第46页。

② ［日］汤浅道南、小池正行、大仲滋：《法人类学基础》，徐晓光、周相卿译，华夏文化艺术出版社2001年版，第75页。

③ 张永和：《法人类学作为独立学科的诞生及其他》，载《现代法学》2005年第1期，第23页。

④ 张冠梓：《法人类学的理论、方法及其流变》，载《国外社会科学》2003年第5期，第24页。

一手资料。田野调查以广西与云南两地少数民族聚居地区的农村为重点。在收集大量的一手资料的基础上，对这些资料进行分析、比较和研究，从中找出西部民族地区农村法治建设中存在的问题，提出了推进西部民族地区农村法治建设的设想。

本课题研究的内容主要包括以下这些方面：

（1）在民族地区农村，风俗、习惯、习惯法、禁忌、村规民约等社会规范及其发挥调整社会关系功能的情况，这些社会规范存在和发挥作用的基础。

（2）民族地区农村风俗、习惯、习惯法、禁忌、村规民约等社会规范与国家法存在哪些冲突？两者如何调适？怎样在民族地区农村有效推进国家法？

（3）西部民族地区农村干部依法行政的状况如何？存在什么问题？这些问题怎样解决？

（4）当前西部民族地区农村群众对国家法律的信仰情况怎样？存在哪些不足？原因是什么？怎样解决？

（5）如何构建新时期西部民族地区农村的法律文化，增强他们的法律意识，减少违法犯罪事件的发生？

（6）西部民族地区农村存在哪些纠纷解决机制？怎样建立解决法律纠纷的合理机制？

在开展田野调查的过程中，我们发现，在广西、云南等民族地区农村，土地、山林和水利这三大纠纷是影响社会和谐稳定的最重要因素，而三大纠纷中，因土地征用引起的出嫁女土地权益纠纷尤为突出，因此，本课题对出嫁女土地权益纠纷问题进行重点研究。广西壮族自治区宜州市屏南乡合寨村是我国村民自治的发祥地，被称为“中国村民自治第一村”。村民自治在农村构建和谐社会中发挥着独特的作用，而合寨村在实施村民自治方面积累了丰富的经验，对村民自治的经验进行总结，意义十分重大，因此，本课题把合寨村村民自治问题作为一个重点进行调查研究。从刑事法领域分析国家法与民间法的关系，具有特殊的意义。在民事法领域，民法奉行意思自治原则，法无禁止即为权利，因此，现实中大量存在的以民间法为依据解决民事纠纷的做法，只要所依据的民间法规范不违背国家法，就不存在国家法与民间法冲突的问题。而事实上，在民事法领域，民间法规范与国家法冲突的情况并不普遍。但是，刑法主要是禁止性规范，规定什么行为构成犯罪，对犯罪如何处罚，这些禁止性规范与民间法在许多领域存在冲突。也就是说，刑事法领域中国家法与民间法的冲突更为明显，更为集中，更为突出。因此，本研究成果在从整体上分析国家法与民间法的关系之后，对刑事法领域中的国家法与民间法关系进行专题研究。

四、田野调查情况

从 2006 年 7 月到 2011 年 12 月的 5 年多时间，课题组成员先后分别到广西壮族自治区隆林各族自治县、融水苗族自治县、三江侗族自治县、金秀瑶族自治县、宜州市、百色市各县以及云南金平县、文山州等民族自治县的少数民族聚居地区农村开展调研工作。尤其在广西隆林各族自治县的德鹅乡，融水苗族自治县人民法院、公安局、法制办、司法局、妇联、档案局以及杆洞乡、滚贝侗族乡，金秀瑶族自治县的六架、三片、三角、杨柳、双永、忠良，以及宜州市合寨村（中国村民自治第一村）等地进行为期一个多月艰苦的田野调查，共收集了五千多页文本资料，拍摄了两千张多相关资料的照片，收回了两千多份调查问卷。

田野调查的内容主要包括以下方面：

（一）西部民族地区农村中历史上的民间法

主要了解历史上在本地有哪些风俗、习惯、习惯法、禁忌等调整社会关系的“民间法”？这些民间法产生的原因是什么？现在这些民间法是否还被村民遵循并发挥作用？在多大程度上还发挥作用？

（二）西部民族地区农村法治的现状

1. 立法情况

（1）调整民族地区农村社会关系的国家法律有哪些不足，应如何完善？

（2）本民族自治地方有没有制定自治条例或单行条例？原因是什么？

（3）本地有哪些调整婚姻、家庭、继承、买卖等民事关系，处理民事纠纷以及惩处违法犯罪、违反民族禁忌、族规族约行为的风俗、习惯、习惯法、民间法？

（4）本地有没有村规民约？当地所制定的村规民约是村民自治下自发制定的，还是根据政府的范本制定的？这些村规民约与国家法律、法规是否存在冲突？

2. 法的实施

（1）法的适用

按当地风俗、习惯处理的纠纷有哪些？严格按国家相关法律处理的纠纷有哪些？

是否存在司法机关按国家法处理后，民众按本民族习惯、习惯法再处理的案件，如果有，对此司法机关采取什么态度？

是否存在民众按本民族习惯、习惯法处理后，司法机关按国家法再处理的案件，如果有，民众有什么反应？

司法机关处理纠纷是否考虑当地风俗、习惯、习惯法？司法机关在给罪犯量刑时是否会把民族风俗、习惯作为需要考虑的情节？

国家法与民族习惯法冲突的情形有哪些？司法机关如何处理？这样处理的理由是什么？效果如何？民众采取什么方式对待司法机关的参与？

当地司法机关对民族地区立法以及法的适用方式的完善有何建议？

（2）法的执行

行政执法部门（包括农村干部）是否依法行政，如果存在不依法行政的问题，原因是什么？

当地行政执法部门执法过程中是否尊重当地的风俗、习惯、习惯法？

当地行政执法部门执法过程中与群众产生纠纷时，执法部门采取什么方式解决纠纷？群众是否求助于司法机关解决行政纠纷？

本地有哪些处理民间纠纷的组织或者个人？这些组织或者个人是如何产生的？这些组织或者个人有哪些权力？

国家法与民族习惯法冲突的情形有哪些？行政执法部门如何处理？这样处理的理由是什么？效果如何？民众的态度怎样？

当地执法机关对民族地区立法以及法的执行方式的完善有何建议？

（3）法的遵守

当地民众遵守国家法律的自觉性有多高？原因是什么？

当地民众遵守民族习惯法的自觉性有多高？原因是什么？

有没有民众主动选择国家法律解决纠纷不愿意受民族习惯法约束的案例？原因是什么？

民众宁愿受民族习惯法约束不愿国家法律介入解决纠纷的案例有哪些？原因是什么？

3. 法律意识

（1）当地民众了解国家法律的程度有多高？途径有哪些？

（2）当地民众是否信仰国家法律？是否认为国家法律符合他们的生产、生活需要？是否认为国家法律是解决纠纷、维护社会秩序的有效手段？

（3）当地民众对司法机关依照国家法律处理案件满意度如何？

（4）当地民众认为解决纠纷、制裁违法犯罪的最便捷、有效的手段是什么？

（5）当地民众出现民事纠纷或者发现违法犯罪时，通常是选择什么途径解决（自行私了、家族成员解决、村委会、乡司法所、法院）？

（6）当地政府、司法、执法机关在培养民众法律意识方面采取了哪些积极有效的措施？面临的最大问题是什么？如何解决所面临的问题？

五、结论

本课题组认为，在西部民族地区农村，风俗、习惯、习惯法、禁忌、村规民约等社会规范在调整社会关系中仍然发挥着作用，这种作用还将长期存在，但是，其作用和影响的趋势是越来越小。

在西部民族地区农村，风俗、习惯、习惯法、禁忌、村规民约等社会规范对社会秩序的维系与和谐社会的构建所起的作用，既有积极促进的一面，也存在消极的因素。要使那些落后的、不利于社会和谐稳定的民间社会规范消亡，并非一朝一夕就能够实现，它是一个渐进的过程，因为，必须消除这些落后的民间社会规范存在的根基，即经济基础和文化基础，这些落后的民间社会规范存在才能真正消亡。

西部民族地区农村的各种民间社会规范，与国家法存在冲突，如何对待和处理这种冲突，事关社会的和谐与稳定。民间社会规范在西部民族地区农村的适用是有着深厚的基础的。基于西部民族地区农村特殊的地理环境、经济状况和社会关系，民间社会规范在调整社会关系中的适用，有其合理性，适用民间社会规范解决纠纷，在特定情况下可能更有效，更能实现案结，事了，人和。如果一律以国家法作为解决纠纷的依据，有时很难达到预期效果，甚至会激化矛盾。因此，国家法在某些情况下有必要作一些让步。

要通过多种途径，促进民间社会规范与国家法的融合。要有效地向民族地区农村推进国家法，必须创造相应的条件，如果这些条件尚不具备而强行推进，既会遇到阻力，也不利于社会秩序的稳定与和谐。

民族地区农村群众对国家法律的信仰存在不足，究其原因，一方面与村民切身利益相关的国家法律宣传不够，民族地区农村群众仍然大部分是法盲，法律观念和法律意识相当淡薄，从而未能树立起对国家法律的信仰。更重要的是，由于历史上遗留下来的民族习惯法、村规民约等民间社会规范，还在一些民族地区农村发挥着调整社会秩序的作用，村民认同这些社会规范。因此，在民族地区农村加强社会主义法治文化建设，培养社会主义法治理念，不能仅仅依靠宣传和灌输，更重要的是在民族地区农村为村民接受先进的法治文化创造条件。

西部民族地区农村宗族势力仍然存在，是制约民族地区农村法治建设的新问题，也是影响到农村稳定与和谐的重要因素，要通过国家法的强力推进消除这种影响。

解决西部民族地区农村的各种纠纷，维护西部民族地区农村的稳定，需要完善多元化的纠纷解决机制。

第一章

历史上的民间法

法律多元论认为，国家法并非维系社会秩序、调整社会关系的唯一法律规范形式，在一个政治、经济、文化多元的复杂社会里，存在多种法律规范，存在多种社会关系和社会秩序。正如学者梁治平先生指出："国家法在任何社会里都不是唯一的和全部的法律，无论其作用多么重要，它们只能是整个法律秩序的一部分，在国家法之外、之下，还有各种各样其他类型的法律"[①]。社会秩序的构建、社会关系的调整不能仅仅依靠单一的法律规范，而是多种法律规范共同作用的结果[②]。例如，日本学者千叶正士把调整社会关系的法律分为官方法、非官方法和法律基本原理[③]。我国的法律多元论者一般认为，在我国农村社会，调整社会关系，建立和维系社会秩序的，除了国家法，还有与国家法对应的民间法，民间法在我国农村社会秩序构建中发挥着重要的作用。

① 梁治平：《清代习惯法：社会与国家》，北京：中国政法大学出版社 1996 年版，第 35 页。

② 肖光辉：《法律多元与法律多元主义问题探析》，载《学术论坛》2007 年 4 期。

③ 李霞、唐萍：《法律多元视野下的国家法与民间法》，载《盐城师范学院学报（人文社会科学版）》2007 年第 3 期。

对于什么是民间法，学界存在较大的分歧。国外对民间法的界定比较典型的是日本学者千叶正士，他认为，民间法就是“非官方法”，是指一种其组成部分非由任何合法机关官方认可的法律体系[①]。国内学者对民间法的界定，较有代表性的是梁治平、苏力、郑永流、田成有等学者的观点。苏力认为，民间法是在社会中衍生的、为社会所接受的规则[②]。梁治平认为，民间法是一种习惯法，是国家法之外的，产生并流行于各种社会组织和社会亚团体，表现为各种“法谚”、“法语”的行为规范[③]。郑永流认为，“所谓民间法，意指一种存在于国家之外的社会中，自发或预设形成，由一定权力提供外在强制力来保证实施的行为规则”[④]。田成有认为，民间法是独立于国家法之外的，是人们在长期的共同的生活之中形成的，根据事实和经验，依据某种社会权威和组织确立的，在一定地域内实际调整人与人之间权利和义务关系的、具有一定社会强制性的人们共信共行的行为规范[⑤]。

上述民间法的定义从不同角度、不同侧面反映了民间法的特征，都有其合理性。笔者认为，比较而言，田成有的界定较为科学。民间法特点主要表现为以下几个方面：首先，民间法是与国家法相对应的，是独立于国家法之外的规则体系。第二，民间法

① ［日］千叶正士：《法律多元——从日本法律文化迈向一般理论》，强世功等译，北京：中国政法大学出版社 1997 年版，第 117 页，第 163 页。

② 苏力：《法治及其本土资源》，北京：中国政法大学出版社 2004 年版，第 44~45 页。

③ 梁治平：《清代习惯法：社会与国家》，北京：中国政法大学出版社 1996 版，第 35~36 页。

④ 郑永流：《法的有效性与有效的法——分析框架的建构与经验实证的描述》，载《法制与社会发展》2002 年第 2 期。

⑤ 田成有：《乡土社会中的民间法》，北京：法律出版社 2005 年版，第 19 页。

具有地域性，只在特定的区域内对一定的组织和个人具有约束力。不同的区域具有不同的民间法。这与国家法的差异比较突出，国家法在一国之内基本上是统一的。第三，民间法具有内生性，一般是人们在长期的日常生产、生活中，适应调整其相互之间的权利义务关系的需要，为维护一定的社会公共秩序，实现利益分配而自然形成的。第四，民间法具有稳定性。民间法通常以传统文化的形式内化为人们的自觉意识，成为人们日常生活的基本信念和准则，只要民间法赖以存在的社会条件不发生显著改变，民间法规则就不会轻易改变。[①]

自古以来，广西壮族自治区的融水苗族自治县、三江侗族自治县、金秀瑶族自治县等民族自治地方，广泛存在着埋岩法规、侗款、石牌等形式的民间法。

一、苗族埋岩

（一）埋岩法规的特点

苗族人民传统上就有一种叫“埋岩”（也叫“栽岩”，埋岩时将一块长方形的石条埋入泥中，半截露出地面）的公众议事和“立法”活动，比如“盗窃岩”、“财礼岩”等，实际上就是对盗窃犯罪处理后的备忘碑和商定婚姻财礼数目的纪念碑。这类似于中原内地在无文字时“悬刑象于象魏”的制度。由于苗族过去没有文字，所以只能立无文字的石头。但实际上它和刻有法律内容的石碑的作用是一样的，当地人们了解当时立碑的目的和实情，谙熟

① 李育全、马雁：《乡土社会中民间法的审视》，见谢晖、陈金钊：《民间法（第四卷）》，济南：山东人民出版社 2005 年版，第 358~360 页。

立碑的内容，并以此规范自己的行为；当又有此类问题发生时，审判者可以作为法的依据和“先例”来处理时下的案件。

在新中国建立以前，苗族属于典型的口承法律文化类型。由于苗族历史上不曾发明过文字，苗族口承法律仅存于人们脑袋里和嘴巴上，具有不稳定性，易于失传。目前我们见到的埋岩资料主要以黔桂边区苗族最具典型性，特别是广西融水的埋岩内容最为丰富。由于融水与贵州的从江县和榕江县地域临近，地域上常有迁徙，支系、宗族上互有联系，文化上有共同性。而就埋岩来说本身就是相互联系着的，例如融水“松奴埋岩”是从古州（现为贵州省榕江县）地方的整高汪欧埋岩中分出来的。另外靠近贵州省界的一些地方，原先是与贵州的苗族共同做埋岩的，后来才逐步分出来。如杆洞地区的“整巴埋岩”原属于贵州省从江县的“鸠东埋岩”管辖范围，后来因为人口增多，地域宽广，不好管理，才从“鸠东埋岩”中分岩到整巴做埋岩。在黔东南地区苗族，特别是榕江、从江，埋岩的资料虽然也比较丰富，但目前还没有发现像广西融水那样系统和全面的资料。

（二）埋岩的意义

埋岩有三个方面的意义：第一，埋岩是苗族古代社会的一种立法形式。埋岩古规的修改、补充、废止，都是通过埋岩这一古朴、简单、行之有效的形式。第二，埋岩是苗族社会一切活动的主体形式，埋岩古规是本民族的法典，是苗族人民思想和行动的准则。第三，埋岩通过集众商量解决有关社会问题或传达有关会议精神等等。现在融水县拱洞、红水等乡的苗族群众还把“开会”叫作“埋岩”。埋岩是苗族的古规古法，它是苗族传统法律文化的重要内容和最有特色的部分。“埋岩”是无字的法规，但它所传递法律内容极为丰富，既是近代以前苗族社会文化状况的真实写照，又曾是治理苗族社会秩序的有效手段。埋岩是苗族在无文字的状态下形成的颇具特色的制法形式，这些无字碑与刻有文字的石碑和写在纸上的法律文本具有同样的法律功能。苗族埋岩古规的内容是逐步形成和完善起来的。开始它只不过是各氏族内部或在同一地域内的少数民族与民族之间结成联盟所缔结的内容简单的合约。随着时代的变迁，民族压迫和阶级矛盾的尖锐，埋岩古规日益趋于完备并成为维系苗族社会纯正道德，维持地方治安、抵御外侮的手段。埋岩也是苗族人民为纯正社会道德，维护地方治安，维持生产生活秩序，改革社会制度等通用的一种“决议”、决定的“法律”形式，同时也是解决苗族社会问题的一种有效方法，是苗族头人用来解决和处理本民族内部事务的手段之一，还是与周边兄弟民族搞好团结、友好往来以及联合起来抵御外侮的有效措施。

（三）埋岩产生的一般情况

在苗族地区，当某一地域出现带有社会性的问题时，在人们迫切要求解决的情况下，埋岩头人或头人代表经过商量、酝酿，确定时间和地点，采用古代苗族群众惯用传送本额信等通信形式，向地域内的各村寨发出通知，召开所辖地区的群众大会或代表大会，并采用埋岩形式，通过几条决议。会址均不在村里屋内，而是在较为宽阔的地方。除个别情况外，一般在会址立一块岩石作标志。若原地已开过埋岩会议，而且已立有埋岩标志的，多数不再立新岩。埋岩会议所形成的“决议”，都是口头向与会者宣布，再由参会者回到各村寨向群众传达。有时由于内容重要，头人回到本村寨后，也采用埋岩的形式，向所属村寨的群众传达。埋岩的“决议”一经通过，就产生法律效力，所辖范围内的群众，必须恪守岩规。正如埋岩理词所说：“不许妻违，不容子犯，各家各管教，各人各自觉。”埋岩会议内容一般也不以汉字记录，其原因是有许多埋岩内容直接涉及暴动、起义以及与此有关的规定不便公开。只是到了 19 世纪以后，才有个别埋岩将决议内容用汉文刻成碑文，立于会址。

苗族埋岩活动有严格的程序。埋岩活动只有一天的时间，埋岩大会的筹备工作都在埋岩活动前准备。大量准备工作由埋岩头人及有关代表人物进行，他们相聚酝酿、磋商。这种酝酿时间，少则几天，多则几个月，甚至几年。在酝酿过程中，一般围绕三个问题进行：一是分析目前所产生的社会问题的严重性和解决的迫切性；二是协商解决的办法和措施；三是推选埋岩会议的主持人和宣布法规的人，即立岩人。

（四）埋岩的基本程序

首先，由几个人将一块用作埋岩标志的石块立于“立岩人”讲话的地方。在岩前用草或木叶铺在地上，上面覆盖着一批碗，碗的数量是根据此次埋岩活动各村寨头人的数目而定。然后由“立岩人”诵词祭祀。诵词内容有：叙述埋岩的由来，埋岩在各个历史时期对苗族社会的作用，祭祀埋岩创始人及历届已故埋岩头人的亡灵。祭毕，杀猪或宰牛，利用这段时间群众自由交换意见，头人再次商议这次埋岩所要订立的法规。然后，猪或牛肉煮熟后，把肉和内脏切成小片，将岩前摆放的碗翻起，放入少许内脏，斟酒。由“埋岩头人”当众宣布此次埋岩所形成的法规。然后由主持人按各村头人名次，点名依次上前领酒。其后，酒碗领完后，由“埋岩头人”再祭祀一番。其内容有：说明埋岩法规已形成，各村头人已经代表各村寨的群众认领“岩规”，重申岩规要人人遵守，违者必究，并预祝问题得到圆满解决。最后，会议开完，把请来的埋岩创始人及历届埋岩头人的亡灵送回去，祭完后，各村头人领取分好的肉串，即散会。当晚（路远的次日晚），埋岩管辖区内千家万户以所分得的肉作为埋岩会议精神，向全家人宣布这次埋岩法规的内容，教育家人要遵守法规，有些人家有人外出了，就将肉做成腊肉，等他们回来时，又取肉来进行教育。人们一旦吃了这次埋岩所分得的肉，就说明大家已承认了这些法规，因此，人人必须自觉遵守，还要“教子教孙传千代”。

（五）埋岩头人

从融水县境内苗族埋岩资料看，埋岩头人是苗族中的自然领袖，也是苗族埋岩古规的执行者。埋岩头人不能自封，也不世袭，不需选举，也无须任命，头人是在长期社会实践活动中逐渐显露出才华，并被公认为“好人”的自然领袖。凡是头人，一般年龄在四十岁以上，既有生产经验，又明事理，通晓埋岩古规，办事公道，执法严明，不徇私情，热心于公众事业，在群众中有一定威信，必要时还能挺身而出，甚至牺牲自己生命的人。埋岩头人的主要职责是发动和带领所辖区的群众参加埋岩活动；代表一方参加头人议事；负责宣传贯彻埋岩会议所通过的法规；负责监督埋岩法规在地域内的执行情况和对出现问题的处理情况。在处理问题时，较小案件由地方头人自行解决，大案件要通过埋岩各方头人集中讨论处理。

埋岩头人在履行埋岩法规过程中与群众一律平等。若干起“勾生吃熟”，“勾外扰内”，充当统治者的帮凶等等，触犯了埋岩古规，同样受到惩罚。埋岩头人没有薪俸报酬，没有“乐捐”资助，他们的工作基本上是义务的。

二、侗族侗款

（一）族源族称及侗民族的形成

1. 侗民族的起源

侗族历史悠久，源远流长。学界有人认为：创造这一文化的人们后来发展为楚族群，是“祝融之后”，或者是发展成为夏禹诸部落。到了战国时期，进一步发展成为分布在我国东南和南方的“百越”民族群团。

“百越”，亦写作“百粤”，因其分布面广，内部“各有种姓”，所以被称为“百越”。越人的分布范围，集中在今天中国的江苏、浙江、江西、福建、台湾、广东、广西、安徽、湖南、贵州、云南诸省区和越南北部。

春秋晚期至战国前期，越人的主要一支曾在今浙江一带建立强大的越国，共传8代君王，历时160多年。秦汉时，泛称中国南方民族为越族，史称“北方胡，南方越”。汉初，越已逐渐形成几个较大的部分或支系，即东瓯、闽越、南越、西瓯、骆（雒）越。后来汉武帝征服诸越，改为郡县，百越这个名称在史籍上逐渐消失。

学界已达成一个共识，即侗族起源于百越。当越人在历史上消失之后，这一地区又出现了僚人；当僚人在这一地区消失之后，又同时出现了包括侗族在内的多个近现代民族共同体。因而，侗族是在古代越人、僚人消亡的基础上形成的一个新的民族共同体，即外来的百越族群与当地“五溪蛮”互相融合的结果。

2. 侗族的族称

（1）自称

侗族的自称主要有 gaeml 和 jaeml，“仡伶”、“仡览”乃是侗语的汉文记音，以汉字反切标音而成。而 jaeml 则是 gaeml 的方音变化，所以说，侗族的自称基本是统一的。

在侗族语言中，gaeml 这个词除了用作 nyenc gaeml（侗家人、侗族）讲解之外，还有“盖子”、“碓窝”（北部方言）等名词性含义。在多数情况下，这个词是当作动词来使用的，其词义有“遮盖”、“隔离”、“防犯”、“设围”、“禁袭”、“阻拦”、“保护”等含义。侗族的自称，是从该词用作动词的含义发展来的。因此，侗族的自称是指居住在有防护设施中的人。这个防护设施有两层意思：一是指自然状态下较封闭的环境；二是指居民点四周所设的人工防护设施。自然状态下的封闭环境，是一种四面皆有高山或原始森林作为屏障的地带，其中有大大小小的溪流和田园，形成便于耕作的小盆地。这种地方在先秦时期被称为“淤中”。“淤”即阻塞不通之意，在秦汉时期被称为“黔”，到唐宋时期又称为“峒”。

除古代“淤中”、“黔”、“峒”这种自然的隔离封闭之外，还有一种人工的设防围篱，称之为“棘闱”，它是为防备异族、异村、异寨或猛兽入侵而设置的。现在的一些侗族村寨，特别是那些比较古老的侗族村寨，四周还能见到这种用灌木围成的“棘闱”，且设有寨门，还立有寨神或门神守护，夜晚常常将寨门紧闭。不仅村寨如此，连菜园也是这样。不论是从自然状态还是从人为因素考虑，侗族的自称都是用作动词“遮盖”、“防护”等意思的。

（2）他称

侗族的他称多以峒、洞或侗字开头，如侗苗、洞民、侗家、峒（洞）人、侗族等。这类他称中的“洞（峒）”字来源于社会组织名称。隋唐时期，生活在南方和西南地区的民族村社组织被称为“洞”或“峒”。唐王朝统治时，在西南少数民族地区实施“羁縻”政策，所以“洞（峒）”又被称为“羁縻州峒”。《宋史·西南溪洞诸蛮》载：宋朝在今侗族聚居地区设立了诚、徽二州，地辖今靖州、会同、通道、绥宁、黎平、锦屏、天柱、镇远等县。并将这一区域分为10个峒。杨再思“号十峒首领，以族姓散掌州峒”。元代侗族地区被称为“九溪十八洞”，贵州黎平县地称为“五开峒”。由此而产生的“洞人”、“洞苗”等等，则是因其地而名其人，同时也因其名而造成对当地民族他称上的混乱。比如“洞苗”、“洞蛮”等就属这种情况。“苗”、“蛮”等名称多为历代统治阶级对少数民族的侮称，侗族也不例外。直至中华人民共和国成立，才统称为侗族。

（二）侗族分布特点

1. 相对聚居

侗族在全国的31个省、自治区、直辖市中均有分布，主要集中聚居在贵州省，共有162.86万人，占侗族总人口的55.01%。另外，侗族人口在5万以上的地区还有广西、广东、湖南和湖北。黔、湘、桂的侗族地区山水相连，鄂西的侗族也多居住在恩施、宣恩、咸丰、利川交界之地。

2. 依山傍水

各地侗族总是傍水而居，故有“水上民族”和“水稻民族”之称。侗族村寨风光秀丽：寨前是田园阡陌，寨后是翠绿山林，村寨左右还有竹林或古老的樟树或枫树，溪流绕寨而行或穿寨而过，寨中布满鱼塘。

3. 与兄弟民族杂居

侗乡境内，杂居有汉、苗、壮、瑶、仫佬、水、布依、土家等兄弟民族。在漫长的历史岁月中，各族人民彼此交往，相互学习，团结友爱，结成了深厚的友谊。

侗族地区现行的行政区划分专区或自治州、县或自治县、乡或民族乡三级建制。其中有贵州省黔东南苗族侗族自治州、玉屏侗族自治县；广西壮族自治区三江侗族自治县、龙胜各族自治县；湖南省通道侗族自治县、新晃侗族自治县、芷江侗族自治县、靖州苗族侗族自治县；还有湖北鄂西土家族苗族自治州宣恩县会口、晓关、猫山、张官、八台、桐子营和恩施市黄泥塘等侗族乡。

（三）侗款

“款”是古代近代侗族社会特有的民间自治和自卫组织，具有原始氏族农村公社和原始部落联盟的特征，是前国家组织结构的一颗活化石。严厉而极富权威的“款约”以独特的运动方式，约束并鞭策着族人遵章守纪，有礼有节，而侗族也由此被誉为“没有国王的王国”。

1. 款组织

侗族社会历史上建立的以地缘和亲缘为纽带的部落与部落、村寨与村寨、社区与社区之间通过盟誓与约法而建立起来的带有区域行政与军事防御性质的联盟，是侗族古老的社会组织和社会制度。组织由款首、款脚（传号令者）、款众（军）、款坪、款牌、款约、款判等构成。县内侗区如古邦、水口、雷洞、南江一带的“四脚牛”款，肇兴、皮林等一带的“六洞”款，高进、流芳一带的“天甫洞”款及“天甫六洞合款”等，均属于款组织。

按照规模来分，款组织分小款、大款和特大款：

小款为以村寨为社区的“内部管理”组织，具有明显的血缘内涵，负责以盟誓的款条款规，规范房族内部、村寨内部的过激行为，排解内部纠纷，维护房族和村寨的秩序，确保族群的和谐相处。

大款为村寨与村寨之间的结盟组织，往往以流域、山系为单位，系地缘单位。乾隆二十二年在竹坪成立的“十洞十三寨”便是典型的大款。

特大款则是由数十个大款联合成、几乎涵盖全民族的组织，又叫“联合款”。特大款是侗族款组织的最高形式，有“头在古州，尾在柳州”之称。大款和联合款的款首由各大款的款首联合组成，没有首长，没有王者，正像侗族学者邓敏文所写的，是“没有国王的王国”。

2. 款约

款组织为了规范成员的行为，制定了一系列的制度规定，是为“款约”，学术界称之为“习惯法”。相传，侗族款约为侗酋杨再思所立，有“飞山宫主立大款”的传说。大凡讲款时，寨老、款首所讲的款约中，有“当初六郎立款，宫主制约，订下六阴六阳，六六三十六条大款”。款约内容丰富多彩，包括成员行为规范、道德规范、家庭组织、民族起源、区域划分、宗教崇拜等各方面的内容，是侗族文化的百科全书。款约包括以下内容：

约法款。规范侗族社区成员行为道德的约定，是侗族社会的“基本大法”。“约法款”包括“六面阴”、“六面阳”和“六面威”三大部分，每个部分又包括六个方面的内容。“六面阴”多适用于重罪，对触犯者一般会处以沉塘、活埋、杀头等死刑；“六面阳”

所规定的罪行较轻，对触犯者一般处以罚款等处罚，或令其敲锣喊寨，表示悔过；“六面威”则属于一般的礼仪或道德要求，如提倡相互尊重、热情好客、和睦共处、避免纷争、禀公断案、依约行事、齐心合力等，对触犯者则以劝教为主。

族源款。介绍侗族起源的款规款词，如《人的根源》、《宗支款》、《祖宗落寨款》等。

款坪款。记述各个款组织的区划和村寨范围的款词，如《十二款坪十二款场》、《款坪款》等。

出征款。款组织集结款众抗御外来强暴，出征前的盟誓款词。内容主要是鼓舞士气，号召款众团结互助，保护村寨，英勇抗敌。

英雄款。颂扬、缅怀侗族历史英雄人物，记述英雄的功绩和战斗历程的款词，具有很强的传记色彩。著名的英雄款词有《萨岁款》、《吴勉王款》等。

创世款。介绍天地、人类由来的款词，包括《天地、山河的来历》、《牛的来由》、《猪的来由》、《芦笙的来由》等等，均属创世款之列，是叙述世间万物和人类起源的款词。

习俗款。介绍民族各种风俗习惯来历的款词，如《破姓开亲》、《行年根由款》、《恢复祖先俗规》等。

请神款。进行合款仪式活动时，要邀请诸神来参与合款活动，并作佐证以助款的神威。

祭祀款。一是悼念词，对族人长者逝世时举行丧葬仪式念颂的款词，内容主要是表达对亡者的悼念及对亲属的安慰，祝愿死者在另世“天堂”得到幸福。二是神祭款又叫送神款，是神祭活动结束时请各位神灵回到自己的神位上去，请求永远保护村寨，同时也哀告款众牢记祖先规章约法、道德风尚，以求和谐和繁荣昌盛。

三、瑶族石牌

石牌是金秀瑶山瑶族人民为维护社会秩序和生产秩序，共同订立规约，并镌刻在石牌上或抄写在纸上、木板上，供大家共同遵守的民间法。从明代至1940年以前，它一直在瑶山社会管理中起着重要作用，较好地维护了金秀瑶山的社会秩序。

石牌大约在明代产生，经过长期的发展，到20世纪30、40年代以后逐步走向衰落。但是由于它在金秀瑶山瑶族社会沿袭了几百年，它本身具有的原始民主色彩及对瑶族社会和经济发展所发挥的重大作用仍然在瑶民心中发挥着深刻的影响。瑶族石牌是金秀瑶族历史上特有的社会现象，它为研究瑶族社会历史提供了重要的资料，也为民族学研究，特别是习惯法研究提供一个成型的、个性独特的实例，同时对瑶族地区的社会主义精神文明建设具有重要的实际应用和借鉴价值。

（一）石牌的基本特征

（1）权威性。在金秀瑶山有“石牌大过天”之说，且石牌面前人人平等，触犯了石牌条文，不论是谁，不管他地位多高，家产多大，都将毫无例外地受到严厉的惩罚

（2）悠久性、稳定性、自发性、确定性、强制性。受外来因素影响较少，较长期稳定不变；在社会生活中逐渐自然形成，是特定群体共同意志的体现；彼此知晓，确定无误，其内容、范围、权利义务都清清楚楚；且必须履行、遵守，带有强制规范的法律功能。

（3）条律的成文与不成文并存。金秀瑶族与其他少数民族一

样，也存在大量的不成文法，如“无字石牌”和“料话”，这些不成文法与成文法一样，共同起着规范人们行为、稳定社会治安秩序的作用。

（4）执法上的公开性与隐秘性同在。瑶民如遇发生事故，先由事主邀请石牌头人，再在村头巷尾鸣锣数响，名为“叫村”，村人闻讯，老少齐集旁听调处，这种“叫村”就是公开执法审案，是石牌执法的常见形式。隐性执法，一是对作恶的头人，二是对歹徒。有的石牌头人在其地位形成和巩固之后，有权有势，这时群众很难以公开的形式组织力量取消其权力、罢免其头人之职。群众为消除祸害，常常暗地商量，筹集一笔“花红”，雇杀手将之暗杀。对一些歹徒的惩罚，为防其或其家属报复，也往往采取隐秘执法方式。

（5）利益上的排他性、利己性相联系。在瑶族各支系之间或瑶族与汉、壮族之间发生矛盾纠纷时，石牌头人在审案中，虽然一再表示要秉公办案，但族群利益也在暗中作祟。判案时常袒护同族，压制异族，表现出明显的排他性。

（6）保护对象上的属人主义与属地主义相结合。石牌法律的适用主要以“属人主义”为主，凡是加入石牌组织的村寨民户，必须遵守石牌法律，履行义务，受石牌保护。而不加入石牌组织的则不受石牌律的约束，也得不到石牌的保护。石牌与石牌之间，若无统属，也不能干涉内政，各管属人，各理其事。这种“属人主义”，明确了石牌保护的对象，增强了石牌的责任心和凝聚力。同时也重视属地主义，石牌制为保一方平安，常将居住在同一地域内的所有村寨民众加以约束，不论是否加入石牌，也不论是汉壮商人宾客，只要他生活在石牌管辖区域内，都得受石牌法律约束，同时也受到石牌保护。

（二）石牌的主要内容

1. 石牌的类别

从已发现的石牌条文可看出，石牌的组织名称虽十分复杂，但归纳起来可分为四种类型：（1）按石牌权力的大小，有大石牌（或称总石牌）和小石牌之称，大石牌只有 1 个，即整个金秀瑶山的“三十六瑶七十二村石牌”，其余的均为小石牌。小石牌归大石牌管辖。（2）以参加石牌组织的自然村寨数取名，这类石牌组织有 16 个。如：罗运九村石牌、六十村石牌等。（3）以参加户数或人数起名的石牌，这类石牌组织有两个。如：一千八百石牌、六十六石牌。（4）以石牌竖立地点起名的石牌，这类石牌组织有 8 个。如：周锁石牌、坪免石牌、莫村石牌等。各种不同类型的石牌，其内部组织成分也各不相同。石牌组织一般是以地缘关系建立起来的，通常是居民聚居区域，或同一河谷村寨或联系较紧密地区内成立。较小的石牌由一村或周围数村瑶民组成，多为 1 个支系瑶族参加；而较大范围的石牌组织，都有两个以上支系的瑶族或汉族参加。在瑶族各支系中，山子瑶没有本支系单独组织的石牌，他们只同其他支系瑶族一起成立石牌组织；茶山瑶、盘瑶、花蓝瑶、坳瑶均有本支系自立的石牌，同时也有与其他支系共同组成的石牌。

2. 石牌条规的内容

石牌条规，即石牌组织的“法律”，瑶族称其为“料令”、“班律”、“会律”、“律规”等等。它是根据各自不同的生活环境和社会需要制定出来的。在一个石牌条文里，往往包含多种内容：一是保护生产发展，维护财产安全。这方面的内容，石牌条文几乎都有。二是维护家庭、婚姻关系。三是防御外侮及盗匪。四是保护行商及财产买卖。五是解决内部纠纷和争端的程序。

在处理违规事件和解决争端的条规中，一般还附有给予理亏者处罚和给有功者奖励的规定。违背条规者所得到的惩罚是极其严厉的，有的甚至过重，极不合理。但正是由于石牌制的存在，漫山遍野的农副业生产才得到保护，散居山野的瑶族民众生命财产才有了保障。石牌在瑶族影响极深，有“石牌大过天”之说。石牌制度对于促进瑶族社会的安定和发展，起到了十分重要的作用。

石牌条规是在石牌会议上由公众议定的。石牌会，瑶语叫“会石牌”。召开石牌会的目的很多，但主要的议题是：成立石牌组织、议定条规、处理大的民事纠纷、商议御敌措施、确定石牌头人等内容。召开石牌会议时，石牌组织中的村寨每户派一户主参加，齐集一村外较宽平的场所。议定石牌条规的会议极其隆重。会议进行的程序是：各被召集的与会户主到齐后，由预先从石牌头人中选出的一个头人出来“料话”，宣布他们事先拟好的“料令”草案。瑶语的“料”，即是“讲”的意思。所谓“令”，即是“法律”或规条的意思。在“料话”当中，一般先从盘古开天辟地讲起，到祖先迁徙的经过，以及进入瑶山后的艰苦斗争经历。接着讲述瑶山以往发生的有关石牌的大事。最后宣布“料令”。这是“料话”的主要部分，故逐条念诵，详细讲解，务使“人人入耳、个个进心”，料令宣读后允许提出不同意见供与会者商讨。但这种情况极少，一般都是对所提出的“料令”草案，一致以默认或欢呼的形式通过。通过的“料令”即成为石牌组织内的法律。之后，有的要把法律条文镌刻在石板上，竖在原来开会的地方或村边路旁显眼的地方，有的改用木板书写，而有的则用纸写下，发给参与开会的村庄张贴或收藏。立石牌时要烧香化纸祭祀，并由参加石牌组织的各户主杀鸡饮血酒，以示共同遵守。有些地方，法律条文并不镌刻在石板上，却也要竖立一块长方形而扁平的石头作为石牌。这块石头要在开会之前立好。竖立这种石牌时，也要举行简单的祭祀仪式：在石牌前杀猪杀牛，烧香化纸来祭它。六巷一带的花蓝瑶，在竖立不刻字的石牌时，还要用斧头在石上砍三下，作为大家遵守的标记。从所有石牌条规文字中看，较早时期的内容，多侧重于保护生产、维护家庭财产和调处内部纠纷；晚期，特别是21世纪以来的石牌条规，则增加了大量抵御外侮和匪盗的内容。

3. 石牌条规的实施

（1）石牌头人

石牌条规制定后，负责执行的是石牌头人。

石牌头人的产生，不是选举也不是世袭。村里有人平日为人公道，能言善辩，有胆有识，遇有大小事端能说公道话，人家就请他去调解。在本村有了威信后，外村外族也来请他办事，久而久之，他就自然成为头人。此外，还有由老头人“带徒弟”培养新石牌头人的。在一个石牌组织中，往往有数个头人。石牌头人多为男子，但也有能干的女子担任的。石牌头人平时没有薪俸收入，不脱离生产劳动。办事时多是走到哪里吃到哪里，所需费用，由案中理亏一方负责，或在罚款中扣除。

石牌头人为公众的仆人。如果办事没有大的差错，群众就一直承认他，头人的身份可保持至死。但如头人缺乏办事能力，或营私舞弊，或损公肥私，他就为众人所抛弃，不再请他办事，自然而然地被“罢免”。

（2）办案程序

在石牌地域内发生纠纷时，争端双方解决不下的，一方或双方就去请石牌头人前往查处。石牌头人调查案情时，召集双方主事人员，沿用社老“讲一事举一筹”的方法，让双方各自摆出自己的道理，然后根据石牌条规，各方理由的多少，以及按“大事化小，小事化无”的原则，作出最后判决。案情重大的，请石牌头人要交“八文十六”钱（用禾秆一头穿铜钱 8 枚，另一头穿 16 枚），并杀鸡宰猪供头人吃喝。在申诉自己理由之前，主诉的一方还要“喊讲话”。所谓喊讲话带有固定的腔调和语汇。

一般的争端，双方均能听从头人判决，但有些大的争端，石牌条文又无明确规定，往往有一方不遵从头人判决，而头人又无强制执行判决的权力，只好允许双方讨诸武力，相互“开打”。开打时，双方各自邀请合族亲房援助，直打到一方服输，另一方即为取胜。

除“开打”外，还有以“砍鸡头”、“烧香发誓”、“装袋”等神判方式解决纠纷的。“砍鸡头”是双方争执不下，又不服判决时，则拿活鸡 3 只，烧香化纸，对天发誓，然后砍断鸡头，将死鸡扔到野外。理亏者害怕神灵惩罚，往往宁可认输而不敢用此举。“烧香发誓”即是到社庙或野外烧香对天发誓，认为神灵会给理亏者惩罚，理亏者常在对方提出发誓时认输。“装袋”是争端双方约定日期和天数，每晚在见证人石牌头人陪同下，一起到社庙睡觉过夜，谁在这期间生病或家中出现灾祸，谁就算输了。

对于明显违背石牌条规的人，则要依照条规给予处罚。在石牌条规面前，无论是普通群众还是头人或其家属，也不管地位高低，财产多少，均应照章执行，谁也不能例外。

对于违犯条规，又不服判决的大案，石牌头人就可召集群众会议议决。这叫作“起石牌”。“起石牌”是件大事，不出席会议的户主都要被罚款。“起石牌”时，石牌众人云集犯条规者家中，先杀猪喝酒，吃了再说，所有开销，一律由其负责，在人多势众的石牌组织面前，犯条规者只好服从判决了。

对于应付外侮和匪盗滋扰，一般也要起石牌，组织石牌内力量去平息。石牌组织中没有军事机构和职业军事将领，当有军事活动时，石牌头人利用“起石牌”，推举有威望和英勇善战的人担任临时军事首领，带领石牌丁去对付外侮，平息匪患。

第二章

当前西部民族地区农村中的民间法

曾经在调整社会关系、维护社会和谐稳定中发挥重要作用的各种形式的民间法，在当前情况怎样呢？通过深入广西、云南、贵州等地的民族地区农村展开田野调查，我们发现，当前的民间法大体可以分为两类：一类是以成文方式存在的，另一类是以不成文方式存在的。当前，西部民族地区农村的成文民间法，主要形式是村规民约。也存在一些其他形式的成文民间法，例如，在广西金秀瑶族自治县，一些村制定了新的石牌，这些新石牌在调整当地的社会关系中仍然在发挥作用。值得注意的是，一些地方的村规民约，只是简单地重复国家法的规定，或者对少量国家法没有调整的领域作了补充规定，这些村规民约不会与国家法产生冲突。而相当一部分村规民约都存在着与国家法冲突的规定。例如，许多村规民约都规定，对实施了违法、犯罪行为的人，村委会可以对其作罚款处理，而根据国家法，村委会是无权对违法、犯罪行为人进行罚款的。本课题所关注的，是与国家法存在冲突的村规民约。不成文的民间法，主要表现为民族习惯、风俗、禁忌等。

一、成文民间法

以下是本课题组在田野调查中收集的成文民间法：

广西融水苗族自治县香粉乡新坪村九扒屯村规民约

为了维护我屯农业、林业生产，稳定社会治安，使我村民能大胆发展经济，搞好粮食生产和有一个良好的社会环境，经召开群众会议讨论决定以一九九五年十月五日新坪村村规民约为准，再补充以下几条：

一、我村各农户责任田的管理：

1. 田边栏：5~10丈，因田相近的，他户新开田、菜园、水池以后造成损失的，当年赔偿损失和修好。

2. 水按原来的水利和水口下，他户不得偷水、短水和加水沟，如有此类的被发现要他户负责此段田粮食减产。

3. 天边草、田基不准他人乱割，如被发现乱割每担罚款5元。

二、责任田的管理：

1. 杉木、菌木、杂木、干柴、桶竹等各类竹类和收购的各种菜、瓜等不准任何人采取，如被发现按村规民约第三条处理。

2. 不准乱砍和破坏各种公经济林（如杉木、楠竹、竹笋、芭蕉、菌木等），如被发现赔偿原价一到三倍。

3. 门口沟至滩底田，不准任何人电鱼、炸鱼、毒鱼，如被发现每次罚款50元。

4. 我屯责任田，不准任何人毒泥鳅，如被发现每次罚款50元。

5. 开春全屯统一看牛以后，不准任何人放牛在田边吃草和踩田基，被发现每次罚款10元。

6. 以上罚款百分之六十给举报人和原主，百分之四十归村民小组统一管理作公益事业开支费用。

7. 以上条例自公布之日起生效。

九扒村民小组（公章）

一九九八年十一月三十日

抄报：乡人民政府、香粉乡派出所、新坪村委、香粉村委。

抄送：高峰、九干、六岭、九源、本类、赵家、九弄、田角、牛坡。

广西融水苗族自治县香粉乡拉庄屯村规民约

为了拉庄长久稳定，经全屯讨论于2000年10月30日，特定以下处罚条例：

1. 果、菜类：每偷盗一次，除赔偿失物价值外，处以100元的罚款。

2. 竹、木、笋不论大小每偷盗一根，除赔偿失物价值外，处以200元的罚款。

3. 牲畜类（猪、牛、羊、马、狗、猫）每犯一条，除赔偿失物价值外，处以500~1000元的罚款。

4. 禽类（鸡、鸭、鹅、鱼、兔）每犯一条，除赔偿失物价值外，处以200元的罚款。

5. 电器类，每犯一次，除赔偿失物价值外，处以2000元的罚款。

6. 机械类，每犯一次，除赔偿失物价值外，处以2000元的罚款。

7. 八角、香菌类，每犯一次，除赔偿失物价值外，处以500元的罚款。

8. 柴火，每犯一次，除赔偿失物价值外，处以50元的罚款。

（包括生、干柴）。

9. 谷、米，每犯一次，除赔偿失物价值外，处以 50 元的罚款。

10. 家具、农具类，每犯一次，除赔偿失物价值外，处以 100 元的罚款。

11. 故意损害（坏）他人竹、木的，每犯一次，损坏的竹、木属于山主，损坏者还必须赔偿所损坏的竹、木，再处以 200 元的罚款。

故意放火者，如证据确凿的，当场击毙。

注：若犯以上条例者，如拿不出应赔偿损失及罚款的金额应按如下两项处理：

1. 父母、同胞兄弟不维护的，以其自身的财产作为抵押，如无现有财产的，按其应赔偿的金额及罚款金额的总和，按 100 元金额划出一亩土地给受害者承包使用 25 年（承包地面的所有树木属于受害者所有，不作金额补算），承包的土地，由集体指定。

2. 父母、同胞兄弟有谁维护的，以其财产作抵押。

犯以上条例的，除处罚外、另加三个六处罚：

（1）60 斤肉　（2）60 斤酒　（3）60 元钱

若发现犯以上条例的，全屯群众必须全部出动捉拿盗贼，如在捉拿盗贼时，盗贼不承认或者反抗时，群众可将其打伤、打残。

以上条例从 2000 年 10 月 30 日起生效。（以上条例不包括 7 岁以下儿童）。

拉庄屯户主姓名：

杨原胜　杨仁杰　杨仁绍　杨乐荣　杨宣富　杨元学

杨文林　杨仁东　杨元清　杨元珍　杨志雄　杨元权　杨　坤

杨元海　杨国清　杨国平　莫　威　杨海宣　杨元相　杨元西　杨元亮

杨文彬　杨元箱　杨彦学　杨　锋　杨达军　杨口平　马春兰

（按手印）

村委会（盖章）

广西融水苗族自治县香粉乡新平村村规民约

为维护我村群众生产生活和各项经济利益，使各项事业能顺利进行，在一定时期内达到稳定，经济发展，人民群众安居乐业的局面，经我村公所，村民委员会充分讨论，特定如下村规民约：

1. 偷盗他人杉木和经济林木者，除木材归原主外，按所盗的木材计积，按林站价格加双倍罚款，或每次罚款 200 至 500 元。

2. 偷盗他人楠竹和杂竹、偷挖竹笋者（包括楠竹、大头竹其他竹笋），除物归原主外，按每条罚款 10 元。

3. 盗窃他人香菌、木耳者或每次罚款 200 至 500 元，除物归原主外，按每市斤生菌 5 元计算，加两倍罚款，或每次罚款 200 至 500 元。

4. 偷盗他人鸡、鸭、鹅、鱼和进别家偷东西者，除按市价赔偿外，另加五倍罚款。

5. 凡乱偷他人果子（包括责任山主种和留的野果）和经济作物（含责任山内野生）者除物归原主外，每次罚款 50 至 200 元。

6. 严禁赌博。本村聚赌者，除赌资全部没收外，每人每次罚款 50 至 200 元，顽固者交政法机关处理。

7. 凡乱放牛户的个人，牛吃他人木苗、竹笋的，每株（条）罚款 5 元；吃他人农作物或经济作物的，按最高亩产价赔偿（其他禽类造成的损失相同）。

8. 盗窃他人电器、机械设备者，除物归原主外，按每次罚款200至500元。

9. 盗窃公共财物，破坏公共设施、学校设施、标牌、标志、风景林木者，除折价赔偿外，每次罚款30元。

10. 生活用火和野外用火必须注意安全，谁用谁负责，做到人离火灭，严禁小孩玩火，凡失火者，除烧损赔偿外，负责当天扑火人员的伙食、会餐。

11. 山场界线纠纷问题和其他纠纷问题，出现问题的双方应抱着从团结的愿望出发，用大公无私的精神处理为好，双方平等协商解决。如由某方强占，定要证人到场处理的，每个证人每天误工费10元。首先双方各出10元，案件处理后，无理方全面负责。

12. 报复秉公处理的人员、证人和酒后打人打物者，每次罚款30元，医药费、误工费、损失费由寻事者全权负责（误工费每人每天12元。包括护理人员）。

13. 每个案件要有人证、物证。处理办法是由下到上，依次是：村民委、村公所到乡司法、派出所，一级处理不下再上一级。案件处理清楚后，由当事人罚款兑现，否则用实物抵押或强制执行。罚款所得按50%奖给举报有功者和受害主，30%作劳务费，20%作公共积累。

本村规民约是一九九五年九月二十八日村民委员会通过。十月二十日起执行。

以上村规民约，报送乡党委、乡政府、司法、派出所各一份。各村民委、全村各户持一份为凭，以公共遵守。

香粉乡新平村公所（盖章）

时一九九五年十月五日

广西融水苗族自治县香粉乡新平村村规民约

为了促进两个文明建设，使我村各项事业顺利有序地进行，打好全面建设小康社会的基础，便于不断提高村民的生活水平，维护村民的合法利益，经村民代表大会充分讨论，特制定如下村规民约，希共同遵守。

一、做个合格的村民

每个村民都要遵纪守法，按时完税，遵守社会公德、维护社会稳定、搞好邻里关系，家庭和睦，积极参加我村的公益事业建设，每个村民应以科技作为经济的动力，以勤劳致富为荣，改变贫穷落后面貌，努力向小康生活的目标奋斗。

二、维护村民的合法利益不受侵犯

1. 责任山管理者有权管理山内的一草一木，未经管理者同意，任何人不得进入他人责任山内活动（走过、路过除外）。

2. 私自进入他人责任山内盗窃生、干柴（包括竹子类）、经济林等，苗木、经济果实、林副产品（如香菌、木耳等），或乱挖冬、春笋（包括其他笋类）的，除按物归原主外，情节严重者，扭送公安机关处理，按市价的 3 至 5 倍折价赔偿原主。

3. 未经责任山管理者同意，私自进山采摘野生果实，以偷窃论处，物归原主，有经济价值的，每人每次按市价的 3 至 5 倍折价赔偿原主。

4. 偷拿、偷摘他人蔬菜、瓜果的，除物归原主外，每人每次按市价的 3 至 5 倍折价赔偿原主。

5. 偷窃他人的畜、禽、鱼及其他物品、钱财者，除物归原主外，每人每次按市价的 3 至 5 倍折价赔偿原主。情节严重的，扭送公安机关处理。

6. 遵守家庭伦理道德，不得调戏妇女，不得与他人进行通奸行为，违者给予赔偿精神损失 100 至 300 元，严重者交公安机关处理。

凡违犯以上 2、4、5 条，除按相应条款处理外，由违反者写 20 份悔过书张贴于各村屯当路处。

三、维护公共秩序，保护公私财物、公私设施不受损毁

1. 严禁各种形式赌博。凡顽固聚赌者，一律送公安机关处理。

2. 酒后打人、砸物者，医药费、误工费一律由肇事者承担，并公开赔礼道歉。故意损毁他人生产工具及其他物品、住宅的，除恢复原样外，并予以 100 至 200 元的损失赔偿原主。

3. 对秉公调解纠纷的人员、证人进行人身报复的或以其他方式报复的，所受的损失和相关费用，完全由其负责。

4. 破坏公共设施、学校、公路，故意阻碍交通或破坏个人合法设施（如自砌水坝、围栏等）的，除赔偿损失或责令其恢复原状外，并每人每次予以 100 至 200 元的（罚款），情节严重者，移交法政部门处理损失赔偿。

5. 故意偷砍、损毁路旁古树、村旁古木以及其他见景林木的，予以价值折价 1~5 倍的损失赔偿。情节严重的，移交林政部门处理。

6. 盗窃公共财物的，除退赔外，予以 200 元的损失赔偿，移送公安机关处理。

四、保证正常的生产秩序

1. 故意毁损他人林木、苗木、笋类、经济作物和农作物的，按市价（或折价），亩产赔偿或补种相同的株数，并予以 20 至 50 元的损失赔偿。

2. 乱放牲畜、禽类损毁他人林木、苗木、笋类、经济作物和

农作物的，按市价（或折价），亩产量的 1~2 倍赔偿。

3. 小心用火、安全用火，严禁小孩玩火，谁失火谁负责，除赔偿失火损失外，必须负责扑火人员的误工费、伙食费。

4. 公平公正，互谅互让解决纠纷问题，有纠纷的双方应抱着团结的愿望出发，平等协商解决。调解纠纷时，如确须证人到场作证的，每人误工费 15 元，首先双方各出 15 元，解决纠纷后，如一方无理，则由无理方负责，如双方都有理或无理，则共同负责。

5. 按时上土地承包费给集体，土地承包费按每亩 3 元计算，如不上交者，不予以评救济，以及须在村级办理的各种手续、证明材料、调解纠纷。办理木材砍伐指标每平方米收取 5 元资源管理费，毛竹砍伐指标每根收取管理费每根 0.05 元。

6. 积极参加公益事业建设，对拒不参加村屯公益事业建设的，不予以评救济，以及须在村级办理的各种手续、证明材料、调解纠纷等。

五、维护生态平衡

任何人不准在我村管辖范围内毒、电、炸鱼、虾，禁止捉蛇、进山打鸟、装铁夹等，违者收缴其非法所得和工具，并予以 100~200 元的损失赔偿。

六、本《村规民约》具体由村委会、治保主任执行，村民相互监督，积极举报，共同遵守。

七、对举报有实的，以赔偿损失所得的 50% 奖给举报者，30% 用作执法人员的劳务费，20% 用作村积累金。

本《村规民约》于 2003 年元月 10 日经村民代表大会通过，自 2003 年元月十一日起实施。

新平村民委员会

2003 年元月 10 日（盖章）

广西融水苗族自治县香粉乡中平村寨捞屯村规民约

为了更好地落实党在农村的各项政策，结合本村的具体情况，更有力地发展林、农生产责任制，促进农村基层社会主义和社会主义物质文明、精神文明，为了把本屯的事情办好，经全体村民讨论决定，特制定以下村规民约：

一

1. 坚持社会主义集体所有制，已划分到生产队或各户承包的（水田、自留山、责任山）一律不准出租、买卖。

2. 水田，按承包责任山制定的产量、面积，落实到户后，有权经营管理，在不影响他人山场外，可在本人的田边开新田，开新田在三年中若崩塌给别人的田造成损失的，由开新田者负责产量和面积，直到修复为止。

3. 水利引水，要按原生产队的水利水沟为准，开新田者不得另开水路抢旧田的水，旧田余水新田可以用。

二

1. 山场土地以八二年山界林权工作划分的线路为准，生产队已落实给各户的土地，本户有权规划管理，如发现某方有故意侵占或移动界碑的，按每米 5 元计算（罚款）。

2. 不经他人同意，任何人不准到他人的山场毁林开荒，砍柴，烧炭，山主发现后，柴灰归山主，按砍烧每天罚款 5 元计算。

3. 对偷砍他人自留山、责任山、菌木的、每株罚款 5 元，菌木归山主看管。

4. 竹山已落实清楚，各户有权护理使用。如有人故意偷砍的，每条罚款 2 元，竹归山主；偷挖竹笋的，每条罚款 1 元，笋归山主；耕牛进入竹山吃笋的，每条罚款 5 角。

5. 偷砍他人老、中、幼的杉木，追回原物或折款外，加罚总折款2000元的现金。

三

1. 各队各户有权在自己权属的自留山、责任山植树造林，允许继承、管理、使用。

2. 幼林的处理方法：以各队管理的山坳为基础，凡种在他人山的幼林，仅双方协商，按大小级别对换，多余部分按国家的有关比例进行分成。

3. 菌木、茶叶、桐子等的中、幼木苗，双方协商，成林的苗木及时处理，茶叶、桐子树、中、幼菌木也要按比例分成。

四

1. 耕牛进入林地吃幼林，1~500株以下的，经调查属实，不管苗年数大小，均以每株5元计算赔偿，耕牛由林主牵回代管，在代管期间，每头每天3元的管理费用计算，直到牛主前来认领耕牛时，交清赔偿费和代管费方可领取耕牛。

2. 耕牛进入大片林地，破坏幼林损失严重，经查证属实，而其本人胆小怕事的，可将受损情况及旁证材料写好，经村民委员会和村公所签字盖章后，连同耕牛一起牵到乡政府，由乡政府处理。

3. 对故意乱砍他人幼林的，一尺围一下的每株罚款10元，一尺围以上的每株罚款15元，二尺围以上的按第二大条的第5小条处理。

4. 春耕下种后，各户要严加看管好耕牛、马匹、羊群，如进入田边吃草，每只每天罚款2元，如有意放入的，加倍罚款。

五

1. 对于酗酒打人（属恶意的），负责被打伤者的医疗费、误工费，每人每天补贴5元，另罚打人者每次5元，情节严重的，交乡派出所处理。

2. 打坏一切用具，按价赔偿。

六

1. 挖仓盗粮的，除追回原物或折款外，加罚总款的 50% 的现金。

2. 凡偷猪、羊、鸡、鸭、鹅、鱼等，除追回原物或折款外，加罚总款的 50% 的现金。

凡恶意毒死家禽、家畜等，按照价赔偿外，加倍罚款。

七

全体村民要发扬爱国家、爱集体的社会风气，积极完成税收、公益事业、集体交给的各项任务。

八

搞好拥军优属、五保户供养、尊老爱幼、团结互助，发扬民族团结的优良传统。

九

严禁早婚早育，结婚、离婚要依法登记。计划生育人人有责，严禁超生、超孕，违者按区、县计生条例和乡有关规定严肃处理。

十

严禁砍国家、集体、元宝山原始森林和村前村后、凉亭、路边的风景树、水源林，违者按森林法处理。

十一

严禁赌博、聚众斗殴，违者按治安管理处罚条例罚款，情节严重的交司法机关处理。

十二

全体村民要服从村委会的领导，积极支持村委执行公约的责任。

十三

执行以上各条款，全体村民要互相监督，发现有犯以上规定的，要敢于揭发检举，对检举有功者，给予奖励，对打击报复者要严肃处理，加倍罚款。

十四

谁犯以上条款的，须请中间人、证据人协商核实的，由触犯者负责每天的误工费。

十五

此村规民约自公布之日起生效，望各村民自觉遵守执行。

香粉乡中平村村公所、寨捞屯、新荣、能所立

（盖章）91 年 12 月 6 日

广西融水苗族自治县香粉乡拉欠天主屯村规民约

为维护本屯群众的合法权益，实现自然资源的可持续发展，保障自然环境、生态平衡和群众生活水平的不断提高，搞好文明建设，我屯群众结合实际情况，经反复讨论，一致通过如下条款，对我村的《村规民约》作补充规定，在本屯管辖范围内其他村屯群众及过往行人必须一律共同遵守。

1. 我屯群众必须自觉遵守法律法规，遵守社会公德，保持安定团结，维护本屯的公众利益，踊跃参加本屯的公益事业建设。

2. 群众有权管理自己责任山内的野生果实（如杨梅、米椎、水榄等）、经济作物（八角、香菇等）、农作物（如瓜、菜、薯等），不准乱挖、乱砍冬笋、春笋。违者以盗窃论处，除赔偿损失外，每次罚款 10~200 元，情节严重的，处以 2~5 倍罚款，抗拒者扭送公安机关。不准到我屯管辖范围内的山林捕猎、捉蛇或在沟塘、田里毒、电、炸鱼虾，照蚂拐等。违者除没收所得及工具外，每次罚款 50~200 元，抗拒者扭送公安机关处理。

3. 不准乱进我屯砍伐生、干林木。违者以盗窃罪论处，除赔偿经济损失外，并没收工具，处以 1~5 倍罚款。抗拒者扭送公安

机关处理。

不准故意毁坏林木，违者按上款处理或者补种损毁树种株数10倍以上。故意盗窃经济林及苗木的，除赔偿损失，并处200元罚款外，一律扭送公安机关处理。

4. 除上述外，凡涉及有经济价值的其他一草一木、野生动物，未经我屯责任山管理者的同意，擅自采伐、挖掘、捕捉、猎取的，损毁植被严重的，按第2、3条处理。

5. 严禁任何人故意损坏我屯的公路、桥梁及其他公共设施、围栅等，违者责令其恢复原状并追究相应责任。情节严重者，扭送有关部门处理。

如确实需要进山采摘、砍伐、挖掘、捕捉、猎取的，可与责任山管理、使用者协商，得到允许后方可进行。否则，违反以上各条款者，除按相应的条款处理外，并要其支出误工费。其他村屯群众举报有证者，给予罚款所得50%的奖励。

此规定呈交乡人民政府、乡派出所、乡林政各一份，送全乡各村委一份、本村委一份、本屯每户一份。

此（村规民约）补充规定从二○○一年十一月一日起实行。

户主签名如下：

签名

（按手印）

广西融水苗族自治县杆洞乡杆洞村村规民约

国有国法、村有村规，为了保障本村民众的生命安全及财产不受损失，达到稳民定心，放心生产，搞好共同维护社会治安秩序，创建文明村屯。经1999年5月1日第二届全体村民代表讨论通过，特定如下民约：

第一条　破坏本村的人畜饮水设备者，罚其修理好后，按情节轻重罚款。

第二条　偷砍、盗窃用材木一株照价赔偿，并处罚款50~200元。

第三条　偷砍竹子、偷挖竹笋一根照价赔偿，并罚款5~10元。

第四条　偷砍别人柴火一担，罚款10~30元，并照价赔偿失主。

第五条　对毒鱼、电鱼、炸鱼、偷开别户田里的鱼，每次罚款10~100元，并没收渔具。

第六条　放浪牲畜吃或毁坏别人的菜园、果园及庄稼，盗窃别人果、菜的责令其赔偿损失，并罚款10~100元。

第七条　偷别人牲畜者，责令其赔偿并罚款50~800元。

第八条　偷开别户田水进自家的田罚款10~30元。

第九条　砍村头寨尾道旁风景树、乘凉树罚款100元，并补种成活。

第十条　毁坏别人经济果木林一株，责令赔偿损失，并处以罚款30~200元。

第十一条　虐待妇女儿童、老人造成影响的，责令其赔礼道歉，并处以罚款30~100元。

第十二条　侵占他人山场、田地、偷移界碑的责令其赔偿损失，并处罚30~200元。

第十三条　聚众斗殴或借酒疯行凶的，处以80~200元的罚款，严重的扭送公安机关处理。

第十四条　对威胁、恐吓他人，散布谣言、虚报案件造成影响的，责令其赔偿道歉，并处以10~50元的罚款。

第十五条　对偷电、偷接闭路电视线路的，处以50~200元的罚款。

第十六条　对无故放毒药毒死别人畜禽的，责令其赔偿损失，并处30~200元罚款。

第十七条　聚众赌博，没收赌资，并罚款50~200元。

第十八条　造成火警（家火），罚猪肉100斤、米100斤、酒100斤。

第十九条　造成山火失火者1~10亩，罚款100~200元；10~30亩，罚款200~300元；30亩以上，罚款300~500元，并责令其补造上林木，护理三年。

第二十条　造成家火严重者，罚款500元外，并由上级司法机关处理。

第二十一条　不准任何季节到农田照泥鳅、捞蝌蚪，点青蛙。违者罚50~100元，并没收工具。

第二十二条　收禾后，不准下田泼捞鱼花仔，违者罚款30~100元，没收渔具。

第二十三条　本村居民及外村居民在本村违犯本公约的照章处罚，抗拒执行的加倍处罚。

第二十四条　本条约自公布之日起执行。

杆洞村民委会

2000年8月23日

广西融水苗族自治县六拉村村规民约

为了维护社会治安，净化社会空气，弘扬劳动人民的优良传统，使村民的生产、生活有一个良好的社会环境，参照国家的有关法律、法规，结合本村实际，经村民大会讨论通过，特订立本村规民约，供全体村民共同遵守执行。

一、遵守国家法律、法规和规章制度，执行国家的各项方针，按时完成上级分配的各项工作任务。

二、维护妇女、儿童、老人和残疾人的合法权益，不准歧视残疾，虐待妇女儿童、老人和残疾人，不准遗弃婴儿，要对老人尽赡养义务，要关心教育好子女，使其从小养成良好的道德习惯。

三、移风易俗，提倡婚事新办，反对铺张浪费和包办婚姻，结婚要办理登记手续。

四、执行国家计划生育政策，提倡晚婚晚育，少生优生，杜绝重男轻女恶习，计划生育男女有责，亲属邻里互相监督，切实控制人口增长，对抗拒不做计划生育的外逃户，要按计划生育法给予重处罚。

五、支持勤劳致富，杜绝偷盗行为，如发现偷盗，人人有权扭送公安机关惩处。

六、轻微民事纠纷，先找党员责任区的党员或村民组长进行调解，不服调解的，由责任区党员或村民组长签署意见，到村处理。超越规定或手续不齐的，村不予处理。

七、严禁赌博，一经发现，除没收赌资外，从经济上、行政上加重处罚，青少年参加赌博者，从严从重处罚。

八、切实维护社会治安，对可疑人物或有破坏者，要进行盘查，及报告村委会或公安机关。

九、严禁防火烧山，毁林毁草开荒，注意村寨防火安全，预防火灾事故发生。

十、做好牲畜的看管工作，严禁人、畜践踏庄稼。

十一、积极送适龄儿童入学，积极参加学习教育。

十二、严禁乱砍滥伐集体林木和偷盗他人林木，违者按照“砍一栽三罚五”处罚外，还要给予一定的经济、行政处罚，构成犯罪的，移交国家政法机关惩处。

十三、积极参加村民会议和其他会议，学习国家有关法律、法规，了解党的路线、方针和政策，关心国家大事。

十四、讲文明，讲卫生，讲礼貌，讲道德，严禁侵犯他人的人身权利，不准酗酒闹事，加强邻里团结，争当模范村民。

十五、凡是违反上述规定及违反《治安管理处罚条例》，都必须严格按照《中华人民共和国治安管理处罚条例》进行处罚。

十六、本村规民约自通过之日起执行，本村规民约对居住在本村范围内的其他村民同样适用。

广西融水苗族自治县高培村村规民约

为了加强村民的法制意识，保持正常的社会秩序，维护国家、集体和村民的合法权益，为我村再创辉煌，特制订以下村规民约：

一、坚持“四项基本原则”，自觉遵守和维护国家的各项法律、法令、法规。

二、积极争创“文明户”、“五好家庭”，做到家庭和睦，邻里团结，尊老爱幼，重视教育，提倡社会主义精神文明，树立良好的社会风尚。

三、提倡喜事新办，丧事从简，勤俭节约，反对大操大办铺张浪费。

四、计划生育是我们国家的基本国策，提高人口素质，实行计划生育，控制计划外生育，提倡婚姻自由，男女平等。

五、依法服兵役和参加义务献血是每个村民的应尽义务。

六、建立正常的人际关系，不搞宗教活动和家庭主义。

七、搞好公共卫生，预防疾病，不乱堆物，不随地倒垃圾，整治脏、乱、差，搞好村容村貌。

八、服从村镇规划，不准擅自侵占、买卖、出租、转让集体土地和房屋，保证集体土地和房屋的完整。

九、搞好社会治安综合治理，加强对来村人员和私房出租的管理，发挥群防群治的作用，提高村民的（以防盗、防火为重点的“四防”）防范意识。

十、本村规民约对居住在本村范围内的其他居民和来村人员同样适用。

广西融水苗族自治县杆洞乡杆洞村计划生育村规民约

为使我村的计划生育工作实现村民的自我约束、自我教育、自我管理，根据《中华人民共和国村民委员会组织法》和中共中央、国务院《关于加强人口与计划生育工作稳定低生育水平的决定》，结合我村实际情况，特制定本村计划生育村民自治村规民约：

1. 根据国家法律、法规，村民必须自觉实行计划生育，做到少生、优生、计划生，不违反计划生育法规，违者自觉按国家有关政策、法规接受处理。

2. 已婚育龄妇女必须按时参加一年四次的妇检和健康检查，积极配合做好生殖保健工作，不得无故不参加检查，如无故第一次不参加妇检的收取违约金 10 元；第二次不参加妇检的，则由村民自治领导小组给予一次性收取违约金 100 至 200 元。

3. 按时参加本村召开的计生工作会议和人口学校的培训，掌握三种以上避孕方法。

4. 外出务工的育龄人员，必须与村委签订管理合同，并领取《流动人口婚育证明》，方能外出；返回家 5 日内到村委报告，外出期间必须接受当地计生部门管理，属妇检和生殖健康检查对象的必须在当地接受检查，并按季度寄回检查证明，如逾期不寄回妇检证明的，则由村民自治领导小组对其丈夫或亲属给予一次性收取违约金 100 元。

5. 符合生育条件的已婚育龄妇女，要按规定领取《生育证》方可怀孕生育。小孩出生 7 天内要如实向村民小组申报。在外生育的夫妇不得超过 15 天申报，否则由村民自治领导小组给予一次性收取违约金 60~100 元。

6. 按《广西壮族自治区计划生育条例》规定，生育一孩的育龄夫妇，要有一方落实放环措施，生育二孩的育龄夫妇，要有一方落实结扎措施，落实措施的时间必须在生育小孩三个月以内。超过三个月属放环对象不落实放环手术，属结扎对象不落实结扎手术的，则由村民自治领导小组给予一次性收取违约金 100~200 元。受术者造成疾病的，按广西计划生育管理条例规定执行。

7. 广大村民必须共同遵守《中华人民共和国婚姻法》和《中华人民共和国收养法》之规定，如有违反规定，造成非法婚姻或非法生育及非法收养小孩等行为的由则村民自治领导小组给予一次性收取违约金 100~200 元，情节严重的并交有关政法部门处理。

8. 不支持、包庇、藏匿违反计划生育政策、法规的对象，发现有违反计生政策的人和事，要及时向村委或计生部门报告。对举报者，不准打击报复。

9. 实行村务公开，民主监督，公开计划生育法律、法规及本村制定的规章制度；公开本村生育、节育情况；公开违反计划生育政策的处罚情况及计划生育财务收支情况等。

10. 自觉接受村委会和计划生育部门监督和指导本村的计划生育工作。

11. 凡违反本村规民约的，由计划生育村民代表大会研究作出处罚决定，提交计划生育村民自治领导小组执行。

杆洞村民委会

2000 年 8 月 23 日

广西宾阳县古辣镇蔡村村规民约

为搞好农村物质文明、精神文明和政治文明建设，根据我村的实际情况特制定如下村规民约，希各村民认真贯彻执行。

一、守纪守法，团结友爱，关心集体，爱护公物；

二、认真贯彻执行党和国家在农村的各项路线、方针、政策，积极履行自己的权利和义务，不损人利己；

三、认真落实好土地承包责任制，鼓励村民用正当手段致富；

四、认真做好计划生育工作，提倡一对夫妇只生育一个孩子，反对重男轻女思想；

五、保护妇女儿童的合法权益；

六、尊老爱幼，邻里之间、婆媳之间要互敬互爱互让；

七、积极开展健康文明的群众性群体活动，丰富群众的文化生活；

八、移风易俗，弘扬社会主义正气，反对一切封建迷信活动；

九、严禁赌博，远离毒品，净化社会风气；

十、搞好环境卫生，绿化、美化居住环境；

十一、要依法纳税，任何家庭和个人不得打击、报复、恐吓、阻挠县、镇村干部依法执行的公务活动。

本条约自公布之日起生效。

广西金秀瑶族自治县六架村石牌

翻身全靠共产党　　　幸福不忘毛主席

为了发扬民族优良传统，加强物质文明建设，做到讲文明、讲礼貌、讲道德，创建一个安定的社会、优美的环境；促进人民身体健康，更好地完成学习、工作及生产任务，为实现四化、振兴中华多作贡献；特制订如下石牌，希全体村民遵照执行：

（一）讲文明、讲礼貌，对人态度和气，不打人，不骂人，不讲粗口话，培养良好的社会风气。

（二）讲道德：1.不做坏事，不偷东西。偷一条杉木罚款20元，偷20公分（根部直径）以上的杉木每条罚款100~300元；偷一条竹、一个笋各罚款5元；偷一个鸡罚款30元；偷一条狗罚款25元；偷一个果罚款1元；偷一斤生香菇罚款4元；偷一斤生木耳罚款2元；偷一斤生八角罚款2元；偷一斤生山苍子罚款2元；如重犯者加倍罚款。偷实物、新产品、现金，按其价值罚款二倍。2.不赌钱。违者分别给予20元以上的罚款，并没收赌具、款归石牌。3.不嫖娼，不乱搞男女关系，违者罚猪肉、酒、米各36斤，钱36元（男女双方各出50%）请全体村民吃，并向村民认错，限期六天内兑现，如逾期加罚20%。4.已婚男女村民，不得以争吵为名，而外出重婚（嫖娼），一旦发现追回后罚款150元。

（三）讲卫生，各户室内外，每天打扫一次，小孩屙屎及时扫走，猪关养，村头、村尾经常保持清洁整齐。

（四）男女青年必须在婚姻法规定的年龄登记结婚，违者由政府按计生政策处理。

（五）按照民族习惯，凡与本民族结婚的男女青年，不准高收费，不准买卖婚姻，不准超过500元（包括女方到男方或男方到女方家都如此），与其他民族结婚也限额在1500元以下，如有超过，将其超额收归村处理。

（六）贯彻执行党的方针政策，在政治上与中央保持一致。

（七）按时完成上交国家税款，及木材交售任务，不偷税、不漏税。

（八）团结互助，不吵闹、不打架，如有争议，通过协商解决，做到人有难，众人相帮。

（九）勤奋学习文化、科学知识，积极发展农、林、牧、副、渔业生产，走勤劳致富道路。

（十）村干部要密切联系群众，作风民主，有事与群众商量，做到全心全意为人民服务。

（十一）村干部必须廉洁奉公：1. 不以权谋私；2. 不行贿受贿；3. 不贪污挪用；4. 不多吃多占；5. 不打击报复。

（十二）村干部、村委、党团员领导班子，团结协作，研究工作。

（十三）遵守财务管理制度，管好、用好集体财物，半年召开一次村民大会，公布财务收支账目，总结半年工作，年终全面公布（口头与文字上墙）账目，全面总结村里工作，生产情况，指导村民继续发展生产。

（十四）村民要紧密团结在村委周围，服从村公所和村民委员会领导，完成村里分配的各项任务。

（十五）遵守林业三定政策，已定承包到户的山界林权，如有违背，无理取闹者罚款 36 元，或将山林土地收归村有，重新给其他村民承包。

（十六）收取土地承包费，是扩大集体积累资金来源的重要渠道，村民必须按时上交给村委土地承包费。

（十七）开展文化体育活动，如打篮球、办图书室等，学科学、用科学，使青少年健康成长。

（十八）谁的猪、牛、鸡、鸭损害庄稼，经村委评议，赔偿经济损失，如重犯加倍处罚，限期十天内兑现。

（十九）有乱诬人，无中生有的，对当事人罚款 36 元，并给予挂红（在调查过程中除外）。

（二十）任何人不准进入水源林区砍柴、做地，如有违背，每砍一条生木罚款5元，多砍依数加罚。

（二十一）维护好社会治安，做好防火、防毒、防坏人工作，对坏人坏事要进行揭发检举，检举有功者在罚没款中给予40%奖励，其余归村所有。

（二十二）本石牌选出正副石牌头各一名，副石牌头由村民委主任兼任，每届任期五年，不称职的，随时可罢免，好的可连选连任，但最多不得超过二届。

（二十三）正副石牌头，在村民委的领导下负责组织实施本石牌和各项规定，并与村民委团结协作，进行工作。

（二十四）全体村民必须拥护和支持石牌头的工作。

（二十五）谁损坏石牌，按经济损失，罚款三倍。对村外人员违犯石牌，一律按本石牌规定进行处罚。

（二十六）本石牌，经全体村民共商议定，吃酒宣誓，自公布之日起执行。

首届任石牌头：赵有信　副石牌头：冯春官

六架村民众　一九八三年正月初三

广西金秀瑶族自治县金秀镇三片屯石牌

（此石牌刻于石碑上，现就立于该村中央，保存完好，文字清晰可见）

祭石牌　　铁炮三声　　天灵地准　　国泰民安

一、偷盗财物者，罚三十斤米，三十斤酒，三十斤肉，三十元钱，失物归原主，全村共吃石牌饭。

二、嫖赌富家者，罚打锣游巷，按第一条办。

三、强奸妇女，拐卖人口者，罚一千元赔偿受害者，按第二条办。

四、砍伐本村公共护材区或材木者，罚：砍一交二十，石牌和村委各半。

五、破坏交通、公共场所、集体财产者，罚：加倍赔偿外，再按第一条办。

六、勾生吃熟，里通外合，扰乱村屯者，按第一条办。

七、捉案者：罚犯者五十到五百元奖给捉案者。

八、石牌执约者由应届领导人主持执行公务，执行公务人员由石牌罚犯者每天付误工费十元。

三片屯立于一九九〇年十二月廿三日

广西金秀瑶族自治县忠良乡十八家村石牌

为了维护我村社会秩序，打击危害安定团结之不良行为，确保生产发展和生活稳定，实现安居乐业，经全体村民一九九一年五月九日讨论，制定《十八家村石牌》，今后不管谁人，凡违犯本石牌的，一律按石牌处理，不徇私情，不讲情面。

一、严禁通奸。凡违者，罚男女双方各二佰元（在石牌原文中的罚则部分有的条款用“百”，有的用“佰”，为了忠于原文，故笔者没有采一致的用法）。

二、严禁赌博。凡参与者，每赌一回各罚一佰五十元。提供赌场者，罚一百元，并由“石牌执行小组”没收所得赌资、赌物及赌具。

三、严禁偷盗。

1. 偷杉木，十四公分以上的，每根罚五十元，十四公分以下的，每根罚四十元，偷松木，二十公分以上的，每根罚四十元，二十公分以下的，每根罚二十五元，偷杉木苗每株罚一元。（公分即厘米，是指根部直径的宽度。）

2. 偷毛竹，每条罚十五元，南竹，每条罚十元，毛竹笋，每个罚五元。

3. 偷灵香草每个罚四十元，绞股兰草，每个罚十五元。

4. 偷棕衣，每斤罚十元，山苍子，每斤罚十元，棕衣苗每株罚一元。

5. 偷鸡、鸭、鹅每只罚五十元，狗，每只罚一百元。

6. 偷蜜蜂每窝罚三十元。

7. 偷香菇，每斤罚二十五元，木耳，每斤罚十五元，瓜菜每斤罚三元。

8. 偷八角每斤罚十元，黄柏，每斤罚十元。

9. 偷钱，除要全部陪（赔）（该石牌内容中带括号的有的是原文中有错别字，为了不引起歧义，笔者加以说明；有的是笔者的解释。以下均同，不再作注）退外，另按被偷钱加倍罚，偷衣物每个（件）按原价加罚。

10. 偷粮食（包括主杂粮），每斤罚五元。

11. 偷杂果，每个罚一元，柴火每扛罚五元。

四、严禁打架斗殴，凡挑事端引起打架斗殴者，罚五十元，如打伤他人的，肇事者要负责伤者的医药费（凭乡以上卫生部门发票）、误工费和营养费。

五、严禁毁林开荒（应该是指集体林、公益林）。凡毁林开荒的，幼林每亩罚二佰元，中成林每亩罚三百元，竹林每亩罚一百元，所毁林木，限期由毁林者负责按面积造回林木，并护理三年，然后归还集体。

六、要严禁炸、毒、电鱼。凡炸、毒鱼的，每次罚一百元，电鱼每次罚五十元。

七、严禁放野牲畜。为了确保村巷卫生，各户饲养的牲畜一律要关养，不准放野，违者，每次罚二元，如牲畜糟蹋他人作物的，家主要负责赔偿。

八、严禁酗酒闹事或半夜明（鸣）枪。违者每次罚五十元。

九、凡外地人，在我村犯事的，一律按本石牌处理。

十、毁坏本石牌者，除负责再建或所用经费外，另加罚五百元。

十一、十六岁以上（下）小孩犯石牌，由家长承担责任。

十二、凡违犯了本石牌的，违犯者除被罚款外，另要出猪肉、大米、酒各三十斤置办酒席，请我村每户一人集中吃一餐，以示告诫。

十三、凡被罚款者，自处理之日起，十天内要全部交清罚款，如无现款的，则以实物折价顶抵，如超期一天，则按罚款数的5%加罚。

十四、凡举报案件者，经查核属实，则按所罚违犯者款的20%给予奖励。

十五、为执行好本石牌，由正副石牌头三人组成“石牌执行小组”，执行小组在村民委员会的领导下，具体负责对违犯本石牌的行为作处理工作。每届石牌头人任期三年。

十六、罚没款的使用规定。属于罚偷盗这部分的，如被盗的实物仍在的，实物归还失主，如实物不在的，则按罚款的50%归还失主，50%归石牌。除此以外的各条罚款全部归石牌，归石牌的罚款除付给“石牌执行小组”人员办案的误工费（每人每天十元）外，其余款全部用于本村的福利事业开支。

十七、罚没款的管理办法。实行帐（账）钱分开管，由“石牌执行小组”两位副石牌头各管一项，石牌头把关负责，群众监督。如有私分或贪污罚没款的，由村民委按所分或所贪污的总数加倍罚。

十八、本石牌自一九九一年五月九日起生效。

十八家村全体村民立

金秀瑶族自治县金秀镇六段村村规民约

为了稳定我屯的社会治安，特将石碑村规立约如下：

一、进入民家盗窃财产者，按损失计算赔偿给失主，并罚款盗窃者二百元。

二、对于盗窃他人杉木者，按地径计算，每寸直径罚款两百元，并负盗窃所在树山全部责任。

三、谁家砍伐和转让杉木必须要点清界限，不得随意跨线，若故意超越界限转让或砍伐者，按地径计算，每寸罚款四元，杉木归还原主。

四、如谁家转让杉木，求购者必须要和家长商议，如不和家长商议的，家长有权收回杉木，并罚款求购者一百元。

五、在各户杉木或地界管辖的松木、杂木，切不许人乱砍滥伐，对于乱砍滥伐者，按地径计算，每寸罚款2元。

六、偷盗家禽者，按价赔偿给失主，偷鸡、鸭的，每只罚款一百六十元，偷狗的，每只罚款三百二十元。

七、偷盗棕皮、棕油、竹笋、蔬菜水果、八角等，按价罚款十倍。

八、毁坏村容，破坏财物者，按损失赔偿并罚款二百元。

九、擅自占用公场、公物不退还者，每次罚款一百元。

十、破坏水、电造成损失者，按价赔偿并罚款五百元。

十一、里通外合，打架斗殴，造成财产损失的，按价赔偿并罚款一百元。

十二、经村民报告后，执法人员包庇某人隐瞒事实的，罚款一百元。

十三、打击报复执法人员造成伤害者，应赔偿医药费、误工费等，并罚款二百元。

十四、报案人员要实事求是，不得谎报，若没有人证物证，执法人员不受理。

十五、执法护法人员犯本村规民约的，加倍处罚。

十六、以上条约，罚款所得的资金，如触犯条约者，没有现金的，以实物抵押，罚款所得资金，奖执法人员50%，付给失主30%，与（以）下归村民小组作为公共积累。

十七、若谁家犯本村规，第一，第二，第九，第十一，第十三，第十四条约的，须办酒食，定于食物、酒五十斤，米三十斤，猪肉三十斤，青菜四十斤，办六桌待各户主食餐，如某户主不来吃的罚款五十元。

以上条约各户主签名、盖章之日起生效，触犯以上条约者，由执法人员给予重罚，望全体村民自觉遵守，本条约一式四十七份，金秀镇政府执一份，镇派出所执一份，六段村委执一份，双永屯小组各户执一份。

有约必依，违约必究。

一九九九年六月二十一日

金秀瑶族自治县金秀镇六段村委会章

金秀瑶族自治县金秀镇六段村石碑条约

天地明鉴　　　　人人皆知

进入民家盗窃财产物者，按损失计算赔偿外加罚款三倍。

盗窃他人杉树者，按地径每寸直径罚款十五元。

盗窃棕皮、油棕、瓜果等，按每斤罚款五元。

嫖人妻女或引诱他人共奸者罚款一千元，酒席十桌，每桌一百元供全村人进餐，由犯者登门为对方赔礼道歉。

毁坏村容，破坏公共财物者，每次按损失价赔偿加罚款二百元。

擅自占用公场、公物不退还者，每次罚款一百元。

破坏或妨碍交通、水电造成损失者，按折价赔偿加罚款五倍。

石碑执法人员犯本条款加倍处罚。

打击报复造成伤害者从重处罚，由犯者登门为对方赔礼道歉。

里通外合，聚众赌博，打击扰乱人心者，按损失折价赔偿每次加罚款二百元。

执法护法有功者奖。

此条约于立碑之日起生效，触犯者按条约处罚。

六段村

立于一九九一年正月初一

广西金秀瑶族自治县长垌乡三角屯村规民约

为了维护本村的社会秩序，增进团结，经全体村民讨论，特制定本公约，希各自遵守：

1. 凡是盗伐国家、集体、他人的木材、竹子（毛、南竹、黄竹子和竹笋）的，除退回脏（赃）款脏（赃）物，另外按价值处以3倍的罚款（每根竹子笋子罚款5元）；偷一个果罚款0.5元。

2. 凡是盗窃各种经济、农作物的，除退回脏（赃）款脏（赃）物外，另加罚款5倍。

3. 凡是盗窃菜类的，按每市斤罚款2元。

4. 凡是盗窃他人鸡、鸭、猪、狗的，家禽的，除退回脏（赃）

款脏（赃）物外，另加罚款3倍的处理。

5. 凡是盗窃他人家具、农具、电具，除退回脏（赃）款脏（赃）物外，另加罚款2倍。

6. 凡扒窃他人现金存折的，除退回脏（赃）外，另加罚款100元。

7. 凡是破坏他人的农田水利设施，造成一定经济损失的，除赔偿损失外，另加罚款30元。

8. 家禽、牲畜糟蹋他人农作物的，经双方协商赔偿损失。如有故意放牲畜糟蹋农作物的，除赔偿损失外，另加2倍给予赔偿。

9. 无理乱闹和辱骂他人不听劝解的，每次罚款10元。

10. 凡打架斗殴或且（者）故意殴打他人，致使他人受伤的（除犯刑律外），给予一次性赔偿医药费和误工费外，加罚款100元。

11. 互相通奸、发生不正当的两性关系，破坏他人家庭团结，罚款三个四十（指40斤米，40斤酒，40斤猪肉），男女同等处罚，给全队吃教育酒。

12. 拒不交纳集体承包费的项目的，罚款50元。

13. 不许乱占他人承包地界，如乱占他人承包地界的，除退回所占的地界外，另罚款10元，并同时付给处理人员的误工费，每人每天5元，罚款限期在一个星期内交清。若抗拒不交者可加倍罚款，并由执行小组采取强硬措施以物抵押。

14. 处理违法人员所得的罚款现金，按40%奖给调解人员作为误工费，30%奖给揭发或检举人员，30%留给生产队公共积累。

15. 集体的荒山荒地未发包的，任何人不得随意侵占，违者每亩罚款100元。

16. 经群众举报，证据确凿的违约事件，执行小组不处理的，每起按应处罚等价罚款，处罚执行小组50元。

17. 凡处理违约人员，需要召开群众会议的，每个村民都应参加，如有不来参加会议和背后议论的，给予罚款50元。

18. 无故骂人和无理取闹造成他人家庭和人与人之间互不团结的，一次给予罚款50元。并付给处理人员的误工费每人每天5元，除罚款外，另给被冤往（枉）人员洗脸费20元。

19. 凡有外村人员需要进入本村地界起建房屋的或者打砖瓦等，必须通过本村村民讨论通过，如有任何人不经讨论自作决定的，则按每平方米罚款5元。

20. 本村公约执约人员是：黎显章（队长）、李家毫、李玉兰、李勇军、李秀加、李向阳、李兵七人组成。

21. 本公约自一九九一年元月十日起生效。

三角屯村民委全体村

户主签章：（有三十一名户主签名并加按手印）

三角屯村规民约补充条约

根据社会经济发展的需要，经本屯全体成员讨论决定，补充如下协议：

1. 凡是盗窃经济作物、生八角者一律按生八角每市斤罚款60元，盗窃干八角者，按每市斤120元罚款，另罚（：）偷一次（加罚）120斤肉、120斤酒、120斤米。

2. 从2000年7月20日起，任何人都不准进入他人八角地打捞（“打捞”，即进入他人采收后的作地里捡拾遗漏的果子或其他作物，在此，指捡拾作地主采收后遗漏的八角）（包括任何季节）。凡发现者，则按补充协议第一条处罚。

3. 凡受罚者限期两日内交清款额，超期一天加倍罚款。

4. 执行小组和队干在罚款总数中拿20%作为误工费。

签约人:(有四十八名户主签名并加按手印)

广西金秀瑶族自治县金秀镇长二村民委村规民约

为了维护社会治安，净化社会空气，弘扬劳动人民的优良传统，使村民的生产生活有一个良好的社会环境，参照国家的有关法律法规，结合本村实际，经村党支部、村民代表大会讨论通过，订立本村规民约，使全体村民共同遵守。

一、遵守国家法律、法规和规章制度，执行国家的各项方针、政策，按时完成上级分配的各项任务。

二、维护妇女、儿童、老人和残疾人的合法权益，不准歧视虐待妇女、儿童，要对老人尽赡养义务，关心教育好子女，使其从小养成良好的道德习惯。

三、支持勤劳致富，杜绝偷盗行为。如发现偷盗集体和他人财物的，树木按照“砍一栽三罚九处罚”，其他作物按物价值罚款一至十倍，构成犯罪的移交国家政法机关惩处。

四、做好牲畜看管工作，不准流放牛、猪，违反者按无牛、无猪主处理。对看管不好牛、猪，糟蹋他人作物的，损一栽三处罚外，另按作物价值一至十倍罚款。

五、维护生态平衡，严禁进入公益林地破坏林木及毒鱼、炸鱼，违者依法移交公安机关，并处罚款500~1000元，对举报有功者，从罚金奖40%。

六、严禁赌博，一经发现除没收赌资外，从经济上、行政上加重处罚，为赌博提供场所者，从重处罚。

七、讲文明、讲卫生、讲礼貌、讲道德，严禁侵犯他人的人身权利，不准酗酒闹事，加强邻里团结，遵守卫生公约，争当模范村民。

八、轻微民事纠纷，先找村民小组进行调解，不服调解的，由村民小组签署（署）意见到村委处理。超越规定或者手续不齐的，村委不予受理。

九、积极参加村民会议和其他会议，学习国家有关法律法规和致富技术，了解党的路线方针政策，关心国家大事。

十、凡是违反上述规定及违反《治安管理处罚条例》都必须严格按照《中华人民共和国治安管理处罚条例》进行处罚。

十一、本村规民约，已经2007年3月24日党员、村民代表大会通过，自公布之日起执行。本村规民约对居住在本村范围内的其他居民同样适用。

长二村民委

2007年3月24日

村规民约执约队员名单：

队长：陶永生　副队长：陶永荣、莫一波

成员：陶伟通、陶　明、陶永洪、陶干荣、莫运才、莫仕忠

广西金秀瑶族自治县道江村村规民约

为了加强对我村农业生产种植的管理，提高农田耕地的生产和经济效益，保证农业生产的顺利开展，促进我村“两个文明”建设的全面发展，经村民代表大会商议并一致通过，制定《村规民约》内容如下：

1. 严禁乱放耕牛，对放野牛损坏村民种植农作物的农户，除赔偿经济损失外，另外每头牛处以5~50元的罚款，有意放牛破坏农作物的重罚。

2. 纵火烧、报复糟蹋他人农作物的，除赔偿经济损失外，另

加处罚 50~100 元，情节严重的交政法部门处理。

3. 严禁偷砍别人作物，违者按市场价处以 5~10 倍罚款。

4. 要服从村干、队干管理，有意打击报复村干及举报人员的，轻者批评教育，重者除赔偿损失外，交政法部门处理。

5. 严禁群众斗殴，寻衅滋事，违者除要赔偿一切费用外，情节严重的交政法部门处理。

6. 按时完成缴交公粮、购粮任务。管好土地，不准丢荒，如果丢荒按政策收取荒芜费，每亩地交 30~50 元，田交 50~80 元。

7. 依法纳税，不偷税漏税。

8. 按时缴交各种经济承包合同款和土地承包费，不拖欠，不转交，过时不交，要交滞纳金。

9. 执行计划生育政策，实行计划生育自觉做到一环二扎，坚决堵住计划外生育，如有违犯，按计生政策处理。

以上村规民约，希望全体党员、村队干部、全体村民互相监督，遵守执行。

广西宜州市屏南乡北角村村规民约

为维护本村社会治安，保护人民群众的合法权益，促进我村健康、协调、稳定发展，经全体村民代表讨论决定，特制定如下公约：

一、坚决执行党的路线、方针、政策，热爱祖国，热爱集体，遵纪守法，尊老爱幼，邻里和睦，做文明的村民。

二、强化治安管理工作，对检举坏人坏事者给予保护，为坏人坏事提供方便者，交由公安机关处理。

三、不准聚众赌博、打架斗殴；严禁放牛、马糟蹋农作物，违者处以损失两倍以上罚款。

四、封山育林，严禁乱砍伐；严禁哄抢和破坏国家、集体、个人财产。

五、严禁阻挠各级干部执行公务，对挑起事端或无理取闹者，扭送司法机关处理。

六、对强占公共场所和破坏交通道路者，坚决依照《土地管理条例》处理。

七、对破坏人畜饮水及水利设施者，坚决按照国家《水法》从严处理。

八、讲究卫生，自觉维护公共场所清洁。

广西宜州市屏南乡果立村村规民约

为了保障我村村民实行自治，由村民群众依法办理自己的事情，促进社会主义民主和法制建设，加快我村物质文明和精神文明建设步伐，根据我村实际情况，特制定本村规民约。

一、拥护中国共产党的领导，遵守国家政策法令法规，坚持四项基本原则，热爱党、热爱社会主义祖国。

二、做好治安防范工作，各居民要注意外来流动人员的动向，如有可疑行为，要立刻报告村民小组长。

三、各户要做好防火工作，严防火灾发生，如有火灾发生，因此而造成的损失，应由引起火灾的直接或间接责任人负经济赔偿责任，情节严重的移交司法机关处理。

四、遵守社会公德，不调戏妇女，严禁参加赌博，对聚赌藏赌或参赌者给予批评教育，严重的移交公安机关处理。

五、维护社会治安人人有责，如有盗匪案件发生，各户要立即出动，按本屯预先约定的信号集中，听从村民小组长的指挥。

六、遵守纪律，不准偷砍国家集体或个人材木，违者强令退还并给予罚款。如偷砍材木，株直径在五寸以上的罚款30~100元，五寸以下的罚款10元。不准在后龙山和封山育林境内开荒，放石炮砍柴草，违者除按实际损失赔偿外，还要给50~100元的经济处罚。不准乱放牛、马、猪等畜类和其他家禽糟蹋别人青苗，违者要赔偿损失。不准拦水坝或用药毒鱼，违者除赔偿损失外，为首罚款20元，参与者罚款10元，对不听劝阻，造成他人人身伤害和财产损失的，必须承担医疗费用或法律责任。

七、不准打架斗殴，当发生纠纷时，家庭或者邻里间能自行调解的自行调解处理，不能处理的要依靠组织解决。

八、提倡社会主义精神文明，移风易俗，反对封建迷信，不请神弄鬼，不算命算（相）面，不看、听、传迷信和淫秽书刊、音像。婚姻大事由本人作主，反对他人包办干涉，不借机索取财物。

九、自觉做到计划生育，晚婚晚育。村民之间要互相尊重，相互理解，相互帮助，和睦相处，建立良好的相邻关系。

十、全村村民要遵循婚姻自由，男女平等，一夫一妻，尊老爱幼原则，建立团结和睦的新家庭。

十一、夫妻在家庭中的地位平等，反对男尊女卑，不准打骂妻子，夫妻双方共同承担家务劳务，共同管理家庭财产。

十二、严格用水、用电管理；不经批准，不准私自安装用水用电设施，要切实爱护水电设施，节约用水用电，严禁偷水偷电。

十三、服从村建房规划，不扩占，不超高，搬迁拆迁不提过分要求；拆旧翻新，须经村委会批准，统一安排，不准擅自动工。

十四、对丧失劳动能力无固定收入的老人，其子女必须尽赡养义务，保证老人每人每年400斤口粮，200元零花钱，两套衣服，生病就医，生活服务，由子女负担或承担费用。

十五、父母、继父继母承担未成年无生活能力子女的抚养教育。不准虐待病残儿、继子女和收养子女，不准使小学生辍学。

十六、对父母的遗产，男女有平等的继承权。

广西宜州市屏南乡板纳村村规民约

为了保障我村村民实行自治，由村民群众依法办理自己的事情，促进社会主义民主和法治建设，加快我村物质文明和精神文明建设步伐，根据我村实际情况，特制定本村规民约。

一、拥护中国共产党的领导，遵守国家政策法令法规，坚持四项基本原则，热爱党、热爱社会主义祖国。

二、做好治安防范工作，各居民要注意外来流动人员的动向，如有可疑行为，要立刻报告村民小组长。

三、各户要做好防火工作，严防火灾发生，如有火灾发生，因此而造成的损失，应由引起火灾的直接或间接责任人负经济赔偿责任，情节严重的移交司法机关处理。

四、遵守社会公德，不调戏妇女，严禁参加赌博，对聚赌藏赌或参赌者给予批评教育，严重的移交公安机关处理。

五、维护社会治安人人有责，如有盗匪案件发生，各户要立即出动，按本屯预先约定的信号集中，听从村民小组长的指挥。

六、遵守纪律，不准偷砍国家集体或个人材木，违者强令退还并给予罚款。如偷砍材木，株直径在五寸以上的罚款30~100元，五寸以下的罚款10元。不准在后龙山和封山育林境内开荒，放石炮砍柴草，违者除按实际损失赔偿外，还要给50~100元的经济处罚。不准乱放牛、马、猪等畜类和其他家禽糟蹋别人青苗，违者要赔偿损失。不准用拦水坝和用药毒鱼，违者除赔偿损失外，为首罚款20元，参与者罚款10元，对不听劝阻，造成他人人身伤害和财产损失的，必须承担医疗费用或法律责任。

七、不准打架斗殴，当发生纠纷时，家庭或者邻里间能自行调解的自行调解处理，不能处理的要依靠组织解决。

八、提倡社会主义精神文明，移风易俗，反对封建迷信，不请神弄鬼，不算命算（相）面，不看、听、传迷信和淫秽书刊、音像。婚姻大事由本人作主，反对他人包办干涉，不借机索取财物。

九、自觉做到计划生育，晚婚晚育。村民之间要互相尊重，相互理解，相互帮助，和睦相处，建立良好的相邻关系。

十、全村村民要遵循婚姻自由，男女平等，一夫一妻，尊老爱幼原则，建立团结和睦的新家庭。

十一、夫妻在家庭中的地位平等，反对男尊女卑，不准打骂妻子，夫妻双方共同承担家务劳务，共同管理家庭财产。

十二、严格用水、用电管理；不经批准，不准私自安装用水用电设施，要切实爱护水电设施，节约用水用电，严禁偷水偷电。

十三、服从村建房规划，不扩占，不超高，搬迁拆迁不提过分要求；拆旧翻新，须经村委会批准，统一安排，不准擅自动工。

十四、对丧失劳动能力无固定收入的老人，其子女必须尽赡养义务，保证老人每人每年400斤口粮，200元零花钱，两套衣服，生病就医，生活服务，由子女负担或承担费用。

十五、父母、继父继母承担未成年无生活能力子女的抚养教育。不准虐待病残儿、继子女和收养子女，不准使小学生辍学。

十六、对父母的遗产，男女有平等的继承权。

广西宜州市屏南乡合寨村果地屯村规民约

为了保障我屯村民实行自治，由村民依法办理自己的事务，促进社会主义民主和社会主义物质文明和精神文明建设的不断发展，根据我屯实际情况，特制定本屯规民约。

一、社会治安

1. 每个村民都要学法、知法、守法，自觉地维护法律的权威和尊严，维护社会秩序和公共安全，不扰乱公共秩序，不阻碍公务人员执行公务，同一切违法犯罪行为斗争。

2. 村民之间应团结友爱、和睦相处，不打架斗殴，不酗酒滋事，严禁侮辱、诽谤他人，严禁造谣惑众、拨弄是非。

3. 严禁偷盗、敲诈、哄抢国家、集体、个人财物，严禁赌博、非法生产、运输、储存和买卖爆炸物品。

4. 生产、销售烟花、爆竹和购置各种枪支须经公安机关批准，捡拾到枪支弹药、爆炸物品后及时上缴公安机关。

5. 如有盗窃和火灾发生，各户须按本村信号集中，听从村民小组领导指挥。有序进行围捕和灭火。

6. 不准偷伐国家、集体、个人林木，违者强令赔退并罚款，如偷砍株直径 5 寸以上罚款伍拾元，5 寸以下罚款拾元。

7. 不准乱放牛、马、猪、羊等家畜，违者造成损失的，负责赔偿，不准在后龙山开荒、放石炮、砍柴草，违者罚款贰拾元；不准私自拦坝围水和用药毒鱼，违者赔偿损失外，为首者罚款贰拾元，参与者罚款拾元。

8、严禁用水、用电管理，不经批准，不准私自安排安装用水用设施，要切实爱护水电设施，节约用水用电，严禁偷水偷电。

9. 认真遵守户口管理规定，出生、死亡要及时申报和注销。外来人员，需要在本村短期居留和临时居住的应向村屯治保人员汇报办理临时手续。

10. 对违反上述社会治安条款者，除以上有规定的以外，按如下办法处理：

（1）触犯法律法规的，报送司法机关处理。

（2）情节严重，但尚未触犯刑律的和治安处罚条例的，由村委会批评教育外，酌情罚款。

二、村风民约

11. 提倡社会主义精神文明、移风易俗，反对封建迷信及其他不文明行为，树立良好的社会风尚。

12. 喜事新办，不铺张浪费；丧事从俭，不搞陈规旧俗。

13. 搞好公共卫生、村容整洁，不随地倒垃圾秽物。

14. 服从村乡建房规划，不扩占、不超高，搬迁拆迁不提过分要求，拆旧翻新须经村委会批准，统一安排，不准擅自动工。

15. 违犯上述规定的给予批评教育，写出检讨书，情节较重的加以罚款。

三 . 相邻关系

16. 村民之间互相尊重、相互理解、相互帮助、和睦相处，建立良好的相邻关系。

17. 在经营、生活、借贷、社会交往过程中，应遵循平等、自愿、互利的原则，生产过程中，自觉服从村委会安排，不随意更换、移动地界标志，发扬共产主义风格，小事不斤斤计较。

18. 依法使用宅基地，老宅基要严格尊重历史状况，新宅基按村、乡规划执行，不得有损整体规则和四邻利益。

19. 村民饲养的动物、家畜造成他人损害的，饲养人或管理人员负经济责任，没有或限制行为（能力）的人，给他人造成损害的，监护人应负经济责任。

20. 邻里间发生纠纷，能自行调解的自行调解处理，不能自行处理的要依靠组织解决，不能仗势欺人，强加他人，造成伤害的要负经济责任，并给予罚款。

四、婚姻家庭

21. 村民要坚持婚姻自由、男女平等、一夫一妻、尊老爱幼的原则，建立团结的新家庭。

22. 婚姻大事本人作主，反对他人包办婚姻，干涉婚姻，不借婚姻索取财物。

23. 自觉做到计划生育，晚婚晚育。

24. 夫妻平等，反对男尊女卑，不准打骂妻子，夫妻双方共同承担家务劳动，共同管理家庭财产。

25. 对丧失劳动能力无固定收入的老人，其子女必须尽赡养义务。

26. 父母、继父母承担未成年人、无生活能力子女的抚养教育，不能虐待病残儿、继子女和收养的子女。

27. 对父母的遗产，男女有平等的继承权。

三江侗族自治县独峒乡岜团村村规民约

为了确保农林生产的全面发展，保证集体和个人的利益不受侵犯，促进我村物质文明和精神文明健康发展，建立和谐社会，特制定村规民约，要求每个村民都必须遵守执行，违者按本规定处理。

一、农林方面

1. 村有林、联营林场、村民自留山林木，盗伐一根罚款30元至500元，松木每根罚款15至200元。

2. 白果树种在私人自留地，以后挂果按百分比分成，有意毁坏白果树每株罚款50~100元。

3. 盗砍楠竹无论大小，每根罚款10元，竹笋每个5元。

4. 乱砍他人桐子、茶子树、茶叶树、果树每株罚款10元至100元。

5. 牛、羊、猪毁坏庄稼，除赔偿损失，每次罚款20元。

6. 失火烧山（包括松、杉、桐茶、竹、薪炭等林）除赔偿损失每亩罚款 20 元。

7. 乱进他人茶地偷茶子、桐子、茶叶，每次罚款 20 元，退回原物。

8. 乱进他人茶地砍生柴，每次罚款 10 元。

二、农业方面

1. 社员灌溉用水按各屯、各条水利规定的分水管理制度执行，如发现堵塞他人水利者，第一次罚款 10 元，第二次 20 元，第三次 50 元。

2. 农户承包的责任田，水利经过，及其他用户的水源在干旱季节，不准排水、塞水，如因两次造成他人农田干旱减产要负赔偿责任。

3. 乱进他人责任田、鱼塘偷鱼者，每次罚款 20~200 元，鱼要退还。

4. 偷他人稻谷，退回稻谷，罚款 50 元。

5. 鸡、鸭、鹅进他人责任田毁坏稻谷、吃鱼仔，赔偿损失，每只罚款 2 元。

三、社会治安

1. 严禁聚众赌博。如有为赌博提供场所、赌头、赌棍的均罚款 200 元，参赌者罚款 20 元，赌场随身带有的钱全部没收归公。

2. 严禁在河道炸鱼、电鱼、毒鱼。炸鱼、电鱼每次罚款 30 元，毒鱼罚款 200 元，电他人责任田鱼，除赔偿损失外，罚款 50 元。

3. 除赔偿外，盗窃耕牛每次罚款 500 元，猪 200 元，羊 100 元，狗 50 元，鸡、鸭、鹅每只 20 元。

4. 乱进他人房屋盗窃金、布匹等物资每次罚款 50~300 元，退回原物。

5. 偷他人桃、李、瓜、柑等水果按造价赔偿，每次罚款 10 元。

6. 盗窃公共财物，如木板、木条、瓦片等物资，退回原物，每次罚款 20 元。

7. 谎报语言，惊动村民罚款 100~500 元。

8. 家庭用火不慎，造成炉火或电火引起火警，每次罚款200~500元。

四、文物保护方面

1. 不准在旅游景区乱挖土、搞新菜园、攀压、砍伐风景林木、影响绿化，违反者罚款 30~200 元。

2. 村有鱼塘、戏台、鼓楼等活动场所，不准侵占而起屋，违者罚款 200~500 元，房屋照样搬迁。

3. 不准进村前、寨后的绿化点砍生柴、烧炭，违者罚款 30 元。

4. 过村的钢管、水阀、消防栓不准敲打，故意造成毁坏，照价赔偿，当天修好，并罚款 20~50 元。

5. 不准在大桥随意乱跑、乱串、踩瓦、玩自行车和在桥底大小便，违者罚款 20~50 元。

6. 不准放浪猪，违者罚款 10 元，二次 20 元，以此类推。

7. 各户门前屋后要讲究清洁卫生，违者罚款。

8. 不准在桥头倒垃圾，违者罚款。

9. 谎报语言，制造、煽动他人闹不团结，爱造事，需要到村部解决，每人先交 50 元调解费，赢者退回，违者做调解费交工。

岜团村民委

2005 年 10 月 1 日

广西扶绥县龙头乡那贵村将军屯村规民约

天灵地异　　　　国泰民安

一、禁止在学校会场、村庄山脉附近乱接乱倒垃圾，需按规定使用水井，违者罚款千元。

二、偷他人柴山、竹林、竹笋、果类或其他作物，按每根（个）罚款千元。

三、1. 偷一根杉木，按物作价赔偿外，加三倍以上的赔金。

2. 偷一切家具、电用机器等，处予五百元罚款。

四、乱放家禽，家禽毁坏他人庄稼，（被）打死即不免责，除由该户按本规赔偿外，加罚一百元。

五、偷鸡摸狗者，除按价赔偿外，加罚二百元。

六、凡参赌者，给予每人罚款一百元，提供赌场、赌具各罚款二百元。

七、破坏他人婚姻，男女嫖娼，各罚款一千五百元。

八、对检举违法者奖给罚金 50%，对检举（者）和执行者如有报复行为要加倍从重处罚。

九、凡违反第二、三、五、七、九、十二条规定罚款外，加罚办理猪肉酒米各十斤，土鸡二斤以上酒席一桌。

十、凡在公共场地堆放杂物，除没收外加罚十元。

十一、执法者如有不按本条例执行罚款二百元，执法者违法加倍处罚。

将军屯全体村民

一九九五年十一月八日立

贵州省从江县贯洞镇腊全村村规民约

为规范我村村民行为，净化社会风气，打击一切社会丑恶现象，保护国家集体和个人的合法利益，维护正常的社会、生产工作和生活秩序，确保各项事业的顺利进行，参照国家有关法律、法规和法令，结合我村实际情况，村民委研究特制定本村村规民约，望各小组、各农户共同遵守执行。

一、对偷盗行为的处罚：凡偷盗行为除退回赃款、赃物赔偿损失外未构成法律处罚的，视其情节轻重，按下列条款处罚：

1. 凡偷牛盗马每人每次罚款 1500 元，另并负责每人每天找牛、马 10 元的误工费。

2. 凡偷狗、羊 10 斤以下罚款 100 元，10 斤以上罚款 200 元。

3. 凡偷家禽如鸡、鸭、鹅以个数论处，（偷盗者）15 岁以下每只每次罚款 30 元，15 岁以上每只每次罚款 60 元。

4. 凡盗窃农作物，如粮食类、蔬菜、各种瓜果，除退赃赔偿损失外，15 岁以下每人每次罚款 50 元，15 岁以上每人每次罚款 100 元。

5. 在封山县林区域或他人自留山偷砍干柴按每担罚款 10 元，偷砍生柴、生木条、豆秆按每根罚款 10 元。

6. 规定星期六、星期天到自留山砍柴，违者每人每次罚款 10 元。

7. 凡盗伐集体或个人木材，如杉木每株 4 米长尾径有 6 公分（厘米）以上 12 公分以下按每株罚款 100 元，如尾径有 12 公分到 18 公分以下的每株罚款 200 元，4 米、尾径有 18 公分以上每株罚款 500 元，棺木每株罚款 2000 元，偷砍松木直径 20 公分以下罚款 50 元，直径 20 公分以上罚款 100 元。

8. 不准在封山县育林区或未开发的地区乱开荒、种地，如有违者按面积每分地罚款 15 元，并收回归公。

二、对妨碍社会治安、扰乱公共秩序、破坏公物行为的按下列条款处罚。

1. 集众闹事打架斗殴或煽动他人打架斗殴者，除赔礼道歉，并负责医药、护理、营养和每天误工费外，每人每次罚款 50 元。

2. 破坏公共财物，如学校、古楼、戏台及村委会、自来水等设施除照价赔偿后，另罚款 50 元。

3. 发现易燃物品存放在家中，或不安全的烟囱，在限期内本人如不搬走或另做处理，每起每次罚款 15 元。

4. 谁家发生火警不论大人小孩，每人每次罚款 200 元，如火灾烧及他人财物除赔偿损失外，每人每次罚款 400 元。

5. 如发生山火，在家者知情者不去救火，每人每次罚款 10 元。

6. 对发生山火者的处罚，5 亩以下罚款 100 元，5 亩至 10 亩罚款 300 元，另并负责毁一栽三包活，负责上山扑灭救火所受伤人员医药、护理、营养费和抚恤费，10 亩以上交法律机关处理。

三、对打击报复，侵犯人身权利或侵害他人利益的按以下条款处罚：

1. 凡对举报（者）、村组干部、执约人员进行打击报复的，除赔偿经济损失外，视情节轻重，每人每次罚款 300 元。

2. 霸占水源或乱挖他人田埂，乱放他人田水，每人每次罚款 20 元，影响农作（物）生长的，每人每次罚款 50 元。

3. 有意在他人房前屋后投放毒剂，使他人禽畜死亡的，除赔偿损失外，每人每次罚款 200 元。

4. 乱放牛、马、猪、羊进入别人农田、菜地、果园、幼林地，损坏、损失别人庄稼、果木的，除赔偿损失外，每头每次罚款 30 元。

5. 鸡、鸭、鹅进入秧田、成熟稻田损坏的，要赔偿，每只每次罚款 20 元，另可打死，负责他人秧苗。

6. 不许偷电照明，用电在他人田间打鱼，用毒剂药品投入他人田里造成死鱼，乱进他人田里捉鱼等，违者除赃（没收赃物）

外，每人每次罚款150元至200元。

四、其他

1. 男女双方在订婚阶段（法律不承认的）因关系有变化或其他原因，致使双方不能成亲的，如女方变心赔偿男方每年一千元礼金，如男方嫌弃女方按每年200元赔偿给女方，并退回嫁妆。

2. 男女双方不按政策规定，无证生育的，头胎罚款500元，第二胎罚款800元，二孩生育间隔不到4年的罚款400元；女方不能按时参加检查的，罚款100元；不送小孩接受预防疫苗接种的罚款50元；无故不送适龄儿童入学，罚款300元。

3. 利用女色骗取钱财的罚款200元，拐卖妇女儿童的，每人每次罚款500元。

腊全村民委员

二○○五年二月二十日

贵州省从江县贯洞镇腊水村村规民约

（2005年4月20日第六届村民委员会第二次村民大会通过）

为规范我村村民行为，净化社会风气，打击一切社会丑恶现象，保护国家集体和个人的合法权益，维护本村正常的生产生活秩序，努力实现计划生育、村民自治为主要内容的村自治管理目标，即自我管理、自我教育、自我服务，确保村级各项事业的健康发展。根据国家有关政策、法律、法规，结合我村实际情况，经村民代表大会讨论研究，特制定本村规民约，供全体村民共同遵守。

第一章　计划生育管理

1. 不足法定婚龄擅自结婚，除责令双方分居或采取避孕措施外，每人给予200元处罚。

2. 不足法定婚龄生育的，给予双方各500元处罚。

3. 不到间隔年限生育第二孩给予夫妇双方1000元处罚。

4. 超生一胎，给予夫妻双方分别处以2000元罚款。

5. 不按时参加妇检，一次处以50元罚款。两次不参加妇检的，视为计划外怀孕，按计划外怀孕处以200元罚款。

6. 外出打工的人员，必须与村委签订流动人口管理合同，已婚育龄夫妇定期做妇检并寄回妇检证明，一年四次妇检，如逾期不作妇检并寄回妇检证明的，少一次妇检处罚500元，少二次妇检视为计划外怀孕，按计划外怀孕者处罚200元。

7. 生育一孩和生育二孩夫妇须在规定的时限内自觉落实计生手术措施，不按期落实相关手术，处罚200元。

8. 非当婚姻或非法接养小孩的夫妇，一律视为计划外生育，按计划外生育进行处罚。

9. 支持、包庇、隐蔽亲属好友违反计划生育政策的家庭，发现一次处以500元以上1000元以下罚款。

10. 对已出生婴儿去向不明又不能提供有效死亡证明而要求再生育的，一律不安排生育计划。如强行超怀或生育的，按计划外生育进行处罚。

11. 实行村务公开，民主监督，公开计划生育法律、法规及本村制定的规章制度；公开本村生育、节育情况；公开违反计划生育政策和处罚情况及计划生育财政收支情况等。

12. 违约金的收取设专户管理，全部用于计划生育公益事业，提50%作为独生子女、儿女结扎户奖励金。

13. 自觉接受村民委员会和计划生育部门的监督和指导工作。

14. 凡违反本村村规民约的，由计划生育村民代表大会研究作出处罚决定，提交计划生育村民自治领导小组执行。

第二章　教育管理

1. 根据《义务教育法》规定，凡年龄在7~15周岁的适龄儿童少年，其父母或监护人有义务和责任护送子女入学并完成九年义务教育，对不履行责任的父母或监护人，除责令其护送子女按时返校就读外，并处以200元/次罚款。

2. 凡年龄在15~50周岁的文盲，必须参加镇村开办的扫盲班和农民技术学校学习，对无故不参加扫盲学习的，每人每晚处以5元的罚款。

3. 本村内，在校就读学生凡参加统考，获全镇同年级总分第一,一次性给予50元/人，单科第一，给予10元/人的奖励，凡考取本科以上院校的学生，一次性奖励200元/人。

第三章　社会治安综合治理

1. 凡偷牛盗马每人每次罚款2000元，并负责每人每天找牛、马10元的误工费。

2. 凡偷狗、羊10斤以下罚款100元，10斤以上罚款200元。

3. 凡偷家禽如鸡、鸭、鹅以个数论处，（偷盗者）14岁以下每只每次罚款30元，14岁以上每次罚款60元。

4. 凡盗窃农作物，如蔬菜、各种瓜果，除退赃赔偿外，每人每次罚款50元，15岁以上每人每次罚款100元。（按50%奖励举报人，如谎报每人每次罚款200元）

5. 凡打架斗殴或煽动他人引起打架斗殴者，除赔礼道歉，并负责医药、护理、营养和每天误工外，每人每次罚款200元。

第四章　公共秩序和公共安全管理

1. 在封山育林区域或他人自留山偷砍干柴按每次罚款100元，偷砍生柴、生木条、豆秆按每根罚款50元。

2. 在林区的田、地周围的树木不得损坏，如有违反者按每根树的大小罚款 50~100 元。

3. 凡偷伐集体或个人木材，如杉木每株 4 米长尾径有 6 公分（厘米）以上 12 公分以下按每株罚款 200 元，如尾径有 12 公分到 18 公分以下的每株罚款 400 元，4 米尾径有 18 公分以上每株罚款 1000 元，棺木每株罚款 4000 元，偷砍松木直径 20 公分以下罚款 100 元，直径 20 公分以上罚款 200 元。

4. 不准在封山育林区或未开发的地区乱开荒、种地，如有违者按面积每亩罚款 1500 元，并收回归公。

5. 凡是开采石场的，必须通过村民委批准，办好手续后才能允许开采，违者罚款 500 元，炸倒、毁坏的树木由村处理，并按树的大小罚款，每棵 50 元以上。

6. 破坏公私财物，如学校古楼、戏台及村委会、自来水等设施除照价赔偿外，并处罚 50 元。

7. 发现易燃物品存放家中，或不安全的烟炊，在限期内不进行整改和消除隐患的，每起每次罚款 50 元。

8. 村民家中发生火警的不论大人小孩，每人每次罚款“三个一百二”。

9. 如发生山火时，在家的村民不积极上山施救的，每人每次罚款 50 元。

10. 对发生山火者的处罚，5 亩以下罚款 100 元，5 亩至 10 亩罚款 300 元，另并负责毁一栽三包活，上山扑灭人员受伤的医药、护理、营养费和抚恤费，由肇事者负责。

11. 柴草进寨，乱堆乱放，乱接电源线路，在寨内用明火烧柴或垃圾的，每次罚款 20 元。

12. 凡对举报（者）、村组干部、执约人员进行打击报复的，除赔偿经济损失外，视情节严重，每人每次罚款 300~600 元。

13. 霸占水源或乱挖他人田埂，乱放他人田水，影响农作物生长的，每人每次罚款 50 元。

14. 有意在他人房前房后投放毒剂，使他人禽畜死亡的，除赔偿损失外，每人每次罚款 200 元。

15. 乱放牛、马、猪、羊进入别人农田、菜地、果园、幼林地，损坏别人庄稼、果木的，除赔偿外，每头每次罚款 50 元。

16. 鸡、鸭、鹅进入秧田、成熟稻田损坏的，要赔偿，每只每次罚款 20 元。

17. 不许偷电照明。用电在他人田间打鱼，用毒剂药品投入他人田里造死鱼，乱进他人田里捉鱼照鱼等，除没收赃物外，每人每次罚款 500 元。

第五章　其它

1. 利用色情骗取钱财的罚款 200 元，拐卖妇女儿童的，每人每次罚款 5000 元。严重的交司法机关追究法律责任。

2. 凡是吵架争议的双方需要村里调解的，其误工费由吵架双方负责，误工费按每人每天 20 元支付。

3. 本村规民约是在国家法律法规范畴内的村民自我约束自我管理的合约式补充，不代替有关执法部门的处罚。

4. 条款的执行由村民委员会领导下的各领导小组负责执行。

5. 村规民约的条款由村民委员会负责解释。

6. 本村规民约条款修改和补充、删减由村民代表大会讨论通过。

7. 本村规民约从 2005 年 4 月 20 日村民大会通过之日起执行。

腊水村民委员会

二〇〇五年四月二十三日

二、不成文民间法

除了村规民约、石牌等形式的成文民间法，西部民族地区农村还存在大量不成文的各种形式的民间法。以下是课题组在调研中收集到的一些不成文民间法。

（一）开除板舍

“开除板舍”是广西一些壮族聚居地方的民族风俗，指村民由于不遵守或违反村寨沿袭了几百年甚至上千年的规矩或习俗而不受村寨欢迎，由村寨干部召集村民，对不遵守或违反村寨规矩或习俗的行为人给予的剥夺在村寨除生存以外的一切权利的处罚。

开除板舍具有以下几个特征：

（1）被“开除板舍”的人必须是不遵守或违反村寨沿袭的规矩或习俗的行为人，如影响村寨的声誉、有伤伦理风化等等。

（2）必须由村寨召集村民大会，决定是否开除。

（3）剥夺行为人在村寨的除生存以外的权利。当村民被“开除板舍”后，人虽然可继续在村寨生存，但村寨的包括宗教、祭祖等活动与他无缘，自己家中发生的一切大小灾祸、红白大事、起房盖屋等事，村寨中其他人概不帮忙，与我国法律规定的“剥夺政治权利”很相似，因而在人们心目中产生了一种“宁愿被判刑，也不愿被隔村”的恐惧心理。

（4）处罚重。从现象上看，“开除板舍”只开除一人，但从实质上讲，是开除了全家。因为与行为人共同生活的无辜家人也受到同行为人一样的处罚。

（二）“鸡鬼”

“鸡鬼”是广西一些壮族聚居地方的一种典型的迷信活动，大体是指村寨中如果有了不幸的事情发生，就怀疑是被某人做妖法或放鬼造成的结果，于是就会发生群体性的打“鸡鬼”事件。被怀疑认为是放“鸡鬼”的人就会受到村民的歧视与敌视，别人有红白喜事时，不会有人找他们帮忙，别人的子女不会与他们通婚，甚至还会被赶出村寨。

（三）所有权习惯法

这是存在于广西一些瑶族地方的习惯法。瑶族的土地存在着公有与私有两种情况。对于公有的荒山，族内人均可以自由耕种，谁种谁收，如果休荒或者废耕，便丧失使用权，他人可以去耕种。根据瑶族习惯法，谁要耕种某块土地，便在要耕种的那块土地上用茅草打个草标，别人看见后，便不会来争。如有争执，以先打草标者有理。除了公有土地、河流、山林外，瑶族主要是家庭私有制，家庭占有的财产包括水田、山地、林木、屋舍、园地、工具、家畜等。家庭成员的个人私有财产，如个人的私储和个人用私储购买的小额土地，全由自己支配，家庭不过问。

（四）借贷习惯法

这也是存在于广西一些瑶族地方的习惯法。建国前，瑶区社会生产力发展水平普遍较低，广大瑶民生活十分贫困，遇上天灾人祸，除靠本民族内部互助救济外，还要靠借贷渡过难关。为解决债务纠纷，协调债权人和借贷人之间的关系，瑶族民间借贷习惯法也就应运而生。一般小数额的借米借钱，多为口头借贷，不立契约，不计利息，由借方向贷方说明原因，约定归还日期，就可借到。这种借贷习惯法多用于临时或短期借贷。数额较大的、时间较长的借贷，须履行借贷手续，还须证人到场作证。如广西白裤瑶的“打木格”借贷习惯法就很有特点。当双方发生借贷关系时，当事人找来一根长约16厘米的圆木，邀请双方油锅兄弟到场作证，用刀在木格上刻下大小不同的横格，大格表示大数，小格表示小数，然后将木格破为两半，当事人各执一片为凭。借债还清的时候，再邀证人到场，当场把木片烧掉。这种借贷方式，也可用刻竹记事，其方法基本相同。但如果是因为家庭困难发生族外借贷的话，一般要遭受高利贷的剥削。

（五）财产继承习惯法

这里以广西为例。

在龙胜龙脊壮族，已经出嫁的女儿，可以回家继承没有儿子继承的父母财产。寡妇如不改嫁，可以招赘“填房”继承丈夫的遗产。绝户财产处理的原则是：“有亲归亲，无亲归房，无房归外”。环江龙水乡随母下堂的儿子，可以继承无子后父的财产。兄弟分家，如果田产较多，长子可以多分一些。分家后对父母赡养的方式有三：一是轮流奉养；二是各人供给一定数量的稻谷，让父母自炊，或由老人跟某个儿子同吃；三是留一定数量的养老田给他们，由他们自炊或跟某个儿子同吃。父母过世以后，这份田产或作丧葬费用，或作清明扫墓之用。西林县维新乡，上门丈夫没有财产继承权，其儿子却可以继承母亲分得的财产，其中一部分子女还可以回到父亲原家继承一部分财产。寡妇改嫁所带前夫子女，都有继承新夫财产的权利。乐业地方继承权俗为：“有男归男，无男归女，无女归宗”。崇善（今属崇左县）地方，如祖父在堂，长孙可同父辈享有分得同等财产的权利。邕宁地方，过去没有入赘的惯例，但有外孙可以继承外祖财产的事例。靖西地方，无儿户女子也无继承财产的权利。但父母接嗣后，可以抽出少量田产变卖，将得款赠送女儿。也可将一部分田产交女儿耕种，由她们收获其谷花，但女儿去世后，其田地仍须归还外家。武宣县桐岭、通挽、禄新等一带壮族分家，从很久以前就遵循着“吉日分家莫争云，命好自然样样兴”的信念和规矩进行，未出现因分家而发生伤害感情之事。其做法是：于分家吉日良辰，请来族上两三位德高望重、办事公道的长者做分家主持人，分家时，所有兄弟到场，父亲公布田地、耕牛、生产工具、生活用具和浮财、债务情况，并提出分家意见，经主持公正人裁定后，按兄弟人数把田地、粮食、财物、债务搭配为相等份，标上号码，抽签取份。分家事宜全部办妥之后，全家欢欢喜喜同吃一餐饭。

桂平市女子有继承权，长孙有同父辈同等的财产继承权。恭城、来宾、乐业等地，近亲侄子过继与无嗣的伯、叔，称为“应继”；比较疏远房侄过继，则称为“爱继”。鹿寨县榴江一带的赘婿、宗族子承祧及向外族收的继子，皆可继承遗产，很少有须以一部分财产馈赠房族者。平乐县的遗产继承习俗在汉族中具有普遍性。析产时，先扣除一部分财产鼓励长子、长孙，名为“长子田”或“长孙田”，其余共同均分。无子无孙的，在房中选择侄子侄孙为“过继子”、“过继孙”，亲族中没有合适过继的，在远族中寻找。无子有女的，女子也无权承继父亲财产，除非在家招赘，方可继承祖业。平南一带青年结婚后不久，就和父母分炊，独立创家立业。这时，岳父母须象征性地送些炊具，鼓励他们独立创业。

瑶族财产继承权较为平等。金秀六段、长二等地瑶族男女可以平分财产。有的（茶山瑶）还有“姑婆田”，即姑娘或儿子出嫁时的陪嫁田。数目根据外家财产状况而定。她们过世后，其子女须请外家人来吃一餐特设的筵席，并送四五件白孝衣、鸟酢、糯饭和 12 个银毫，外家就把这份“姑婆田”给其子女永久享有。瑶族在家招赘的女子和其兄弟有均分父母财产的权利。融水部分瑶族（红瑶）的田地、牲畜、生产生活用具等按男子多少均分，其中父母一份归在幼子名下，房产留给幼子，因父母跟他生活在一起。无儿老人，除招赘婿上门，遗产由女儿继承外，其余遗产由其兄弟或侄儿们继承，寡妇可继承亡夫全部财产。但若改嫁，只能将自己生产的物品及女儿带走，其余田地、房产、牲畜由儿子留在原夫家继承。如无儿子，则由亡夫的父母、兄弟或叔伯分配。龙胜部分瑶族（红瑶）寡妇改嫁，可带走陪嫁田地和耕牛。

苗族财产由儿子均分，女子无权享受，但龙胜苗族女子享有“嫁妆田”。隆林苗族对绝嗣财产的继承法是：若老大绝嗣，财产由老二继承，老三、老四无份；老二绝嗣，财产由老三继承，老大、老四无份；余类推。但是，如果兄弟们同意，可以由死者的妻子接一侄子为养子，财产由养子继承。女子虽无继承权。但姑娘未出嫁而在家有了私生子，她就不再出嫁，私生子同样受尊重，有继承权。如果是私生女，她可跟随出嫁的母亲到别家去。如果这一妇女不愿出嫁，而招来一个赘婿，这赘婿无继承权。

侗族财产继承是儿子继承父业，女子继承母财。凡母亲的陪嫁田、箱柜、女红用具、衣、被、佩饰和私房钱，都由女儿们均分，男儿不能染指。绝嗣户的遗产按“有房归房，无房归族，无族归众”的原则处理。

仫佬族，女孩可分得一些“老蒜地”。男孩平分家产。毛南族分家时先由父母选较好的一份，然后由大哥选，最后剩下的给小弟。姑娘虽无均分财产之权，但也可得一些“粽粑田”。

第三章

民间法的运作

在西部民族地区农村，民间法以各种方式，在解决纠纷、调整社会关系、维护社会和谐稳定中发挥作用。以下我们通过一些典型案例，展示民间法的运作，揭示民间法的作用。

一、广西靖西县录峒乡“婚内”强奸案①

广西靖西县录峒乡是当地比较偏远落后的乡村，村民王登项和王氏提从小就是邻居，两户人家相隔50多米。1987年，王登项12岁，王氏提11岁，双方的父母替还未成年的王登项和王氏提定下了娃娃亲。从此以后两家人便以亲家相称。按照当地的生活习惯，逢年过节，男方王登项的父母都要买些烟酒和礼物送到女方王氏提家中。1999年，王登项24岁，王氏提23岁，男方王登项家给女方王氏提家送去了三千多元的彩礼钱，父母为王登项和王氏提定好了结婚的日子。王氏提说从小到大自己从没喜欢过王登项，但父母之命，媒妁之言，她也只好嫁给了王登项。1999

① 根据“今日说法”栏目案件整理。

年的金秋 10 月，王登项和王氏提按农村习俗举行了婚礼，当时王登项正在村里的小学当代课老师。尽管王登项和王氏提按农村习俗举行了婚礼，但是他们并没有到民政部门办理结婚登记手续。据当地的村民说，村里 80% 的夫妻都没有结婚证。村民们说这里山高路远，到镇上去办证天不亮就得起床，走两个多小时的山路再坐车。此外，当地还有一个风俗习惯，举行了婚礼之后，女方可以不到男方家里居住生活，有了孩子才会住在一起，所以王氏提平时都住在自己的家里。

2000 年 2 月，王氏提只身前往广东打工，一个月后王登项也来到广东打工。王登项去看望王氏提的时候，王氏提还没有找到工作，她与同在广东打工的广西小姐妹们住在一起。王登项和王氏提见了两次面后就没怎么联系了，也没有经济上的往来，双方的感情日益疏远。

后来王氏提找到了工作，她在打工期间认识了一位名叫武关的男子，武关和王氏提还是同乡，随着交往的增多，王氏提觉得武关是她真正喜欢的人。王氏提并没有把自己跟王登项举行了婚礼的情况告诉给武关，她和武关的关系越来越密切了。2001 年，两人一起回到了家乡，王氏提住到了武关家里，过起了男耕女织的夫妻生活。

远在广东打工的王登项得知自己的妻子与别的男人生活在一起，非常生气，他赶回了老家。王氏提将这件事情告诉给了武关，武关建议她到乡司法所寻求帮助。

司法所认为，由于王氏提还没有办理结婚证，双方只能按照婚约关系进行调解。在乡司法所进行了三个多小时的调解，王氏提坚持要解除婚约，王登项则希望与王氏提补办结婚手续，最终的结果是双方不欢而散。

随后，王氏提又从家里起程赶往外地。当她走到离家一公里路段的时候，王登项和他的家人一共5人追了上来，连拉带拽，强行将不愿意去王登项家的王氏提带回了家，关在王登项的卧室。从这天开始到解救出来，一共是两天两夜，卧室外由王登项的母亲上好了锁，只在吃饭时放王氏提出来一会儿以免她逃跑。王登项说，娶了王氏提是想与她生活在一起生儿育女。在关押的第一个晚上，王登项的家人都早早睡觉了，希望王登项能与王氏提圆房。王氏提说，在王登项家的两天两夜，她被王登项强奸了五次。而王氏提的父母明知女儿关在王登项的家里也不理会，他们认为女儿已经出嫁了，理所当然由王登项家去管。

第三天早上，王氏提的男朋友武关听说王氏提在王登项家里两天两夜没出门，他立即到乡派出所报了案，公安人员赶到现场将王氏提解救出来。公安局的刑侦技术人员也赶到现场进行了勘察，根据受害人的陈述，现场的打斗痕迹等证据认为王登项的行为涉嫌强奸。

县检察院向县人民法院提起了公诉，县人民法院作出判决，判处被告人犯强奸罪，判处有期徒刑3年，缓期5年的有罪判决。

此案中，县人民法院认定被告人王登项犯了强奸罪，但是，判刑是有期徒刑3年，缓期5年。根据现行刑法规定，强奸罪的法定刑一般是三年以上十年以下有期徒刑，当地县人民法院对被告人王登项作出如此轻缓的判决，无疑是考虑了当地的习惯法，即村里人结婚一般不到政府部门登记和领取结婚证，按当地习俗举行婚礼就算是夫妻了。这样，本案就成为了一起“婚内”强奸案，而婚内强奸当然应有别于一般的强奸，处罚上应当从宽。

二、十八家通奸案①

广西金秀瑶族自治县忠良乡十八家村村民 A（基于保护个人隐私的考虑，以免引起不必要的麻烦，个案涉及的当事人的姓名均以英文字母代替。下同）与已婚妇女 B 奸情，1994 年 8 月，二人被 B 的丈夫 C 当场捉奸。C 遂向当时的石牌头 D 报案，要求以石牌条律处置二人。D 会同另外两名副石牌头，经过询问证人和当事人，确认 A 和 B 确实发生了不正当的男女关系，两人对此也供认不讳。两天后，在石牌执行小组的主持下，该村召开了石牌大会，按照石牌律对 A 和 B 分别处以 200 元的罚款，并加罚买酒水、大米、猪肉各 36 斤（二人各付一半），请全村每户一人吃“教育酒”。

在国家法语境之下，毫无疑问，罚款只能由行政机关对行政相对人适用，并以行为人违反行政法规为前提。而在本案中，当地的石牌头人并非行政机关工作人员，处罚对象也未违反国家行政法规，显然，这一纠纷的解决，是基于特殊的民间法——当地的石牌律的逻辑运用。

三、金秀镇三片村偷松木案

1996 年 3 月的一天晚上，金秀镇三片村石牌头 E 接到村民 F

---

① 以下关于广西金秀瑶族自治县的案例，均为本项目主持人与同事黄小筝老师到当地开展田野调查收集而来，在此，对黄小筝老师表示衷心的感谢。

的检举，揭发村民G路过他人的松木堆时，偷拿了几根木条，因天黑，距离又远，具体偷盗的数目不确切。当晚，石牌头E就召集执行小组进行调查取证，在松木堆现场和G家都证据确凿：在G家搜出了失主丢失的3根松木（在农村，主人堆放在外的木条、竹子等农作物一般都做有标记）。人证物证俱全，铁证如山，G只得承认其偷盗行为。第二天，E召集村民召开石牌大会，按照上文所抄录的三片村新石牌规定，偷盗财物的，除归还失主原物外，要罚吃石牌饭。因此石牌责令G归还失主3根松木条，罚50元奖给捉案者F及三名石牌头每人各10元作为误工费，另罚30斤米、30斤酒、30斤肉、30元钱，请全村共吃“教育餐”。在饭桌上，G当着众人面向失主赔礼道歉，并检讨自己的偷盗行为，保证从此后不再犯。

这一纠纷解决的逻辑与“十八家通奸案”基本一致，因此不再赘述。

四、长垌乡三角村偷八角案

H，男，1963年出生，家住金秀瑶族自治县长垌乡长垌村新街，其仍有山林地产在三角村。2000年7月19日16时，H携带盗窃工具上山偷盗他人八角。同日23时，H被巡山的村民当场在八角树上人赃俱获。当晚经称量所盗八角为7市斤。第二天早上，三角村民再次巡山时，在距抓获H盗窃地点的200~300米处，发现另有80市斤八角藏匿在乱草丛中。在执行小组的质询下，H当场承认是他藏匿的。第二天，执行小组召开村民大会，讨论对H的处罚。如上文所列的三角村新石牌第2条规定，凡是盗窃各种经济、农作物的，除退回赃款赃物外，另加罚款5倍。按当时的市场价每市斤生八角6元计算，H每盗一市斤八角处罚30元，即除退回所盗的87市斤八角财物外，另共处罚2610元，并罚买酒、米、肉各100斤请吃“石牌饭”。H接受了处罚，并将罚款交给了执行小组。据村民介绍说，因为不愿请吃石牌饭，执行小组强行将其家中喂养的一头猪杀给全村人吃后，H觉得太冤，便反悔说那80斤八角不是他偷的，是执行小组强加在其头上的。不管原因如何，H确实把村规民约执行小组告到了金秀法院，诉称这种处罚是非法的，要求执行小组返还其2400元。金秀法院以H的起诉请求不属于受理范围而驳回起诉，H不服裁决，遂向柳州地区中级人民法院上诉。柳州地区中级人民法院认为村规民约执行小组没有执行权，H享有诉权，责令金秀法院受理此案。金秀法院公开开庭审理后，于2002年1月30日作出了维持石牌村规民约的处罚决定的判决。

据调查了解，这是金秀县唯一一起由执行石牌律引起纠纷而诉诸法院的案件，H是金秀县第一个因不服石牌处罚而将石牌执行小组告至法院的村民。H在种种压力之下，仍然多方奔走，并曾在判决后邀请了一些政府工作人员来到三角村，要求村民返还一部分罚款。此举引起了当地村民的愤怒，石牌执行小组也因此召开村民大会，补充了石牌条款，加重了对盗窃行为的处罚力度。此案的解决，集中体现了国家法与民间法的冲突，以及在两者发生冲突的情况下民间法的强大作用。透过这个案件，我们可以看到，在一些民族自治地区，由于民间法赖以存在的社会基础仍然深厚，国家法在这些地区的推进会遇到顽强的抵抗，在这种情况下，国家法恐怕应当作适当的让步，给民间法作用的发挥提供一席之地，这样才有利于纠纷的解决以及社会的和谐稳定。

五、三角乡郎旁村车祸案

2003 年 12 月底，I 的大姐作为给木材老板 J、K 等 4 人的打工者，在跟车押货途中，由于司机违规操作，货车坠入山谷，酿成惨祸。司机、木材老板 K 及 I 的大姐三人均受重伤，I 的大姐伤势最重，住院不足十天后不治身亡，I 负责其大姐治疗及后事诸事宜，期间代付医药费 10800 元、丧葬费 4000 元共 14800 元。因为木材老板之一 J 是 I 的二姐夫，所以 I 首先没有追究 4 个木材老板的责任，而仅向司机私下索赔 14800 元。司机认为其只应负部分责任，因此在支付 4000 元之后，外出打工躲避 I 的索赔。I 索赔无果，遂把司机和 4 名木材老板诉至金秀法院，请求赔偿医药费、丧葬费及死者的两个未成年子女的抚养费共 40000 元。之后，司机和几名木材老板多次找 I 协商，希望“私了”此事。在经过一番思量后，I 撤诉了，由司机和 4 名木材老板赔偿 17000 元了结此事。I 在事后说：“一边是含恨死去的大姐和尚未成年的外甥，他们应该得到赔偿，违法者应该受到法律的制裁；一边是二姐夫，他做的是走私木材的违法生意，如进入司法程序，他必定有牢狱之灾。手心手背都是肉，割哪一边都痛。但人死不能复生，而且距案发时间太久，取证也困难，官司胜算的可能性也不能保证。而且都是乡里乡亲的，低头不见抬头见，没办法，只好撤诉私了！”在这个典型的私力救济案件中，我们可以看到，在命案发生后，I 首先并没有选择国家法的途径，没有向司法机关求助，而是私下向司机索赔，打算“私了”，对国家法采取规避的态度。在索赔无果之后，才迫不得已转而诉诸法院。而后，又考虑到证据、亲情、乡里邻里等因素，最终还是选择了一种非司法的解决方式，回避了国家法。显然，在民间人情关系错综复杂的熟人社会里，国家法并没有绝对成为人们化解矛盾的最优选择，而更多是基于一种“息事宁人”的考虑，而这种观念正是习惯法的天然属性。

这一纠纷解决的逻辑与“长垌乡三角村偷八角案”基本一致，因此不再赘述。

六、金段屯故意伤人案

L，男，1977年6月生，住忠良乡金段屯，与其兄M素有积怨。2005年11月28日晚，L与M均到该屯喝喜酒，因家庭财产处理问题兄弟俩发生争吵。L即先回家，后从家中驾驶摩托车到村口，打电话约M出来打算澄清误会，M不予置理并同在蒙山的妻子联系，叫她从蒙山约人来殴打L。L知道后极为气愤，即装好一塑料瓶汽油，把M约到路口，二人再次起冲突，在拉扯推打时L手上的汽油泼到M身上，造成起火致使M身上多处被烧伤。经法医鉴定，烧伤程度为重伤。案件发生的当晚，L就赔偿M3000元，M也当场表示作罢。但将近4个月后，M还耿耿于怀，以故意伤害罪将L告至法院。在L被公安局拘留在押期间，二人就民事赔偿部分自行达成赔偿协议，L一次性赔偿M医疗费、误工费等共计15000元，并通过家人在庭审前给付了10000元。之后，被害人M向法院请求免除L刑事处罚，忠良派出所也出具L有自首情节的证明。在L的母亲、大哥、其他村民、受害人M及忠良派出所等各方要求对L免除刑事处罚的申告或其他的证明下，金秀法院于2006年7月27日对L给予从轻处罚并适用缓刑：L犯故意伤害罪，判处有期徒刑三年，缓刑四年。

在这起故意伤害案中，风俗、习惯、人情、道德等国家法以外的因素极大地影响着法院对案件的处理。本案中的被害人M是个村霸、家霸，为人凶狠刁蛮，在村中曾屡次打人骂人，有一名村民被其打伤后没几天便死去；M对家人也是动辄非打即骂，侵占家庭共有财产。事发当天，也是M先动手打L，才导致事态的恶化。另一方面，不少村民自发为L向法院求情，认为L热心助人、孝敬父母，在家里是顶梁柱，如判其坐牢，不利于化解兄弟之间的矛盾。正是基于上述多方面考虑，法院给予了L三年有期徒刑缓刑四年的轻缓处罚。

七、村民“祭龙”纠纷

2005年3月9日，云南省文山州麻栗坡县南秧田一、二村民小组（壮、傣）村民因按传统“祭龙”而要求在村子附近的县钨业公司第五采选厂停产3天，但县钨业公司认为影响生产给公司造成损失，不同意村民的停产要求，双方因此发生了纠纷。晚10时，两村民小组100余人聚集到钨业公司第五采选厂欲强行拉闸断电，钨业公司第五采选厂也组织了150余人到现场进行阻止，双方僵持不下，矛盾一触即发。

麻栗坡县公安局接到厂方的报案后，迅速赶到现场，试图疏散村民，但村民认为厂方在“祭龙”期间开工违背了村民们世世代代延续下来“祭龙”期间不得动土、不得割草、不得用水等习俗，会给村子带来灾害，对村民不利。因此村民坚决不同意工厂生产，不愿离开。

麻栗坡县公安局民警眼见矛盾进一步激化，事态进一步发展，紧急之下向县委、县政府请示，县委、县政府立即通知县民族宗教事务局前去解决。民族宗教事务局的同志到达现场了解了事情经过后，召集南秧田村的村民代表与企业代表进行协商，并分别向双方讲述了企业停产的损失和尊重村民“祭龙”的习俗关系民族团结的重要性，并希望双方相互理解，互让一步。双方在听取了民族宗教事务局工作人员的劝说后，达成了书面和解协议：在村民正式“祭龙”的两天时间里工厂停工休息，其他时间工厂可开工生产，以后也均照此执行。

这是一起民间法发挥作用的典型案例。“祭龙”是当地的传统习俗，按照习俗，“祭龙”期间不得动土、不得割草、不得用水，否则会给村子带来灾害，对村民不利。而按照国家法，在村民“祭龙”期间，县钨业公司第五采选厂没有停产的义务。但是，官方组织协商的结果，还是尊重了当地的习俗，即在村民正式“祭龙”的两天时间里工厂停工休息。

八、“苗子”狗肉店店名纠纷

2005 年，云南省邱北县城张 ×× 开了一家狗肉店，因文山境内苗族同胞喜吃狗肉，且继承了精湛的烹调狗肉的技艺，因此到文山的游客都对苗族同胞做的狗肉“爱不释口”。为了自己的狗肉店生意兴隆，并不是苗族的张 ×× 即把狗肉店命名为“苗子”狗肉店，而当地的工商部门也按照正常程序颁发了张 ×× 的“苗子”狗肉店营业执照。

张 ×× 的“苗子”狗肉店开张后不久，即引起了当地苗族群众的愤怒，认为称苗族为“苗子”是对苗族同胞的侮辱，要求张 ×× 立刻更换店名，并要向苗族同胞道歉，否则就要按苗族的习惯对张 ×× 进行惩罚。

纠纷发生后，引起了邱北县委、县政府的重视，通知民族工作部门介入此事。经过调查，民族工作部门认为是县工商局在审批张 ×× 的狗肉店时不清楚苗族同胞忌讳其他民族称呼自己是“苗子”的风俗，所以没有考虑店名会引起苗族同胞的不满。最后，经过做工作，张 ×× 更换了店名，并由县工商局和张 ×× 一道向当地的苗族同胞道歉，使问题得到了圆满解决。

这是一起按照民族禁忌处理纠纷的案件。从国家法的角度看，“苗子”狗肉店这一店名不存在任何问题，但是触犯了当地苗族的禁忌。而处理的结果是完全尊重当地苗族禁忌，国家法作出让步。

九、村民王 ×× 偷鸡案

2002 年 9 月，云南省邱北县大腻科村委会村民王 ×× 乘同村村民李 ×× 一家人上山做活，窜到李 ×× 家抓鸡，正当王 ×× 抓住鸡要走出李 ×× 家时，被做活回家的李 ×× 家人和邻居撞上，王 ×× 被现场逮住，并当即被扭送村委会，村委会即按照当地民族习惯派群众到王家拉走了一头猪，要王家杀猪做“东道”，请村民吃饭。

被要求做“东道”的王 ×× 家人随后向乡政府报案，乡政府派司法所司法员处理，但由于做“东道”是当地民族长期以来处罚偷盗这类纠纷案件以维护地方社会秩序的习惯，而且王家的猪已被全寨人分吃，所以乡司法所的司法员也未能对这一事件进行处理，而王家也未再对此事进行上诉。

这是一起官方默认以民间法处理纠纷的案例。

十、大倮者村委会小倮者上寨村小组林地纠纷案

2005年10月，云南省马关县大栗树乡大倮者村村民童××与李××两家因林地归属权发生纠纷，双方各不相让，发生口角。第二天，李××到有争执的林地砍伐了80多棵竹子，童××知晓后到李××家质问，要求李××赔偿900元，并扬言如不按要求赔偿就要对李××家实施报复。

村委会知道后把两人叫去协商解决，但两人均态度强硬，协商无结果。为了避免事态扩大，村委会请村上老人张国定出面解决，经张国定调停，双方同意有争执的林地按林地所在各自家的方向和距离划分，李××适当补偿80元给童××，后童××主动提出将李××补偿的80元钱作为双方共同的出资，请张国定吃饭，作为对张国定老人的感谢，两家至今相处得很好。

这则案例说明了民间组织在处理解决纠纷中的重要作用。村委会组织纠纷的双方进行协商解决，但是无法达成一致。后来是村上老人张国定出面，才使纠纷得以解决，解决的依据也是当地的习惯。

十一、村民周 ×× 与刘 ×× 婚姻彩礼纠纷案

2004 年 2 月，云南省马关县和平村委会倮么街村村民周 ×× 与保洒村村民刘 ×× 经人介绍认识，女方及其家长因接受了周 ×× 手表等价值 6000 多元的彩礼，3 个月后，刘 ×× 在父母及周 ×× 及其家人的一再催促下与周 ×× 按当地风俗结婚（双方未进行登记）。结婚一月后，女方刘 ×× 离家外出至今未归。周 ×× 及其家人在寻找无果后，到刘 ×× 家要求退还彩礼，刘 ×× 家人认为双方已经结婚，刘 ×× 出走与家人无关，不同意退还彩礼。

2004 年 9 月，周 ×× 向马关县人民法院提起民事诉讼，将刘 ×× 及其家人告上法庭，要求与刘 ×× 解除婚姻关系，并要求刘 ×× 及家人返还 6000 元彩礼，马关县人民法院经调查后判决双方婚姻无效，并要求刘 ×× 及家人返还周 ×× 送给女方及其家人的价值 6000 元的彩礼。判决生效后，刘家人以双方已按当地习惯举行了结婚仪式，刘 ×× 已是周 ×× 家的人，其出走与刘家没有关系为由，拒不履行返还义务，法院进行多次执行也因种种原因没有达成。直到 2005 年 3 月，周 ×× 又请村里的村小组长和刘姓家族的老人到刘 ×× 家协商，最后，刘家人才于 2005 年 5 月退还了周 ××6000 元彩礼。

这则案例也充分说明了民间组织在纠纷调解中的重要作用。

十二、大花簸腻村婚姻调解案

云南省马关县夹寒箐镇新堡寨村委会大花簸腻村的何 ××

与妻子赵 × 于2000年结婚，婚后二人感情一直很好。2001年的一天，何 ×× 与岳父一道被人请去吹唢呐，在傍晚一起回家的路上，何 ×× 在村子附近看见妻子正在地里干活，可从旁边一看，又看见一个男人正在向妻子这边东张西望，联想起以前妻子曾和其他男子谈过恋爱，何 ×× 遂怀疑妻子对自己怀有二心，与其他男人有染。联想至此，何 ×× 当即从路上拣起一根木棍对着妻子赵 × 一阵乱打，赵 × 被打后就半路和其父一起回娘家。

之后，赵 × 即到村委会要求与何 ×× 离婚，赵的家人也断绝了与何家的一切关系。村委会进行多次调解，但赵 × 坚决要求解除与何 ×× 婚姻关系，并把离婚诉状送到了法院。新堡寨村的苗族老人、在当地享有较高威望的罗树里听说后，认为两人以前关系一直很好，这次由矛盾引起离婚纯粹是双方误会，就到法院撤回了赵 × 的离婚诉状，找双方的老人及哥弟做工作，双方的亲属也同意了罗的调解和判断，罗树里老人即要求何 ×× 按当地苗族风俗给赵 × 及其家人赔礼道歉，两家人杀鸡、磨豆腐、吹唢呐，请罗到何家喝酒吃饭，何 ×× 和赵 × 也言归于好，生活在一起。

目前，何 ×× 与妻子赵 × 感情也很好，何 ×× 很尊重赵 ×，家庭生活很幸福，子女教育得也不错，何 ×× 已当上了村主任，并喜欢学习法律，经常用自己的例子和学来的法律知识教育其他村民。

这则案例也进一步说明了民间组织在纠纷调解中的重要作用。

十三、老寨村的土地纠纷

云南省文山州马关县老寨村杨 ×× 一家人土改前居住在老寨村外的另一个地方，后迁到老寨村生活。自从老寨村实行田地承包经营后，老寨村就有很大一部分村民争相传说杨 ×× 及其媳妇、父母会“放五海”（当地苗族的土语，意为放鬼，会为害村寨，对村寨不利），并要求把杨 ×× 一家人驱逐出老寨村。面对巨大的压力，杨 ×× 请乡政府和县公安局解决，但没有结果，村民仍然要求把杨家撵出老寨村。

最后，杨 ×× 只好和乡司法员一起请苗族老人罗树里出面协调。罗树里经过了解得知：原来，前些年，老寨村人口还不多，土地还算宽裕，杨 ×× 一家人和老寨村的村民相处还好。但近年来，由于老寨村人口不断增加，土地已越来越紧张，村民就认为杨家占用了老寨村田地，所以就想用“放五海”的名义，把杨家撵出老寨村，然后每家都可分得一些田地。了解到村民的真实意图后，罗树里即把村长叫到跟前责问，并要求拿出杨 ×× 及其媳妇、父母“放五海”的依据，村长和村民们都拿不出，都承认了错误，杨 ×× 一家人也被允许住在老寨村，并分得了田地，现在已安居乐业。

这也是一起民间组织在纠纷调解中发挥重要作用的案件。

十四、村民舒 ×× 的烦恼事

2000 年，云南省吗民靖市马龙县中和村村民舒 ×× 以每年向村里交纳2500元与村里签订了合同，承包了村里的加工房，承包期限为10年。

合同生效后，加工房由于在舒××的精心打理下，加工费用收取也较为合理，吸引了本村和附近村子的村民，生意兴隆。到2005年，舒××不但提前交纳了原先与村里约定的10年的承包费用，而且还略有收益。

舒××家的火爆生意引起了村中部分村民的嫉妒，在他们的促使下，村里以修建老年人活动室要占用加工房为由，要求提前终止与舒××原先签订的10年合同期限，村里同意补偿舒××1000元。舒××心里不同意，就打电话给在城里工作的亲戚请求帮助，在亲戚的支持下，舒××要求村里按估算的正常收益支付补偿费5000元，否则不让出加工房，并扬言要起诉到法院解决。村里考虑到其有亲戚在城里工作，和法院的人较熟，打官司可能会输（补偿费按收益折算也确实在5000元左右），就同意支付舒××补偿费5000元，双方终止合同。

但是，舒××让出了加工房以后，村里就传说，由于舒××硬从村要走了5000元，村里实在没有钱修建老年人活动室了，所以活动室一直没有修建。由于此，村民们议论纷纷，认为舒××良心不好，加工房不是用作其他，而用来修建老年人活动室的，舒××还要这么多的钱。从此，舒××在村里遭到了村民的排斥，村里发生了什么事也不太知道，他腾出自己家的房子作加工房本村村民也很少去。“现在，家里有了什么事请村里人帮忙也没有人愿意来了，虽然我获得了正常的补偿，但感到好像失去了比5000元钱多得多，心里不痛快。”这是舒××对笔者说的一番心里话。

这一案件的处理经过和结果耐人寻味。纠纷的解决过程反映了国家法与民间法的冲突和博弈，博弈的结果是国家法占了上风。然而，舒 ×× 是赢了“官司”输了“理”，不仅如此，舒 ×× 还受到了村里根据民间法对其严厉的制裁，正如舒 ×× 自己所说：“虽然我获得了正常的补偿，但感到好像失去了比 5000 元钱多得多，心里不痛快。”这一案例的解决及其效果说明，在特定的社会领域，民间法的存在和发挥作用有其深厚的经济基础和社会基础，当民间法赖以存在的经济基础和社会基础还没有动摇，贸然在这些地方推行国家法，必然遭到民间法的抵抗，从而阻力重重，达不到预期效果，甚至适得其反。

十五、讨秋笋纠纷

融水县滚贝乡平浪村杨某于 2004 年 10 月 10 日误进滚贝上场讨秋笋，被滚贝村守山巡察员抓获，滚贝村委按滚贝村村规民约规定于 2004 年 10 月 10 日到平浪村杨某家处罚，拉走杨某家猪一头约 260 斤价 1170 元，属违法行为。杨某不服，引起纠纷。县公安局、滚贝乡政府、派出所、司法所于 2005 年 4 月 20 日召集双方当事人在滚贝乡政府会议室进行调解，经调解双方自愿达成协议如下：

一、杨某于 2004 年 10 月 10 日误进滚贝上场讨秋笋，被滚贝村守山巡察员抓获，属错误行为，自愿承受滚贝村处罚 700 元。

二、滚贝村委处罚杨某一头猪约 260 斤，价 1170 元。此行为已超过滚贝村村规民约规定和国家有关法律规定范围，滚贝村自愿承担退赔给杨某猪款共人民币六百元整。（此款含医疗费和其他费在内）此款限于 2005 年 4 月 21 日前一次兑现。

这一纠纷的解决，主要的特点是官方（县公安局、滚贝乡政府、派出所、司法所）主动应用民间法（村规民约）作为解决纠纷的依据。官方对当地村规民约的尊重和适用，当然是基于当地的实际情况，认为适用村规民约更能够妥善地解决纠纷，做到案结、事了、人和。

十六、采石引发的纠纷①

2008年9月15日，广西西林县陈某匆匆赶到德峨法庭报告，称其民工在放炮采石时，有几颗碎石落到猪场村民杨某的祖坟上，杨某发现后组织40多人将石场围住，要求赔偿6800元经济损失，否则就砸烂机器，情况紧急，请求法庭前往处理。按苗族风俗，他们认为祖坟被石头击中，就预示着后人没有前途和希望了。接到立案处理请求后，德峨法庭庭长、全国模范法官黄登林感到事态严重，立即和一名法官赶到现场。此事处理不好，就可能爆发大规模冲突，引发群体性事件。

来到现场后，黄登林对现场的当事群众说："大家不要冲动，既然事情发生了，我们就冷静下来，大家慢慢协商，总会找到解决问题的办法。如果仗着人多势众，走极端套路，那么不仅得不到补偿，而且还要承担法律责任的。"现场有些群众在认出黄登林后，情绪上也稍微有了些缓和。

黄登林经过实地查看后，确实有几颗石头落在杨某的祖坟上，但几颗散落的石头并未给杨某的祖坟造成任何损坏，杨某要求赔偿损失的要求于法无据。但从民族习俗来说，杨某是苗族人，按

① 参见《南国早报》2012年8月7日第11版。

照苗族风俗，他们认为祖坟被石头击中就预示着后人没有了前途和希望，如果陈某不给予适当补偿，那么杨某从心里、精神上会接受不了。于是，黄登林从法律法规和民族习俗两方面给双方反复耐心地做调解工作，最后双方达成和解协议。陈某买来了两只鸡、一壶酒，按苗族风俗在坟墓前当场杀鸡敬酒挂红，并补偿了600元作为杨某的精神损失费。事后，双方对这起纠纷的处理结果都十分满意。

民工在放炮采石时，几颗碎石落到猪场村民杨某的祖坟上，根据国家法，这根本不存在侵权和赔偿问题，对此，法官黄登林无疑是十分清楚的。但是，黄登林同样清楚的是，在当时的情况之下，如果严格依照国家法处理，不仅不能解决问题，而且很有可能激化矛盾，引发冲突。因此，黄登林才引导双方相互让步，特别是引导采石方适当尊重当地的苗族风俗，使纠纷得以完满解决，达到双方满意的效果。

第四章

国家法与民间法的冲突和调适

上面通过案例分析了民间法在实践中的运作情况，本章拟从理论上分析民间法与国家法的关系。

一、民间法在与国家法的冲突中的地位

如上所述，在民族地区农村，国家法与民间法在诸多方面存在冲突，在两者存在冲突的情况下，是适用国家法还是民间法处理案件和解决纠纷，就成为当事人、司法机关或者行政机关必须作出选择的问题。从另一角度看，当事人、司法机关或者行政机关是选择国家法还是民间法作为处理案件和解决纠纷的依据，实质上是国家法与民间法的博弈。在这种博弈中，是民间法占上风，还是国家法占上风，取决于多种因素。在较长一段时期，民间法在这种博弈中占据着明显的优势，许多案件和纠纷的解决都遵循民间法而不是国家法。民间法的这种优势地位，主要是基于以下因素的影响。

首先，这是由民族地区农村的“乡土”特征决定的。根据费孝通先生的观察，中国的农村是乡土性的，其重要特点是，“乡

村里的人口似乎是附着在土上的，一代一代的下去，不太有变动”。虽然也有人口的流动和分化，“可是老根是不常动的”。由于人口的流动率低，社会的环境相对封闭，乡土社会的生活又是“富于地方性的”。人们在这种社区中生于斯、长于斯，彼此之间甚为熟悉，因而，这又“是一个‘熟悉’的社会，没有陌生人的社会”[①]。虽然费孝通先生描述的是20世纪40年代中国农村，虽然我国广大农村一直处于蜕变之中，特别是20世纪80年代以来的社会变革使中国农村发生了巨大的变化，生活水平有了极大的改善，社区环境的开发程度有了很大提高，人口流动比较频繁，但是，整体而言，费孝通先生所描述的“乡土社会”的基本特征尚未发生根本性的改变。比较而言，在民族地区农村由于所处地理环境更加闭塞，受外界影响相对更少，其“熟人社会”的特征保留得也就更为完整。

在由熟人组成的乡土社会，人们相互间知根知底，因相互熟悉而信任，遵循自然形成的礼俗（民间法的重要形式），根据礼俗处理相互间的关系。因为礼俗是“习”出来而不是外界强加的，所以人们即使不违反礼俗，也可以体会到从心所欲的自由。[②]当国家法与民间法产生冲突，两者的博弈就不可避免。在博弈中，民间法凭借其在乡土社会的各种优势，自然成为乡民解决纠纷的首选标准和方式。即使国家法凭借其强制力强行介入而排斥民间法，也往往难以达到预期目的，甚至适得其反，不仅不能解决问题，而且会进一步激化矛盾。当然，不能排除一些当事人选择有利于自己的国家法解决纠纷，或者由于种种原因诉诸国家法，但

① 《乡土中国　生育制度》，北京：北京大学出版社1998年版，第7~9页。
② 《乡土中国　生育制度》，北京：北京大学出版社1998年版，第10页。

是，即使这些人在解决纠纷中获得了国家法的支持，其最终结果也未必是自己想要的，甚至是始料不及的。在乡土中国这种熟人社会，一个人一旦在道义上失去公众支持，就会遭受舆论的强大压迫，各种各样的冷遇和歧视就会接踵而至，甚至在社会交往中会被孤立起来，自己甚至家人都将面临窘迫的处境，这无疑是一种可怕的惩罚。对此，苏力在《秋菊的困惑和上杠爷的悲剧》一文中有过独到的分析。[①]况且，当国家法强行排斥民间法处理刑事纠纷却未平息矛盾时，民间往往会以自己的规则对纠纷另行解决，而这就致使犯罪人受到双重的惩罚。显然，对于犯罪人来说，这是不公平的。

其次，这是由民间法的特征决定的。民间法最为显著的特征是内生性。民间法是人们在长期的生产、生活中，出于调整相互间权利义务关系的需要逐渐、自然形成的。民间法规则经过长时间的浸透，已经潜移默化为乡民的内心信念，因而为乡民所遵循和信仰。而如前所述，国家法面对的背景主要是城市社会、工商、陌生人社会，乡土社会的境况和需求很少能进入国家法的视野。特别是在民族地区农村，由于其更为浓厚的“乡土性”，国家法的这种不契合性就更为突出。由于民间法的内生性，能体现乡民的价值和信仰，而国家法对于乡民而言是外来的东西，在民族地区农村很可能“水土不服”。因而，面对两者的冲突，国家法对民间法在一定程度上的妥协、让步就成为一种必要。

再次，这是由民族地区农村案件和纠纷的特点决定的。民族地区农村的案件、纠纷特点主要有 4 个方面：一是民族性。这主

---

① 苏力:《法治及其本土资源》，北京：中国政法大学出版社 2004 年版，第 24~39 页。

要是指一些案件、纠纷的发生与民族习惯相关。如一些地方的强奸、重婚案件往往与这些民族的抢婚、结婚仪式的习俗有关。二是当事人之间关系的紧密性。在相对封闭、“熟人社会”特征明显的民族地区农村，当事人之间大多认识，有些甚至就是邻居，相互熟悉，“低头不见抬头见”。三是伦理性。民族地区农村案件、纠纷伦理特征浓厚，纠纷的起因行为通常是违反当地伦理道德规范的，为人们所不齿的行为，如诈骗、盗窃、抢劫、伤害、强奸等。四是轻微性。在民族地区农村，常见的案件、纠纷大多是一些轻微违法犯罪行为的案件，对社会的危害较小，一般不会造成大范围的恶劣影响，如虐待、遗弃、数量不太大的盗窃等。民族地区农村案件和纠纷的上述特点，一方面使得国家法干预的必要性减弱，另一方面，当国家法与民间法在案件的处理上发生冲突时，国家法遭遇的抵制会更为激烈，以民间法规范处理会更容易让当事人和乡民接受，效果会更理想。可见，民族地区农村案件的纠纷特点也是国家法需要向民间法作出适当妥协、让步的重要原因。

可见，面对我国民族地区农村社会中国家法与民间法的对立和冲突，我们不能一味强调强行推行国家法，以国家法取代民间法。民间法具有内生性，有其赖以存在的深厚社会基础，在这种社会基础没有发生根本动摇之前，如果强行以国家法取代民间法，必然遭到民间法力量的顽强抵抗，最后败北的很可能不是民间法，而是国家法。一些依照国家法作出判决或者处理的案件和纠纷，在执行中遇到重重阻力或者无法执行，就是证明。因此，当国家法与民间法在某一社会关系领域中发生冲突，而民间法赖以存在的社会基础未发生根本动摇时，国家法应当暂时作出必要的让步。同时，必须积极削弱、消除民间法存在的社会基础，创造在农村施行国家法需要具备的各种条件，当推行国家法需要的各种条件成熟时，国家法在农村的推行就能够顺利实现。

二、不同地区民间法作用的差异

在田野调查中，我们发现，在西部民族地区农村的不同地方，民间法在调整社会关系、维系社会秩序中的作用有着明显差异。我们认为，民间法在调整社会关系、维系社会秩序中的作用大小主要受以下因素影响，呈现一些规律：

（一）经济发展状况

经济基础决定上层建筑。一般而言，一个地区的经济发展越落后，人们的物质生活水平越低，这个地区就越封闭，这个地区的乡土性就越明显，熟人社会的各种特征就保留得越完整，国家法在这种地方就越不容易推进，从而民间法发挥作用的空间就越大。

（二）地理环境

虽然地理环境不能决定民间法作用的大小，但是，地理环境对民间法作用发挥的影响不容忽视。一般而言，人们所处的社会环境越闭塞，交通越不便利，信息越不通畅，他们跟外界的交往就越少，了解国家法的机会就越少，接受国家法的可能性就越小，从而，民间法发挥作用的可能性就越大。

（三）文化发展状况

文化发展状况对于人们选择何种规范解决纠纷也有着重要影

响。相对而言，国家法代表着更为先进的文化。一般而言，注重文化建设，在社会主义文化建设成效显著的地方，国家法的推进遇到的阻力就比较小，反之亦然。因此，在民族地区农村加强社会主义法治文化建设，大力弘扬社会主义法治文化，对于在民族地区农村推进国家法，意义重大。

三、民间法与国家法关系的发展趋势

本课题组认为，从发展趋势看，民间法赖以存在的社会基础将会逐渐弱化。例如，随着经济的发展，人口流动日益频繁，道路发展迅速，交通日益便利，民族地区农村的封闭性被逐渐打破，乡土性特征也逐渐减弱。因此，民间法在民族地区农村中的优势地位将随之逐渐被弱化。社会的发展过程，必然是民间法的作用逐渐减弱，国家法不断向民族地区农村推进的过程。但是，只要存在城乡差别，只要民族地区农村的上述特征没有完全消失，只要民间法赖以存在的土壤仍然存在，民间法就仍然会存在并发挥作用。

第五章

西部民族地区农村的刑事法治

一、冲突与调适：民族地区农村刑事法治中的国家法与民间法

（一）民族地区农村刑事法治与和谐社会的构建

1. 民族地区农村在构建和谐社会中的重要地位

“构建社会主义和谐社会”概念的首次完整提出，是党的十六届四中全会《中共中央关于加强党的执政能力建设的决定》（以下简称《决定》），《决定》将其正式列为中国共产党全面提高执政能力的五大能力之一。按照《说文解字》的解释，“和，相应也”，“谐”，指“配合得当”，因此，从字面上说，和谐是指“配合得适当和匀称”，所谓和谐社会，就是指构成社会的各个部分、各种要素处于一种相互协调的状态。按照这样的标准来衡量，所谓社会主义和谐社会，应当是指由人参与的社会中，无势均力敌的对抗性矛盾的良好的对立统一状态，体现为人的身心关系、人与人的关系、人与社会的关系以及人与自然的关系的有序性、协

调性和稳定性。构建社会主义和谐社会，是我们党建设中国特色社会主义事业和保持国家长治久安的一项战略决策。

我国是一个由56个民族组成的多民族国家，少数民族人口已经超过1亿，民族自治地方土地面积占全国土地面积的64%。[①]中国是一个多民族国家的基本国情，决定了民族问题始终是建设中国特色社会主义必须处理好的一个重要问题，民族工作始终是关系党和人民事业发展全局的一项重要工作。胡锦涛同志在参加全国政协十届一次会议少数民族界委员联组讨论时指出：“落实十六大确定的各项任务，实现全面建设小康社会的宏伟目标，就是要更好地实现各民族的共同繁荣发展”。“共同团结奋斗，共同繁荣发展，这就是我们新世纪新阶段民族工作的主题”。

正是由于民族问题、民族工作和民族地区在全国的重要战略地位，决定了民族地区和谐社会的构建，是整个国家构建和谐社会战略的重要组成部分。民族地区的社会和谐对整个国家的和谐发展具有重要的意义，没有民族地区的和谐稳定，就没有全国的和谐，民族地区和谐发展是整个国家和谐发展的基础。

民族地区的主体部分在农村，从某种意义上甚至可以说，当人们提及民族地区，一般指的就是民族地区农村。这是因为，我国各少数民族的民族传统、民族习惯、民族特点等主要体现在民族地区农村，少数民族地区与其他地区在经济、文化、传统、习惯等方面的差异也主要体现在农村。因此，就构建和谐社会过程中面临的问题而言，民族地区的特殊性就主要表现为民族地区农

① 刘在华、王慧倩：《民族地区发展与构建社会主义和谐社会》，载《延边党校学报》2007年第3期。

村的特殊性。这就是本课题把构建和谐社会的关注点放在民族地区农村的缘由。

与其他地区相比，民族地区农村构建和谐社会有其自身的规律和特点，任务更为艰巨。这是因为：第一，民族地区的一个重要特点是多民族聚居，民族关系较为复杂，如何正确处理这种复杂的民族关系，这是构建和谐社会必须面对、必须解决的问题；第二，在民族地区，民族心理、民族习惯、民族信仰在调整社会关系，维系社会秩序中发挥着重要作用，但是，这些民族心理、民族习惯、民族信仰与国家法又存在冲突的一面。这种冲突如何解决，也是民族地区构建和谐社会面临的重要问题；第三，虽然文化多元是一种普遍存在，但是，由于多民族聚居等特点，民族地区的文化多元特征更为明显，由文化多元产生的矛盾也就更为突出，在这种背景下构建和谐社会，也就更不容易；第四，民族地区大多处于边陲和偏远山区，经济比较落后，交通不便，信息相对闭塞，这也是制约民族地区和谐社会构建的重要因素。

2. 刑事法治是构建和谐社会的有力保障

根据《决定》，构建社会主义和谐社会的目标和主要任务是：“社会主义民主法制更加完善，依法治国基本方略得到全面落实，人民的权益得到切实尊重和保障；城乡、区域发展差距扩大的趋势逐步扭转，合理有序的收入分配格局基本形成，家庭财产普遍增加，人民过上更加富足的生活；社会就业比较充分，覆盖城乡居民的社会保障体系基本建立；基本公共服务体系更加完备，政府管理和服务水平有较大提高；全民族的思想道德素质、科学文化素质和健康素质明显提高，良好道德风尚、和谐人际关系进一步形成；全社会创造活力显著增强，创新型国家基本建成；社会管理体系更加完善，社会秩序良好；资源利用效率显著提高，生态环境明显好转；实现全面建设惠及十几亿人口的更高水平的小康社会的目标，努力形成全体人民各尽其能、各得其所而又和谐相处的局面。”《决定》把民主法制、依法治国方略放在首位，可见法治在构建和谐社会中的重要性。著名法学家、全国政协副主席、中国致公党中央主席罗豪才也认为，和谐社会一定是一个法治社会。要依靠法律制度来推动和谐社会的构建，来保障和谐社会的实现，引导全社会公民遵守法律，维护和谐的气氛。①

法治在构建和谐社会中的重要性在于：相对于道德、宗教等其他实现社会管理的规范、方式，法律具有强制性、规范性、程序性等特点和优点，这就决定了法律是实现社会管理的主导规范，法治是促使和保障社会和谐发展的最明确、最有力、最具操作性的方式。因此，法治是保证社会有序运转、实现社会和谐发展的重要保证。构建社会主义和谐社会必须充分发挥法治在促进、实现、保障社会和谐方面的重要作用。②

作为现代法治的重要组成部分，刑事法治对于构建和谐社会具有更为重要的促进和保障作用。刑事法治对于构建和谐社会的重要保障作用是由刑法的特征决定的。第一，刑法规范的内容是犯罪及其犯罪的后果（主要是刑罚），而犯罪是影响社会和谐的矛盾的极端表现，一个犯罪率居高不下的社会，绝不可能是一个和谐的社会。因此，从刑法规范的内容看，刑法是预防犯罪，解决社会矛盾，促进社会和谐的重要社会规范，其他法律只是规范

---

① 袁建达：《罗豪才畅谈多党合作制度纵论构建和谐社会》，载《时代潮》2005年第7期。

② 闫建龙：《构建和谐社会必须加强社会主义法治》，载《中共银川市委党校学报》2007年第2期。

和解决一般的社会矛盾，不能解决“犯罪”这种极端的社会矛盾。第二，刑法具有调整社会关系的广泛性。民法、经济法、行政法等部门法只是调整某一方面的社会关系，而刑法则渗透到民事关系、行政关系、婚姻家庭关系等各个领域，调整各个领域的社会关系。社会的和谐不能只是某个方面社会关系的和谐，必须是各种社会关系都实现和谐。因此，刑法对和谐社会的促进作用更为全面。第三，刑法调整社会关系的方式最为严厉。违反民事法的后果是承担民事责任，违反行政法的后果是承担行政责任，违反刑法的后果是承担刑事责任。与民事责任、行政责任相比，刑事责任要严厉得多。刑事责任的主要方式是刑罚，而刑罚可以长期剥夺犯罪人的自由，甚至可以剥夺犯罪人的生命。因此，刑法是调整社会关系、消除社会矛盾、促进社会的最有力手段。如果没有刑事法治作为后盾，不仅不能有效地解决社会矛盾，民法、经济法、行政法等部门法也难以得到有效适用和执行。

综上所述，民族地区农村和谐社会的构建，是我国构建社会主义和谐社会战略的重要组成部分，在整个国家和谐社会构建战略中具有十分重要的地位，而刑事法治是构建和谐社会的重要保障，因此，如何有效发挥刑事法治在民族地区农村和谐社会构建中的作用，就成为民族地区农村和谐社会构建中必须重视和正确看待的重要问题。

对于如何有效发挥刑事法治在民族地区农村和谐社会构建中的作用这一问题，可以从不同的角度进行思考。思考问题的角度不同，所得到的解决问题的路径通常不一样。笔者认为，从民间法与国家法关系角度入手，能够寻找到一条有效发挥刑事法治在民族地区农村和谐社会构建中的作用的正确路径。

（二）民族地区农村刑事法治中国家法与民间法的冲突与调适

1. 民族地区农村刑事法治中国家法与民间法的冲突

法律多元论认为，在一个政治、经济、文化多元的复杂社会里，存在多种法律规范，存在多种社会关系和社会秩序。正如学者梁治平先生指出："国家法在任何社会里都不是唯一的和全部的法律，无论其作用多么重要，它们只能是整个法律秩序的一部分，在国家法之外、之下，还有各种各样其他类型的法律"[①]。社会秩序的构建、社会关系的调整不能仅仅依靠单一的法律规范，而是多种法律规范共同作用的结果。[②] 例如，日本学者千叶正士把调整社会关系的法律分为官方法、非官方法和法律基本原理。[③] 我国的法律多元论者一般认为，在我国农村社会，调整社会关系，建立和维系社会秩序的，除了国家法，还有与国家法对应的民间法，民间法在我国农村社会秩序构建中发挥着重要的作用。

何谓"民间法"？对于法人类学的这一重要概念，学界尚未达成共识。概括学界的观点，大体可以认为，民间法是与国家法对应的，独立于国家法之外的，人们在长期的共同生活中逐渐形成的，由各种民间的强制力保证实施的，以成文或不成文形式表现的习惯、风俗、禁忌、礼仪、族规、村规民约、宗教信仰等地

---

① 梁治平：《清代习惯法：社会与国家》，北京：中国政法大学出版社 1996 年版，第 35 页。

② 肖光辉：《法律多元与法律多元主义问题探析》，载《学术论坛》2007 年第 4 期。

③ 李霞，唐萍：《法律多元视野下的国家法与民间法》，载《盐城师范学院学报（人文社会科学版）》2007 年第 3 期。

方性的社会规范体系。

国家法与民间法固然存在相互融合、相互协调的一面，但是，国家法由国家制定，具有普适性，以西方法律文明为基础，它面对的背景主要是城市社会、工商、陌生人社会，再加上国情的复杂，信息收集成本高昂等因素的影响，国家法不可能过多地考虑地方的特殊情况，乡土社会的境况和需求很少能进入国家法的视野，因此，国家法规则常常与乡民的需要不一致，与乡民价值观相冲突。这样，国家法与民间法的冲突就在所难免。特别是在民族地区农村，由于历史的、传统的、文化的原因以及国家的民族政策等因素，这种冲突往往表现得更为激烈。

在民族地区农村刑事法领域中，民间法与国家法的冲突可以从程序法与实体法方面进行分析：

（1）实体法方面

从发生冲突的领域看，二者的冲突主要集中于婚姻家庭领域、纠纷解决领域以及精神信仰领域。在婚姻家庭领域，一妻多夫或者一夫多妻、早婚、抢婚、包办婚等民族风俗，仍不同程度地存在于各少数民族农村，但是，这些民族风俗和行为与国家法存在明显冲突，往往构成刑法规定的重婚罪、强奸罪、暴力干涉婚姻自由罪等。一些民族地区农村对通奸的态度也值得重视。通奸并未违反国家法，只是一种不道德行为。但是，从民间法看来，通奸是一种严重的“罪行”，因此，作为受害者的配偶往往有权（民间法话语）采取一些报复性的措施，以获得一种利益的补偿和精神创伤的弥补，受害者的这种举措也往往会得到乡民的同情、理解和支持。而受害人的行为往往构成了国家法上规定的故意伤害罪、敲诈勒索罪等。此外，一些民族地区农村仍然保持着“同姓不婚”的习俗，尤其是不同辈分的同姓男女结婚，更被认为是“大逆不道”，双方亲属视之为奇耻大辱，处置的方式，轻则强行让双方断绝关系，重则将当事人处死。而从国家法的角度看，婚姻法只是禁止直系血亲以及三代以内旁系血亲通婚，违反者也不构成犯罪，只是会被认定为无效婚姻。

在纠纷解决领域，冲突的产生缘于私力救济的盛行。在一些民族地区农村，不管是因侵犯财产权利、还是人身权利引起的纠纷，受害人往往不是通过公力解决问题，而是借助私力寻求利益的救济和纠纷的解决。按照国家法的逻辑，受害人遭受犯罪的侵害，一般应当寻求公力的救济。但是，在许多乡民的头脑中存在着另外一套完全不同的常识，那就是：以暴制暴，天经地义。因此，在民族地区农村，受害人或者其家属领着众人到侵害人（甚至只是被怀疑，并没有证据证明）家中抄拿抢砸、敲诈勒索、行凶伤人的情景甚为常见。而受害方的这些行为，极有可能构成国家法上的非法侵入住宅罪、故意毁坏财物罪、敲诈勒索罪和故意伤害罪等。

在精神信仰领域，民族地区农村中最为活跃的当数“除魔驱鬼”的民族习惯。“除魔驱鬼”这种民族习惯可能最早来源于初民社会的民族禁忌。由于认识能力的限制，初民社会的人们对自然界很多现象无法作出合理解释，因此对自然界充满神秘、崇拜和畏惧，想象出很多具有超自然力的妖魔鬼怪。在其后的发展过程中，人们逐渐对妖魔鬼怪有了更为复杂的想法，认为它们是灾害的制造者，而某些人则具有“放鬼”的能力。在一些民族农村，一旦发生人畜集体染病或不明原因死亡，就会认为是有人“放鬼”所致，受害人及其家属甚至其他群众就可以理直气壮地找被疑为“放鬼”的人兴师问罪，到“放鬼”人家里砸毁财物，行凶伤人，以迫使“放鬼”人收鬼。而这些从“民间法”看来理所当然、习以为常的行为，很可能构成国家法规定的非法侵入住宅罪、故意毁坏财物罪、故意伤害罪等。[①]

从冲突的方式看，二者的冲突表现在两个方面：一是民间法认为是犯罪的行为，国家法不认为是犯罪，反之，民间法认为不是犯罪的、甚至是合情合理的行为，却是违反国家刑事法的犯罪行为；二是民间法认为是严重犯罪的行为，根据国家法只成立轻罪，处罚较轻，反之，民间法认为只是轻微犯罪的行为，却构成国家法规定的重罪。

（2）程序法方面

根据我国刑法和刑事诉讼法，除了几种轻微犯罪可以“私了”外，绝大多数刑事案件都必须由司法机关代表国家追究犯罪人的刑事责任，不允许民间的力量“染指”。但是，在许多民族地区的村民看来，刑事纠纷与民事纠纷一样，是当事人双方的事，当然可以而且应当由当事人双方通过认可的方式解决，或者由本村、本宗族的特定组织或者有威望的人根据本地的民间规则解决。甚至如一些学者指出，“对于乡民来说，在所谓民事、刑事和治安管理之间所作的区分常常是令人费解的”。[②] 因此，在少数民族地区农村，由纠纷当事人双方或者村里的民间组织、有威望的人主持解决刑事纠纷并不少见，然而，刑事纠纷的这种解决方式，无疑是与国家法相冲突的。

2. 民族地区农村刑事法治中国家法与民间法的调适

关于在乡土社会中如何正确对待民间法与国家法之间的冲

① 杜宇：《重拾一种被放逐的知识传统——刑法视域中“习惯法”的初步考察》，北京：北京大学出版社 2005 年版，第 106~107 页。

② 梁治平：《乡土社会中的法律和秩序》，见王铭铭，王斯福：《乡土社会的秩序、公正与权威》，北京：中国政法大学出版社 1997 年版，第 433 页。

突，以建立和维持良好、稳定的社会秩序，实现社会正义，促进社会和谐发展，学界已经作了较多的讨论。多数学者认为，既不能全盘否定民间法，强行在乡土社会推行国家法，也不能对民间法无原则地迁就，而是应当调适两者的冲突。[①]但是，对于如何调适民间法与国家法的冲突，学界的探讨尚有待深入。笔者认为，在民族地区农村刑事法治中，民间法的作用在一定程度上应当得到尊重，国家法对民间法应作适当的妥协和让步，两者应当相互补充，共同发挥在调整社会关系、维护社会稳定和促进社会和谐中作用。笔者持上述主张主要基于以下三个方面理由：

首先，这是由民族地区农村的“乡土”特征决定的。根据费孝通先生的观察，中国的农村是乡土性的，其重要特点是，“乡村里的人口似乎是附着在土上的，一代一代的下去，不太有变动”，虽然也有人口的流动和分化，“可是老根是不常动的”。由于人口的流动率低，社会的环境相对封闭，乡土社会的生活又是“富于地方性的”。人们在这种社区中生于斯、长于斯，彼此之间甚为熟悉，因而，这又“是一个‘熟悉’的社会，没有陌生人的社会”。[②]虽然费孝通先生描述的是20世纪40年代中国农村，虽然我国广大农村一直处于蜕变之中，特别是20世纪80年代以来的社会变革使中国农村发生了巨大的变化，生活水平有了极大的改善，社区环境的开发程度有了很大提高，人口流动比较频繁，但是，整体而言，费孝通先生所描述的“乡土社会”的基本特征尚未发生根本性的改变。比较而言，在民族地区农村由于所处地

---

① 张学亮，王学栋：《中国乡村社会法治秩序的建构——从国家法与民间法的关系考察》，载《天津市政法管理干部学院学报》2005年第3期。

② 费孝通：《乡土中国　生育制度》，北京：北京大学出版社1998版，第7~9页。

理环境更加闭塞，受外界影响相对更少，其“熟人社会”的特征保留得也就更为完整。

在由熟人组成的乡土社会，人们相互间知根知底，因相互熟悉而信任，遵循自然形成的礼俗（民间法的重要形式），根据礼俗处理相互间的关系。因为礼俗是“习”出来而不是外界强加的，所以人们即使不违反礼俗，也可以体会到从心所欲的自由。① 当国家法与民间法产生冲突，两者的博弈就不可避免。在博弈中，民间法凭借其在乡土社会的各种优势，自然成为乡民解决纠纷的首选标准和方式。即使国家法凭借其强制力强行介入而排斥民间法，也往往难以达到预期目的，甚至适得其反，不仅不能解决问题，而且会进一步激化矛盾。当然，不能排除一些当事人选择有利于自己的国家法解决纠纷，或者由于种种原因诉诸国家法，但是，即使这些人在解决纠纷中获得了国家法的支持，其最终结果也未必是自己想要的，甚至是始料不及的。在乡土中国这种熟人社会，一个人一旦在道义上失去公众支持，就会遭受舆论的强大压迫，各种各样的冷遇和歧视就会接踵而至，甚至在社会交往中会被孤立起来，自己甚至家人的将面临窘迫的处境，这无疑是一种可怕的惩罚。对此，苏力在《秋菊的困惑和山杠爷的悲剧》一文中有过独到的分析。② 况且，当国家法强行排斥民间法处理刑事纠纷却未平息矛盾时，民间往往会以自己的规则对纠纷另行解决，而这就致使犯罪人受到双重的惩罚。显然，对于犯罪人来说，这是不公平的。

其次，这是由民间法的特征决定的。民间法最为显著的特征

---

① 费孝通:《乡土中国　生育制度》，北京：北京大学出版社 1998 版，第 10 页。
② 《法治及其本土资源》，北京：中国政法大学出版社 2004 年版，第 24~39 页。

是内生性。民间法是人们在长期的生产、生活中，出于调整相互间权利义务关系的需要逐渐、自然形成的。民间法规则经过长时间的浸透，已经潜移默化为乡民的内心信念，因而为乡民所遵循和信仰。而如前所述，国家法面对的背景主要是城市社会、工商、陌生人社会，乡土社会的境况和需求很少能进入国家法的视野。特别是在民族地区农村，由于其更为浓厚的“乡土性”，国家法的这种不契合性就更为突出。由于民间法的内生性，能体现乡民的价值和信仰，而国家法对于乡民而言是外来的东西，在民族地区农村很可能“水土不服”。因而，面对两者的冲突，国家法对民间法在一定程度上的妥协、让步就成为一种必要。

再次，这是由民族地区农村刑事案件特点决定的。民族地区农村的刑事案件特点主要有四个方面：一是民族性。这主要是指一些刑事案件的发生与民族习惯相关。如一些地方的强奸、重婚案件往往与这些民族的抢婚、结婚仪式的习俗有关。二是犯罪人与受害人的关系的紧密性。在相关封闭，“熟人社会”特征明显的民族地区农村，刑事案件的犯罪人和受害人大多认识，有些甚至就是邻居，相互熟悉，“低头不见抬头见”。三是伦理性。民族地区农村刑事案件伦理特征浓厚，犯罪行为通常是违反当地伦理道德规范的，为人们所不齿的行为，如诈骗、盗窃、抢劫、伤害、强奸等。四是轻微性。在民族地区农村，常见刑事案件大多是一些违反社会治安管理的轻微案件，对社会的危害较小，一般不会造成大范围的恶劣影响，如虐待、遗弃、数量不太大的盗窃等。民族地区农村刑事案件的上述特点，一方面使得国家法干预的必要性减弱，另一方面，当国家法与民间法在案件的处理上发生冲突时，国家法遭遇的抵制会更为激烈，以民间法规范处理会更容易让当事人和乡民接受，效果会更理想。可见，民族地区农村刑事案件特点也是国家法需要向民间法作出适当妥协、让步的重要原因。

那么，在民族地区农村的刑事法治领域，应采取哪些措施实现国家法与民间法的调适，促进二者的良性互动，以维护社会稳定，实现社会和谐呢？笔者认为，应当从以下立法和法的适用两个层面考虑：

在立法方面，应当引导民族自治地方的自治机关，正确、充分利用国家赋予的对刑法典的变通权。我国刑法第九十条规定："民族自治地方不能全部适用本法规定的，可以由自治区或者省的人民代表大会根据当地民族的政治、经济、文化的特点和本法规定的基本原则，制定变通或者补充的规定，报请全国人民代表大会常务委员会批准施行。"这里的"变通"规定，指的是具有内容不同于刑法典的规定。根据刑法典的这一规定，自治区或者省的人民代表大会，可以在不违反刑法的基本原则的前提下，在具体犯罪的构成以及刑罚的适用等方面，作出不同于刑法典的具体规定。这样，民族自治地方就可以将一些反映本民族意志和需要的刑法习惯法上升为国家意志，纳入国家法体系，实现民族习惯法与国家法的融合。

在法的适用上，国家法与民间法的调适应当从实体法与程序法两方面入手。就实体法而言，既要从定罪方面调适，也要从刑罚适用方面进行调适。在定罪方面，司法机关应当适当考虑民间法在民族地区农村所具有的合理性，对民间法作出一定程度的妥协，把民间法看作一种正当化事由①，以刑事转民事、不立案、不

① 刑法理论中的正当化事由指的是使符合犯罪构成要件的行为不构成犯罪的各种情形。正当化事由包括违法性阻却事由和责任阻却事由。参见张明楷著：《刑法学》，北京：法律出版社2007年。第171~276页。

起诉、作无罪判决等方式，把一些国家法意义上的犯罪行为作为非犯罪行为处理，或者以刑事和解的方式结案。特别是当罪与非罪问题上国家法与民间法存在尖锐对立时，这种处置方式更为必要。因为在民族地区农村这种熟人社会，如果在这种情况下强行推行国家法对行为人定罪处罚，不仅大多会遭受乡民的强烈抵制，甚至受害人也很可能难以接受，其最终结果很可能是“法治秩序的好处未得，而破坏礼治秩序的弊病却已先发生了”[①]。

在刑罚适用方面，司法机关应当适当考虑民间法的合理性，以之作为一种从轻处罚、减轻处罚、免除处罚或者缓刑的事由。一些行为虽然构成国家法规定的犯罪，而在民间法看来可能是正当的，甚至是值得嘉许的。如果司法机关认为确有必要追究行为人的刑事责任，在适用刑罚时应当考虑这种行为在民间法语境下的正当性，对行为人予以从宽处理。在这方面较为典型的当属“大义灭亲”。在许多民族地区农村的传统礼俗中，直系尊亲属拥有教育、处置子孙的权利，如果子孙不孝或者违反教令，甚至可以将子孙杀死。然而，“大义灭亲”在国家法是极为严重故意杀人犯罪。虽然刑法对故意杀人罪的一般情况规定的法定刑是“死刑、无期徒刑或者十年以上有期徒刑”，但是，司法实践中行为人受到的处罚一般较轻，三年左右有期徒刑的居多，有的还被适用缓刑。应该说，这是法院考虑了这类行为在民间法上的正当性和合理性的结果。

就程序法而言，笔者认为，即使根据国家法应当由司法机关处理的公诉刑事案件，如果受害人与加害人已经达成和解，或者宗族、村委会、头人、寨老等民间组织已经介入并有效地对案件

① 费孝通:《乡土中国　生育制度》，北京：北京大学出版社1998版，第58页。

作了处理，平息了矛盾，除非犯罪行为造成的后果特别严重，影响特别恶劣，司法机关一般不宜再行追究行为人的刑事责任。否则，很可能适得其反，事与愿违，不仅无助于解决纠纷，而且会使矛盾激化，或者使已经平息的矛盾再度激起。

为了有效发挥刑事法治在民族地区农村构建和谐社会中的作用，必须正视国家法与民间法在刑事法领域的冲突，并正确、有效地调适这种冲突。在这一过程中，国家法应当对刑事习惯法作出适当的妥协和让步。但是，这种让步不是无原则、无条件的。刑事习惯法的适用不能违背刑法的基本原则，必须既有利于社区的稳定与和谐，又不会破坏法治、造成负面影响。而且，从民族地区农村法治的发展趋势看，随着乡土社会向市民社会的演变和乡土社会特征的逐渐淡化，随着国家法向农村的强势推进，国家法在农村逐渐树立起权威，刑事习惯法的作用空间必然逐渐收缩，国家法必然在民族地区农村完全取得在刑事法治中的主导地位。

二、退与进：国家法在民族地区农村刑事法治中的适用

在民族地区农村的刑事法治领域，民间法与国家法在婚姻家庭、纠纷解决以及精神信仰等领域都存在着明显冲突。民间法认为是犯罪的行为，国家法不认为是犯罪，反之，民间法认为不是犯罪的、甚至是合情合理的行为，却是违反国家刑事法的犯罪行为；民间法认为是严重犯罪的行为，根据国家法只成立轻罪，处罚较轻，反之，民间法认为只是轻微犯罪的行为，却构成国家法规定的重罪。面对这些冲突，国家法应该如何应对？民间法在民族地区农村的刑事法治中存在发挥作用的空间吗？在罪刑法定原

则已经成为强势话语的当代中国刑事法治语境中，民间法无疑是被排斥的，根本没有存在的空间，因为罪刑法定原则天生就排斥、反对习惯法（民间法的主要形式）。因此，在这种语境中，当国家法与民间法发生冲突，自然应当适用国家法，民间法则摆脱不了被放逐的命运。但是，理论的演绎并不必然等同于司法的运作，刑法理论中国家法与民间法的关系并不必然等同于司法运作中国家法与民间法的关系。在本文中，笔者将以一个发生在壮族农村的刑事案件为背景，对刑事法治领域中国家法与民间法的实际关系进行考察，并以此为基础，对司法运作中如何调适两者关系作一个初步的思考。

案情：2007 年 3 月的一个晚上，10 点左右，广西宜州市思贤乡某村里发生了一起盗窃案。某甲、某乙和某丙三个外村人到村里把一户人家价值 4000 多元的摩托车盗走。但是，三窃贼刚刚得手即被车主发现，车主立刻通过广播召集本村村民对三窃贼进行追赶、拦截。后来，村民在村口将某甲抓获（某乙、某丙得以逃脱），并随之对某甲进行殴打。之后，村民按照本村的村规民约，要求某甲交付 10000 元“罚款”（从国家法角度，车主、村民无权对某甲进行罚款，故加引号），并找来某甲的家属进行协商。同时，村民小组长将案情向乡政府作了汇报。乡政府主管政法的副乡长、另一名联系该村的副乡长、其他一些乡干部以及派出所三名民警先后到达现场，某甲被警察送进了警车（一则因为某甲实施了盗窃行为，二则为了避免其被情绪激动的村民继续殴打）。由于某甲及其家属不同意按照村民要求的数额交付“罚款”，村民一直将警车围住，阻止警车将某甲带走。后来，双方终于达成协议，由某甲向车主交付“罚款”1000 元。这样，事情才得以了结，警察才得以把窃贼带走，这时已经是差不多凌晨两点。[①]

上述案件中，窃贼的行为无疑构成了我国刑法规定的最常见的犯罪——盗窃罪，按照国家法，应当由公安机关将窃贼移送检察院，由检察院对窃贼向法院提起诉讼，由法院对案件进行审判，对窃贼进行定罪判刑。但是，公安机关默许受害人和村民在自己的眼皮底下按照民间法将案件“私了”。如果把这一刑事纠纷的解决过程视为国家法与民间法的一场博弈，那么，在这场博弈中，虽然国家法也发挥了一定的作用，但是，占据上风的无疑是民间法。

（一）本案解决中国家法与民间法的作用

本案解决中民间法的作用主要表现在以下几个方面：

某甲及其家属接受了受害方的处罚。按照国家法逻辑，应当由司法机关追究某甲的刑事责任，车主和村民无权以罚款的方式与某甲“私了”，即使被盗物品未能追回，失主遭受了经济损失，也只能在刑事诉讼中提起附带民事诉讼，要求某甲赔偿损失，何况本案中被盗的摩托车已经被村民追回。案件的事实却是，在司法机关适用国家法追究某甲法律责任之前，车主和村民按照自己的意志，抢先以村规民约（民间法的表现形式之一）为依据，[②]实现了对某甲盗窃行为的责任追究。

政府、派出所听任双方就罚款问题进行“协商”，默许双方

① 此案来源于笔者2007年5月到案件发生地的田野调查，具体地名是化名。

② 虽然学界对村规民约的性质尚存争议，但大多学者认为村规民约属于民间法的范畴。

“私了”纠纷。从车主、村民向某甲及其家属提出罚款 10000 元直到双方达成“协议”（某甲及其家属当然并非真正愿意，而是出于无奈），车主、村民拿到“罚款”，作为国家法执行者的两位副乡长和派出所民警均在现场。但是，这些国家法执行者放弃了自己的阵地，放任双方根据民间法“私了”纠纷。可以说，这是国家法向民间法的妥协。如果按照国家法，车主、村民不仅无权对某甲实施罚款，他们的行为还是一种较为严重的违法行为——敲诈勒索。而在场的政府、派出所干部对这种违法并没有制止，也没有指出。笔者曾就此事问及一位当时在场的乡干部，这位乡干部说，他们“只当没有看到、不知道（村民、车主与某甲及其家属‘私了’纠纷）”。也许有人会认为，当时乡干部、民警是基于村民人多势众而作出的暂时妥协。但是，当时乡干部、民警至少可以向村民进行法治教育，指出村民行为的违法性，事后也可以对这一“私了”进行处理，而事实上，他们没有这么做。

司法机关最终放弃了对某甲的刑事责任的追究。根据现行刑法，某甲的行为构成了盗窃罪，应当由司法机关对其追究刑事责任。但是，据该派出所所长说，虽然民警当晚将某甲带回了派出所，第二天早上，某甲却从派出所“偷偷跑掉”了。是因为派出所看管不严，才使某甲有机会逃跑，还是派出所有意放任其逃跑呢？对此，我们不得而知，而且这也并不重要。但有一点是肯定的：派出所没有进一步追究此事，既没有要求车主退还“罚款”，也没有再追究某甲的法律责任（派出所辖区范围不大，要找到某甲并不会太费劲）。可以说，在这里，国家法在一定的程度上被民间法置换了。

然而，国家法在本案中并没有完全被置换，仍然在一定程度上发挥作用。本案解决中国家法的作用主要表现在以下几个方面：

村民小组长及时将案件向政府作了汇报。在我国农村，村民小组长发挥着沟通国家法与民间法的桥梁作用，一方面，与一般村民相比，他们更多地接受着国家法的洗礼，更熟悉国家法，另一方面，他们长期生活在充满乡土气息的农村，认同民间法甚至对之有着浓厚的情感。村民小组长及时将案件向政府作了汇报的这一举动，虽然不能说明他们希望按照国家法逻辑处理此案，但是，至少足以说明：像盗窃价值数千元的摩托车这类案件，应当让国家法的执行者知道，纠纷的解决应当在他们在场的情况下进行。虽然纠纷最终并没有按照国家法的规定解决，但是，应当说，当时作为国家法代表的乡政府、派出所干部是否在场，情况会不一样，比如，可能村民、车主不会从当初提出 10000 元“罚款”到最后同意接受仅 1000 元“罚款”，而某甲及其家属由于没有警察的保护，恐怕也没有“讨价还价”的筹码和底气，从而可能被迫接受更高数额的“罚款”。

民警将某甲带回了派出所。虽然派出所最终没有将窃贼某甲移送检察院追究其刑事责任，但是，他们并没有完全放弃国家法的立场。民警将某甲带回了派出所的用意，至少是要向发生纠纷的双方表明，某甲的行为触犯了国家法律，应当由行政机关、司法机关代表国家追究其法律责任，而不应当由受害人对其进行责任追究，即使双方达成并履行了“私了”协议，也不能免除某甲依照国家法应承担的责任。虽然后来没有实现对某甲的国家法责任追究，但是，至少表明了这类纠纷处于国家法的管辖范围之内。

某甲接受了受害方的处罚。表面看来，某甲接受受害方的处罚似乎完全是民间法作用的结果，但是，实质上，这也是国家法发生作用的结果，确切地说，这是民间法和国家法共同作用的结果。于某甲而言，他在决定自己所能接受的对方“罚款”数额时，他是在把“罚款”给自己带来的损失与可能受国家法制裁所遭受的损失进行比较，他能接受的数额只能是少于国家法制裁可能受到的损失。换言之，某甲是为了避免遭受国家法更加不利的追究而接受了村民和车主相对较轻的“罚款”，如果没有国家法的可能制裁后果作为参照，恐怕某甲不会在民警的保护之下接受村民、车主依照民间法作出的处罚。

（二）本案解决中国家法作出让步的原因分析

从上述分析可见，在这一由某甲盗窃行为引发的纠纷解决过程中，虽然国家法在一定程度上起作用，但是，其中起决定作用的，无疑是以村规民约形式出现的民间法。因此可以说，在这一刑事纠纷解决过程中，国家法受到了民间法的排挤，或者说，国家法对民间法在相当程度上作出了让步。但是，与其说国家法对民间法的这种让步是被动的，不如说是国家法顺势而为，是国家法面对两者的冲突作出的理性抉择，是一种明智之举。换言之，作为国家法执行者的乡政府、派出所在相当大的程度上作出让步，默许村民、车主以民间法为依据解决纠纷，是因为在民族地区农村，这种刑事纠纷解决方式具有深厚的社会基础和相当的合理性：

首先，以村规民约规定的“罚款”方式解决盗窃纠纷符合广大村民的正义观念。从笔者在当地所做的调查情况看，各村普遍制定了村规民约，而各村的村规民约均对盗窃行为规定了“罚款”这一处罚措施。在这些民族地区农村，村规民约普遍对盗窃行为作出罚款的规定，绝非偶然，而是有其存在的社会基础的。在民族地区农村朴实的村民的观念中，盗窃行为的反伦理性更多地在于它是一种不劳而获的贪图私利行为，因此，惩罚这种行为的最恰当手段，莫过于使行为人遭受财产损失的“罚款”。

其次，以“罚款”的方式解决盗窃引起的纠纷既符合受害方的利益，也符合政府、派出所的利益。对于作为受害方的失主及其村民而言，即使如本案情况，被盗财物已经被追回，被盗家庭并无直接的经济损失，但是，为了抓住窃贼、追回被盗财物而兴师动众，大量劳动力的付出是应该得到补偿的。正如本案中车主在向某甲及其家属提出罚款要求时所说：“这么多兄弟辛苦了一个晚上，我总要请大家好好吃一餐饭吧？”相反，在许多村民看来，由司法机关追究窃贼的刑事责任，让窃贼“坐牢”，这并不是自己所希望的，对自己并没有什么好处。即使因为盗窃给失主造成直接经济损失而由司法机关判决窃贼承担附带民事赔偿，这种赔偿判决在村民看来也只是很难实现的一纸空文（事实也是如此）。因此，以“罚款”的方式解决盗窃引起的纠纷符合受害方的利益。而且，在经济条件普遍比较落后的民族地区农村，这种补偿显得尤为重要。

同时，以“罚款”的方式解决盗窃引起的纠纷也符合政府、派出所的利益。一方面，即使在民族地区农村，盗窃案件也是发案率较高、对社会治安影响较大的一类刑事案件，另一方面，在民族地区农村，警力十分有限，远远满足不了维护社会治安的需要。在这种情况下，要有效地维护农村社会的治安和社会秩序，就必须广泛地发动群众，充分发挥他们与违法犯罪行为作斗争的主动性和积极性。而要充分发挥人民群众的这种主动性和积极性，就应当容许他们的付出在一定程度上得到补偿。此外，盗窃案件的另一个特点是破案率很低，如果不充分发挥人民群众的积极性，不能有效地依靠广大村民的集体力量，对盗窃行为人就难以形成有效的威慑作用，从而就难以实现对盗窃犯罪的有效预防和打击，就难以保证对人民群众财产的有效保护。

再次，这种纠纷解决方式有利于化解受害方与加害方之间的矛盾，促进民族地区农村社会稳定与和谐。这是由民族地区农村相对封闭的“熟人社会”特征决定的。根据费孝通先生的观察，中国的农村是乡土性的，其重要特点是，“乡村里的人口似乎是附着在土上的，一代一代的下去，不太有变动”。虽然也有人口的流动和分化，“可是老根是不常动的”。由于人口流动率低，社会环境相对封闭，乡土社会的生活又是“富于地方性的”。人们在这种社区中生于斯、长于斯，彼此之间甚为熟悉，因而，这又“是一个‘熟悉’的社会，没有陌生人的社会。”[①] 比较而言，在民族地区农村，由于所处地理环境更加闭塞，受外界影响相对更少，其“熟人社会”的特征保留得也更为完整。在民族地区农村这种相对封闭的熟人社会，受害方与加害方往往也彼此认识甚至相互熟悉，如果一律将这类犯罪交由司法机关按照国家法追究刑事责任，一方面是受害方的要求得不到满足，其损失得不到有效补偿，另一方面是加害人可能会受到更严厉的处罚，这样，自然不利于解决纠纷，化解矛盾。不仅如此，还可能会使加害人受到第二次处罚，毕竟，在这种熟人社会，受害方要找到加害人并非难事，加上这类犯罪的严重反伦理性，这种二次处罚往往会得到公众舆论的支持。但是，这种二次处罚对加害人并不公平。相反，以“罚款”的方式解决这类纠纷，尽管并非加害人完全自愿，但是，毕竟经过了双方一番讨价还价，具有协议的性质，且受害人可能避免因此更为严厉的国家法制裁，因此，这种纠纷解决方式可能更

① 费孝通:《乡土中国　生育制度》，北京：北京大学出版社1998年版，第7~9页。

有利于真正解决双方纠纷，防止再次发生或者激化矛盾，维护社会稳定，促进社会和谐。

（三）民族地区农村刑事法治中国家法的推进

上面笔者通过对个案的考察分析，认为在民族地区农村刑事法治中，国家法在某些领域应当向民间法作出妥协和让步，以更好地维护社会稳定，促进社会和谐。但是，国家法的这种妥协和让步不是绝对的，而是有条件、有限度、有原则的。更为重要的是，国家法对民间法绝不仅仅是妥协和让步，在作出必要妥协和让步的同时，国家法应该积极地、适时地、有步骤地向民族地区农村推进，充分发挥国家法在民族地区农村的作用。

首先，对于一些落后的、不适应社会发展需要的“民间法”陋习，当它们与国家法发生冲突时，应当坚定不移地贯彻国家法，依照国家法处理。“民间法”是一个外延极为广泛的概念，它是具体的，而不是抽象的，对其好坏很难进行笼统的评判。应当肯定，相当一部分民间法规范的存在有着深厚的社会、经济、文化基础，是适应当地生产、生活的需要而产生的，在调整当地社会关系，维护社会稳定方面发挥着积极的作用，可以说，在民族地区农村，这些民间法规范对国家法起着重要的补充作用。但是，民族地区农村也存在着一些落后的、不适应社会发展需要的、也可以称之为“民间法”的陋习。刘作翔教授曾经指出：“在‘民间法’中也有残忍、残酷、血腥、暴力、苦难和悲伤”，这些民间法陋习“带来的是悲惨、悲哀、伤害和死亡”。[①] 也许刘作翔教授

① 刘作翔:《具体的“民间法”——一个法律社会学视野的考察》，载《浙江社会科学》2003 年第 4 期。

言之过重，但是至少可以说明，民间法规范并不都是合理的，并非对社会秩序和稳定只起促进作用，有些民间法规范对社会关系的作用可能是负面的、消极的。对于那些落后的、不适应社会发展需要的、对社会秩序起负面、消极作用的民间法规范，国家法不应让步和妥协，也不应姑息、迁就，当这些民间法规范与国家法发生冲突，应当坚决贯彻国家法，根据国家法处理。例如，我国一些少数民族地区农村自古以来存在着“同姓不婚”的传统，某些少数民族地区农村则盛行着将违反“同姓不婚”传统而恋爱、同居或者结婚的双方当事人“处死”的家法、族规。对此，司法机关必须严格依照国家法处理，对杀人者，必须依照国家法追究其刑事责任。

其次，对于那些具有存在的社会基础和合理性的、对维护和促进社会关系和社会秩序具有积极作用的民间法规范，一方面，应当容许它们在一定程度上发挥作用，但不能完全放弃国家法的立场，国家法也要有所作为，另一方面，应该积极创造条件，实现国家法向民族地区农村的有效推进。

即使是具有合理性的、对维护和促进社会关系和社会秩序具有积极作用的民间法规范，当它与国家法发生冲突时，国家法也不能放弃自己的立场，而是必须在场并发挥应有作用。也只有在国家法的引导下，才能正确发挥民间法的积极作用，避免其消极作用。例如本文开头叙述的盗窃案，如果代表国家法的乡政府领导及派出所民警不到场，纠纷的解决可能不会那么顺利，比如，可能某甲的身体会受到严重伤害甚至被殴打致死（这样的事例并非没有发生过）；或者，双方会引起一场械斗；又或者，某甲及其家属可能被迫接受多得多的“罚款”（而这又有可能成为将来进一步激发双方矛盾的潜在隐患）。因此，这种情况下，国家法的执行者必须到位，一方面根据国家法对纠纷解决进行正确引导，另一方面，他们是国家法的执行者和化身，只要他们在场，国家法就能作为一种无形的力量，影响纠纷的解决，迫使双方在解决纠纷时或多或少地考虑国家法的立场，从而使纠纷的解决不至于太偏离国家法。

同时，虽然不少民间法规范的存在有着深厚的社会基础和合理性，但是，与国家法比较，整体而言，国家法更具科学性和进步性，而且，法制的统一是法治现代化的基本要求，要实现法治现代化，就要求在全国范围内（包括城市和乡村）实行统一的法律制度。自然，这里的法律制度只能是国家法。因此，适应法治现代化的需要，必须不断创造条件，促进国家法向民族地区农村的推进。而要实现国家法向民族地区农村的有效推进，笔者认为主要应从两个方面努力：一是大力发展民族地区农村经济，加快农村的城镇化进程。民族地区农村的经济普遍落后，交通闭塞，信息不发达，这是民间法存在的主要社会基础。而发展民族地区农村经济，实现农村的城镇化，就能动摇甚至逐渐消除民间法赖以存在的社会基础，国家法向民族地区农村推进的阻力就会大大减少。二是完善国家立法。民间法在民族地区农村之所以发挥着重要作用，其中一个重要原因，就是国家法不够完善，与民族地区农村的现实和需要不相适应。例如，对于一般的犯罪行为的规制，只注重对犯罪人的制裁，却忽视了对受害人利益的救济，而在经济相对落后的民族地区农村，后者显然更加重要。因此，要实现国家法向民族地区农村的有效推进，必须适应民族地区农村的需要，不断完善国家法。

三、刑法在民族地区农村的变通

由于国家法由国家制定，具有普适性，以西方法律文明为基础，它面对的背景主要是城市社会、工商社会和陌生人社会，再加上国情的复杂，信息收集成本高昂等因素的影响，国家法不可能过多地考虑地方的特殊情况，乡土社会的境况和需求很少能进入国家法的视野，因此，国家法规则常常与乡民的需要不一致，与乡民的价值观相冲突。而民间法是在乡民长期的共同生产、生活中，适应调整社会关系、维护社会秩序的要求而逐渐形成的，因此，它能够与乡民的需要相适应，能够体现乡民的意志和利益。这样，国家法与民间法的冲突就在所难免。特别是在民族地区农村，由于历史的、传统的、文化的原因以及国家的民族政策等因素，这种冲突往往表现得更为激烈。

在民族地区农村的刑事法治领域，民间法与国家法在婚姻家庭、纠纷解决以及精神信仰等领域都存在着明显冲突。面对这种冲突，民间法的作用在一定程度上应当得到尊重，国家法对民间法应作适当的妥协和让步，两者应当相互补充，共同发挥在调整社会关系、维护社会稳定和促进社会和谐中作用。这里，解决问题的关键是：国家法对民间法如果作出让步，应当在什么程度上作出让步，在哪些方面作出让步？因为，与民间法相比，国家法处于明显的强势地位，其不仅有强大的国家强制力作为后盾，而且是当代中国法治的主流话语。

笔者认为，国家法与民间法的调适，国家法对民间法的适当让步，既可以经由司法实践的途径，也可以通过立法手段，即变通国家法的途径来实现。本文将从立法的角度，对国家法应当如何变通，以适应民族地区农村刑事法治进行分析。就刑事法治而言，国家法的变通，实际上就是刑法的变通，因为在我国，作为刑事实体法的国家法，基本上就是刑法典。① 以下笔者将从国家法与民间法关系的角度，对刑法变通的原则和方向进行探讨。

（一）刑法变通的原则

我国现行刑法第九十条规定："民族自治地方不能全部适用本法规定的，可以由自治区或者省的人民代表大会根据当地民族的政治、经济、文化的特点和本法规定的基本原则，制定变通或者补充的规定，报请全国人民代表大会常务委员会批准施行。"据此，民族地区农村不能全部适用刑法规定时，民族地区农村所在的自治区或者省的人民代表大会可以对刑法的规定作出变通。此外，《中华人民共和国立法法》第七十五条第二款规定："自治条例和单行条例可以依照当地民族的特点，对法律和行政法规的规定作出变通规定，但不得违背法律或者行政法规的基本原则，不得对宪法和民族区域自治法的规定以及其他有关法律、行政法规专门就民族自治地方所作的规定作出变通规定。"这是民族地区农村变通刑法的法律依据。但是，刑法典和立法法在赋予民族自治地方变通刑法的权利的同时，也规定对刑法的变通须遵守刑法的基本原则，"不得违背法律或者行政法规的基本原则，不得对宪法和民族区域自治法的规定以及其他有关法律、行政法规专门就民族自治地方所作的规定作出变通规定。"因此，民族地区农

---

① 这里使用"基本上"，是因为在我国，刑事实体法除了刑法典，还包括一个单行刑法，即全国人民代表大会常务委员会于 1998 年 12 月通过的《关于惩治骗购外汇、逃汇和非法买卖外汇犯罪的决定》。在国外，刑法渊源还包括附属刑法，但是，我国并没有真正意义上的附属刑法。

村所在的自治区或者省的人民代表大会对刑法的变通，必须遵循一定的原则。笔者认为，在民族地区农村变通刑法，必须遵循以下原则：

1. 不得违背刑法的基本原则

根据刑法第九十条的规定，对刑法的变通不得违背刑法的基本原则。刑法的基本原则包括罪刑法定原则、适用刑法人人平等原则以及罪责刑相适应原则。以罪责刑相适应原则为例。罪责刑相适应原则在立法上的要求，就是立法在设定法定刑时，要使法定刑的种类、轻重与犯罪人的罪行轻重以及刑事责任的轻重相适应，行为人所犯罪行严重、承担的刑事刑事责任较重的，应设定较重的法定刑，反之，则应设定较轻的法定刑。民族地区农村在变通刑法时，当然也必须遵循这种要求。

民族地区农村变通刑法必须遵循刑法基本原则是由刑法基本原则在刑法中的重要地位决定的。刑法的基本原则是贯穿于刑法的始终、制约刑事立法和司法过程的，具有全局性、根本性的准则。刑法的基本原则是刑法的灵魂所在，是刑法基本精神的集中体现。不同的基本原则指导下的刑事立法，其具体内容具有质的区别。而民族地区农村对刑法的变通规定，其根本性质仍然是刑法，因此，也必须遵循刑法的基本原则。如果民族地区农村对刑法的变通规定违背了刑法的基本原则，不仅会在立法上破坏刑法的统一，而且还导致司法的混乱，最终的结果必然是既不利于发挥刑法维护社会关系、保护法益的作用，也不利于公正处理刑事案件，实现刑罚的保障功能。

2. 不得改变刑法总则基本规定的原则

刑法总则主要是对犯罪问题、刑罚问题的一般原理的规定，一般不涉及具体犯罪的构成要件及其法定刑的规定。对于刑法总则的这些规定，民族地区农村不能进行变通。例如，刑法总则关于犯罪的概念、故意犯罪、正当防卫、犯罪各种停止形态、共同犯罪、刑罚种类、量刑、刑罚执行等问题的规定，民族地区农村不应作出不同于刑法典的其他规定。否则，一方面会引起司法的混乱，破坏刑事法治的统一，另一方面，也可能使人们无所适从，不利于实现刑法的引导功能、预测功能和预防犯罪功能。

民族地区农村变通刑法为什么不能改变刑法总则基本规定呢？这是因为，民族地区农村变通刑法的前提是本民族地区农村不能全部适用本法规定，即对不能适用的部分规定进行变通。这种变通不会对刑法的其他规定产生影响。但是，刑法总则的规定是一般性、全局性规定，一旦被改变，对刑法就会产生全局性影响，即“牵一发而全身”。因此，刑法总则的变通不可能存在部分问题，换言之，刑法总则不允许作出变通。

3. 平等维护被害人与加害人权益、有利于维护社会稳定原则

民族地区农村变通刑法，一方面要使被害人的利益得到恢复和补偿，另一方面，对加害人利益的保护也不容忽视。在实践中，一种值得注意的倾向是对加害人实施双重处罚，一方面，加害人受到了国家司法机关依照国家法所作的处罚，另一方面，加害人还受到来自民间的、依照民间法作出的处罚，这对加害人是不公正的。尽管加害人实施了犯罪行为，但也不应当受到这种通常超出其所应承担的刑事责任的双重处罚。

民族地区农村变通刑法要实现平等维护被害人与加害人权益、有利于维护社会稳定的目的，一是要注重关于加害人对被害人的损害赔偿的规定，因为对于受害人而言，与其让犯罪人受到严厉的自由刑的处罚，不如让犯罪人更充分地赔偿由于犯罪行为所造成的物质损失，这对于经济相对落后，人们物质生活水平普遍较低的民族地区农村村民来说，意义尤为重大。二是注重自由刑与财产刑的替代使用。过多地对犯罪人适用自由刑，不利于化解被害人与加害人之间的矛盾，不利于刑事纠纷的解决，因此，对于在民族地区农村经常发生的盗窃、伤害等案件，如果罪行较轻，适用自由刑不是十分必要，可以考虑适用财产刑。这种做法可以有效地保障被害人的物质利益，从而化解被害人对加害人的仇恨和敌对情绪，尽快恢复曾经被破坏的社会关系，有利于社会的稳定和促进民族团结。

4. 区别对待的原则

如前所述，民族地区农村变通刑法，实质是国家法向民间法作出的适度让步和妥协。而国家法向民间法妥协和让步的原因是民间法的存在有着深厚的社会基础，与乡民的生产、生活需要相适应，为乡民所信奉，在调整农村社会关系中发挥着积极的作用。在这些地方，当推行国家法的条件尚未具备或者尚未成熟，如果利用国家强制力强行推进国家法，往往未必能够取得预期效果，甚至会适得其反，不仅不能解决纠纷，反而可能激化矛盾，不利于社会秩序的稳定。但是，“民间法”是一个外延极为广泛的概念，它是具体的，而不是抽象的，对其好坏很难进行笼统的评判。在民族地区农村，民间法规范并不都是合理的，并非对社会秩序和稳定只起促进作用，也存在着一些落后的、不适应社会发展需要的、对社会关系的作用产生负面的、消极的作用的民间法规范。对于那些落后的、不适应社会发展需要的、对社会秩序起负面、消极作用的民间法规范，国家法不应让步和妥协。在这种情况下，刑法当然没有必要，也不应当作出变通。

（二）刑法变通的方向

所谓刑法变通方向，指的是刑法是朝着有利于加害人的方向变通，还是朝着不利于加害人的方向变通。具体包括两个方面：一是根据刑法不构成犯罪的行为，可否变通规定为犯罪行为？反之，刑法规定为犯罪的行为，可否变通规定为非犯罪行为？此可谓出罪方向和入罪方向；二是刑法变通可否加重或者减轻加害人的刑事责任？此可谓加重刑事责任方向和减轻刑事责任方向。

笔者认为，刑法的变通方向应当是出罪和减轻刑事责任。这种变通具体包括：第一，刑法规定为犯罪的行为，变通规定为非犯罪行为。第二，对于刑法及其立法解释、司法解释规定了定罪起点的犯罪，民族地区农村变通刑法时，可以提高定罪起点。第三，变通规定较刑法规定更轻的量刑标准或者刑种。

刑法变通的这一方向主要基于以下几个方面理由：

1. 符合民族地区农村的习俗、习惯和需要，有利于社会关系的和谐

在一些民族地区农村，某些被刑法规定为犯罪的行为，却是合乎当地民族习惯和习俗的行为。如一些民族地区农村存在“抢婚”的习俗，根据这种习俗，未婚男子如果看中某个女子，可以把她强行带回家，用带有一定强制性的手段与女子发生性行为；[①]又如，根据某些少数民族地区的风俗，若婚后多年无子女或者无儿子，丈夫可以纳妾，形成一夫多妻的家庭。[②]根据国家法，上

---

① 张晓辉：《中国法律在少数民族地区的实施》，昆明：云南大学出版社 1994 年版，第 187 页。

② 赵小锁：《论中国民族自治地方刑法变通或补充规定》，载《人民司法》2000 年第 8 期。

述行为无疑成立强奸罪或者重婚罪。但是，如果根据国家法以犯罪论处，可能会遇到很大阻力。阻力来源于习俗、习惯的社会经济基础和文化基础。例如早婚的习俗就与经济发展程度低下有着必然联系（早婚可以成立国家法意义的强奸罪）。在这种习俗、习惯赖以存在的社会经济基础和文化基础没有产生根本动摇，国家法的施行尚缺乏必要的社会条件时，根据当地习俗、习惯将此类行为非犯罪化，符合当地的实际需要，有利于当地的社会稳定和社会关系的和谐。此外，有些行为虽然国家法与民间法均认为是犯罪，国家法认为是严重的犯罪，民间法却认为不严重。对此，刑法也有必要适应民间法作适当的变通，在定罪和处罚标准上作出更轻的规定，以利于当地社会关系的调整和社会的稳定、和谐。

2. 符合犯罪的本质特征

犯罪的本质特征是严重的社会危害性。而对于某一行为是否具有社会危害性以及危害程度的大小，不能作抽象的判断，它取决于特定的社会政治、经济和文化等的发展状况，同样的行为，在不同的社会政治、经济和文化条件下，其社会危害性的有无以及大小会存在差别，有时甚至存在巨大的差别。一些从国家法看来，在市民社会的政治、经济和文化条件下，根据市民社会的观念具有严重社会危害性的行为，在某些民族地区农村特定的社会政治、经济和文化条件下，从民间法的角度考察，却可能是完全不具有社会危害性，或者社会危害显著轻微的行为。因此，对于那些根据市民社会的政治、经济和文化状况具有严重的社会危害性，被国家法规定为犯罪的行为，如果从民族地区农村的社会政治、经济和文化发展状况出发，并不具有社会危害性或者社会危害性并不严重，可以根据关于犯罪本质特征的原理，通过变通刑法予以非犯罪化或者规定更严格的定罪标准、更轻的法定刑。这种变通完全符合关于犯罪本质特征的刑法基本原理。

3. 符合“两少一宽”政策

“两少一宽”是中共中央于1984年提出来的少数民族刑事政策，是指对少数民族的犯罪分子要坚持“少捕少杀”，在处理上一般要从宽。实践证明，“两少一宽”政策是与少数民族地区的实际情况相适应的，这一刑事政策的有效贯彻，对于维护民族团结、促进民族地区社会秩序的稳定以及社会关系的和谐，具有重要的意义，发挥着极其重要的作用。20多年后的今天，“两少一宽”政策仍然是必须坚持的、行之有效的少数民族刑事政策。“两少一宽”的少数民族刑事政策的基本精神是对少数民族犯罪分子的处理要“从宽”，这种从宽既包括司法上的从宽，也包括立法上的从宽。而立法上的从宽，就是根据少数民族地区的实际情况，从行为客观上的社会危害性和行为人主观上的可责难性两方面，对国家法意义上的犯罪行为进行新的评价，对于那些从当地乡民的一般观念看来，行为在客观上的社会危害性或者行为人主观上的可责难性不具备，或者比较轻微，没有必要以犯罪论处的，或者虽然也应当认定为犯罪，但是应当从宽处理的，通过对刑法的变通作出相应的规定。

4. 符合当代刑法发展趋势

当代刑法发展的总体趋势是非犯罪化、非刑罚化和刑罚轻缓化。非犯罪化指的是犯罪圈逐渐紧缩，将危害程度不大的犯罪通过立法予以非犯罪化；非刑罚化指的是对于犯罪人尽可能以非刑罚的方式处理；刑罚轻缓化指的是对犯罪人即使必须处以刑罚，也尽可能使用轻缓的刑罚，尤其是尽可能多地以非监禁刑代替监禁刑。当代刑法发展的这一趋势是社会发展的必然，是法治进步的标志，是刑法朝着更文明、更人道方向发展的客观要求。在我国，虽然刑法目前尚缺乏完全按照这种趋势发展所应具备的条件，但是，从长远的观点看，我国刑法只有沿着非犯罪化、非刑罚化和刑罚轻缓化的方向发展，才能最终实现刑事法治的现代化，才能更好地发挥刑法的人权保障功能和法益保护功能。而民族地区农村朝着出罪和减轻刑事责任的方向变通刑法，正顺应了当代刑法发展的这一趋势，这对于促进我国刑法的国际化、现代化，有效发挥我国刑法的各种功能，无疑具有深远的现实意义。

5. 符合罪刑法定原则

罪刑法定原则作为刑法最重要的基本原则，其基本含义是："法无明文规定不为罪，法无明文规定不处罚。"罪刑法定原则最早是西方学者为了反对封建社会的"罪刑擅断"而提出的，目的是限制司法权，保障自由和人权，他们要求司法机关处理刑事案件要严格遵循刑法，要以刑法为根据，刑法没有规定为犯罪的行为，司法机关不能以犯罪论处，刑法没有规定的刑罚，不能对犯罪人适用。但是，罪刑法定原则并没有限制司法机关对案件作出罪和减轻刑事责任的处理，并不要求对刑法规定为犯罪的行为，必须定罪处罚，也没有禁止对犯罪人作出轻于刑法规定的处罚。[①]

---

① 有学者认为，我国刑法第三条规定的罪刑法定原则包括积极的罪刑法定原则与消极的罪刑法定原则，前者指对法律规定为犯罪的行为，必须定罪处罚，后者指对于法律没有规定为犯罪的行为，不得定罪处罚。参见何秉松主编：《刑法教科书（上卷）》，北京：中国法制出版社 2000 年版，第 68~68 页。笔者不同意这种观点。笔者认为，我国刑法第三条规定的"法律明文规定为犯罪行为的，依照法律定罪处罚"指的是，对于法律规定为犯罪的行为，在定罪处罚时必须依照法律的有关规定，不能脱离法律对行为进行定罪处罚，法律没有规定的刑罚，不能对犯罪人适用，而不是指对于法律明文规定为犯罪的行为，必须定罪处罚。因为罪刑法定原则的提出是为了实现刑法的人权保障功能而不是法益保护功能。

因此，对刑法作出罪和减轻刑事责任的变通，即将刑法规定为犯罪的行为变通为非犯罪行为，或者对犯罪变通规定更轻的刑事责任，这种做法是符合罪刑法定原则的基本精神的。

应该明确的是，虽然也存在国家法不认为是犯罪而民间法认为是犯罪的情况，但是，刑法不能朝入罪和加重刑事责任的方向变通。具体包括：第一，根据刑法不构成犯罪的行为，不能变通规定为犯罪。如通奸行为。虽然在大多的村民看来，通奸是一种严重的“违法”行为，女方的丈夫作为受害者，可以提出赔偿“精神损失”等各种要求，但是，民族地区农村不宜将这种行为变通为犯罪行为。第二，对于刑法及其立法解释、司法解释规定了定罪起点的犯罪，民族地区农村变通刑法时，不能降低起点。例如，根据司法解释，盗窃财物行为构成犯罪的起点是500~1000元，民族地区农村不能以当地经济落后，盗窃数额同样的财物危害更大为由，规定少于500元的定罪起点。第三，不能提高刑法规定的量刑标准，不能增加比刑法规定更重的刑种。为什么刑法不能朝入罪和加重刑事责任方向变通呢？首先，这种变通与当代刑法发展的非犯罪化、非刑罚化、刑法轻缓化趋势背道而驰，不利于我国刑事法治现代化的实现。其次，这种变通违反刑法规定的罪刑法定原则。如前所述，根据罪刑法定原则，法律没有规定为犯罪的行为，司法机关不得定罪处罚，将国家法没有规定为犯罪的行为作为犯罪论处，显然违反了这一要求。再次，这种变通不利于化解矛盾、解决纠纷，维护民族地区农村社会关系的和谐。这是因为，对于受害人而言，虽然他们往往将加害人诉诸司法，但是他们只是为了讨个“说法”，要个“面子”，或者要求得到一定经济补偿或赔偿，而不是希望对方受到刑事处罚。一旦加害人受到刑事处罚，双方往后的关系往往变得尴尬而难以调和、恢复。

四、刑事和解在民族地区农村的提倡

刑事和解，又称被害人与加害人的和解，是指犯罪发生后，经由调停人出面，使被害人与加害人直接商谈，解决刑事纠纷；商谈结果所达成的和解协议，由司法机关予以认可并作为对加害人刑事处分的依据。以这种方式解决刑事纠纷，目的是恢复加害人破坏的社会关系，弥补被害人受到的损害，恢复或者缓解加害人与被害人之间的和睦关系，并使加害人改过自新，复归社会。[①] 刑事和解制度是一种新型的司法制度，它的产生是为了克服传统刑事司法过于强调国家利益和国家对犯罪的追诉权而忽视个人利益特别是被害人利益的局限性。以和解方式解决刑事纠纷，有利于被害人获得经济上的赔偿，有利于加害人与被害人实现相互谅解，有利于平衡国家利益、社会利益和个人利益，有利于实现社会和谐。

在民族地区农村，以和解的方式解决刑事纠纷，则更具有重大的意义。因此，刑事和解在民族地区更应当倡导。具有说来，民族地区农村实行刑事和解的重要性是由以下几个方面决定的。

（一）由民族地区农村的特点决定

首先，民族地区农村的“熟人社会”特点，使人们更愿意选择和解方式解决刑事纠纷。

根据费孝通先生的观察，20 世纪 40 年代的中国农村是乡土性的，其重要特点是，“乡村里的人口似乎是附着在土上的，一

---

① 向朝阳、马静华：《刑事和解的价值构造及中国模式的构建》，载《中国法学》2003 年第 6 期。

代一代的下去，不太有变动”。虽然也有人口的流动和分化，“可是老根是不常动的”。由于人口的流动率低，社会环境相对封闭，乡土社会的生活又是“富于地方性的”。人们在这种社区中生于斯、长于斯，彼此之间甚为熟悉，因而，这“是一个‘熟悉’的社会，没有陌生人的社会”。此后，我国广大农村一直处于蜕变之中，特别是20世纪80年代以来的社会变革，使中国农村发生了巨大的变化，生活水平有了极大的改善，社区环境的开放程度有了很大提高，人口流动比较频繁。那么，现在的中国农村又是一幅怎样的图景呢？贺雪峰先生曾用“半熟人社会”描述其所调查的江西农村。根据贺雪峰先生的观察，在一些小的自然村落，村民相互熟悉，仍然是熟人社会，但是，在行政村一级，村民之间不是很熟悉，“面熟而不知对方根底”，是一种“半熟人社会”。[①]比较而言，在民族地区农村，由于所处地理环境更加闭塞，受外界影响相对更少，其“熟人社会”的特征保留得也就更为完整。笔者不久前曾到过昔日费孝通先生做过田野调查的广西金秀瑶族自治县的几个村寨，虽然现在的金秀农村已经今非昔比，经济、文化、交通等方面都有了很大的发展，但是，整体而言，费孝通先生所描述的“熟人社会”的基本特征尚未发生根本性的改变。笔者还走访过广西富川瑶族自治县、融水苗族自治县和三江侗族自治县等地的一些农村，情况大抵也是这样。

在民族地区农村这种“熟人社会”中，村民要维持正常的生产、生活，必须具备通过熟人关系应对和处理生产、生活中的各种事件的能力：当遭遇不公正待遇时，可以动用熟人关系而获得支持，讨回公道；红白喜事，可以得到众人帮忙张罗；生产、生

---

① 贺雪峰：《新乡土中国》，桂林：广西师范大学出版社2003年版，第1~3页。

活中遇到困难，众人乐于提供各种帮助，使之渡过难关……而村民这种能力并不是一朝一夕就可以获得的，而是因为村民长期将自己融入乡土社会的熟人关系网络中，是在这一网络中，通过与他人在生产生活中长期互动、协作而逐渐形成的。村民一旦被排斥在乡土社会的熟人关系网络之外，要重新进入就非常困难。而村民一旦被排斥在乡土社会的熟人关系网络之外，就将失去在熟人社会中应对和处理生产、生活中的各种事件的能力，不仅平时要承受各种来自外界的压力，影响正常的生产和生活，而且遇有非常事件时，往往难以应对和处理，有时后果甚至会是致命的。

与市民社会相比，民族地区农村这种“熟人社会”的上述特点，使得刑事纠纷的加害人与被害人双方更希望以和解方式解决纠纷，这种刑事纠纷解决方式也更有利于乡土社会的稳定、有序与和谐。在这种“熟人社会”中，刑事纠纷的加害人与被害人双方通常处于同一熟人关系网络中，他们一般相互熟悉，至少相互认识。而刑事纠纷的发生及其传统诉讼方式的处理，往往使加害人与被害人双方从此结怨，原来和谐的关系不复存在。而且，结果不仅仅如此。加害人与被害人各自生活在特定的关系圈，加害人与被害人的关系恶化，就往往演变成生活于两个关系圈的群体的对立。这还仅仅是一个刑事纠纷导致的后果，多个刑事纠纷导致的群体对立和矛盾，无疑会更加激烈。加害人与被害人及其所属群体之间这种错综复杂的矛盾和对立，在直接削弱甚至消除各自的应对和处理生产、生活中的各种事件的能力的同时，将破坏乡土社会的整个熟人关系网络，从而造成秩序混乱与不和谐。这种局面一旦出现，要扭转就绝非易事，绝非短时间所能奏效。因此，于刑事纠纷的当事人双方而言，他们可能更愿意以和解方式解决纠纷，对于整个“熟人社会”而言，人们更希望看到当事人双方以和解方式解决刑事纠纷，这种方式解决刑事纠纷较之于传统的纯粹诉讼方式更有利于社会稳定与和谐。

其次，民族地区农村生产力发展水平较低，经济相对落后，使和解方式解决刑事纠纷具有更重要的意义。

为了加快民族地区经济发展的步伐，党中央、国务院采取了很多措施，不断加大对民族地区的扶持力度，因此，民族地区的生产力得到了很大提高，经济已经取得了长足的发展。但是，总的来说，民族地区农村的生产力发展水平仍然比较低，经济状况仍然比较落后。从笔者对广西的一些民族地区农村的调查情况看，这些地区的经济发展水平明显落后于市民社会。例如，2005 年三江侗族自治县农民的人均纯收入仅为 1890 元。

民族地区农村这种落后的经济状况，使和解方式解决刑事纠纷具有更重要的意义。传统刑事司法理念认为，犯罪是个人与国家的冲突，犯罪所侵犯的是国家利益，而不是被害人个人的利益（或者说国家才是受害人），因此，只有国家才享有对犯罪人的责任追究权。根据我国刑事诉讼法，除了几种轻微犯罪由受害人自行起诉外，其他犯罪均由国家对犯罪人提起公诉，追究其刑事责任，受害人甚至不享有独立的上诉权，即使对未生效的一审判决不服，也不能单独提出上诉。这种传统的刑事司法虽然能够实现对犯罪人的惩罚，彰显社会正义，却忽视了对被害人利益的保护，不注重对被害人损害的弥补。此外，这种传统的刑事司法也不利于修复被犯罪破坏的社会关系，不利于对犯罪人的矫正、改造。而通过和解的方式解决刑事纠纷，则不仅能充分凸现被害人在解决纠纷中的主体地位，而且能使被害人的物质损失充分得到补偿。而这种经济补偿对于经济发展比较落后的民族地区农村而言，无疑具有更为重要的意义。虽然在传统的刑事司法程序中，被害人也可以就物质损失提起附带民事诉讼，要求犯罪人赔偿因犯罪造成的经济损失，这种请求往往也能得到法院的支持，但是，这种赔偿判决大多只是一纸空文，附带民事诉讼判决难以执行早已成为不争的事实。

再次，民族地区农村具备较为合适的调停人，更有利于刑事和解协议的达成与执行。

民族地区农村普遍都存在着管理公共事务、调解民间纠纷的民间组织，例如，广西的三江侗族自治县有“乡老”，融水苗族自治县有“寨老”，金秀瑶族自治县有“石牌头人”。这些民间组织或者由村民选举产生，或者自然产生，他们不仅与村民熟悉，而且在村里有着很高的威望，为村民所尊敬和信赖。在我国少数民族发展的历史进程中，这些民间组织在管理社会公共事务，处理民间各种纠纷，维护社会治安与稳定等方面，都起了极为重要的作用。当前，由于国家权力、国家法向民族地区的强势推进，这些民间组织的作用已经被逐渐弱化，但是，它们仍然在一定程度上发挥作用。另一方面，作为农村基层组织的村民小组长、村民委员会以及村民委员会设立的人民调解委员会，在当前农村的纠纷解决中也发挥着重要的作用。这里特别值得提及的是，在民族地区农村，上述民间组织通常与当地的村民小组长、村民委员会、人民调解委员会进行协调合作，相互配合，共同发挥着管理本村公共事务，处理民间纠纷的作用。

不管是各种民间组织，还是村民委员会等农村基层组织，都产生并生活于广大村民中间，与广大村民有着广泛的、经常的、紧密的联系，为广大村民所熟悉，大多为广大村民所信赖，在广大村民中有着较高的威望。因此，与市民社会中通常由司法机关作为调停人相比，由这些民间组织或者农村基层组织作为刑事和解的调停人，在加害人与受害人之间进行协调和沟通，更有利于达成和解协议，也更有利于和解协议的执行。

（二）由民族地区农村刑事案件的特点决定

民族地区农村的刑事案件特点主要包括4个方面：一是民族性。这主要是指一些刑事案件的发生与民族习惯相关。如一些地方的强奸、重婚案件往往与这些民族的抢婚、结婚仪式的习俗有关。二是伦理性。民族地区农村刑事案件伦理特征浓厚，犯罪行为通常是违反当地伦理道德规范的，为人们所不齿的行为，如诈骗、盗窃、抢劫、伤害、强奸等。三是轻微性。在民族地区农村，常见的刑事案件大多是一些违反社会治安管理的轻微案件，对社会的危害较小，一般不会造成大范围的恶劣影响，如虐待、遗弃、数量不太大的盗窃等。四是加害人与受害人的关系的紧密性。在相对封闭、“熟人社会”特征明显的民族地区农村，刑事案件的加害人和受害人大多认识，有些甚至就是邻居，相互熟悉，“低头不见抬头见”。

民族地区农村刑事案件的民族性，使加害人的期待可能性减少，进而责任更轻，从而更适合以和解方式解决。所谓期待可能性，就是在行为当时的具体情况下，有可能期待行为人不实施违法行为而实施其他适法行为。在一定的情况下，如果不能期待行为人实施其他适法行为，即使其实施了违法行为，也不能对其行为进行非难，即行为人没有刑法上的责任。[①] 期待可能性不仅存在有无之分，而且存在大小之别，虽然能够期待行为人实施适法行为，但是，如果期待行为人实施适法行为的可能性小，则其应承担的责任相应也小。民族习惯是少数民族聚居地区人们适应日

① 张明楷：《外国刑法纲要》，北京：清华大学出版社2007年版，第255页。

常生产、生活的状况和需要，经过长期的社会实践逐渐形成的，而它一旦形成，就潜移默化地成为人们的内心信念，为人们所信奉，极大地影响人们的行为。因此，人们受民族习惯的影响或者按照民族习惯实施某种行为，虽然这种行为从国家法看来是犯罪行为，甚至是严重的犯罪，但是，在民族地区农村这种特定的社会背景下，即使能期待行为人实施其他适法行为，这种期待可能性也不大。因此，民族地区农村刑事案件的民族性，使加害人的期待可能性减少，进而责任更轻。而加害人的责任越轻，越适宜以和解方式解决纠纷，因为，根据罪责刑相适应的刑法基本原则，行为人应承担的刑事责任越轻，所应受到的刑事处罚就越轻，而行为人应受到的刑事处罚越轻，就越适宜以和解方式解决纠纷，解决纠纷过程中所遇到的观念上的、舆论上的阻力也会越小。

民族地区农村刑事案件的伦理性，使得加害人与国家之间的冲突减弱，被害人的地位更显重要，加害人与被害人的矛盾关系更加突出，从而，注重被害人利益及加害人与被害人关系恢复的刑事和解就更为适宜。刑法理论通常将犯罪分为行政犯与自然犯。所谓自然犯，是指由于性质上违反伦理而被认为构成犯罪的行为；所谓行政犯，是指不违反社会伦理，而是由于行政取缔的目的，根据法律的禁止才构成犯罪的行为。[①] 根据这种分类，民族地区农村的刑事犯罪绝大多数属于自然犯。比较而言，法定犯对国家利益的侵犯更为突出，加害人与国家利益的冲突更为明显，而自然犯对被害人利益的侵犯更为直接，加害人与被害人的矛盾更为激烈。显然，注重保护被害人利益、以修复加害人与被害人关系为特点的刑事和解更适合解决这类形式纠纷的需要。此外，法定

① 马克昌:《刑法学》，北京：高等教育出版社2003年版，第33页。

犯以违反一定的行政法规为前提，理解和认定此类犯罪需要熟悉相关的法规，难度较大，与法定犯相比，自然犯主要是违反社会伦理，人们更易于理解和认定其构成特征。刑事和解必须建立在加害人和被害人均已正确认识犯罪构成特征和事实的基础上，而自然犯易于认识的特点，为其以和解方式解决提供了有利条件。

民族地区农村刑事案件的轻微性，使之更适合以和解方式解决。虐待、遗弃、数量不太大的盗窃等性质轻微的刑事案件，由于客观上对社会造成的危害不大，也不会造成太大范围的恶劣影响，因此，以和解方式解决纠纷人们更易于接受。反之，如果以传统的方式处理案件，则一方面必要性不大，另一方面，不利于被害人利益的保护，甚至会使原来的小矛盾演变成大矛盾，结果适得其反。从实际情况看，大多数以和解方式解决的刑事纠纷，也都是性质轻微的案件。

民族地区农村刑事案件中加害人与受害人关系的紧密性，为以和解方式解决提供了有利条件。对于加害人而言，加害人与被害人关系的紧密性，使之有更好的机会与被害人进行充分的沟通和协商，双方更容易达成和解协议。对于被害人而言，加害人与被害人关系的紧密性，也使之更愿意以和解的方式解决纠纷，“冤家宜解不宜结”，何况是生活在同一社区的熟人。被害人往往也能意识到，以和解方式解决纠纷，除经济上的损失能得到有效赔偿外，还能积极处理好与对方的关系，这对被害人来说，也未尝不是好事。而以传统方式追究加害人的刑事责任，则不仅经济上的损失难以得到有效补偿，两者关系将来也难以修复。这种结果恐怕不是被害人所愿意看到的。而对于司法机关而言，加害人与被害人关系的紧密性，也可能使司法机关更多地考虑以和解的方式解决纠纷，因为司法机关也不希望在惩罚加害人的同时，使加害人与被害人关系不仅不能恢复，还可能更糟，而是希望在解决纠纷、依法追究加害人法律责任的同时，尽可能地修复加害人与被害人的关系，从而有效维护社会的和谐和稳定。

（三）由民族地区农村对民间法的信奉决定

在民族地区农村，村民的法律观念的一个突出特点，就是对民间法的信奉。我国的法律多元论者一般认为，在我国农村社会，调整社会关系、建立和维系社会秩序的，除了国家法，还有与国家法对应的民间法，民间法在我国农村社会秩序构建中发挥着重要的作用。一般认为，民间法是与国家法对应的，独立于国家法之外的，人们在长期的共同生活中逐渐形成的，由各种民间的强制力保证实施的，以成文或不成文形式表现的习惯、风俗、禁忌、礼仪、族规、村规民约、宗教信仰等地方性的社会规范体系。民间法最为显著的特征是内生性，它是人们在长期的生产、生活中，出于调整相互间权利义务关系的需要逐渐地、自然地形成的。民间法规则经过长时间的浸透，已经潜移默化为乡民的内心信念，因而为乡民所遵循和信仰。而国家法面对的背景主要是城市社会、工商、陌生人社会，乡土社会的境况和需求，特别是民族地区农村的境况和需求，很少能进入国家法的视野。

在民族地区农村，由于广大村民对民间法的信奉，当发生纠纷时，他们选择民间法而不是国家法作为解决纠纷依据就难以避免，在刑事领域也不例外。在刑事领域，村民依据民间法解决纠纷的具体形式很多，常见的如对加害人予以罚款、加害人向被害人赔偿损失，“赔命价”① 等。村民依据民间法解决刑事纠纷有其

① “赔命价”是藏族的一种刑事习惯法，是指发生杀人案件后，被害人家属向加害人或者加害人家属索要一定数量的财物，并就此达成和解协议，解决纠纷。

深厚的社会基础，而且，这种刑事纠纷解决方式在其赖以存在的社会基础没有被根本动摇时，还将继续发挥作用。但是，不可否认，这种刑事纠纷解决方式也存在一些问题。比较突出的问题如，有时加害人一方面依照民间法受到处罚，另一方面，还受到司法机关依照国家法实施的惩罚，对加害人而言，这种双重处罚往往是不公平的；加害人与被害人的地位、势力可能是不对等的，而这种不对等使得纠纷的处理结果很可能对其中一方不公平；仅仅以赔偿经济损失的方式解决刑事案件，既不利于对犯罪的一般预防，也不利于对犯罪的特殊预防。

而以刑事和解方式解决民族地区农村的刑事纠纷，不失为调适国家法与民间法的冲突，有效地避免上述问题的可行路径。首先，刑事和解是在司法机关的参与下进行的，即使调停者不是司法机关，司法机关也可以对调解过程进行有效监督，从而可以避免因双方力量不均衡而出现一方把自己的意志强加给另一方，保证调解协议的公平和公正。其次，司法机关在决定是否需要对加害人处刑、如何处刑时，既要考虑和解协议中加害人已经承担的责任，也要考虑是否符合预防犯罪的目的，从而既可以避免对加害人造成不公正的双重处罚，也能够实现预防犯罪的刑罚目的。再次，在民族地区农村，以和解方式解决刑事纠纷，和解协议中关于加害人如何向被害人赔偿损失的内容，往往是以民间法为依据的，因此，司法机关在决定是否需要对加害人处刑、如何处刑时对加害人已经承担的赔偿责任的考量，实质就是对民间法的考量。换言之，以和解方式解决民族地区刑事纠纷，民间法与国家法同时在发挥作用，因此，刑事和解是民族地区农村刑事法治中调适国家法与民间法关系的重要途径。

第六章

西部民族地区农村立法问题调查研究

《中华人民共和国立法法》（以下简称《立法法》）第七十二条规定：省、自治区、直辖市的人民代表大会及其常务委员会根据本行政区域的具体情况和实际需要，在不同宪法、法律、行政法规相抵触的前提下，可以制定地方性法规。设区的市的人民代表大会及其常务委员会根据本市的具体情况和实际需要，在不同宪法、法律、行政法规和本省、自治区的地方性法规相抵触的前提下，可以对城乡建设与管理、环境保护、历史文化保护等方面的事项制定地方性法规。《立法法》第七十五条规定：民族自治地方的人民代表大会有权依照当地民族的政治、经济和文化的特点，制定自治条例和单行条例。自治区的自治条例和单行条例，报全国人民代表大会常务委员会批准后生效。自治州、自治县的自治条例和单行条例，报省、自治区、直辖市的人民代表大会常务委员会批准后生效。自治条例和单行条例可以依照当地民族的特点，对法律和行政法规的规定作出变通规定，但不得违背法律或者行政法规的基本原则，不得对宪法和民族区域自治法的规定以及其他有关法律、行政法规专门就民族自治地方所作的规定作出变通规定。

根据《立法法》上述规定，在民族地区，享有立法权的国家机关包括省、自治区、直辖市的人民代表大会及其常务委员会、设区的市的人民代表大会及其常务委员会以及自治州、自治县人民代表大会，立法的种类包括地方性法规、自治条例和单行条例以及对法律和行政法规的规定的变通规定。其中，制定自治条例、单行条例和对法律和行政法规作出变通规定是民族自治地方自治机关特有的权利，也是民族自治地方自治权的集中体现。因此，研究民族自治地方立法，重点应当研究民族自治地方制定自治条例、单行条例和对法律和行政法规作出变通规定的情况。

一、西部民族地区自治立法现状、问题及成因分析

（一）西部民族地区自治立法的现状

我国是一个统一的多民族国家，对少数民族聚居区实行民族区域自治制度是我国的一项基本制度。民族自治地方立法是我国立法体系中的一个重要组成部分，它在民族自治地区的社会生活中发挥着越来越重要的作用。目前我国的民族自治立法已经初步形成了以宪法为基础，以民族区域自治法等法律规定为核心，以有关法律、法规和规章以及自治条例、单行条例为主要内容的，有中国特色的民族法规体系，即中央和地方两级、多层次的民族区域立法体系。[①] 从中央层面看，包括由全国人民代表大会及其常务委员会制定的宪法、法律，国务院及其各部委制定的法规、规章中涉及有关民族问题的条款。从地方层面来看，包括自治

① 郝时远、王希恩主编：《中国民族区域自治发展报告》（2010），北京：社会科学文献出版社，2010 年版，第 481~482 页。

区、自治州、自治县（旗）制定的自治条例、单行条例以及对国家相关法律、法规的变通或者补充规定。具体表现为以下几方面：

1. 全国人民代表大会及其常委会的民族区域自治立法

宪法是民族自治立法的依据，自新中国成立以来，总共制定了4部《宪法》，每部《宪法》都对我国民族区域自治制度进行规定，它们构成了民族自治立法的基础。特别是1982年《宪法》（现行《宪法》）是在总结民族区域自治的经验基础上，根据新时期新形势的发展变化要求，对民族问题作出了比较完备的规定，增加了许多具有时代特征的新内容。它体现在：1982年《宪法》"序言"和"总纲"第4条、第52条对民族关系、民族发展方面作了规定；第4条、第34条、第59条、第65条、第70条、第89条、第107条对保护少数民族合法权益和利益原则作了相应规定；第4条第3款、第30条、第62条、第89条、第107条对民族区域自治原则问题作了具体规定。此外，《宪法》第3章"国家机构"第6节"民族自治地方的自治机关"对自治机关的自治权作出了具体规定。

1984年，我国正式制定并颁布了第一部《民族区域自治法》，它的颁布实施，表示我国民族区域自治建设步入了法治化轨道。随着我国改革开放和社会主义市场经济的建立，1984年的《民族区域自治法》已经不能完全适应新的情况，在这种形势下，2001年全国人民代表大会常务委员会修改通过了新的《民族区域自治法》，体现了国家顺应时代和各族人民的要求，坚定不移地走依法治理国内民族事务、解决民族问题的法治精神，标志着我国民族区域自治立法进入了新的历史时期。

除《宪法》和《民族区域自治法》之外，其他240多部现行有效的法律中，涉及民族关系的相关规定达70部左右。可见，我国法律对民族问题进行了广泛的规定，为民族地区少数民族群众的特殊权益保护提供了有效的法律保障，也为民族地区社会经济发展提供了广泛的法律保障。具体表现在；政治方面，《地方各级人民代表大会和地方各级人民政府组织法》总则第3条对民族地区自治机关行使自治权的法律依据进行了规定。又如《立法法》、《选举法》等法律规定民族自治地方人民代表大会可以根据上述法律的原则，结合当地的实际情况制定变通或者补充规定。经济方面，《森林法》第9条、《草原法》第39条、《矿产资源法》第10条等等均作出了有利于民族自治地区的自主权和经济利益的规定，照顾少数民族群众的生产和生活。文化、风俗习惯方面，《城市规划法》第14条规定了城市规划应当注意保持民族传统和地方特色，《义务教育法》第6条对少数民族地区实施义务教育作了特别规定。人口、婚姻方面，《婚姻法》第50条作了有关婚姻法变通的规定。少数民族干部培养方面，《妇女权益保障法》第12条第2款规定了国家重视培养和选拔少数民族女干部，等等。

2. 国务院及其他行政机关的民族自治立法

国务院及其他各部委制定配套的法规是落实民族区域自治法的必要保障措施。为了使民族法律法规体系建设步入规范化轨道，国务院相继制定出台配套的法律和法规。2001年修订的民族区域自治法颁布后，2005年国务院常务会议通过了《国务院实施〈中华人民共和国民族区域自治法〉若干规定》。这是中央政府依法颁布的民族区域自治法的配套法规文件，具有带动部门和地方配套法规制度的承上启下的作用。《规定》分35条，细化了上级人民政府在促进民族区域自治地方发展方面的职责和义务，同时也规定和落实了《规定》的监督机制。2011 至 2012 年，国务院及有关部委先后通过编制《少数民族事业“十二五”规划》、《关于扶持人口较少民族发展规划（2011~2015）》和《民族法制体系建设“十二五”规划（2011~2015 年）》。这些规范推动了民族地区经济、教育、科技、卫生、法治、就业和社会保障事业的全面发展。截至 2012 年，国务院有关部委制订了 22 件左右配套规范性文件或规章，大部分省市也相应出台了贯彻实施民族区域自治法的地方性法规。

3. 西部民族地区自治地方的自治立法

制定自治条例、单行条例以及变通和补充规定是西部民族自治地方落实自治法的重要环节，也是西部民族自治地方民族法治建设的一项重大工程。改革开放以来，民族地方自治立法权意识不断增强，以制定自治条例和单行条例为主要内容的地方民族立法取得了积极的进展。我们根据相关资料的统计整理，截至 2012 年，除五大自治区外，民族自治地方已制定了 149 个自治条例，565 个单行条例，82 个变通和补充规定。下表反映了近年来民族自治地方立法统计状况。同时，根据宪法和相关法律的规定，各民族自治地方还对国家相关法律做了变通或补充规定的制定和修改工作。下表资料来源于 2010 年《中国民族区域自治发展报告》蓝皮书以及中国法律法规系统检索整理。

年　份	自治条例	单行条例	变通和补充规定
2000 年	123	153	56
2003 年	133	280	65
2008 年	137	510	75
2012 年	149	565	80

然而，到目前为止，五大自治区仍未获通过自治区的自治条例。1958 年广西壮族自治区第一届人民代表大会通过了《关于广西壮族自治区条例（草案）的决议》。但由于一系列因素的影响，组织起草、修改《自治区自治条例》的工作几经周折。至 1993 年，完成了《自治区自治条例》第 19 稿的送审修改稿。然而，随着新时期国家经济体制转轨，特别是建立社会主义市场经济体制的要求，国家政策、民族区域自治法的规定与民族自治地方的权利和要求有很大差距，自治区自治条例制定出现了新的情况，使得自治条例的制定工作需要作更缜密的考虑。因此，广西壮族自治区自治条例的制定工作未完成。但为了适应新形势的发展需要，广西壮族自治区人民代表大会常务委员会先后组织各自治县的自治条例的制定和修改工作。截至目前，一共制定并生效的地方性自治条例 12 个，单行条例 8 个。内蒙古自治区从 1980 年至 1992 年期间，就《内蒙古自治区条例》起草了 22 稿，最终受到《中华人民共和国区域自治法》的修订、具体条款内容的规范等因素影响，自治条例至今也尚未出台。近年来，内蒙古自治区共制定和批准了 499 个单行条例和地方性法规。如颁布了《内蒙古自治区草原管理条例》等相关法规，都规定了相应的民族政策条款，充分保障了少数民族的权益。宁夏回族自治区自 1958 年成立以来，先后制定和颁布了多达 150 种的地方性法规、条例和政策，从法律上明确了回族等少数民族在文化教育、风俗习惯、宗教信仰等方面的权利，增进了回汉等各民族的团结。

自治州和自治县（旗）是我国民族自治地方的重要组成部分，遍布在全国各地，尤其西部民族地区。截至目前，据统计，全国 30 个自治州有 25 个自治州制定了自治条例，全国 120 个自治县有 117 个自治县制定了自治条例；全国 30 个自治州共制定了近 260 个单行条例，120 个自治县共制定了约近 300 个单行条例。近年来，自治州、自治县（旗）的自治条例和单行条例出台的数量倍增，速度加快。

综上所述，我们认为自新中国成立以来，我国西部民族自治地方立法建设取得了举世瞩目的成就。西部民族地区自治立法有效地保障了少数民族的各项权利，促进了西部民族地区政治、经济、文化等各项事业的发展，促进了西部民族地区乃至全国各民族的团结与共同繁荣。在我们看到西部民族地区自治立法稳步推进的同时，也发现相应的法律、法规在实施过程中遭遇到一些困境，不利于保障各少数民族的合法权益。因而，分析我国西部民族地区自治立法仍存在的各种问题，是我们进一步完善和健全西部民族地区自治立法的重要条件。

（二）西部民族地区自治立法存在的问题

1. 西部民族立法体系内容不完善

民族法律法规体系是相互联系、相互支撑的有机统一体，其中任何一部分的缺陷或者各部分之间脱节和互相矛盾，都会损害整个体系的完整性。从当前西部民族地区自治立法总体情况来看，主要是实施《民族区域自治法》的配套法规实施细则还不是很健全。首先，我国《民族区域自治法》颁布整整 30 年了，在制定自治条例方面，五大自治区自治条例至今尚未出台，既有的自治条例需要修改完善。如前文所述，自治区自治条例方面，广西壮族自治区和内蒙古自治区的自治条例先后 19 次以上易稿，新疆、西藏和宁夏自治区也都多次修订草案，但都仍然难以出台。自治条例被誉为“小宪法”，它是自治地方行使自治职能的基本依据，也是这些地区在各项事务上体现区域性和民族特色的基本保障。

五大自治区自治条例的缺位，显然是我国西部民族法律法规体系的重大缺陷。其次，由于《民族区域自治法》在形式上具有宪法性质的法律特征，它在各方面的立法规定相对笼统、有某些内容操作性不强，因而需要立法机关尽快制定出落实该法律的相关规定的实施细则。但从目前现实情况来看，虽然2005年国务院颁布的《国务院实施〈中华人民共和国民族区域自治法〉若干规定》（以下简称《若干规定》）进行了细化，但是关于《民族区域自治法》的总的实施细则尚未出台。同时，国务院各部委、各地方立法机关制定的有关实施《民族区域自治法》的法规、措施和办法也有些零散、不协调，这使得我国西部民族地区法律法规在运行过程中缺乏具体、量化标准，实施起来有些困难。再者，从西部民族地方立法来看，五大民族自治区制定的自治法规数量较多，但立法质量有待提高；而非民族自治地方，下辖有自治州、自治县的省、直辖市制定的有关民族事务的地方性法规相对不足。导致了西部某些自治立法工作的开展、国家民族政策的落实难以做到有法可依。从西部民族地区自治立法内容来看，较多的是关于规范机关组织与活动的原则，因地制宜体现少数民族权利保障的内容相对较少。另外，西部各民族自治地方颁布的单行条例规定的大多涉及语言、教育、婚姻、宗教等内容，规范西部民族自治地方经济发展方面的目前还比较少。

2. 西部民族地区自治法律法规协调性不足

我国的立法权是由多个部门行使的“一元两级立法体制”实现的，在西部民族法律法规的制定过程中，由于西部民族地区自治立法权的存在，立法主体显得较为复杂，相关法律中授权立法规定不一致，容易导致立法混乱和冲突，进而容易损害西部民族法律法规体系的完整性和权威性，使得法律在实践中陷入“无所适从”的困境。现行的西部民族法律法规中的法律冲突现象主要表现为垂直规范冲突和平级规范冲突两种情形。如西部自治地方人民代表大会及其常委会制定法规的重要原则之一是与上位法“不抵触”，即不得同宪法、法律、行政法规相抵触。在地方立法者看来，“不抵触”就是不与中央的法律直接违背，而中央立法者看来，“不抵触”就是要与中央的法律保持一致。这种差异性的理解很可能会导致地方与中央法律上的矛盾。同时，平级法律之间也有相互冲突的情况，具体表现在不同普通法律调整同一民族关系规定不一致，不同民族自治地方的自治立法对于同一法律问题的规定不一致，民族自治地方的自治法规与一般地方法规规章的规定不一致等情形。现行的多部法律关于民族自治地方自治立法权限没有统一规定。有的授权规定是民族自治地方的人民代表大会，如《民法通则》、《妇女权益保障法》、《婚姻法》等；有的授权规定是民族自治地方人民代表大会及其常务委员会，如《继承法》、《收养法》等；有的授权规定民族自治地方的自治机关，如《森林法》、《国旗法》等；还有的授权规定只赋予辖区内有民族自治地方的省人民代表大会和自治区人民代表大会，如《刑法》等。以上有关立法权限规定的混乱现象找不到法理依据，显然是立法上的不规范、不严谨的表现。

3. 西部民族地区自治法律制裁措施和程序性规定缺乏

西部民族地区自治法律法规是民族区域自治原则具体化和制度化的主要方式，其制裁措施和程序性规定缺乏，不利于切实贯彻民族区域自治制度，不利于建立西部民族自治立法的权威。首先，从法律的逻辑结构规范来看，现行西部民族自治立法规范的逻辑结构上的缺陷，欠缺明示的法律后果。一条完整的法律规范由假定条件、行为模式、法律后果三要素构成。其中法律后果或者制裁要素体现了法律的强制性，也是保障法律不被任意忽视或者违反的重要因素。缺乏制裁要素的法律规范与道德、习俗等一般社会规范难以分辨，法律效力受到严重损害。目前，我国调整民族关系的民族法部门中，作为相当于基本法的《民族区域自治法》，是我国唯一一部没有规定法律责任的基本法。自治法中许多条款在逻辑结构上均缺少法律制裁要素或者法律责任的规定。由于没有规定法律责任，致使《民族区域自治法》在由谁来处理、如何处理、如何监督等问题上不是那么明确，最终可能会引起实践中存在不履行法定责任和义务的行为或滥用权利侵害他人合法权益的行为但不承担法律责任的现象发生。尽管2005年颁布的《若干规定》第31条和第32条规定了法律责任，[①]一定程度上弥补了此法律规范的法律后果规定，但无论从数量，还是质量上来看均不够理想。仅仅依靠两条法律责任，难以涵盖全国复杂的民族关系。

其次，从司法救济方面来看，西部民族地区自治法律法规缺乏程序性规定。我国现行的民族法律法规以实体性规范为主体内容，与此同时，又必须通过一定的程序性规范得以实现。民族法律法规中的程序性规定不可能形成如同《刑事诉讼法》和《民事诉讼法》一样的专门程序立法，但程序性规则同样是实现实体性权利不可或缺的保障。西部民族地区自治立法应当为主体创造表

① 第31条对违反国家财政制度、财务制度，挪用、克扣、截留国家财政用于民族自治地方经费的，责令限期归还被挪用、克扣、截留的经费，并依法对直接负责的主管人员和其他直接责任人员给予行政处分；构成犯罪的，依法追究刑事责任。第32条各级人民政府行政部门违反本规定，不依法履行职责，由其上级行政机关或者监察机关责令改正。各级行政机关工作人员在执行本规定过程中，滥用职权、玩忽职守、徇私舞弊，构成犯罪的，依法追究刑事责任；尚不构成犯罪的，依法给予行政处分。

达诉求，实现诉求的法律渠道。从目前的情况来看，大量的权益纠纷，妨害民族自治地方行使自治权的行为，侵害少数民族合法权益的行为，尚缺法律上的有效程序加以处理。而仅仅依靠行政措施，缺乏民族法律法规的程序性规定，无法发挥司法、行政手段共同维护西部民族自治地方和少数民族合法权益的作用，无法满足西部民族法治的需求。

4. 西部民族地区自治立法形式和实质不够合理

首先，在立法质量方面，依据《宪法》和《民族区域自治立法》的规定，民族自治地方享有立法自治权。西部民族自治地方虽然积极行使自治立法权，但其立法无论是形式还是内容都不同程度存在此法抄他法，脱离地方实际，缺乏鲜明地方特色；或过于抽象、笼统，大多存在内容泛泛而谈，缺乏具体细致的规定，不能客观地体现当地实际。其次，立法技术相对落后，缺乏规范性。条款机械照搬有关《民族区域自治法》的有关原则规定，缺乏操作性，条文表述政策化及立法语言不符合法律用语专业性要求等。如《民族区域自治法》中对民族自治地方各个方面都有优惠性规定，但大多采用“努力帮助”、“给予扶持”、“给予照顾”、“适当放宽”等过于含糊不清而难以量化的措辞。再者，立法内容比较单一，尤其是涉及市场经济、教育、自然资源、生态环境等方面的单行条例相对较少，而且普遍存在重制定、轻实施。因各自治区自治条例报批屡屡受挫，致使自治区自治条例立法热情明显减弱。

此外，审批制度过于烦琐，导致立法周期过长。西部民族自治地方为制定自治条例方面做了大量工作，但由于民族地区自治立法是一种批准立法，要经过全国人民代表大会常务委员会的批准才能生效。虽然宪法和法律没有规定自治区制定的法规需要先经过国务院各部委审查或者批准，但在实践中自治区制定出自治法规草案后，一般要送交上级机关征求意见或建议，最后才能报请全国人民代表大会常务委员会批准，这已经形成不成文的惯例，正是这个不成文的惯例，已经成为自治区出台自治条例的“拦路虎”。在涉及自治区与上级国家机关之间的政治、经济、文化等方面广泛的关系，尤其是利益分配与权利让与方面的问题上，自治区和上级机关很难达成一致意见，增加了自治条例出台的难度。

（三）西部民族地区自治立法存在问题的成因分析

1. 西部民族地区自治立法权限划分不明和社会正处转型期

我国5大自治区的自治条例至今尚未出台，这是我国民族自治法律体系上的一个缺陷。究其原因，存在的影响因素很多。首先，从制度层面上，我国中央和地方的权力划分模式采用的是行政化分权模式。在行政化分权模式下，《宪法》和有关宪法性法律文件对中央权力的划分只作一般原则规定，地方所享有的职权主要通过权力在行政体系内进行，由中央根据社会的发展需要作出适时的规定和调节。也就是说中央政府的授权行为并不依赖于法律，而是直接依赖于行政措施和决定。① 因此，民族自治地方的立法除了依赖有关法律法规，很大程度上依赖中央的行政措施和决定。同时中央和地方的事权范围界定模糊，地方立法权限存在争议。我国在中央和地方事权的划分不明，阻碍着5大自治区自治条例的出台。自治区自治条例属于综合性法规，其所涵盖的

① 潘红祥:《自治区自治条例出台难的原因分析及对策》，载《北方民族大学学报》2009年第3期。

内容是非常广泛的，特别是在规定经济这方面内容，很大程度上受到中央和地方权力配置和利益分配的影响，必然涉及国务院各部委放权让利的事，要做好这方面的协调工作难度也很大。其次，我国正处于社会转型的过程，民族自治立法存在不确定因素是导致自治区自治条例难以出台的客观原因。自1984年《民族区域自治条例》颁布以来，我国一直处在由计划经济体制向市场经济体制转型的过程，经济管理体制也处于变动之中。特别是十四大以来，社会主义市场经济体制改革步伐不断加快，在财政、税收、投资、金融等领域出台了一系列重大的改革措施。正如潘红祥教授指出："如何将新的经济运行体制与落实民族自治地方的自治权结合起来，是这一阶段自治区制定自治条例需要考虑的主要问题。"由于民族自治立法需要面对新的情况，自治区自治条例草案根据实际需要不断地修改，客观上延缓了自治区自治条例的制定。同时，在社会转型的过程中，由于民族地区观念上的僵硬和惯性，以及既得利益与改革利益的冲突，使得各方面创新变得困难，即使有创新也面临难于推行的境地。

2. 西部民族差别、地区差异的显性因素和隐性因素

西部民族自治法律法规存在协调性不足问题的原因很多，主要有民族差异、地区差别的显性因素与民族习惯法隐性因素的存在。首先，我国的民族区域自治制度包含了民族因素和地方因素，所以它既不是单纯的民族自治，也不是单纯的地方自治，而是民族自治因素和地方自治因素相结合的自治模式。我国是一个统一的多民族国家，由于西部众多民族的存在和历史、文化、自然环境等因素作用，使各民族在风俗习惯、历史传统、宗教信仰、生存条件及其相关的文化观念等方面存在较大差异。我们知道，西部民族地区的发展速度远远落后于东南沿海地区，而且东西部经济发展的差距还有拉大的趋势。因此，关于民族区域自治方面，国家的民族立法只能就一些原则性问题、带有共性的问题作出规定，不可能穷尽政治、经济、文化等方面所有问题。由于西部民族自治地方的民族特征和区域差异是客观存在的，西部民族自治地方的立法机关针对某一具体问题制定的法律规范也不可能完全相同。显然，这种具有差异性的静态法规范在调整同一法律关系时，必然产生法律上的冲突和协调性不足的问题。这种必然性表现在同一具体的问题存在不同的法规范的调整并被适用时，就会出现现实的冲突和协调问题。随着我国市场经济的发展，西部大开发战略的实施，西部民族自治地方受到外界的强烈冲击，其开放程度、市场化程度越来越高，与外界在政治、经济、文化、科技等各领域的交往不断增多。在这样的发展背景下，现实中法律冲突和不协调程度会增大。其次，民族习惯法作为习惯法的一种，在西部民族自治地方特定社会和地域空间仍然有实际活力。民族习惯法是由风俗习惯长期演变而来的逐渐制度化的规则，并为本民族成员所信守的一种行为规范。西部民族自治地方存在着大量民族习惯法。民族习惯法与国家法的冲突，也是西部民族自治立法的一个隐性因素。因为，西部民族习惯法规则涉及大多是国家法不直接调整的次要和具体的社会关系，影响通常不大；这种冲突可能是国家法规则脱离当地社会实际引起。民族习惯法作为纠纷解决的依据可能会挑战国家法权威以及司法权的权威。这就要求司法制度的发展向民族习惯法等民间法开放。西部民族习惯法的活力在于其与民众情感深刻相通，因而西部民族地区的自治立法以及司法制度的改革应对民族习惯法予以足够的重视。目前，国家需要对西部民族习惯法的价值重新定位，在西部民族自治地方立法上充分发挥民族习惯法的积极功能。

3. 西部民族地区自治立法建设相对薄弱

目前我国西部民族地区自治立法研究和西部民族法治建设实践不相适应，立法的科学性不够。首先，综合西部民族地区自治立法情况来看，整体立法队伍专业化程度不够高。立法是一门科学和高超的技艺。而西部民族地区自治立法实践工作中，一定程度上存在立法人员的法律素质不够高、立法技术粗陋等情况。加之西部民族地区人才队伍规模小、不稳定、整合性不强，造成研究精品匮乏，难以推动科学立法。

当前，围绕西部民族自治地方的立法研究起步比较晚，基础比较薄弱，亟待改进。由于民族地区经济和法治建设的相对滞后，其立法研究的困局相当明显，主要表现在几个方面：一是西部民族某些区域缺乏研究，研究布局不均衡。如有的课题门庭若市，趋之若鹜；有的课题研究则无人问津。当前西部民族法学研究成果较多的是民族区域自治法的研究，而对西部边远地区少数民族的研究成果则较少。与立法学的蓬勃发展之势相比，我国西部民族立法实践和研究都是相形见绌。二是西部民族基础理论研究比较薄弱。西部民族法学理论体系还不完善，研究力度、深度、广度明显不足，大多是资料罗列、法条简释、综述整合的层面，未能为西部民族法治建设提供强有力的理论支撑。三是实证研究相对缺乏，对当前西部民族法治建设面临重大实践问题缺乏深入调查研究，对民族法治研究程度还是不够深入。四是比较研究缺乏，且与国外理论还存在一定的对接障碍。国外学者对民族法学研究理念、研究视角和研究方法都有其独到之处，值得我们学习借鉴。

4. 西部民族地区自治立法政策化和自治权规则可实施性不强

由于历史原因，我国长期以来制定了一系列的民族政策，为妥善处理民族问题，促进民族团结发挥了重要的作用。然而，随着社会主义市场经济体制的逐步确立和我国加入WTO，十五大提倡“依法治国”以来，西部民族自治地方的开放越来越大，西部民族自治地区之间与国家之间的依赖性越来越强，市场经济本身就是法治经济，国际贸易和交流也需要统一的规则与国际惯例。我国的民族政策远比我国的民族法治发展得早和成熟，使得西部民族自治法律法规带有政策的色彩。法律始终是西部民族地区自治原则具体化和制度化的主要手段，因而，自治法律法规的政策化会直接影响其可操作和功能，有悖依法治国的精神。

自治权规则的可实施性主要依赖于规则所界定的权力范围与界限的清晰度，以及权力禀赋大小的相关因素。我国的《民族区域自治法》等法律没有为自治权提供一个清晰的边界，实践中主要通过国务院及各部委制定的各类政策性文件，来解决自治权的界限与范围的具体化问题。而这些政策文件在稳定性和公开性方面显然是不足的。这种政策性分权漠视了自治权留下的法律空间。在我国宪政体制下，对于涉及自治权规则中中央和地方分权具体界限，应由全国人大常委会负责解释。但迄今为止，全国人大常委会并没有开展相关解释工作，使得自治权规则的法律解释机制无法有效运行。同时，我国也没有一个协调和处理自治权规则争议的专门机构，也使得自治权规则难以有效实施。总之，西部民族地区自治立法政策化和自治权规则可实施性是导致其法律制裁措施和程序规定缺乏等问题的重要因素。

5. 不能正确理解民族区域自治地方立法的本质

这里的民族区域自治地方立法，指的是自治区、自治州和自治县这些自治机关依法制定自治条例、单行条例以及对法律、行政法规作出变通规定。民族区域自治地方立法的本质是对法律和行政法规的变通。所谓对“法律和行政法规的变通”，是指在坚持法律、行政法规的基本原则和精神的前提下，作出具体内容（具体的权利义务关系）不同于法律、行政法规的新规定，以适用丁特定的区域和特定的人。民族自治法规的这一本质，是民族自治权的本质在立法上的反映。

事物的本质，就是使这一事物与其他事物区别开来的质的规定性。自治法规的本质，也就是使自治法规与其他法律、法规区别开来的质的规定性，因此，应当从自治法规与其他法律、法规的关系中认识自治法规的本质。自治法规与一般地方性法规同属地方国家机关制定的地方法规，自治法规的本质，应从它与一般地方性法规的关系中加以揭示。

第一，从自治条例、单行条例与一般地方性法规的关系看。自治条例与单行条例是自治法规的主体部分。关于自治条例、单行条例的制定，宪法第116条和民族区域自治法第19条均规定：“民族自治地方的人民代表大会有权依照当地民族的政治、经济和文化的特点，制定自治条例和单行条例。自治区的自治条例和单行条例，报全国人民代表大会常务委员会批准后生效。自治州、自治县的自治条例和单行条例，报省或者自治区的人民代表大会常务委员会备案。”立法法第66条第2款还规定：“自治条例和单行条例可以依照当地民族的特点，对法律和行政法规的规定作出变通规定，但不得违背法律或者行政法规的基本原则，不得对宪法和民族区域自治法的规定以及其他有关法律、行政法规专门就民族自治地方所作的规定作出变通规定。”关于一般地方性法规的制定，立法法第63条规定，省、自治区、直辖市的人民代表大会及其常务委员会根据本行政区域的具体情况和实际需要，在不同宪法、法律、行政法规相抵触的前提下，可以制定地方性法规；省、自治区的人民政府所在地的市、经济特区所在地的市和经国务院批准的较大的市的人民代表大会及其常务委员会，也可以根据本市的具体情况和实际需要，制定一般地方性法规。立法法第 73 条还对一般地方性法规的立法事项作出了明确规定。

根据上述法律规定，就其中央与地方的关系而言，自治条例、单行条例与一般地方性法规都是地方立法而不是中央立法，从广义的地方性法规来说，它应该包含自治条例和单行条例。但自治条例、单行条例较之一般地方性法规，又存在着质的区别。这种区别突出表现在两个方面：一是制定和批准机关不同。自治条例、单行条例由自治区、自治州和自治县的人民代表大会制定；一般地方性法规由省、自治区、直辖市的人大及其常委会以及设区的市的人民代表大会及其常务委员会制定。自治区制定的自治条例、单行条例经全国人大常委会批准后生效，自治州、自治县的自治条例、单行条例经所在自治区或省的人大常委会批准后生效；设区的市的地方性法规须报省、自治区的人民代表大会常务委员会批准后施行，省级地方性法规则没有规定批准机关。二是立法权限不同。根据立法法的规定，地方立法权限可以概括为 3 个方面。一是细化，即根据本行政区域的实际情况细化法律、行政法规的某些规定，以便法律、行政法规在本行政区域更有效地贯彻；二是补充，即对法律、行政法规未作规定的事项作出规定（立法法第 8 条规定必须由全国人大及其常委会制定法律的事项除外）；三是变通，即根据地方的实际情况变通法律、行政法规，作出与法律、行政法规不同的规定。上述 3 项立法权限，前两项是自治条例、单行条例与一般地方性法规共有的，而变通权限为自治条例、单行条例所独有，因为一般地方性法规的制定以“不同宪法、法律、行政法规相抵触”为前提，而制定自治条例、单行条例无此限制，并且立法法还明确规定，自治条例、单行条例可以“对法律和行政法规的规定作出变通规定”。

在自治条例、单行条例与地方性法规的上述区别中，最本质的区别是第二方面，即前者可以变通法律、行政法规，而后者不能与法律、行政法规相抵触。据此，对于既有地方性法规制定权又有自治条例、单行条例制定权的自治机关制定的法规，从其规范的内容分析，凡是对法律、行政法规作出变通规定的，就是自治条例或者单行条例；凡是未对法律、行政法规规定作出变通规定的，就应归入地方性法规。只有这样理解自治条例和单行条例，才能说明制定自治条例、单行条例是自治机关行使自治权而不是行使地方国家机关的职权。这里有一个问题，就是自治州、自治县人大不能制定一般地方性法规，只能制定自治条例和单行条例，那么，它们制定的自治条例和单行条例，在没有变通法律、行政法规的情况下，还是不是自治条例、单行条例呢？已经制定的这种“自治条例、单行条例”，可以称之为自治条例、单行条例，但这种自治条例、单行条例未能反映自治条例、单行条例的本质。笔者认为，在不需要变通法律、行政法规的情况下，自治州、自治县没有必要制定自治条例或者单行条例，若确有必要制定规范性法律文件，可以由自治州、自治县的权力机关、行政机关制定有关的决议、决定或命令。

第二，从变通补充规定与一般地方性法规的关系看。作为自治法规体系有机组成部分的变通、补充规定，是指自治地方的自治机关依据特定法律、行政法规授权条款和该法的基本原则，结合当地的实际情况，对该法的内容进行某些变更和补充，以便该法在民族自治地方更好地得到施行。变通补充规定由作为地方国家机关的自治机关制定，也具有一般地方性法规的共同特征。其与一般地方性法规的区别则较为复杂。就制定和批准机关而言，一般地方性法规前已述及，变通、补充规定的制定和批准机关因法律的不同授权而异。比如，对刑法的变通、补充由自治区或省的人民代表大会制定，由全国人民代表大会常务委员会批准；婚姻法的变通、补充由民族自治地方的人民代表大会及其常务委员会制定，自治州、自治县的变通、补充规定，由省、自治区人大常委会批准，自治区的变通、补充规定，须报全国人大常委会备案。就立法权限而言，两者都可以对法律、行政法规进行补充，而对法律、行政法规的变通为变通、补充规定所独有。从两者的区别看，最本质的区别也在于是否可以变通法律、行政法规。变通、补充规定中的补充规定并不体现民族自治地方民族自治权的行使。

由上可见，自治条例、单行条例和变通、补充规定的本质都在于对法律、行政法规的变通。

长期以来，由于对民族自治地方立法的上述本质没有一个清晰的认识，使得民族自治地方立法存在以下困境：

就中央方面而言：第一，宪法、自治法对自治法规如何变通法律、法规未作任何规定，使民族自治地方在立法时难以操作。宪法、自治法赋予民族自治地方的自治权，权限很大，范围十分广泛，这种广泛的自治权利体现在立法上，就是自治法规可以根据本地方的实际对中央和地方上级国家机关的法律、法规作出变通规定。广泛的自治权利决定变通内容的广泛性、多样性。但是，不管变通的内容有多广泛，变通的权限有多大，它都不可能是无限的。变通的广泛性和有限性，客观上要求中央立法对自治法规如何变通法律、法规作出规定。比如：哪些法律、法规可以变通，哪些不能变通？哪些条款可以变通，哪些条款不能变通？变通法律、法规应遵循什么原则，有哪些限度？这些问题不解决，变通立法就难以进行。第二，中央一些职能部门的民族自治观念淡薄，把民族自治地方等同于一般地方行政区域，把民族自治权视为民族特权。这种观念体现在对待民族立法上，就是对民族自治地方立法是对法律、法规的变通规定这一本质认识不清，把自治法规与地方性法规混为一谈，甚至直接称之为“地方性法规”。在这种观念的支配下，需要中央有关职能部门同意才能通过的自治区自治条例、单行条例自然难以获准通过（自治区的自治条例、单行条例经全国人大常委会通过后生效，但在此之间要经有关职能部门同意）。尤其是，自治法规对法律、法规的变通，通常意味着需要各职能部门让利放权，而职能部门从本部门利益出发，就往往以严格执行国家统一政策，不能给民族自治地方以特殊照顾为由予以否定，这就使得自治区的自治条例、单行条例的通过更为艰难。缺乏作为自治地方制定自治法规的基础的自治区自治条例的指导，民族自治地方立法的具体方向就难以把握。第三，宪法、自治法把自治区的自治条例、单行条例的制定权赋予自治区，而把批准权赋予全国人大常委会，使得自治区拥有的自治立法权不完整，这也是自治区自治条例未能颁布施行的重要原因。

就民族自治地方而言：第一，由于对民族自治地方立法本质不明确而把自治法规与地方性法规混同。表现在立法实践中，就是在制定的自治条例、单行条例中，既包括对法律、法规的变通规定，更有大量的非变通规定，仅是对法律、法规的具体化或者是对法律、法规的补充。而后者本质上属于地方性法规的范畴。把地方性法规混为自治法规而以自治法规的形式制定，会使得本来不必经全国人大常委会批准的地方性法规徒增复杂程序而未能通过，也使得自治法规的内容过于繁杂，增加通过的难度。第二，如前所述，由于中央民族立法存在的缺陷，使得民族自治地方在立法中对于如何变通法律、法规难以把握。它们无从知道哪些法律、法规、哪些条款可以变通，哪些不能变通，可以变通的，变通到什么程度。因此，在立法实践中，往往是能变通的没有作出变通，不能变通的却变通了。可变通而不变通，自治权的行使就不充分，自治法规的作用就不能充分发挥；不可变通而变通，就是自治权的滥用，就会破坏法制的统一。第三，民族自治地方存在的不正确的民族自治观念也对民族自治地方立法产生消极的影响。不少人认为，实行民族区域自治就是向中央、上级要钱，要中央、上级“输血”。在这种两眼向上的思想影响下，自然易于忽视自治法赋予的自治权利，这样，自然权利的行使就不可能充分，对法律、法规的变通就难以取得实质性的进展。

二、西部民族地区自治立法的原则

（一）原则性与灵活性相结合的原则

我国是实行单一制的多民族国家，民族区域自治地方与其他行政区域一样，都是祖国不可分离的组成部分。我国宪法规定：“各少数民族聚居的地方实行区域自治，设立自治机关，行使自治权。各民族自治地方都是中华人民共和国不可分离的部分”。这就表明，所有实行民族区域自治的地方，都是中华人民共和国领域内不可分离的一部分，它们的自治机关，都是中央人民政府统一领导下的地方政权。民族自治地方的自治机关尽管享有高度的自治权，但是，这种自治权必然是有限度的，就是必须在宪法与民族区域自治法规定的范围之内行使。民族自治权的限制，表现在立法权上，要求民族自治地方制定的自治法规必须遵循宪法和民族区域自治法，不得与之相抵触。同时，在对法律、行政法规进行变通时，法律、行政法规的基本精神、基本原则也不能变通，如民法的平等原则、诚实信用原则，刑法的罪刑法定原则、罪刑相适应原则，婚姻法的男女平等原则、一夫一妻制原则，民事诉讼法中的诉讼当事人权利、义务平等原则、两审终审原则，等等。这些原则体现的都是法律的基本精神，因而不可变通。民族自治地方立法对法律、行政法规的变通，其目的在于使法律和行政法规在民族自治地方更好地得以贯彻实施，如果民族自治地方立法不体现甚至违背了法律、行政法规的基本精神和基本原则，就必将阻碍法律、行政法规在民族自治地方的贯彻实施，势必破坏国家法制的统一，破坏国家的统一和民族的团结。

因此，民族自治地方立法的原则性要求民族自治法规的制定必须遵循宪法和民族区域自治法，对法律和行政法规进行变通时，必须遵循法律和行政法规的基本精神和基本原则。

同时，根据宪法与民族区域自治法的规定，我国在国家统一领导下，在各少数民族聚居的地方实行区域自治，设立自治机关，行使自治权。民族区域自治制度是符合我国民族发展的历史和现实的。我国在长期的历史发展中，已经形成了统一的多民族国家，各民族相互接近、和睦共处始终是历史发展的主流。在近现代同资本主义、帝国主义的斗争中，各民族同呼吸、共命运，始终维护了祖国的统一。社会主义的新中国，是由56个民族组成的中华大家庭。然而，由于历史的原因，各民族的发展在经济、文化、教育等方面存在着事实上的不平等，各少数民族地区明显处于相对落后状态，而且这种状态还将在较长期间存在下去。国家实行民族区域自治制度，正是为了逐步缩小各民族之间的差距，消除这种事实上的不平等，实现各民族共同进步、共同繁荣。

民族区域自治制度的核心，就是赋予民族自治地方高度的自治权。民族区域自治法规定："民族自治地方的自治机关根据本地方的情况，在不违背宪法和法律的原则下，有权采取特殊政策和灵活措施，加速民族自治地方经济、文化事业的发展"，"民族自治地方的自治机关在国家计划的指导下，根据本地方的特点和需要，制定经济建设的方针、政策和计划，自主地安排和管理地方性的经济建设事业。"而宪法、民族区域自治法赋予民族自治地方的高度自治权的充分行使，关键在于运用好民族自治地方的立法权，把各项自治权利通过立法具体化。民族自治权体现在立法上，就是民族自治地方可以根据本民族特点和需要，制定出适应自身发展需要的自治法规。立法法第75条规定："民族自治地方的人民代表大会有权依照当地民族的政治、经济和文化的特点，制定自治条例和单行条例……自治条例和单行条例可以依照当地民族的特点，对法律和行政法规的规定作出变通规定……"

民族自治地方立法的灵活性原则，就是要求民族自治机关在制定自治法规时，必须摸清本民族自治地方的实际情况和需要，根据实际情况和发展需要，需要变通的事项就作出适当变通，不必变通的事项就不作变通。例如，根据刑法规定以及相关司法解释，盗窃罪的定罪标准是500元~2000元，盗窃500元以下的则作为一般违法行为处理。如果某个民族自治地方的经济发展水平极低，人均年收入不足百元，认为500元作为定罪起点还太高，不利于惩治、预防违法犯罪行为，那么，这个民族自治地方就可以进行变通，适当调低定罪标准，比如规定盗窃价值200元财物即构成盗窃罪。

贯彻原则性与灵活性相结合原则，必须反对两种不正确的倾向。一是片面强调原则性而忽视灵活性，其表现是民族自治法规较多地重复、照搬民族区域自治法的规定，少有对法律和行政法规的变通，把民族自治法规混同于一般地方性法规。这种看法和做法难以发挥民族自治法规的应有作用。另一种倾向是片面强调民族自治法规对法律和行政法规的变通性，认为自治法规变通法律、行政法规可以不受任何限制。这种观点无视民族自治法规受宪法、民族区域自治法限制的必要性、重要性，其后果必将是破坏国家法制的统一。

总之，原则性与灵活性必须紧密结合起来，每一部民族自治法规，都必须既坚持原则性，又坚持灵活性，不能片面强调任何一个方面而忽视另一方面。例如，人民代表大会制度是我国政权的基本组织形式，对此，自治法规当然不能变通。但是有些民族自治地方，在人民代表大会代表的组成上，突出了自己的自治地位，如规定常委会主任由实行区域自治的民族担任，或者规定组成人员中的少数民族代表比例略高于平均人口比例等。这就既体现了原则性，又体现了灵活性。

（二）制定自治条例、单行条例与制定变通补充规定相结合原则

自治条例、单行条例和变通补充规定作为自治法规的三种表现形式，在立法依据、内容、制定机关和制定程序等方面都是有区别的。根据宪法、民族区域自治法和立法法以及其他相关法律、行政法规的有关规定，三者的主要区别是：（1）立法依据不同，制定自治条例、单行条例的依据是宪法、民族区域自治法，制定变通、补充规定的依据是特定的法律、行政法规。如刑法、民法

通则、婚姻法、森林法等，都规定民族自治地方可以对之作出变通补充规定。（2）内容不同。自治条例从规范的内容来说是综合性的，它是对本民族自治地方政治、经济、文化、教育等事务的全面、系统的规定。单行条例是对本民族自治地方某一方面问题的具体规定。而变通补充规定则是对某一部法律、行政法规的变通和补充，其内容仅限于所变通的特定法律、行政法规。（3）立法主体不同。有权制定自治条例和单行条例的自治机关是民族自治地方的人民代表大会。而变通、补充规定的立法主体因法律、行政法规的授权不同而异。例如根据森林法规定，所有自治机关都可以根据需要对之进行变通补充，而不是仅局限于民族自治地方的人民代表大会；根据刑法典的规定，自治区和民族自治地方所在的省的人民代表大会可以对之进行变通和补充；根据婚姻法、民法通则的规定，民族自治地方的人民代表大会可以对之进行变通补充规定。（4）立法程序不尽相同。自治区制定的自治条例和单行条例须报全国人大常委会批准后才能生效。自治州、自治县的自治条例、单行条例，须报省、自治区、直辖市的人大常委会批准后生效。变通补充规定的立法程序则因所变通补充的法律、行政法规而异。如对民法通则的变通补充规定，自治区人民代表大会制定的，报全国人大常委会批准或备案，自治州、自治县人民代表大会制定的，须报自治区、省人大常委会批准；又如对继承法的变通补充规定，自治区的规定，报全国人大常委会备案，自治州、自治县的规定，报省或自治区的人大常委会批准后生效，并报全国人大常委会备案。

民族自治地方制定自治法规，应当根据实际情况和需要，灵活地采取不同的立法形式。自治条例的施行有利于推动本民族自治地方的整个立法进程，但由于其涉及面广，影响重大，因而制定自治条例应当慎之又慎，条件成熟时才能制定。特别是自治区的自治条例，必须经全国人民代表大会常务委员会批准后才生效，如果不够成熟，将难以获得通过。在制定自治条例的条件成熟之前，可以考虑先制定一些单行条例。单行条例只调整某一方面的社会关系，制定起来相对容易，且针对性强，条款也较为具体，便于执行和遵守，这种自治法规也往往较易获得通过。同时，变通补充规定的制定也不可忽视。目前的情况是，虽然不少法律、行政法规明确规定，民族自治地方可以根据实际情况对之进行变通补充，但实际上这些法律和行政法规很少被变通和补充。这并不是因为不需要，而是民族自治地方对这种权利不够重视。其实，对法律和行政法规的变通补充是较为简单易行的，特别是有些法律、行政法规的变通、补充，并不需要经全国人大常委会批准，更是简化了立法程序，使变通补充规定更易于通过。

这里还需提及的是，应该把民族自治地方的自治法规与一般地方性法规区分开来。两者的根本区别在于是否能够变通法律和行政法规，前者可以对法律、行政法规予以变通，而后者不能。对于某一立法事项，如果民族自治地方认为不需作变通规定，应当以一般地方性法规形式规定之，否则就可能徒增立法程序，因为自治区人民代表大会制定的自治法规大多要求经全国人民代表大会常务委员会批准这一程序。

（三）经济立法与其他立法相结合原则

各民族间存在的事实上的不平等，其根本原因在于各民族在经济发展水平方面存在着很大差距。因此，发展少数民族地区的经济，尽快缩短落后地区与发达地区的差距，是消灭各民族间事实上的不平等的根本途径。少数民族地区在自然条件、经济条件方面有着与其他地区不同的特点，如地域宽广、资源丰富，但工业基础薄弱，少数民族聚居区多为边远山区，交通不便等。民族自治地方在发展经济方面存在的特殊性，决定了国家在发展民族自治地方经济方面必须采取一些特殊的政策和措施。国家所采取的政策和措施，一方面体现为对民族自治地方的扶持和帮助，另一方面体现为赋予民族自治地方发展本民族地方经济的各项自治权。就民族自治地方而言，发展民族经济，最关键的问题是如何用好用活国家赋予的自治权。因此，制定民族自治法规，其首要任务就是以法律形式，创造性地把经济建设方面的自治权具体化。

在这个方面我们可以对民族自治地方与深圳等经济特区作一比较。深圳等经济特区享有的自主权只限于经济建设方面，主要是对外开放方面。但它们能够充分地运用这种自主权，因而特区的经济获得飞速发展，在短时期内取得举世瞩目的成就。而民族自治地方的经济之所以长期发展缓慢，重要原因之一就是不注重运用国家赋予的发展经济方面的自治权，不重视经济发展的法制建设。

在注重经济立法的同时，民族自治地方也不能忽视文化、教育、科技、人事等方面的立法工作。民族自治地方不仅在经济发展水平上落后于其他地区，在思想文化、科技、教育等方面同样处于落后状态。因此，消除各民族间存在的事实上的不平等，还必须在文化、科学技术、教育等方面取得较快发展。此其一。其二，文化、科学技术、教育等方面的发展能够促进民族经济的发展。科学技术是第一生产力，这一观念早已深入人心。民族自治地方如果没有先进的科学技术、先进的文化、现代的科学观念的指引，是很难取得重大进步的。因此，民族自治地方在加快经济立法的同时，也应重视制定文化、科学技术和教育等方面的自治法规。各民族自治地方的自治法规应形成一个完整的法规体系，使民族自治地方的各项工作都有适合于本民族发展需要的法规可以遵循。

（四）现实性与超前性相结合原则

民族自治地方立法的超前性是指民族自治地方制定自治法规必须立足于本民族地方的现实情况，应当与现实存在的经济条件、社会条件相适应。为此，必须首先进行深入的调查研究，摸清本地的实际情况，这样才能制定出符合实际需要的自治法规。这里值得注意的是，立足于本地区现实并不意味着自治法规要无条件地迁就现实。立法应肯定现实中合理的东西，对于那些落后的、失去了存在的必然性的不合理的东西，立法应予摒弃。

超前性要求立法者善于从现实中科学地预见事物的发展趋势。对于现实中尚未出现的，但将来必然出现的、符合历史发展趋势的事物，立法亦应及时反映，以避免当这种事物出现，需要立法加以规范时才匆匆立法。超前性立法也是法律稳定性的要求。事物是不断发展变化的，如果立法只是消极地反映现实，那么，当事物发展变化时，法律就只有修改才能适应变化了的事物的需要，而修改过于频繁的法律，不符合法律本身的特征和人们的需要。因此，立法必须具有一定的超前性、预见性。

现实性和超前性相结合是制定一切法律都必须遵循的原则，之所以在这里提及，是因为民族自治地方立法特别要强调这一原则。这一方面是由于民族自治地方现实中存在的诸多特殊性，需要立法者花大力气去调查、去研究；另一方面是民族自治地方的经济、文化等方面的发展中，其变动性更为明显，发展性更为显著。

三、自治法规变通法律、行政法规的范围与限制

（一）自治法规变通法律、行政法规的范围

虽然自治法规的本质是对法律、行政法规的变通，但这绝不意味着任何法律、行政法规都可以变通，否则必将破坏国家法制的统一。解决自治法规变通法律、行政法规的范围问题，明确哪些法律、行政法规可以变通，哪些法律、行政法规不能变通，也是民族自治地方立法理论的重要任务。我们认为，根据立法法的规定、自治法规的本质以及立法体制的一般原则，以下法律、行政法规或相关规定不能变通。

第一，宪法规定不能变通。对于自治法规能否变通宪法，由于有关立法规定并不明确，因此学界曾有过争论。自治法规不能变通宪法的理由是：（1）宪法是我国的根本大法，它规定国家政治制度、经济制度和社会制度的基本原则，是统一国家的重要标志和法律保证，变通宪法的内容，就可能危及我国的国体和政体；（2）宪法是一个国家法制统一的保障，一切中央立法、地方立法（包括民族自治地方立法）都必须以宪法为最终依据。变通宪法规定，势必破坏我国法制的统一；（3）自治法规变通法律、行政法规应当遵循法律、行政法规的基本原则，不可违背、不可变通，而宪法都是对各种事项的原则规定；（4）宪法对民族自治地方如何实行民族区域自治作了专章规定，这是民族自治机关行使自治权包括立法权的根本依据，行使这些权利必须以宪法有关规定为限而不能超越此限，变通宪法则意味着超越了这一限制。

第二，民族区域自治法规定不能变通。民族区域自治法是有关民族区域自治的基本法律，全面系统地规定了民族自治地方的建立、民族自治机关的组成，规定了民族自治机关的各项自治权，包括立法权，它是民族自治地方立法的直接法律依据。如果民族自治地方立法变通民族区域自治法，则意味着民族自治地方行使自治权超越了自治法的限制，超越了国家的规定，这显然是不能允许的。

第三，立法法规定不能变通。立法法是立法之法，它对我国立法的指导思想、基本原则、立法体制、立法程序等问题作了全面、系统的规定，是我国中央立法和地方立法都必须遵循的依据，民族自治地方立法也不能例外。立法法对民族自治地方的立法权限也作出了较宪法更明确的规定。因此，立法法与宪法、民族区域自治法一样，是民族自治地方立法的依据和来源，自治法规不能对之进行变通。

第四，其他法律、行政法规就民族自治地方所作的规定不能变通。这种情况有二：一是关于授权民族自治地方制定变通、补充规定的规定。对授权民族自治地方作变通、补充规定的法律，民族自治地方可以根据需要作出变通、补充规定，如果不需要变通也可以不作变通。但是民族自治地方不能通过立法取消这种规定，也不能变通这种规定；二是针对民族自治地方的特殊情况作出的特别规定。例如，《全国人民代表大会和地方各级人民代表大会选举法》对“各少数民族的选举”作了专章规定，已经照顾到了少数民族的特殊情况，因此，再也不能以特殊情况为由对选举法“各少数民族的选举”这一章的条文作变通规定。

第五，立法法规定只能以法律形式制定的事项不能变通。立法法第八条规定了只能制定法律的10种事项。这10种事项关系到国家大政方针或者公民的重大权利义务，因此立法法规定只能由全国人民代表大会及其常务委员会以法律形式予以规定。自治法规由民族自治地方自治机关制定，当然不能就这些事项作出规定。例如，刑罚的设置只能由全国人大制定的刑法设置，自治法规不能对刑罚的种类、刑罚的期限等作出变通规定。

这里有一个问题需要探讨，就是“法律、行政法规”以外的其他形式的法律，如部门规章、一般地方性法规能否变通？从《立法法》的规定看，其中“法律”这一概念均在狭义上使用，即指由全国人民代表大会及其常务委员会制定的基本法律和其他法律，不包括其他形式的法律规范。而根据立法法规定，自治法规是对“法律、行政法规”的变通，立法法并未规定自治法规可以变通其他形式的法律规范。因此，严格地说，自治法规只能变通法律、行政法规，而不能变通其他形式的法律规范。但是，法律、行政法规的法律效力高于其他形式的法律规范，既然自治法规可以变通法律、行政法规，为什么不能变通其他形式的法律规范，如一般地方性法规、地方规章呢？我们认为，自治法规变通法律、行政法规以外的法律规范是合乎法理的。在民族自治地方立法实践中，也出现对法律、行政法规以外的法律规范的变通，如四川省甘孜藏族自治州通过的《实施〈四川省土地管理实施办法〉的变通规定》，对《四川省土地管理实施办法》作出了适合本州实际需要的变通规定。这样的变通我们认为并无不妥，应予肯定。

（二）对自治法规变通法律、行政法规的限制

如前所述，并非任何法律、行政法规都可以变通。这里需要

进一步明确的是，对于可以变通的法律、行政法规，自治法规对其进行变通也是有限制的，这是自治法规变通法律、行政法规的“度”的问题。把握自治法规变通法律、行政法规的度同样是重要的，对法律、行政法规的变通如果超过了“度”的限制，就难以保障国家法制的统一及其在民族自治地方的贯彻实施。对自治法规变通法律、行政法规的“度”的问题，笔者正在探索之中，下面几点是我们的不成熟看法。我们认为，对自治法规变通法律、行政法规应作如下限制：

（1）目的性限制。自治法规变通法律、行政法规的根本目的，应当是将法律、行政法规同民族自治地方的政治、经济和文化特点结合起来，既能有效地在民族自治地方贯彻执行法律、行政法规，又能有针对性地解决民族自治地方的特殊性问题，促进和保障民族自治地方经济和文化事业的发展。自治法规对法律、行政法规的任何变通都必须出于这一根本目的，任何偏离这一目的的变通立法都是不可取的。

（2）原则性限制。任一法律、行政法规都有自己的基本原则，它是法律、行政法规的灵魂，是整个法律、行政法规的基本精神的集中体现，是制定和执行该法律或行政法规的根本依据和指导方向。变通法律、行政法规的基本原则，就是对法律、行政法规的否定。而自治法规变通法律、行政法规的目的不在于否定它们，而是使之适应自治地方的实际情况，以便更好地贯彻。自治法规无论如何变通法律、行政法规，都必须以法律、行政法规的基本原则为限度。对此，立法法和其他一些法律作出了明确的规定，如《立法法》第75条规定，自治条例、单行条例对法律、行政法规的变通“……不得违背法律或者行政法规的基本原则”；刑法第90条规定，民族自治地方制定变通、补充规定应根据“本法规定的基本原则”。

（3）不损害国家法制统一性限制。民族自治地方是统一国家的行政区域，我国整个法律体系由包括自治法规在内的各种法律、法规组成。作为统一的法律体系有机组成部分的自治法规，应该从有利于维护国家法制统一的目的出发变通法律、行政法规，绝不能破坏法制的统一。

附录 1：

三江侗族自治县自治条例

目　　录

第一章　总则
第二章　自治机关的组织
第三章　人民法院和人民检察院的组织和工作
第四章　自治县自治机关的自治权
第五章　民族关系
第六章　附则

（1989 年 4 月 16 日三江侗族自治县第九届人民代表大会第三次会议通过　1989 年 9 月 16 日广西壮族自治区第七届人民代表大会常务委员会第十二次会议批准　1997 年 4 月 1 日三江侗族自治县第十一届人民代表大会第五次会议修正　根据 1997 年 9 月 24 日广西壮族自治区第八届人民代表大会常务委员会第三十次会议批准的《三江侗族自治县自治条例修正案》修正）

第一章　总　　则

第一条　为了维护三江侗族自治县（以下简称自治县）各民族平等的权

利，保障自治县自治机关行使自治权，促进经济发展和社会的全面进步，根据《中华人民共和国宪法》和《中华人民共和国民族区域自治法》（以下简称宪法、自治法）的规定，依照自治县的政治、经济、文化的实际，制定本条例。

第二条　自治县是广西壮族自治区行政区域内侗族实行区域自治的地方；境内还聚居汉族、苗族、壮族、瑶族等民族。

第三条　自治县的自治机关是自治县人民代表大会和自治县人民政府。

自治县的自治机关驻古宜镇。

第四条　自治县的自治机关维护国家的统一和各民族的团结，保证宪法和法律在自治县境内的遵守和执行；积极完成上级国家机关交给的各项任务。

自治县的自治机关依照宪法的规定行使县级国家机关的职权；同时依照宪法、自治法和其他法律规定的权限行使自治权，采取特殊的政策和措施，加速自治县经济和社会各项事业的发展。

第五条　本条例是自治县贯彻实施宪法、自治法及其他法律的自治法规。

自治县境内的国家机关、社会团体、企事业单位和公民必须遵守本条例。

自治县在县外设立的机构应当遵守本条例。

第二章　自治机关的组织

第六条　自治县人民代表大会是自治县地方国家权力机关，其常设机构是自治县人民代表大会常务委员会。

第七条　自治县人民代表大会的代表中，侗族、壮族、苗族、瑶族、汉族每一代表所代表的人口数，相当于自治县每一代表所代表的人口数；其他民族也应有适当名额的代表。自治县人民代表大会的代表中要有一定比例的妇女代表。

第八条　自治县人民代表大会常务委员会组成人员中，侗族公民所占的比例应与其民族人口在全县总人口中所占的比例相适应，其他民族也要有适当的名额。主任或者副主任应当有侗族公民担任。

第九条　自治县人民政府是自治县人民代表大会的执行机关，是自治县地方国家行政机关。

自治县人民政府对自治县人民代表大会和自治区人民政府负责并报告工作。在自治县人民代表大会闭会期间，对自治县人民代表大会常务委员会负责并报告工作。

第十条 自治县县长由侗族公民担任，副县长中，应有侗族和其他民族公民。

自治县人民政府的其他组成人员中，侗族公民所占的比例应与其民族人口在全县总人口中所占的比例相适应；其他民族也应当有适当的名额。

自治县人民政府所属部门的领导干部，应有一定数量的侗族公民。

第三章 人民法院和人民检察院的组织和工作

第十一条 自治县人民法院和人民检察院的组织和工作，依照法律的规定执行。

第十二条 自治县人民法院和人民检察院对自治县人民代表大会及其常务委员会负责并报告工作。

第十三条 自治县人民法院和人民检察院应当有侗族公民担任院长或者副院长、检察长或者副检察长。

自治县人民法院和人民检察院的其他组成人员应当有侗族公民。

第十四条 自治县人民法院和人民检察院使用汉语审理案件，法律文书使用汉文。对不通晓汉语和不识汉文的诉讼参与人，应当为他们翻译，保障各民族公民都有使用本民族语言进行诉讼的权利。

第十五条 自治县人民法院和人民检察院审理涉及自治县自治机关的自治权和民族问题的案件时，除依照国家法律、法规外，还应依照本条例和自治县的单行条例以及变通或补充的规定。

第四章 自治县自治机关的自治权

第十六条 自治县人民代表大会根据宪法、自治法赋予的立法权，依照自治县政治、经济、文化的特点，制定、修订自治条例和单行条例，报自治区人民代表大会常务委员会批准施行。

第十七条 自治县在执行国家法律和自治区地方法规遇到某一特殊问题

需要变通或补充，才能保证该法律、法规在自治县境内的遵守和执行时，自治县人民代表大会及其常务委员会可以根据国家法律赋予的权限制定变通或补充的规定，报自治区人民代表大会常务委员会批准施行。

第十八条　自治县人民政府根据自治县的实际情况和需要，在不违背宪法和其他法律的原则下，制定特殊政策和灵活措施，加速自治县经济和社会的发展。

自治县执行上级国家机关的决议、决定、命令和指示遇有不适合实际情况的，报经该上级国家机关批准，可以变通执行或者停止执行。

第十九条　自治县的自治机关坚持"以农业为基础，以农业综合开发为龙头，实施林业立县，农业强县，工业富县，科教兴县"的经济建设方针，促进经济、社会全面发展。

第二十条　自治县的自治机关坚持以营林为基础，造、封、管结合，造多于伐，永续利用的林业发展方针，加强森林资源管理和保护，严禁乱砍滥伐，严防山火，促进林业生产持续发展。

自治县的自治机关按照上级批准的五年森林采伐限额总量，根据市场需求制订年度森林采伐计划。计划内砍伐的木材，自治县可以自主对外销售。

因灾砍伐的木材和伐区剩余物，不计为自治县年度采伐限额，由自治县林业行政主管部门审核，报自治县人民政府批准，可以自行加工和销售。

中、幼林抚育间伐的木材，由自治县林业行政主管部门作出规划，报自治县人民政府批准，可以自行加工、销售，不计入年度主伐指标。

农村房屋改建中剩余的旧木料，由自治县自主安排出售。

自治县征收的育林基金、林业更新改造资金和森林资源保护费，留成比例高于一般县，专项用于林业生产。

乡、村林场生产的木材，由自治县林业行政主管部门审核，报自治县人民政府批准，可以自产自销。

第二十一条　自治县的自治机关鼓励集体、联户或者个人开发荒山兴办林场植树造林，保护其合法权益。

集体、联户兴办的林场，个人在荒山或房前屋后种植的林木，谁种谁有，长期经营，允许活立木依法继承、抵押或有偿转让；个人所有的林木可以馈赠。

第二十二条 自治县的自治机关加强土地资源的管理、开发和利用，依法实行土地有偿使用，培育和规范地产市场。

农民承包的田地和自留地，非经自治县人民政府批准，不得改作非农业用地。放弃经营的田地，发包单位可以收回调整或由集体开发。

采矿、取土后能够复垦的土地，用地单位和个人应负责复垦，恢复利用。

自治县的自治机关鼓励集体、联户、个人按照土地利用总体规划造田造地，谁开发谁受益，保护其合法权益。

第二十三条 自治县的自治机关加强农业技术改造，推广新技术，实行科学种田，努力发展优质、高产、高效农业。

自治县的自治机关加强农田水利基本设施建设，严禁破坏农田水利设施的行为。

自治县的自治机关因地制宜，合理调整农业结构，发展经济作物，提高土地利用率和经济效益。

第二十四条 自治县的自治机关加强水资源的管理、开发和保护，充分发挥水资源的综合效益，防止水害。

自治县的自治机关鼓励国内外单位、个人，在自治县合资、独资、合股开发境内水利、水能资源，保护其合法权益。

非经自治县水行政主管部门批准，任何单位和个人不得在自治县河道管理范围内进行有碍于河道通行安全和行洪的活动。

自治县征收的水资源费，留成比例高于一般县，专项用于本县水资源的保护和管理。

第二十五条 自治县境内的矿产资源除国家实行保护性开采的特定矿种外，自治县可以优先开发利用。

自治县的自治机关鼓励国内外单位、个人集资、合股开发矿产资源，保护其合法权益。

地质部门可以用地质资料参股合作开发矿产资源；矿产资源开发中需用的土地，农村集体经济组织也可以土地参股合作经营。凡在自治县境内从事矿产资源开发的企业或个人，应依法向自治县交纳税费。

第二十六条 自治县的自治机关大力发展交通运输业和通信事业，加强县、乡、村公路基础设施和农村通信网点建设。自治县社会集资修建的公路、通信、电力等基础设施，允许依法合理收费，保护投资者的合法权益。

自治县在修建交通、通信基础设施建设资金确有困难时，由自治县人民政府报请自治区人民政府予以资助。

第二十七条　自治县的自治机关加强对县属国有工业企业的改革、改造和管理，提高经济效益；积极扶持乡镇企业的发展。鼓励国内外单位、个人在自治县投资兴办各种所有制成分的企业，保护其合法权益。

第二十八条　自治县的自治机关积极发展国有商业、供销合作商业以及联户、个体商业，搞活商品流通，繁荣民族贸易。

自治县社会集资修建的农贸市场，允许依法合理收费，保护其合法权益。

自治县的自治机关根据国家民族贸易政策，鼓励民族特需商品和传统手工艺品的生产和经营，并在资金、场地、原材料供应等方面给予照顾。

第二十九条　自治县的自治机关在上级国家机关的支持帮助下，建立出口商品基地，组织出口货源，发展对外经济贸易。

第三十条　自治县自治机关有管理本县财政的自治权。按照上级国家机关确定对自治县的财政体制，属于自治县的财政收入，由自治县自主安排使用。

自治县享受国家财政和自治区财政对民族自治地方的照顾。

自治县财政设立民族机动金和预备费。

上级国家机关拨给自治县的各种专项资金和民族补助费，实行专款专用，任何部门不得扣减、截留、挪用或用于抵顶正常经费。

因国家政策性变动，企事业单位隶属关系变更或者严重自然灾害等原因造成自治县财政重大减收或增支时，报请上级财政机关予以补助。

第三十一条　自治县的自治机关根据本地旅游资源，实行统一规划，发展旅游事业。

自治县旅游景区、景点的开发、管理和保护由自治县人民政府具体规定。

自治县鼓励国内外单位、个人投资开发自治县旅游资源，保护其合法权益。

第三十二条　自治县的自治机关实行统一规划、监督管理，加强森林、矿产、土地、水等自然资源的保护，维护生态平衡。

国家机关、企事业单位或个人进行建设或生产时，必须做到环保设施与主体工程同时设计、同时施工、同时投产使用，防止污染和公害，谁造成污染谁负责治理。

第三十三条 自治县的自治机关在上级国家机关确定的机构、员额编制内，依照自治县的实际情况和需要，设置或撤并国家机关、事业单位的机构，自主调剂各部门的编制员额。

自治县的自治机关在招聘国家公务员和其他工作人员时，自主确定从各民族和农村人口中招收名额；对边远、贫困、文化基础较差地区的少数民族报考人员，录用条件可以适当放宽。

自治县的自治机关选拔、聘用国家公务员、其他工作人员、各类专业技术人员时，坚持四化方针和德才兼备的原则，优先选拔和应用少数民族干部和妇女干部，使各民族干部所占的比例与其民族人口在自治县总人口中所占的比例基本相适应。

自治县境内的企业、事业单位在招收人员时，应适当照顾招收自治县的少数民族人员。

自治县的自治机关制定优惠政策和奖励办法，引进各类专门技术人才；奖励为自治县民族团结进步事业和经济、文化建设作出突出贡献的国家公务员、其他工作人员、各类专业技术人员和技术工人。

第三十四条 自治县的自治机关根据国家法律和社会发展需要，制定教育发展规划；有步骤地实施九年制义务教育；确定各类学校的设置及办学形式、教学内容和招生办法；加强基础教育，积极发展幼儿教育、职业教育、成人教育和特殊教育。

自治县的自治机关依法征收教育事业附加费，多渠道筹措教育经费。鼓励社会集资办学、私人办学和捐资助学。

自治县高级中学和职业学校招生时，应当给予一定的名额，招收经济贫困、文化基础差、生源少的乡、村考生，录取条件可以适当放宽。

自治县中、小学的民族班招生时，对文化基础差的贫困乡、村的少数民族考生，实行定向招生。

任何单位、个人不得扰乱学校正常的教学秩序，侵占学校的公共财产和勤工俭学基地。

第三十五条　自治县的自治机关积极发展科学技术事业，建立健全科学技术管理机构，推广科研成果，普及科学技术知识。

自治县实行科技人员岗位责任和经济效益挂钩的考核制度，鼓励科技人员下厂矿企业和农村开展科研活动；凡推广科研成果取得较好经济效益的，科技推广单位和个人可以参与项目效益分成。

自治县建立科学技术发展基金，逐步改善科研条件，加强科研队伍建设。

第三十六条　自治县的自治机关坚持“预防为主，防治结合”的方针，建立健全城乡医疗卫生机构和医疗保障制度，加强地方病、职业病、传染病的防治。

自治县的自治机关对经济特别贫困的边远山区的少数民族群众在医疗上给予特殊照顾。

自治县的自治机关重视民族民间医药、医术的挖掘整理、研究和应用。

经自治县卫生行政主管部门批准，集体、个人可以开办医疗机构、中草药店。禁止无证行医，坚决取缔巫医。

第三十七条　自治县的自治机关积极发展文学艺术、广播电视、电影、新闻、出版等文化事业，加强文化团体、文化设施建设，弘扬民族文化，丰富各族人民文化生活。

自治县的自治机关加强挖掘、搜集、整理侗族和其他少数民族文学、戏剧、音乐、舞蹈等文化遗产。培养各民族文艺人才。

自治县的自治机关加强对革命文物、历史文物和程阳桥、马胖鼓楼、岜团桥等民族文物、名胜古迹的管理和保护。

第三十八条　自治县的自治机关积极发展体育事业，开展民族、民间体育和群众性体育运动，重视挖掘整理民间体育项目，培养各民族体育人才，增强各族人民体质。

第三十九条　自治县各民族公民都要实行计划生育，提倡晚婚、晚育、优生、优育，控制人口增长，提高人口素质。

第五章　民族关系

第四十条　自治县的自治机关保障各民族的平等权利，禁止对任何民族的歧视，禁止破坏民族团结和制造民族分裂的行为。

自治县的各族人民要互相尊重、互相学习、互相帮助、和睦相处，共同维护祖国统一和民族团结，齐心协力把自治县建设成为团结、文明、富裕、繁荣的民族自治地方。

自治县的自治机关督促国家民族政策在自治县境内的贯彻执行；表彰民族团结进步的先进集体和个人。

第四十一条　自治县境内各民族有使用和发展本民族语言文字的自由；有保持自己优良传统风俗习惯和改革自己陋习的自由。

尊重少数民族的风俗习惯，禁止歧视侮辱少数民族的行为。

第四十二条　自治县境内各民族公民有信仰或不信仰宗教的自由。任何组织、个人不得利用宗教进行破坏民族团结、扰乱社会秩序、损害公民身心健康、侵犯公民人身权利和干预国家行政、司法等活动。

第四十三条　自治县境内苗族、瑶族聚居的乡可以建立民族乡。

民族乡的乡长由建立民族乡的民族公民担任，其他组成人员也应有建立民族乡的民族的公民。

第四十四条　自治县的国家机关、企业、事业单位的公章、牌匾、文件、通告等必须冠以自治县全称。

第六章　附　　则

第四十五条　十二月三日为自治县成立纪念日。

第四十六条　本条例经自治县人民代表大会通过，报自治区人民代表大会常务委员会批准施行，并报全国人民代表大会常务委员会备案。

第四十七条　本条例由自治县人民代表大会常务委员会解释。

第四十八条　自治县人民政府应根据本条例的规定，制定属于政府职权范围内的实施办法。

附录 2:

金平苗族瑶族傣族自治县自治条例

（1989 年 4 月 10 日云南省金平苗族瑶族傣族自治县第六届人民代表大会第三次会议通过　1989 年 8 月 26 日云南省第七届人民代表大会常务委员会第七次会议批准　2006 年 1 月 14 日云南省金平苗族瑶族傣族自治县第十届人民代表大会第四次会议修订　2006 年 3 月 31 日云南省第十届人民代表大会常务委员会第二十一次会议批准）

第一章　总　　则

第一条　根据《中华人民共和国宪法》和《中华人民共和国民族区域自治法》，结合金平苗族瑶族傣族自治县（以下简称自治县）政治、经济、文化的特点，制定本条例。

第二条　自治县是苗族、瑶族、傣族实行区域自治的地方，属红河哈尼族彝族自治州管辖。自治县内还居住着哈尼族、汉族、彝族、拉祜族、壮族等民族。

第三条　自治县的自治机关是自治县的人民代表大会和人民政府。自治县的自治机关行使县级地方国家机关的职权，同时依法行使自治权。

自治县的自治机关驻金河镇。

第四条　自治县的自治机关维护国家的统一和各民族的团结，保证宪法和法律在自治县的遵守和执行。

自治县的自治机关根据自治县的实际，在不违背宪法和法律的原则下，采取特殊政策和灵活措施，加速经济和社会事业的发展。

上级国家机关的决议、决定、命令和指示，如有不适合自治县实际情况的，自治县的自治机关可以报经该上级国家机关批准，变通执行或者停止执行。

第五条　自治县的自治机关团结和带领全县各族人民在中国共产党的领

导下，以马克思列宁主义、毛泽东思想、邓小平理论和“三个代表”重要思想为指导，以经济建设为中心，坚持科学发展观，推进社会主义物质文明、政治文明和精神文明协调发展，加快社会主义现代化建设步伐，把自治县建设成为经济发展、文化繁荣、民族团结、社会稳定、边防巩固、山川秀美、人民生活殷实的民族自治地方。

第六条 自治县的自治机关发展社会主义市场经济，完善所有制经济结构，大力发展非公有制经济，发挥资源优势和区位优势，加快农业产业化步伐，加速资源性工业发展，加强城镇建设，促进经济发展。

第七条 自治县的自治机关建设社会主义政治文明，推进依法治县。加强城乡基层政权建设和群众自治组织建设，扩大基层民主，完善基层选举制度，强化社会监督。

自治县的国家机关及其工作人员必须认真履行职责，依法办事，遵纪守法，廉洁奉公，密切联系群众，努力为各族人民服务。

第八条 自治县的自治机关加强社会主义精神文明建设。提倡爱祖国、爱人民、爱劳动、爱科学、爱社会主义的公德，培养有理想、有道德、有文化、有纪律的公民，倡导科学、文明、健康的生活方式。

第九条 自治县的自治机关加强社会治安综合治理，维护社会稳定，保护各族人民生命和财产安全，依法打击各种犯罪活动，禁止和取缔危害人民身体健康的非法活动。

自治县的自治机关重视边防工作，加强民兵建设，维护军政、军民团结。

第十条 自治县的自治机关维护和发展各民族平等、团结、互助的社会主义民族关系。禁止对任何民族的歧视和压迫，禁止破坏民族团结和制造民族分裂的行为。

第十一条 自治县的自治机关依法保障各民族公民有宗教信仰自由，依法管理宗教事务。任何国家机关、社会团体和个人不得强制公民信仰宗教或者不信仰宗教，不得歧视信仰宗教的公民和不信仰宗教的公民，不得利用宗教进行破坏社会秩序、损害公民身体健康、妨碍国家教育制度的活动。

自治县内的宗教团体和宗教事务不受外国势力的支配。

第十二条　自治县依法保护归侨、侨眷、海外侨胞和台湾同胞在自治县的合法权益。

第二章　自治县的自治机关

第十三条　自治县人民代表大会是自治县的地方国家权力机关，自治县人民代表大会的代表，依照法律规定选举产生。

第十四条　自治县人民代表大会常务委员会是自治县人民代表大会的常设机关，对自治县人民代表大会负责并报告工作。自治县人民代表大会常务委员会由主任、副主任、委员组成，其组成人员中，苗族、瑶族、傣族所占比例应当与其人口比例大体相当，其他民族也应有一定的名额，并且应当有苗族、瑶族、傣族的公民担任主任或者副主任。

自治县人民代表大会常务委员会根据工作需要设立办事机构和工作机构。

第十五条　自治县人民政府是自治县人民代表大会的执行机关，是自治县的地方国家行政机关。

自治县人民政府对自治县人民代表大会和红河哈尼族彝族自治州人民政府负责并报告工作。在自治县人民代表大会闭会期间，对自治县人民代表大会常务委员会负责并报告工作。

第十六条　自治县人民政府由县长、副县长、主任、局长等组成。县长由苗族或者瑶族、傣族的公民担任。自治县人民政府组成人员中，苗族、瑶族、傣族所占比例应当与其人口比例大体相当。自治县人民政府所属工作部门的正职或者副职领导成员中，至少配备一名少数民族干部，其他工作人员中，应当合理配备少数民族干部。

第十七条　自治县的国家机关和事业单位在招考录用工作人员时，应当合理确定少数民族的名额和比例，并适当放宽录用条件。

第三章　自治县的人民法院和人民检察院

第十八条　自治县人民法院和人民检察院的组织、职能和工作，依照法律的有关规定执行。

自治县人民法院和人民检察院的领导和其他工作人员中，应当有苗族、瑶族、傣族和其他少数民族公民。

第十九条 自治县人民法院和人民检察院使用汉语言文字审理和检察案件。对不通晓汉语言文字的诉讼参与人，应当为他们提供翻译。制作法律文书使用汉字。

第四章 自治县的经济建设

第二十条 自治县的经济建设，坚持以农业为基础，培植和发展电力、矿产、生物资源、边贸、旅游等产业，依托本地资源，推进工业化进程，促进经济发展。

第二十一条 自治县的自治机关坚持和完善以家庭承包经营为基础、统分结合的双层经营体制，合理调整农村产业结构，推动农业产业化经营。建立和完善农业社会化服务体系，支持农民发展多种形式的合作组织。积极推广先进适用的农业科学技术，增加投入，改善农业生产条件。

第二十二条 自治县的自治机关坚持科教兴林、依法治林的方针，保护和合理开发利用森林资源，加快林业发展，有计划地封山育林，提高森林覆盖率。

自治县的自治机关鼓励各种经济组织和个人投资开发林产业，发展商品林，保护投资经营者的合法权益。林地使用权、林木所有权和经营权可以依法转让。农村居民在自留山、自留地、房前屋后或者指定地点种植的林木，归个人所有，允许继承和转让，林木自主采伐。

自治县的自治机关严格控制林木采伐量，推广节柴改灶和替代能源，减少森林消耗量。加强森林防火和病虫害防治，加强对自然保护区和野生动物、植物的保护和管理。

自治县的自治机关自主地安排使用育林基金，专项用于林业发展。

第二十三条 自治县的自治机关发展以私有私养为主的畜牧业，加强草山、草场建设，加强畜牧兽医队伍建设，建立健全疾病防治、良种培育、饲料加工、畜产品加工和产品储运、销售等服务体系，不断提高畜产品的商品率。

第二十四条　自治县的自治机关依法保护管理和合理开发利用水资源，完善水利基础设施，提高水资源的综合利用率，防止水土流失。鼓励各种经济组织和个人依法开发利用水资源，建设经营各类水利、水电工程。

自治县的自治机关制定水电发展规划，把水电产业作为支柱产业培植。在自治县内生产的电力应当满足县内经济建设和社会发展需要。

自治县征收的水资源费，享受省高于一般地区、自治州全额留自治县的照顾。

第二十五条　自治县的自治机关依法保护管理和合理开发利用土地资源，实行土地登记制度、土地用途管制制度和严格保护耕地制度，提高土地利用效益。土地承包经营权可以按照合法、自愿、有偿的原则进行流转，发展规模经营。

自治县的自治机关鼓励单位和个人投资开发利用土地资源，并享受上级国家机关对土地开发、复垦方面的优惠政策。

第二十六条　自治县的自治机关加强地质灾害防治工作，将地质环境保护纳入国民经济和社会发展规划，坚持预防为主、避让与治理相结合的方针。地质灾害防治享受上级国家机关给予资金、物资等方面的照顾。

第二十七条　自治县的自治机关依法保护管理和合理开发利用矿产资源。矿产资源的开发实行有偿使用。鼓励各种经济组织和个人依法开发矿产资源。

自治县征收的矿产资源补偿费，享受省高于一般地区、自治州全额返还自治县的照顾。

第二十八条　自治县的自治机关积极发展交通运输事业，结合实际制定交通发展规划，以改造和提高主干道公路等级为重点，多渠道筹措资金，加强县、乡、村公路和水路建设，改善交通运输条件。依法监督、管理交通运输市场。

自治县的自治机关积极发展电信和邮政事业，加快城乡通信、信息网络建设。

第二十九条　自治县的自治机关按照统一规划、合理布局、综合开发、配套建设的原则，加强城乡规划建设管理。

自治县城镇建设应当体现民族特色，以县城为中心，乡镇集镇为重点，多渠道筹措资金，加快城镇化进程。

农村房屋建设应当合理规划，严格控制占用耕地，实行就地改造，尽量使用原有的宅基地。

第三十条 自治县的自治机关鼓励和支持各类企业、个体工商户开展对外贸易和边境贸易。

自治县的自治机关加强对边境贸易的管理和服务，设立边贸货场、边民互市交易市场，促进边境贸易的发展。

自治县的边境贸易，享受国家和省在税收等方面的优惠政策。

第三十一条 自治县加快旅游基础设施建设，依托少数民族风情、自然生态景观、边境口岸和产业开发观光等旅游资源优势，发展具有民族特色的旅游项目，促进旅游产业的持续健康发展。

第三十二条 自治县的自治机关保护和改善生态、生活环境，加强环境质量监测，防治污染和其他公害，促进人与自然和谐发展。

任何组织或个人在自治县内开发项目、进行建设时，必须采取有效措施保护和改善生态环境。

第三十三条 自治县的自治机关加强劳动力市场的建设和管理，规范和完善就业服务体系，鼓励企业创造就业岗位。组织劳务输出，鼓励劳动力合理流动。

第三十四条 自治县的自治机关把贫困山区作为扶持的重点，统一规划、分类指导、分批治理，加强基础设施建设。在建设项目、资金投放、物资供应等方面给予优惠照顾。大力培养当地生产需要的各种技术人员，使各族人民尽快脱贫致富。对失去生存条件的，有计划地实行易地扶贫开发。

自治县的自治机关逐年加大扶贫资金的投入，组织单位和个人对贫困人口进行对口帮扶。

第五章 自治县的财政管理

第三十五条 自治县的自治机关在国家统一的财政体制下，自主地安排使用属于自治县的地方财政收入，自主安排使用收入的超收和支出的节余资金。

自治县享受国家和省、自治州一般性财政转移支付、专项财政转移支付、民族优惠政策财政转移支付和其他方式的照顾。在财政不能自给时，应当报请上级国家机关增加对自治县的转移支付。

自治县的自治机关在上级国家机关的帮助下，确保国家机关的正常运转。支农、教育、科技经费，应当随着财政收入的增长而增长。

自治县的自治机关按照公共财政的要求，调整优化支出结构。制定乡、民族乡、镇的财政管理办法，逐步增加对民族乡的投入。

第三十六条　自治县的自治机关加强地方财源的培植，努力增加地方财政收入。

自治县的自治机关强化财政监督，严格财经纪律，提高投资效益。国家、省、自治州下拨的各项资金，任何部门不得扣减、截留和挪用。

第三十七条　自治县的自治机关在执行国家税法时，除应当由国家统一审批的减免税收项目外，对需要从税收上照顾和鼓励的，报经上级国家机关批准，给予减免。

自治县因执行国家、省、自治州统一的减免税收及其他政策造成财政减收的，报请上级国家机关给予补助。

第六章　自治县的社会事业

第三十八条　自治县的自治机关根据国家的教育方针和有关法律法规的规定，结合实际制定教育发展规划，决定各级各类学校的设置、办学形式和招生办法。

自治县实施九年制义务教育，保障各族适龄儿童、少年完成义务教育阶段的学习。加快发展高中教育，稳步发展学前教育，发展职业技术教育，加强成人教育，鼓励自学成才，努力扫除青壮年文盲。

自治县的自治机关加强各级各类学校的思想政治工作和未成年人思想道德建设，不断提高教育教学质量，培养德、智、体全面发展的社会主义建设者。

第三十九条　自治县的自治机关积极发展民族教育，加快民族小学、民族中学建设，办好寄宿制、半寄宿制学校。

自治县的自治机关建立和完善助学金、奖学金制度，采取免费入学等特殊措施，保证少数民族学生完成义务教育阶段的学业。

自治县的各级各类学校应当推广普通话。对于不通晓汉语的少数民族聚居区的农村小学，可以采用民族语言文字辅助教学。

第四十条 自治县的自治机关依法实施教师资格制度，加强师资队伍建设。鼓励支持教职工在职学习和外出进修，建设一支合格、稳定的教师队伍。提倡尊师重教，对在教育工作中作出显著成绩的单位和个人给予表彰奖励。

第四十一条 自治县的自治机关重视改善办学条件，逐步加大对教育的投入，鼓励各种社会力量和个人捐资办学、助学，促进民办教育的发展。

第四十二条 自治县的自治机关制定科学技术发展规划，建立健全科学技术推广机制，重视少数民族科技人才的培养。普及科学技术知识，推广先进适用的科学技术成果。

自治县的自治机关鼓励科技工作者在自治县进行技术开发、创办科技实体。对在科学技术推广应用方面贡献突出的单位和个人，给予表彰奖励。

第四十三条 自治县的自治机关继承和发扬民族文化的优良传统，发展具有民族特点的文学、艺术、新闻、广播、电影、电视、档案和图书事业。加强文化市场的建设和管理，鼓励单位、个人兴办文化产业。培养民族文化人才，开展对外文化交流活动。加强文化馆、站、室建设，开展健康有益的文化艺术活动，丰富群众的文化生活。

自治县的自治机关发展边境地区和贫困乡镇的广播、电影、电视事业，为贫困山区服务。

自治县的自治机关重视发掘、搜集、整理和研究历史文化遗产。编纂地方史志。保护历史文物、名胜古迹、旅游景点和烈士陵园。

第四十四条 自治县的自治机关积极发展医疗卫生事业，坚持预防为主的方针，制定医疗卫生事业的发展规划。建立健全公共卫生突发事件处置、疾病预防控制、医疗救助和卫生监督体系。加强对地方病、传染病、多发病、常见病的防治和研究。重视妇幼和老年保健工作，提高服务质量。加强城乡卫生环境治理，改善城乡卫生状况。

自治县的自治机关重视培养当地少数民族医务人员，加强乡镇医疗卫生队伍建设，鼓励医务人员到山区工作。对长期在边远山区工作和成绩显著的医务人员给予表彰奖励。

自治县的自治机关鼓励单位和个人依法办医、行医，重视民族医药资源的保护、开发和利用。

自治县的自治机关依法加强对药品、食品卫生的监督管理，打击和取缔假劣药品。

第四十五条　自治县的自治机关依法管理人口与计划生育工作，提倡晚婚晚育、优生优育，控制人口数量，提高人口素质。

自治县的自治机关加强对流动人口计划生育的管理。

第四十六条　自治县的自治机关积极发展体育事业，开展全民健身运动和传统体育活动，增强各族人民体质。加强城乡体育设施建设，培养体育人才，提高体育运动的竞技水平。

第四十七条　自治县的自治机关建立健全城镇职工基本养老保险、基本医疗保险、失业保险、工伤保险、生育保险制度。实行失业人员基本生活保障和城镇居民最低生活保障制度，逐步推行农村养老保险、医疗保险和最低生活保障制度。

第四十八条　自治县的自治机关保障妇女、未成年人、老年人、残疾人的合法权益。

第七章　自治县的民族关系

第四十九条　自治县的自治机关保障自治县内各民族都享有平等权利，充分调动他们的积极性，共同建设民族自治地方。

自治县的自治机关倡导各民族互相信任、互相尊重、互相学习、互相帮助的优良传统。在处理涉及各民族的特殊问题时，应当与他们的代表充分协商，尊重他们的意见。

第五十条　自治县的自治机关保障各民族都有使用和发展自己语言文字的自由，保持和改革自己风俗习惯的自由。

第五十一条　自治县的自治机关保障民族乡和散杂居少数民族的合法权益，培养和任用他们的干部，帮助他们发展经济和社会事业，改善生产生活条件，促进各民族共同繁荣进步。

第五十二条 自治县享受上级国家机关规定的各项补贴和津贴，并可以实行自治县津贴。

第五十三条 每年12月7日为自治县成立纪念日，全县放假1天。

苗族花山节、瑶族盘王节和傣族泼水节，全县各放假1天。

自治县内各民族的传统节日都应当受到尊重。

第五十四条 自治县的国家机关、社会团体、企业、事业单位的公章、牌匾、规范性文件名称等必须冠以“金平苗族瑶族傣族自治县”全称。

第八章　附　　则

第五十五条 自治县的一切单位和个人都必须遵守和执行本条例。

第五十六条 本条例经自治县人民代表大会通过，报云南省人民代表大会常务委员会批准后生效。

自治县人民政府应当根据本条例制定实施办法。

本条例由自治县人民代表大会常务委员会负责解释。

第七章

西部民族地区农村法治文化建设调查研究

当代，中国正处于伟大的历史变革时期，中国法治呈现出了创新和现代化的发展趋势。村民法律意识既受到传统文化的影响，又受到现代化的冲击①。

在这极其特殊的情况下，村民的法律意识存在什么问题？我们应该从什么角度入手，才能更好地分析这些问题的深层原因，才能更有效地提高村民的法律意识，从而推进整个国家法治建设的进程？

带着这些问题，笔者以云南省红河州金平县的金水河镇、普洱中下寨、哈尼族村寨、平安寨、十里村为个案进行了全面而深入的调研。

金平县系红河州唯一的多民族的民族自治县，全县辖 14 个乡（镇），总人口 31 万，其中少数民族占总人口的 85.53%，居住着苗、瑶、傣、哈尼、彝、汉、壮、拉祜 8 种民族和 1 种尚未确定族属的"莽人"。各民族源远流长的饮食、服饰着装、婚姻家庭、

① 《论社会环境变迁对民族地区村民法律意识的影响》，http://www.studyuu.com/New-511.html。

节日庆典、丧葬习俗、语言文字、民间文学、歌舞、工艺制品、宗教祭祀、传统体育等活动，传承至今保持不变[①]。因此，以云南省红河州金平县的金水河镇、普耳中下寨、哈尼族村寨、平安寨、十里村为个案调研具有一定的代表性和典型性，有利于调查村民法律意识中存在的问题和分析。

一、村民法律意识中存在的问题

金平苗族瑶族傣族自治县位于云南省红河哈尼族彝族自治州南端，是集边境、山区、多民族、贫困、原战区为一体的国家扶贫开发重点县。全县辖 2 镇 12 乡，92 个村委会 1010 个村民小组。东隔红河与个旧市、蒙自县、河口瑶族自治县相望，西接绿春县，北连元阳县，南与越南接壤。县城距省会昆明 477 公里，距红河州府蒙自 135 公里[②]。

本文采用调查问卷的方式收集资料，运用定性分析和定量分析的方法对资料进行分析，以此调查村民法律意识中存在的问题。

本次调查涉及云南省红河州金平县的 1 个镇及 5 个村寨，分别为金水河镇、十里村、普耳中下寨、哈尼族村寨、平安寨。本次调查的问卷由 45 个封闭性问题和一个开放性问题构成。在普耳中寨共发放问卷 8 份，回收有效问卷 3 份，有效回收率为 37.5%。在普耳下寨共发放问卷 43 份，回收有效问卷 33 份，有效回收率为 76.74%。在金水河镇共发放问卷 30 份，回收有效问

① 《金平概况》，http://www.topper.cn/westdatadetail.asp?id=12912。

② 《金平简介》，http://www.yndaily.com/html/20080126/news_97_179359.html。

卷 27 份，有效回收率为 90%。在哈尼族村寨共发放问卷 78 份，回收有效问卷为 78 份，有效回收率为 100%。在平安寨共发放问卷 4 份，回收有效问卷为 2 份，有效回收率为 50%。在十里村共发放问卷 2 份，回收有效问卷为 2 份，有效回收率为 100%。

样本的基本情况如下：

性别

男	65	145	44.83%
女	80		55.17%

年龄

16~18 岁	28	145	19.31%
19~30 岁	41		28.28%
31~45 岁	31		21.38%
46~60 岁	35		24.14%
60 岁以上	10		6.90%

文化程度

不识字	5	142	3.52%
只认识一些字，小学没毕业	34		23.94%
小学毕业	47		33.10%
初中毕业	47		33.10%
高中毕业或者没读完	0		0.00%
中专毕业没读完	6		4.23%
大专以上学历	3		2.11%

个人年收入（元）

1000 以上	26	145	16.88%
700 到 1000	40		25.97%
500 到 700	31		20.13%
300 到 500	25		16.23%
200 到 300	17		14.29%
200 以下	6		6.49%

分析结果：

村民关于纠纷的处理及态度

影响农村稳定的主要因素

经济落后	67	132	50.76%
民众法律意识淡薄	54		40.91%
相关部门处理纠纷的方式方法不恰当	11		8.33%

如上所示，大部分村民认为影响农村稳定的主要因素为农村经济落后及民众法律意识淡薄。可见，有相当一部分村民认识到民众法律意识的重要性。

过去 5 年中是否有纠纷发生

有	49	140	35.00%
没有	91		65.00%

纠纷的类型

人身财产纠纷	21	114	18.42%
家庭纠纷（婚姻、赡养、继承等）	47		41.23%
经济纠纷	24		21.05%
与政府部门的纠纷	5		4.39%
邻里纠纷	9		7.89%
其他纠纷	8		7.02%

如上所示，排在前三位的纠纷依次为：家庭纠纷（婚姻、赡养、继承）（41.23%）、经济纠纷（21.05%）、人身财产纠纷（18.42%）。

纠纷的解决方式

找家族成员解决	35	143	24.48%
找村干部调解	70		48.95%
找司法所解决	5		3.50%
到法院打官司	11		7.69%
找派出所解决	10		6.99%
找村上有威望的人解决	5		3.50%
双方自己私了	7		4.90%
其他	0		0.00%

调查表明，大部分村民会首先选择找村干部来解决纠纷，比例为48.95%。其次是找家族成员解决，比例为24.48%。而利用国家法即到法院打官司、找派出所解决、找司法所解决只分别占7.69%、6.99%、3.50%。可见，在发生纠纷时，村民主要是选择民族习惯法解决。

选择解决纠纷途径所考虑的最主要因素

省钱	25	144	17.36%
省时	19		13.19%
周围人的认同	80		55.56%
自己获利最大	14		9.72%
对对方的处罚最重	6		4.17%

调查表明，许多村民选择解决纠纷的途径所考虑的主要因素为周围人的认可。这是因为在农村是一个熟人社会，至少是一个半熟人社会，生产及生活等各方面的事情都需要相互支持及帮助，人情面子非常重要，所以处理一件事情，能否得到大众的认可，便成了首要考虑的因素[①]。

费时最少的解决纠纷的方式

找家族成员解决	31	156	19.87%
找村干部调解	58		37.18%
找司法所解决	3		1.92%
到法院打官司	12		7.69%
找派出所解决	20		12.82%
找村上有威望的人解决	10		6.41%
双方自己私了	21		13.46%
其他	1		0.64%

① 周世中等:《西南少数民族民间法的变迁现实作用与和谐社会的建立——以黔桂瑶族侗族苗族民间法为例》，北京：法律出版社2010年版，第266页。

费钱最少的解决纠纷的方式

找家族成员解决	35	147	23.81%
找村干部调解	46		31.29%
找司法所解决	8		5.44%
到法院打官司	8		5.44%
找派出所解决	31		21.09%
找村上有威望的人解决	9		6.12%
双方自己私了	10		6.80%
其他	0		0.00%

最公正的解决纠纷的方式

找家族成员解决	20	132	15.15%
找村干部调解	58		43.94%
找司法所解决	8		6.06%
到法院打官司	12		9.09%
找派出所解决	22		16.67%
找村上有威望的人解决	5		3.79%
双方自己私了	7		5.30%
其他	0		0.00%

如以上三表所示，大多数村民认为找村干部调解解决纠纷是费时最少、费钱最少及最公正的方式，其次是找家族成员解决，而到法院打官司及找司法解决等，则不为村民首选。可见大部分村民是选择民族习惯法解决纠纷。

村民对国家法及民间法的认识及态度

对法律的认识

政府用来管老百姓的	19	142	13.38%
老百姓用来限制政府的	12		8.45%
既管老百姓也限制政府	16		11.27%
保护老百姓的	40		28.17%
保护少数人的	55		38.73%
保护每个人的	0		0.00%

调查表明，认为法律只是保护少数人的村民占到了38.73%，而认为法律是保护老百姓的村民也占到了28.17%。可见，在农村村民开始懂法，也有部分村民因为某些原因对法律存在误解。

对当地民族习惯法的了解

了解得很清楚	16	145	11.03%
一般了解	75		51.72%
了解得很少	43		29.66%
根本不了解	11		7.59%

如上所示，对民族习惯法根本不了解的村民，只占7.59%，为少数，而绝大部分村民对民族习惯法是了解的。可见，民族习惯法在农村地区被广泛认知。

了解当地民族习惯法的途径

听长辈们说起	64	139	46.04%
自己亲身经历	46		33.09%
周围的人解决纠纷时用到	29		20.86%

调查发现，有 46.04% 的村民了解当地民族习惯法的途径为听长辈们说起。可见，在农村地区，民族习惯法的传播途径主要为家族长辈们的言传。同时，从自己的亲身经历了解当地民族习惯法的村民也占到了 33.09%，可见，村民在遇到纠纷时，主要是选择民族习惯法解决。

遵守当地民族习惯法是因为

自觉遵守	94	133	70.68%
被强迫遵守	11		8.27%
随大流	28		21.05%

如上所示，自觉遵守当地民族习惯法的村民占 70.68%，也就是说，绝大部分村民都是在自觉遵守民族习惯法，只有很少的村民是在被强迫遵守。可见，民族习惯法在村民的意识里根深蒂固，这跟农村的历史传统及农村的特定环境有关。

农村法律作用大还是习俗、族规、习惯、村规民约大

法律作用大	77	146	52.74%
习俗、族规、习惯、村规民约大	28		19.18%
一样大	15		10.27%
说不清楚	26		17.81%

调查发现，大部分村民认为法律的作用大，占 52.74%。我觉得主要是因为村规民约、习惯、族规等对村民来讲主要是用于解决一些较小的纠纷以及一些不涉及太多利益的纠纷。而对于一些较大的纠纷或者涉及较多利益的纠纷，则必须依靠法律来解决，

因此，很多村民都认识到法律的作用大。

发生纠纷时上两者规定不一样时，哪种方式更好

法律处理纠纷	85	151	56.29%
习俗、族规、习惯、村规民约处理纠纷	55		36.42%
看哪一种对自己有利	11		7.28%

调查发现，当两者规定不一样时，选择用法律来处理纠纷的村民占多数，可见，由于法律宣传的不断加强，村民越来越认识到法律的公正性。当然，选择用习俗、族规、习惯、村规民约来处理的也占到了 36.42%，可见，民族习惯法在农村还是有着旺盛的生命力。

司法、行政机关处理纠纷是否考虑当地风俗习惯

考虑	68	135	50.37%
不考虑	18		13.33%
不清楚	49		36.30%

可见，过半数的村民认为司法、行政机关处理纠纷时会考虑当地的风俗习惯，我觉得可以从侧面看出民族习惯法在农村具有强大的影响力，司法、行政机关在处理纠纷时必须对其加以考虑，才能顺利地解决纠纷。

当地民族习惯法处理纠纷不服时会找公检部门处理吗

会	39	82	47.56%
不会	15		18.29%
看情况	28		34.15%

如上所示，有占 47.56% 的村民在当地民族习惯法处理纠纷不服时会找公检法部门处理，可见，在农村已经有很大一部分村民的法律意识正在不断增强。

您认为法律

与自己无关	18	129	13.95%
与自己有点关系	17		13.18%
与自己有重大关系	85		65.89%
只与干部有关	9		6.98%

可见，村民的法律意识正在不断增强。

您现在需要了解哪方面的法律知识

人身权利保护方面	55	140	39.29%
婚姻、财产继承方面	32		22.86%
犯罪方面的法律	15		10.71%
土地、山林、水利的法律	38		27.14%

可见，当地村民比较需要了解的法律知识有人身权利保护方面的法律。

您认为权大还是法大

权大	7	128	5.47%
法大	94		73.44%
不太清楚	27		21.09%

可见，村民的法律意识正在不断增强。

您对国家法律了解吗

了解得很清楚	10	136	7.35%
一般了解	69		50.74%
了解得很少	45		33.09%
根本不了解	12		8.82%

可见，我国的普法活动已取得了不错的成绩，但仍需要继续进行。

通过什么方式获得法律知识

广播电视报纸	33	124	26.61%
日常工作或生产	44		35.48%
普法宣传学习	36		29.03%
听人说	11		8.87%

所以，我国应该增加普法宣传的途径。使村民可以更容易、更方便地获得法律知识。

了解法律最有效的途径是什么

村干部宣传	38	143	26.57%
到庭审现场看法官审案	20		13.99%
自己多读多看	58		40.56%
公检法工作人员下乡宣传	27		18.88%

所以，我国应该制作更多的通俗易懂的跟农民生活生产息息相关的法律宣传材料，供村民自己阅读。

村民对公权力的认识及态度

碰到官司，你首先怎么做

找管这个案件的法官	36	146	24.66%
找熟悉法律事务的亲戚朋友询问	64		43.84%
找在国家机关上班的亲戚或者熟人打招呼	7		4.79%
找律师	39		26.71%

如上所示，大部分村民都了解到法律是公正的，所以在碰到官司时，首先是选择找熟悉法律事务的亲戚朋友、找律师、找法官等了解法律的相关规定，了解案件，从而知道该怎样保护自己的权利。

公检法部门工作人员是否依法办事

依法办事	79	142	55.63%
依关系办事	24		16.90%
不了解	39		27.46%

政府部门工作人员是否依法办事

依法办事	83	143	58.04%
依关系办事	18		12.59%
不了解	42		29.37%

如上两表所示，认为公检法部门及政府部门工作人员依法办

事的村民占大多数。

如果政府侵犯了您的权益您打算怎么做

找该级政府说理	92	143	64.34%
找上级政府解决或者上访	23		16.08%
去人民法院告状	28		19.58%
忍气吞声，自认倒霉	0		0.00%

调查发现，没有村民是选择忍气吞声、自认倒霉的，可见村民的维权意识已经增强。而去人民法院告状的村民也相对较少，很多村民都是选择找该级政府说理。

法院是不归政府管的吗

知道	38	95	40.00%
不知道	57		60.00%

如上所示，有过半数的村民认为法院是归政府管的。

您知道中国有部“民告官”的法律吗

知道	40	129	31.01%
不知道	89		68.99%

可见，有 68.99% 的村民不知道中国有部“民告官”的法律。

您的权益被政府侵犯，又不去法院告状，主要是

没时间和精力	21	135	15.56%
不敢告，担心政府报复	37		27.41%
担心法院与政府官官相护	39		28.89%
不懂法律	38		28.15%

可见，村民在权益被政府侵犯时，不去法院告状的原因主要是担心法院与政府官官相护、担心报复及不懂法律。

您的权益被政府侵犯，去法院告状您相信法院会秉公办事吗

完全相信	25	142	17.61%
比较相信	59		41.55%
信心不足	43		30.28%
不相信	15		10.56%

可见，大部分村民都相信法院会秉公办事。

您或您的亲戚朋友惹上了官司，您觉得

不光彩	56	136	41.18%
很光彩	18		13.24%
无所谓，现在打官司的人很多	62		45.59%

可见，认为不光彩及无所谓的人各占 41.18% 及 45.59%。

村民对村民自治的认识及态度

您觉得您村和村组的干部主要代表

政府	22	135	16.30%
村民	66		48.89%
既代表政府又代表村民	47		34.81%

可见，只有少部分的村民认为村干部代表政府，也有 34.81% 的村民认为村干部既代表政府又代表村民。

村民自治是什么

村民自己管理自己	33	118	27.97%
便于政府管理村民	54		45.76%
还是原来一套，只是说法不同	7		5.93%
不知道	24		20.34%

可见，有 45.76% 的村民认为村民自治是便于政府管理村民。

你们村的村干部是怎样产生的

村民选举	87	144	59.74%
不知道，我很少关心这种事	35		25.97%
上级直接决定	4		2.60%
选举只是形式，上级早就定了	18		11.69%

可见，大部分村民都认为村干部是村民选举产生的。

您参加过村干部的选举大会吗

参加过	83	145	57.24%
没参加过	49		33.79%
不想参加，没意思	13		8.97%

可见，大部分村民都参加过村干部选举大会。

参加村干部选举，您根据谁的意见投票

个人意见	88	136	64.71%
全家人的意见	31		22.79%
家族意见	12		8.82%
干部意见	5		3.68%
人家选谁我就选谁	0		0.00%
谁给的好处多我就选谁	0		0.00%

可见，大部分村民在参加村干部选举时，都是根据个人意见投票。

村干部选举中，有没有人拉票

没人	48	133	36.09%
有人拉票但不严重	24		18.05%
拉票严重	19		14.29%
不知道	42		31.58%

可见，在村干部选举中，村干部拉票的现象不严重。

村干部能代表民意吗

能	40	135	29.63%
基本能	43		31.85%
基本不能	37		27.41%
不清楚	15		11.11%

如上所示，大部分村民认为村干部基本能够代表民意。

您认为农村干部的素质怎样

很差	14	138	10.14%
一般	45		32.61%
比前几年有所提高	71		51.45%
不了解	8		5.80%

可见，大部分村民都认为村干部的素质比前几年有所提高。

以下哪个应该发挥更大作用

村委会	58	131	44.27%
村党支部	73		55.73%

可见，有 55.73% 的村民认为村党支部应该发挥更大的作用。

您知道村民委员会组织法吗

不知道	37	131	28.24%
不了解	50		38.17%
知道一些	41		31.30%
非常了解	3		2.29%

可见，对村民委员会组织法大多数村民都是不了解或只知道一些。

简短小结

通过以上分析，我们可以得出村民法律意识中存在的问题：

村民习惯于选择民族习惯法解决纠纷，缺乏寻求法律保护的主动性。民族习惯法在村民的意识里根深蒂固，相当一部分村民仍习惯于按民族习惯法解决纠纷及维护自身权益。

村民对法律的认识不到位。村民对法律有一定的了解，也就是说，在村民的思想中，认识到了法律的存在和作用，但是模糊的，对基本的法律条文知之不多，对于一些基本的法律概念、规范和制度了解不够，对于这些法律规范和制度在农村所起的作用也不清楚。

村民的维权意识存在误区。在发生纠纷时，上法院“打官司”的村民相对较少，认为“打官司”不光彩。

村民的思想观念中，存在权大于法的思想。表现为有过半数的村民认为法院是归政府管的，认为村民自治是便于政府管理村民等。

二、村民法律意识中存在的问题的民间法分析

笔者所关注和思考的问题是：为什么村民缺乏寻求法律保护的主动性，仅仅是因为法律不完善或者是村民不懂法律吗？国家每年都在进行普法宣传，为什么村民对法律的认识还是不到位，仅仅是因为宣传的力度不够吗？为什么村民会认为“打官司”不光彩？为什么村民会存在权大于法的思想，仅仅是因为村民的文化素质相对偏低吗？

近年来，随着依法治国的不断深入，如何提高村民法律意识，已经成为学术界研究的热点问题。从不同的视角分析村民法律意识中存在的问题，可能会得出完全不同的解决问题的方法和途径。当前，学术界大多以法律制定、法律宣传、法律实施的视角对村民法律意识存在的问题进行分析，以加强和完善相关立法、加强法律宣传、提高执法者的素质作为解决问题的关键，但忽略了此类问题存在的更深层次的根源。在本文中，笔者试图从民间法的角度切入，寻找制约问题解决的“瓶颈”，进而提出解决问题的思路①。

对于什么是民间法，笔者认为，田成有的界定较为合理。田成有认为，民间法是独立于国家法之外的，是人们在长期的共同的生活之中形成的，根据事实和经验，依据某种社会权威和组织确立的，在一定地域内实际调整人与人之间权利和义务关系的、具有一定社会强制性的人们共信共行的行为规范②。

笔者认为，村民法律意识中存在的问题，即缺乏寻求法律保护的主动性、对法律的认识不到位、维权意识存在误区及存在权大于法的思想，其根源有以下几个方面：

第一，农村由于地域范围小、人口少、经济不发达以及交通不发达等原因，使得农村成为“一个熟人社会，至少是一个半熟人社会”，村民之间是一张联系密切的关系网，村民之间有可能是近亲关系或者远亲关系、姻亲关系等。所以在发生纠纷时，村民更愿意选择民族习惯法来解决，因为民族习惯法均以“情”和

---

① 何立荣:《“出嫁女”土地权益保护的困境与出路——从民间法角度切入》，载《河北法学》2008 年第 9 期。

② 田成有:《乡土社会中的民间法》，北京：法律出版社 2005 年版，第 19 页。

“亲”为纽带，易于为人们所接受，成为农民社会生活的普遍规则[①]。

而由于传统的“耻讼、贱讼”观念，法律被视为“会伤感情的”处理纠纷的手段，自然不会为村民所选择，因此，村民对法律认识不到位，其根源并不是宣传不到位、村民文化素质偏低等原因，而是法律对村民的作用不大，村民不需要，所以不了解。

第二，历史上，村民的生产工具不足，劳动力不足，村民为了生存和发展，必须合作。因此，村民能否融入到群体中去，能否得到大家的支持和认可，关系到能否与他人进行合作生产，也就关系到了自身的生存和发展。

合作生产的重要性促使了村民必须有群体意识。长期的合作生产使得村民形成了强烈的群体意识。所以，尽管现今农村的生产力得到了较大的发展，村民之间不再是必需合作生产，但村民的群体意识依然强烈。表现为，在农村可以得到大家的认可，在发生红白喜事时可以得到大家的帮助，仍然是村民的一个追求，也是村民地位高低的一个重要表现。

因此，村民在做任何事情时，都会考虑是否会得到周围人的认可，甚至是全村人的认可，也会考虑村里人对这件事情的评价以及是否会影响自己融入这个群体。

所以在发生纠纷时，村民都会习惯选择早已被大众认可的处理纠纷的方法，也就是民族习惯法来解决纠纷。

所以，也可以看出，村民对法律认识不到位，其根源是法律对村民的作用不大，村民不需要，所以不了解。

---

① 《新形势下农村法治建设的思考》，http://lw.china-b.com/fxzx/20090219/221819 1.html#。

第三，村民所从事的劳动单一、常规，每天都是重复着各种同样的劳动，视野不开阔，极少需要面对新事物。村民对土地产出的市场交易行为大部分都可以在同一区域内用简单的交易方式完成，从而使他们的经济行为依靠民族习惯法就可获得保障，而不需要借助国家法律这种制度资源，村民的法律意识也就很难形成[①]。同时，村民形成了一种喜欢常规惯例的心理，不喜欢也不习惯接触新事物。

民族习惯法是村民在长期的共同的生活之中形成的，对村民来说，它是一种常规的东西，使用它来解决纠纷，正是村民喜欢常规惯例的心理的体现。

第四，在广大农村地区，整个村的“族老”势力、姓氏宗族势力等依然对村民纠纷的处理产生着重要的影响。虽然，现今的众多家法族规已失去了昔日的影响力，但当纠纷发生时，“族老”势力，姓氏宗族势力等依然会出面调解，因此，村民极少有可能选择法律来处理纠纷。

笔者认为，“族老”势力、姓氏宗族势力等对村民纠纷的处理依然产生着重要的影响，主要是因为农村经济不发达以及交通不发达、对外交流少等原因造成的。

第五，在农民的思想意识中依然存在着一些封建小农意识残余，依然有一部分村民认为法律与自己无关，是当官人的事，是政府的事，而他们自己只能为当权者服务，法律只不过是当权者用来统治他们的工具。因此，村民不会选择法律来解决纠纷。

---

① 论社会环境变迁对民族地区村民法律意识的影响，http://www.studyuu.com/New-511.html。

三、加强西部民族地区农村法治文化建设的对策

通过分析村民法律意识中存在的问题的根源，我们可以得出加强西部民族地区农村法治文化建设的对策。

如果法律对村民来讲作用不大，那么不论宣传的力度有多大，村民依然不会积极去了解法律，村民的法律意识也就不会提高。反之，如果法律对村民来讲，成为一个实用的有效的维权手段时，哪怕国家没有大力宣传，村民也会积极主动地去了解，这时，情况便发生了巨大的改变，村民的法律意识得到大幅度提高，在发生纠纷时，村民会积极主动地寻找法律的途径来维护自身的合法权利。

因此，我们要改变村民法律意识中存在的问题，关键是使法律对村民来讲，成为一个实用的有效的维权手段。那么，怎样才能做到呢?

当然，加大法律的宣传力度、调整法律，吸取民族习惯法中优秀的元素，使法律更具人性化、提高执法者的素质、加强村规民约的制定及规范等，都可以达到一定的效果，但其并不是根本出路。

法律对村民来讲作用不大，有其深厚的社会基础，也就是村民法律意识中存在的问题的根源，笔者认为，必须动摇、消除其赖以存在的社会基础，创造其适用的条件，才能改变村民法律意识中存在的问题，提高村民的法律意识，实现依法治国。

具体说来，要改变村民法律意识中存在的问题，提高村民的法律意识，必须从以下几方面入手：

（一）大力发展农村经济

农村生产力落后，经济不发达，导致了村民接触的事物过于单一，视野不开阔。村民对土地产出的市场交易行为大部分都可以在同一区域内用简单的交易方式完成，从而使他们的经济行为依靠民族习惯法就可以获得保障，不需要借助国家法律这种制度资源。另外，经济落后也导致了村民对农村这个群体的依赖，对宗族势力的依赖以及小农意识的存在。因此必须大力发展农村经济。

具体说来，就改变村民法律意识中存在的问题而言，发展农村经济的重要意义主要体现在：

伴随着农村经济的发展，村民的流动性增大，其交易行为将频繁出现跨地区的情况，这一切使得与原经济形态相适应的民族习惯法，在村民进行经济行为时不能满足村民的需要，从而使村民求助于具有统一性的国家法律，用于保障交易安全，村民的法律意识也会伴随着他们经济交往的频繁而得到启发和刺激，村民将会主动学习了解法律。

同时，由于农村经济的发展，大范围市场交易的频繁，人情面子也将会失去往日的重要性，人们更重视的是自己的切身利益，业缘关系在村民人际关系中的地位逐渐上升，群体意识、宗族势力及小农意识等都会逐渐下降，甚至消失。没有了这些根源，村民法律意识中存在的问题将会改善，村民的法律意识将会大幅度提高。

（二）大力改善农村交通状况，发展乡镇企业

大力改善农村的交通状况，有利于农村经济的发展，有利于

村民的对外交流，有利于外来先进文化的传播，也有利于农村的青年外出工作及求学等，从而有利于打破农村的传统氛围、传统思想，开阔村民的视野，减弱甚至消除群体意识及宗族势力的束缚，使村民的法律意识得到大幅度的提高。

发展乡镇企业有两个好处，一方面可以使农民的收入大幅度提高，单一的农业劳动在大多数农民收入中所占的比重也将变得越来越小，农民将越来越不必依靠单一的农业劳动来维持和改善生活，从而有利于农民传统意识的改变。另一方面，发展乡镇企业可以使农民更多地接触到法律，更多地感受到法律作为一种维权手段的重要性，从而促进村民主动了解学习法律，提高法律意识。

（三）大力发展农村教育，提高农村教育水平，降低农村学生升学的门槛

大力发展农村教育，降低农村学生升学的门槛，让更多农村的学生到县城高中，甚至是重点高中就读，对于提高村民的法律意识具有重要的意义。

因为农村的学生可以在更高的学府学习，意味着可以学到更多的知识，接触到更多的不同的文化，也就很有可能因此而改变该学生整个家庭的思想意识，以及周围亲戚朋友的意识。

随着到重点高中、大学读书的农村学生的增多，整个农村村民的思想意识都会发生很大的改变，从而有利于村民法律意识的提高，有利于依法治国的实现。

（四）大力改善农村的基础设施，缩小城乡差距

农村的基础设施差，生活水平低，成为了村民群体意识、宗

族势力及小农意识滋生的土壤。以此，必须大力改善农村的基础设施，缩小城乡的差距，才能提高村民的法律意识。

具体来说，大力改善农村的基础生产设施，特别是水利设施等，有利于农村经济的发展，有利于减轻群体意识、宗族势力对村民的束缚。改善农村的基础生活设施，缩小城乡差距，有利于提高村民的权利意识，减轻小农意识对村民的束缚。从而有利于村民法律意识的提高，实现依法治国。

（五）大力开展法治宣传教育活动，使法治观念深入人心

诚然，加强法治文化建设，增强村民的法治意识不是仅仅依靠法治宣传、喊喊口号就能实现的。但是，我们认为，要加强法治文化建设，增强村民的法治意识，实现国家法在农村的有效推进，法治宣传是必不可少的重要环节。国家法在农村社会实施的条件尚未具备时，仅仅依靠法治宣传确实不可能真正树立起人们对法律的信仰，不可能有效推进国家法在农村社会的适用，但是，当国家法在农村社会施行的条件已经具备，在农村社会中通过各种形式，大力开展法治宣传教育活动，对于在农村社会中树立国家法的观念，实现国家法的施行又是非常重要的。我国有着几千年的封建社会历史，在我国农村，封建礼俗根深蒂固，虽然经过了建国以来大半个世纪的法治建设，经过多次普法宣传，在农村开展了声势浩大的“送法下乡”活动，但是，现代法治观念还没有深入人心，国家法的实施还存在观念上的障碍。因此，要通过法治宣传，使农民认识和了解国家法，信奉国家法，自觉遵守国家法，使村民在发生纠纷时积极运用法律予以解决。要通过法治宣传，在农村社会中普遍树立起契约、平等、公平、正义等现代法治观念。

附录 1：

“西部民族地区农村法治建设”调查问卷

您好！请您认真如实地填写此表，此表只供研究参考，不泄漏填表人任何个人信息！请您放心！谢谢您的参与！请您在选项下画√。

1. 您的性别

A. 男　　B. 女

2. 您的年龄

A. 16~18 岁　　B. 19~30 岁　　C. 31~45 岁　　D. 46~60 岁

E. 60 岁以上

3. 您的文化程度

A. 不识字　　B. 只认识一些字，小学没毕业

C. 小学毕业　　D. 初中毕业

E. 高中毕业或者没读完　　F. 中专毕业或者没读完

G. 大专以上文化

4. 您个人年收入（元）

A. 1000 以上　　B. 700 至 1000　　C. 500 至 700　　D. 300 至 500

E. 200 至 300　　F. 200 以下

5. 影响当地农村稳定的主要因素是什么？

A. 经济落后

B. 民众法律意识淡薄

C. 相关部门处理纠纷的方式方法不恰当

6. 您或者您的家庭在过去的五年中发生过纠纷吗？

A. 发生过　　B. 没发生过

7. 如果发生过，您或者您的家庭在过去的五年中发生的最大的纠纷是属于以下哪一类？

A. 人身伤害纠纷

B. 家庭纠纷（婚姻、赡养、继承等）

C. 经济纠纷（土地、财产、买卖、借贷、财产损害索赔等）

D. 与政府部门的纠纷（计划生育、承包合同等）

E. 邻里纠纷

F. 其他纠纷

8. 当您遇到以上的纠纷时，您或者您的家庭是怎样解决的？

A. 找家族成员调解　　B. 找村干部调解

C. 找司法所解决　　D. 到法院打官司

E. 找派出所解决　　F. 找村上有威望的人解决

G. 双方自己私了　　H. 其他

9. 您选择解决纠纷的途径时最主要考虑的是什么因素？

A. 省钱　　B. 省时

C. 周围人的认同　　D. 自己获利最大

E. 对对方的处罚最重

10. 当您或者您的家庭在处理所遇到的纠纷时，您认为哪种解决方式费时最少？

A. 找家族成员调解　　B. 找村干部调解

C. 找司法所解决　　D. 到法院打官司

E. 找派出所解决　　F. 找村上有威望的人解决

G. 双方自己私了　　H. 其他

11. 当您或者您的家庭在处理所遇到的纠纷时，您认为哪种方式费钱最少？

A. 找家族成员调解　　B. 找村干部调解

C. 找司法所解决　　D. 到法院打官司

E. 找派出所解决　　F. 找村上有威望的人解决

G. 双方自己私了　　H. 其他

12. 当您或者您的家庭在处理所遇到的纠纷时，您认为哪种方式最公正？

A. 找家族成员调解　　B. 找村干部调解

C. 找司法所解决　　D. 到法院打官司

E. 找派出所解决　　F. 找村上有威望的人解决

G. 双方自己私了　　H. 其他

13. 您认为法律是什么?

A. 政府用来管老百姓的　　B. 老百姓用来限制政府的

C. 既管老百姓也限制政府　　D. 保护老百姓的

E. 保护少数人的　　F. 保护每个人的

14. 您对当地民族习惯法了解吗?

A. 了解得很清楚　　B. 一般了解

C. 了解得很少　　D. 根本不了解

15. 您了解当地民族习惯法的途径是什么?

A. 听长辈们说起

B. 自己亲身经历

C. 周围的人解决纠纷时用到

16. 您遵守当地民族习惯法是:

A. 自觉遵守　　B. 被强迫遵守　　C. 随大流

17. 您认为在农村，法律作用更大还是习俗、族规、习惯、村规民约等作用更大?

A. 法律作用更大

B. 习俗、族规、习惯、村规民约等作用更大

C. 两者作用一样大

D. 说不清楚

18. 如果发生纠纷，法律与习俗、族规、习惯、村规民约等规定不一样时，您认为应当选择哪一种方式来解决:

A. 按照法律处理纠纷

B. 按照习俗、族规、习惯、村规民约等处理纠纷

C. 看具体情况，哪个对自己有利就选择哪一种

19. 司法、行政机关处理纠纷时是否考虑当地风俗、习惯、习惯法?

A. 考虑　　B. 不考虑　　C. 不清楚

20. 如果您碰到了官司您会首先怎么做?

A. 找管这个案件的法官

B. 找熟悉法律的亲戚朋友询问

C. 找在国家机关上班的亲戚或者熟人打招呼

D. 找律师

21. 您认为公检法部门的工作人员依法办事吗?

A. 依法办事　　B. 依关系办事　　C. 不了解

22. 您认为政府部门的工作人员依法办事吗?

A. 依法办事　　B. 依关系办事　　C. 不了解

23. 如果您觉得政府侵犯了您的合法权益，您打算怎么做?

A. 找该级政府说理　　B. 找上级政府解决或者上访

C. 去人民法院告政府　　D. 忍气吞声，自认倒霉

24. 您知道法院是不归政府管的吗？比方说县长不能管县法院院长。

A. 知道　　B. 不知道

25. 您知道我们中国有部被称为“民告官”的法律《行政诉讼法》吗?

A. 知道　　B. 不知道

26. 如果您的权益被政府侵犯，又不去法院告，主要是

A. 因为没有时间和精力

B. 不敢告，担心遭政府报复

C. 担心法院和政府官官相护，告了也白告

D. 因为不懂法律

27. 如果您受到行政机关的非法处罚，到法院告行政机关的状，您相信法院会依法公正地处理吗?

A. 完全相信　　B. 比较相信　　C. 信心不足　　D. 不相信

28. 如果您或者您的亲戚朋友惹上了官司，您会觉得

A. 不光彩　　B. 很光彩　　C. 无所谓，现在打官司的人很多了

29. 您认为法律

A. 与自己无关　　B. 与自己有点关系

C. 与自己有重大关系　　D. 只与干部有关

30. 您觉得您现在最需要哪方面的法律知识?

A. 有关人身权利保护方面　　B. 有关婚姻、财产继承方面
C. 有关犯罪方面的法律　　D. 有关土地、山林、水利方面

31. 您认为权大还是法大？
A. 权大　　B. 法大　　C. 不大清楚

32. 您对国家法律了解吗？
A. 了解得很清楚　　B. 一般了解
C. 了解得很少　　D. 根本不了解

33. 您是通过什么方式获得法律知识的？
A. 广播电视报纸　　B. 日常工作或生产
C. 普法宣传学习　　D. 听人说

34. 您认为了解法律的最有效的途径是什么？
A. 村干部宣传　　B. 到庭审现场看法官审案
C. 自己多读多看　　D. 公检法工作人员下乡宣传

35. 您觉得您村和村组的干部，主要代表
A. 政府　　B. 村民　　C. 既代表政府，又代表村民

36. 您觉得“村民自治”是
A. 村民自己管理自己　　B. 便于政府管理村民
C. 还是原来那一套，只是说法不同　　D. 不知道

37. 你们村的干部是怎样产生的？
A. 村民选举　　B. 不知道，我很少关心这种事
C. 上级直接决定　　D. 选举只是形式，上级早就定了

38. 您参加过村干部的选举大会吗？
A. 参加过　　B. 没有参加过　　C. 不想参加，没意思

39. 参加村干部选举时，您是根据谁的意见投票？
A. 个人意见　　B. 全家人的意见　　C. 家族意见　　D. 干部意见
E. 人家选谁我就选谁　　F. 谁给的好处多就选谁

40. 在村干部选举中，有没有人拉票？
A. 没有人拉票　　B. 有人拉票但不严重

C. 拉票严重　　　　D. 不知道

41. 您认为你们的村干部能代表民意吗?

A. 能　　B. 基本能　　C. 基本不能　　D. 不清楚

42. 您认为当地农村干部的素质怎样?

A. 很差　　　　B. 一般

C. 比前几年有所提高　　　　D. 不了解

43. 您认为以下哪个应当发挥更大的作用?

A. 村委会　　　　B. 村党支部

44. 您知道村民委员会组织法吗?

A. 不知道　　B. 不太了解　　C. 知道一些　　D. 非常了解

45. 如果您对用当地民族习惯法处理纠纷不服，会主动去找公检法部门处理纠纷吗?

A. 会　　B. 不会　　C. 看情况

46. 您认为应该怎样加强农村法治建设?（本小题可以不回答）

附录 2:

调查问卷统计表

题号	项　目	分　类	人数	总人数	所占总人数百分比
1	性别	男	65	145	44.83%
		女	80		55.17%
2	年龄	16~18 岁	28	145	19.31%
		19~30 岁	41		28.28%
		31~45 岁	31		21.38%
		46~60 岁	35		24.14%
		60 岁以上	10		6.90%

续表

题号	项　目	分　类	人数	总人数	所占总人数百分比
3	文化程度	不识字	5	142	3.52%
		只认识一些字，小学没毕业	34		23.94%
		小学毕业	47		33.10%
		初中毕业	47		33.10%
		高中毕业或者没读完	0		0.00%
		中专毕业或者没读完	6		4.23%
		大专以上学历	3		2.11%
4	个人年收入（元）	1000 以上	26	145	16.88%
		700 到 1000	40		25.97%
		500 到 700	31		20.13%
		300 到 500	25		16.23%
		200 到 300	17		14.29%
		200 以下	6		6.49%
5	影响农村稳定的主因	经济落后	67	132	50.76%
		民众法律意识淡薄	54		40.91%
		相关部门处理纠纷的方式方法不恰当	11		8.33%
6	您或者您家庭前五年是否有纠纷	有	49	140	35.00%
		没有	91		65.00%
7	五年中您的纠纷属于哪一类	人身财产纠纷	21	114	18.42%
		家庭纠纷（婚姻、赡养、继承等）	47		41.23%
		经济纠纷	24		21.05%

续表

题号	项　　目	分　　类	人数	总人数	所占总人数百分比
		与政府部门的纠纷	5		4.39%
		邻里纠纷	9		7.89%
		其他纠纷	8		7.02%
8	纠纷怎样解决	找家族成员解决	35	143	24.48%
		找村干部调解	70		48.95%
		找司法所解决	5		3.50%
		到法院打官司	11		7.69%
		找派出所解决	10		6.99%
		找村上有威望的人解决	5		3.50%
		双方自己私了	7		4.90%
		其他纠纷	0		0.00%
9	选择解决纠纷的途径最主要因素	省钱	25	144	17.36%
		省时	19		13.19%
		周围人的认同	80		55.56%
		自己获利最大	14		9.72%
		对对方的处罚最重	6		4.17%
10	您认为哪种解决纠纷的方式费时最少	找家族成员解决	31	156	19.87%
		找村干部调解	58		37.18%
		找司法所解决	3		1.92%
		到法院打官司	12		7.69%
		找派出所解决	20		12.82%
		找村上有威望的人解决	10		6.41%
		双方自己私了	21		13.46%
		其他	1		0.64%

续表

题号	项　　目	分　　类	人数	总人数	所占总人数百分比
11	您认为哪种解决纠纷的方式费钱最少	找家族成员解决	35	147	23.81%
		找村干部调解	46		31.29%
		找司法所解决	8		5.44%
		到法院打官司	8		5.44%
		找派出所解决	31		21.09%
		找村上有威望的人解决	9		6.12%
		双方自己私了	10		6.80%
		其他	0		0.00%
12	您认为哪种解决纠纷的方式最公正	找家族成员解决	20	132	15.15%
		找村干部调解	58		43.94%
		找司法所解决	8		6.06%
		到法院打官司	12		9.09%
		找派出所解决	22		16.67%
		找村上有威望的人解决	5		3.79%
		双方自己私了	7		5.30%
		其他	0		0.00%
13	您认为法律是什么	政府用来管老百姓的	19	142	13.38%
		老百姓用来限制政府的	12		8.45%
		既管老百姓也限制政府	16		11.27%
		保护老百姓的	40		28.17%
		保护少数人的	55		38.73%
		保护每个人的	0		0.00%

续表

题号	项　　目	分　　类	人数	总人数	所占总人数百分比
14	您了解当地民族习惯法吗	了解得很清楚	16	145	11.03%
		一般了解	75		51.72%
		了解得很少	43		29.66%
		根本不了解	11		7.59%
15	了解当地民族习惯法的途径	听长辈们说起	64	139	46.04%
		自己的亲身经历	46		33.09%
		周围的人解决纠纷时用到	29		20.86%
16	您遵守当地民族习惯法是	自觉遵守	94	133	70.68%
		被强迫遵守	11		8.27%
		随大流	28		21.05%
17	农村法律作用大还是习俗、族规、习惯、村规民约大	法律作用大	77	146	52.74%
		习俗、族规、习惯、村规民约大	28		19.18%
		一样大	15		10.27%
		说不清楚	26		17.81%
18	发生纠纷时上两者规定不一样时，哪种方式更好	法律处理纠纷	85	151	56.29%
		习俗、族规、习惯、村规民约处理纠纷	55		36.42%
		看哪一种对自己有利	11		7.28%
19	司法、行政机关处理纠纷是否考虑当地风俗习惯	考虑	68	135	50.37%
		不考虑	18		13.33%
		不清楚	49		36.30%

续表

题号	项　目	分　类	人数	总人数	所占总人数百分比
20	碰到官司，你首先怎么做	找管这个案件的法官	36	146	24.66%
		找熟悉法律的亲戚朋友询问	64		43.84%
		找在国家机关上班的亲戚或者熟人打招呼	7		4.79%
		找律师	39		26.71%
21	公检法部门工作人员是否依法办事	依法办事	79	142	55.63%
		依关系办事	24		16.90%
		不了解	39		27.46%
22	政府部门工作人员是否依法办事	依法办事	83	143	58.04%
		依关系办事	18		12.59%
		不了解	42		29.37%
23	如果政府侵犯了您的权益，您打算怎么做	找该级政府说理	92	143	64.34%
		找上级政府解决或者上访	23		16.08%
		去人民法院告政府	28		19.58%
		忍气吞声，自认倒霉	0		0.00%
24	法院是不归政府管的吗	知道	38	95	40.00%
		不知道	57		60.00%
25	你知道中国有部《民告官》的法律吗	知道	40	129	31.01%
		不知道	89		68.99%
26	您的权益被政府侵犯，又不去法院告，主要是	没时间和精力	21	135	15.56%
		不敢告，担心政府报复	37		27.41%
		担心法院与政府官官相护	39		28.89%
		不懂法律	38		28.15%

续表

题号	项　　目	分　　类	人数	总人数	所占总人数百分比
27	您的权益被政府侵犯，去法院告状您相信法院会秉公办事吗	完全相信	25	142	17.61%
		比较相信	59		41.55%
		信心不足	43		30.28%
		不相信	15		10.56%
28	您或您的亲戚朋友惹上了官司，您觉得	不光彩	56	136	41.18%
		很光彩	18		13.24%
		无所谓，现在打官司的人很多	62		45.59%
29	您认为法律	与自己无关	18	129	13.95%
		与自己有点关系	17		13.18%
		与自己有重大关系	85		65.89%
		只与干部有关	9		6.98%
30	您现在最需要了解哪方面的法律知识	人身权利保护方面	55	140	39.29%
		婚姻、财产继承方面	32		22.86%
		犯罪方面的法律	15		10.71%
		土地、山林、水利的法律	38		27.14%
31	你认为权大还是法大	权大	7	128	5.47%
		法大	94		73.44%
		不大清楚	27		21.09%
32	您对国家法律了解吗	了解得很清楚	10	136	7.35%
		一般了解	69		50.74%
		了解得很少	45		33.09%
		根本不了解	12		8.82%

续表

题号	项　目	分　类	人数	总人数	所占总人数百分比
33	通过什么方式获得法律知识	广播电视报纸	33	124	26.61%
		日常工作或生产	44		35.48%
		普法宣传学习	36		29.03%
		听人说	11		8.87%
34	法律最有效的途径是什么	村干部宣传	38	143	26.57%
		到庭审现场看法官审案	20		13.99%
		自己多读多看	58		40.56%
		公检法工作人员下乡宣传	27		18.88%
35	您觉得村和村组的干部主要代表	政府	22	135	16.30%
		村民	66		48.89%
		既代表政府又代表村民	47		34.81%
36	村民自治是什么	村民自己管理自己	33	118	27.97%
		便于政府管理村民	54		45.76%
		还是原来那一套，只是说法不同	7		5.93%
		不知道	24		20.34%
37	你们村的村干部是怎样产生的	村民选举	87	144	59.74%
		不知道，我很少关心这种事	35		25.97%
		上级直接决定	4		2.60%
		选举只是形式，上级早就定了	18		11.69%
38	您参加过村干部的选举大会吗	参加过	83	145	57.24%
		没参加过	49		33.79%
		不想参加，没意思	13		8.97%

续表

题号	项　目	分　类	人数	总人数	所占总人数百分比
39	参加村干部选举，您根据谁的意见投票	个人意见	88	136	64.71%
		全家人的意见	31		22.79%
		家族意见	12		8.82%
		干部意见	5		3.68%
		人家选谁我就选谁	0		0.00%
		谁给的好处多我就选谁	0		0.00%
40	村干部选举中，有没有人拉票	没人	48	133	36.09%
		有人拉票但不严重	24		18.05%
		拉票严重	19		14.29%
		不知道	42		31.58%
41	村干部能代表民意吗	能	40	135	29.63%
		基本能	43		31.85%
		基本不能	37		27.41%
		不清楚	15		11.11%
42	你认为农村干部的素质怎样	很差	14	138	10.14%
		一般	45		32.61%
		比前几年有所提高	71		51.45%
		不了解	8		5.80%
43	哪个应该发挥更大作用	村委会	58	131	44.27%
		村党支部	73		55.73%
44	您知道村民委员会组织法吗	不知道	37	131	28.24%
		不了解	50		38.17%
		知道一些	41		31.30%
		非常了解	3		2.29%

续表

题号	项　　目	分　　类	人数	总人数	所占总人数百分比
45	当地民族习惯法处理纠纷不服时会找公检部门处理吗	会	39	82	47.56%
		不会	15		18.29%
		看情况	28		34.15%

第八章

西部民族地区农村依法行政调查研究

党的十五大明确提出了“依法治国，建设社会主义法治国家”的基本治国方略，1999 年 3 月，九届全国人大二次会议将其写进了我国宪法。行政机关是国家立法机关的执行机关，立法机关制定的法律和行政法规，80% 以上要依靠行政机关贯彻落实，因此，依法行政是依法治国方略的重要组成部分，要实现“依法治国，建设社会主义法治国家”，首先必须实现依法行政，没有行政机关依法行政，就不可能实现依法治国。

依法行政包括全国各级行政机关的依法行政。我国是一个统一的多民族国家，由 56 个民族组成，包括汉族和 55 个少数民族。我国在少数民族聚居的地方实行民族区域自治。民族自治地方的行政机关是国家的地方行政机关，民族自治地方行政机关依法行政，是整个国家依法行政的重要组成部分。因此，要实现国家的依法行政，必须实现民族地区的依法行政。

西部民族地区在经济、文化、历史传统等方面都有其独特之处，因此，在民族地区实施依法行政，所面临的问题和困难也有其特殊性。下面，我们从民族地区实施依法行政所面临的问题以及实现依法行政的对策两方面展开分析。

一、西部民族地区农村实施依法行政面临的问题

（一）行政执法人员素质有待提高

与我国其他地区相比，西部民族地区行政执法人员的综合素质偏低，这种状况，制约着西部民族地区依法行政的实现。西部民族地区行政执法人员综合素质偏低，最突出的表现就是学历水平低。以下是广西某系统地级市（包括地级市）以下行政人员的学历结构：

	总人数	性别		民族		学历（本科）		学历（研究生）		学位	
		男	女	汉族	少数民族	在职	全日制	在职	全日制	学士	硕士
市级单位	97	76	21	24	73	51	18	3	0	18	0
基层单位	448	352	96	86	362	264	54	11	2	54	2
合计	545	428	117	110	435	315	72	14	2	72	2

从表上可以看出，该系统市级单位没有人具有硕士学位，全日制本科学历、具有学士学位的不到20%，基础单位学历层次更低，488人中只有54人是全日制本科毕业，过半是在职本科学历且没有获得学士学位，还有近三分之一的人不具有本科学历。另外，据了解，在该市，相当部分行政执法人员所从事的行政工作与大学所学专业脱节。虽然没有充分的证据表明行政执法人员的学历层次与其工作能力成正比，但是，仍然可以认为，行政人员的学历层次以及是否从事与所学专业相关的工作，对其工作能力

是有重要影响的。该系统一名领导多年在该市工作，也先后在广西南宁担任领导职务，在评价该市行政人员时，他曾经感叹地说："俗话说，'一个萝卜一个坑'，而他们是三个萝卜也填不了一个坑。"可见，行政执法人员的素质和能力是制约西部民族地区实现依法行政的重要因素。

（二）民族地区地理环境独特

西部民族地区农村地理环境的独特性主要表现在两个方面：一是交通条件比较落后。西部民族地区大多位于山区，道路崎岖不平，许多地方不能通车，不少地方甚至自行车也不能使用，一些村民到乡镇赶集，来回往往要走三四个小时的山路，有些甚至要走七八个小时。落后的交通状况，不仅极大地制约着民族自治地方的经济社会发展，而且给行政管理工作增加了成本和不便。二是相对比较封闭。这一特征与落后的交通状况存在密切关系。这里的封闭，是指民族自治地方与外界的联系比较少，信息相对比较闭塞。相应地，村民相互间比较熟悉，是一种熟人社会。与此相联系，村民接受外界信息和影响不明显，传统的民族习惯、风俗等受到的冲击比较少，从而保留比较完整。西部民族地区的这些地理特征，是民族地区施行依法行政必须面对和思考的问题。

（三）民族习惯、民族文化的影响

一方面，由于西部民族地区农村相对封闭的地理环境和落后的交通状况，另一方面，西部民族地区由于历史的原因，经济发展水平相对较低，与此相应，文化的发展也相对落后于中东部地区。在这种地理环境闭塞、经济文化相对落后的熟人社会，传统的民族习惯、民族文化在调整社会关系，维系社会稳定方面发挥着重要的作用。在西部民族地区施行依法行政，必然受这种民族习惯、民族文化的影响，无视和忽视传统的民族习惯、民族文化的存在，企图摆脱这种影响，既不可能，也不足取。这个例子足以说明尊重民族习惯、民族文化的重要性：2008 年，广西昭平县法官到一个瑶山村执行，遥见被执行人正在邻居家帮助操办喜事。在瑶族聚居区，人们对红白喜事时有官方人员来公干是相当禁忌的，其意为“犯官府”。就此罢休吧，山高路远被执行人多年难得一见，申请人到处上访难以交差；按法律程序办吧，势必引起不必要的误会与麻烦。两难之下，法官还是选择了前者。经与同来的村干部作简单说明后，未惊动一人就离开了瑶山。第三天，被执行人自行来到法庭履行了全部法律义务。有人问及缘由，他说：“人情大过天，法院给足了我和邻居天大的面子，我不能不给法院面子。”多年的硬骨头案，在尊重民族禁忌面前得到妥善解决。

（四）民族地区存在的多元权威的影响

在西部民族地区农村的许多地方，往往存在解决民间纠纷的各种形式的民间组织或者个人，例如壮族一些宗族的族长、侗族的寨老、瑶族的社老、石牌头人等。担任这种组织的头领一般在村里具有很高的威望，德高望重而且具有较为丰富的处理、解决纠纷的经验。在村里，村民间发生纠纷，甚至本村村民与外村村民发生纠纷，往往首先由这些组织或者头人进行协调和解决，这种方式解决纠纷通常也能得到比较好的解决效果。如果出现纠纷的一方寻求官方解决的情况，另一方往往就会产生抵触情绪，解决纠纷的效果也不好，往往是案结而事未了、人不和。我们在田野调查中了解到这样一个案例：一个村民无证驾驶自己买的农用手扶拖拉机，运送 20 多个村民到镇上赶集，道路崎岖不平，弯多狭窄，坡既多且陡。期间，驾驶手扶拖拉机的村民操作不当，导致拖拉机翻倒在路边。由于行驶速度比较缓慢，乘车人大多无大碍，但是，其中一位70多岁的老人腰部骨折，被送到镇上的医院住院治疗。在老人住院期间，开车的村民及其母亲多次到医院看望他，并支付了部分医疗费，带去了苹果等东西，期间他们还表示会全部支付所需医疗费用。这一事件本来解决起来顺理成章。但是后来出现了一个小插曲。有一次开车村民去医院看望老人时，老人的一个家属把他叫到一边，先是严厉批评了他，然后跟他说，这是严重的违法行为，而且是无证驾驶，如果去公安机关告发他，他可能要坐牢。开车村民听了，虽然当时没有说什么，但是心里很不高兴，因为他认为虽然他犯了错，但是，他主动承担了全部责任，老人家属还这样对他，他觉得委屈、不合理。后来他去医院看老人的次数也少了。最后，开车村民及其母亲找到了本村一个德高望重的老人协调，才使这一纠纷得以圆满解决。试想，如果老人的家属到公安机关告发，让公安机关处理，即使纠纷也可以解决，但是，恐怕两家会因此积怨，以后很可能老死不相往来。

（五）民族自治机关自治意识不强

根据我国宪法、民族区域自治法和立法法的规定，民族自治地方依法行使自治权，根据本地方的实际情况贯彻执行国家的法律、政策。民族自治地方的自治机关根据本地方的情况，在不违背宪法和法律的原则下，有权采取特殊政策和灵活措施，加速民族自治地方经济、文化建设事业的发展。民族自治地方的人民代表大会有权依照当地民族的政治、经济和文化的特点，制定自治条例和单行条例。民族自治地方还可以根据实际情况对刑法、婚姻法进行变通，使之适应民族自治地方的需要。但是，民族自治地方的自治意识普遍不强，仅仅是把民族自治机关当作一般的地方国家机关，没有充分行使国家赋予民族自治地方的自治权。我国宪法和民族区域自治法赋予民族自治地方自治权，就是基于民族自治地方特殊的经济、文化和社会发展状况，允许民族自治地方根据各民族自治地方的实际情况，采取有别于非民族自治地方政策和措施发展自己的经济、文化，实现各民族共同繁荣。但是，当前的现实是，民族自治地方很少出台具有本民族特色而有别于非民族自治地方的政策。制定自治条例和单行条例等自治立法权是民族自治地方自治机关实行民族自治的集中体现，但是，至今为止，我国还没有形成一部自治区的自治条例，五大自治区对自治区自治条例的制定还停留在草案稿的修改和送审的酝酿阶段。自治区自治条例起着承上启下的重要作用，但至今仍未出台，这就在我国民族自治立法体系中形成了一个“断层”，使自治立法体系中上下位阶自治立法相互衔接困难，不仅影响了整个配套立法工作进展，更直接影响了民族区域自治法和国务院若干规定的贯彻实施。目前，我国民族自治地方行使变通或补充权也主要集中在婚姻法、选举法、继承法、森林法等法律中，其中 80% 又集中在婚姻法方面。这种状况的存在，不利于民族自治地方根据本地实际贯彻国家的民族政策，实现依法行政。

二、西部民族地区农村实现依法行政的对策

（一）提高行政执法人员的综合素质和执法水平

行政执法人员的综合素质和执法水平的高低，直接关系到行政执法的质量和水平，因此，在西部民族地区实现依法行政，首

先要提高行政执法人员的综合素质和执法水平。提高西部民族地区行政执法人员的综合素质和执法水平，应当从以下几个方面入手：

（1）提高行政执法人员的学历层次。虽然没有确凿的证据证明行政执法人员的综合素质和执法水平与学历层次的高低成正比，但是，一般而言，行政执法人员的学历层次的高低，对其综合素质和执法水平有着重要影响，这是没有疑问的。一个地方的行政执法人员的学历层次越高，其综合素质和执法水平就越高，反之亦然。如前所述，西部民族地区的行政执法人员学历普遍比较低。我们曾走访过的某地级部门，只有一个人具有硕士学位。因此，通过各种途径提高行政执法人员的学历层次，是摆在西部民族地区行政机关面前的重要任务。提高西部民族地区行政执法人员的学历层次可以通过以下途径：一是创造条件鼓励、帮助行政执法人员报考、攻读硕士研究生、博士研究生，二是鼓励、帮助行政执法人员报读在职研究生班。在职研究生班是一些欠发达地区为了提升本地区在职人员的学历水平，提高他们的专业素养、文化素质和理论水平的重要形式，在这些地区发挥着重要作用。三是招录公务员应提高学历方面的门槛，从而提高整个行政执法队伍的学历水平。行政机关应当给予其行政人员提高学历水平适当的帮助和便利，比如，可以给攻读学位的行政人员提供全部或者部分学费，给予攻读学位的行政人员必要的假期。

（2）加强对行政执法人员的培训。业务培训是提高行政执法人员综合素质和执法水平的重要途径。培训的内容应包括职业道德、业务能力、专业理论、实务操作能力等。培训的授课老师须既有实务部门的专家型领导，也有专门从事相关理论研究的专家学者。这里特别需要指出的是，不要仅仅重视让行政执法人员了解熟悉相关的制度、政策和执法程序，熟悉相关的制度、政策和执法程序固然重要，但是，作为行政执法人员，还必须具有较高的专业理论素养，这是行政执法人员正确理解和适用制度、政策和执法程序的理论基础。如果行政执法人员不具备必要的专业理论素养，在执法过程中出现理解、适用法规、政策上的偏差就难以避免。因此，必须把提高行政执法人员的专业理论素养贯穿于培训工作的始终。

（3）开展考察交流活动。组织行政执法人员到执法水平较高的地区考察学习，学习和吸收其先进经验和做法，这也是提高行政执法人员综合素质和执法水平的重要途径。采取这种形式，提高行政执法人员综合素质和执法水平，最突出的优点就是可以直接把他人的成功经验为我使用，减少无谓的探索。但是，对别人的经验不能没有鉴别地全部吸收，必须有所鉴别，有所选择，有些做法，在一个地方行得通，是好办法，但是，换一个地方不一定适用，不一定是好办法，很可能出现水土不服。吸收他人的经验还必须结合自己的实际情况，作必要的变通、改造，切忌全盘照搬照抄，盲目使用。

（4）深入基层，联系群众。知识往往是从实践中来的。行政人员必须时刻注意深入基层，密切联系群众，向实践学习，向人民群众学习，在工作中敏于发现，勤于思考，善于总结，把行之有效的做法总结为经验，上升为理论，以之为指导，以实践检验这些理论是否可行，是否科学，也就是遵循从实践中来，到实践中去的认识发展规律。

（二）改善执法环境

首先，必须改善西部民族地区的落后交通状况。交通状况的改善，可以大大提高西部民族地区的行政执法效率，降低行政执法的成本。交通状况的改善，还可以促进西部民族地区农村与外界的交流，从而有利于西部民族地区农村的人民群众接触先进的文化、价值观念等，这对依法行政在西部民族地区的实现，无疑具有重要意义。

其次，必须加强西部民族地区农村的文化建设。西部民族地区农村的文化建设，人们的价值观念相对比较落后，这种现状对依法行政的实施，具有较大的障碍作用。加强西部民族地区农村的文化建设，一是要充分利用信息工具，使人民群众能够更多地接触外界，开阔眼界。例如，村村通闭路电视工程，村村通互联网工程，对于加强村民与外界的联系，接受先进的文化观念、价值观念，了解外界的信息，都是非常必要的，也是非常重要的。二是为西部民族地区农村的文化建设提供更多的物质条件，比如，在村里建立图书馆，提供必要的图书资料，鼓励村民阅读、学习，这对于提高村民的文化水平是十分重要的。三是要举行丰富多彩、形式多样的文化活动，通过这些活动进行宣传、陶冶，提高村民的文化素养，使他们确定积极的人生观、价值观。

（三）正确处理国家法与民族风俗、习惯的关系

在西部民族地区，以民族风俗、习惯、禁忌等形式存在的习惯法长期存在并在调整社会关系、维护社会稳定中发挥作用。各种形式的民间法，在其赖以存在的社会、经济、文化基础被根本动摇之前，将一直存在并发挥其作用。在民族地区施行依法行政，必须正视这一问题，企图回避或者视而不见是不明智的。具体说来，在西部民族地区实行依法行政，应当从以下两个方面妥善处理国家法与民间法的关系：一是在必要时，行政机关可以考虑根据民间法处理问题，国家法作适当让步。也就是说，当对某一问

题的处理，国家法与民间法规范存在冲突时，必要时可以考虑以民间法作为处理问题的依据。例如，广西的不少壮族聚居地方都出现关于坟墓安葬的类似纠纷，纠纷的大体情况是：某个地方有人安葬了祖坟，后来，又有人在附近安葬祖坟，前者则以后来动了自己的“龙脉”为由，让后者将祖坟迁走。根据国家法，前者的诉求显然得不到支持。但是，行政机关对这类纠纷的处理，往往是尊重民族习俗，支持前者的诉求，让后者把祖坟安葬别处。再如，在西部民族地区农村的许多地方，民间法规范都有关于盗窃案件由村里“私了”的成文或者不成文规定，即由村民组织自行对盗窃者罚款、赔偿了事，而不是根据国家法，交由公安机关处理。对此，只要不达到刑事案件的立案标准，且纠纷已经妥善解决，矛盾已经平息，一些地方的公安机关也就不再去深究，不再依照国家法再行处理，即使达到了刑事案件的立案标准，公安机关如果认为情节轻微，没必要再根据国家法追究，也不进行追究。二是处理问题过程中要熟悉、尊重民族风俗、习惯。课题组到各地农村进行调研时，不少乡镇干部和村委会干部告诉我们，要做好农村工作，必须充分尊重他们的民族习惯，才能拉近与村民的距离，得到他们的支持和配合，在这个问题上，乡镇干部、村委会干部说得最多的是，到农村处理问题，当事人首先让干部们跟他们喝酒，酒喝够了，问题很容易解决；如果干部们不能或者不愿意跟他们喝酒，问题一般无法解决。

（四）注重利用民间力量，正确处理国家行政权力与民间权威的关系

在西部民族地区的许多地方，宗族族长、寨老、社老、石牌头人等民间权威将长期存在，并影响着民间许多事务的处理，特

别是影响着民间纠纷的解决。面对这种情况，民族自治地方的行政机关对民间权威不能简单地加以否定，而是正视其存在，对之加以科学利用，使其发挥应有的作用。在西部民族地区利用民间权威解决问题的必要性在于：第一，民间权威的存在有其深刻的社会基础，对之进行简单否定可能激起民间对行政机关的逆反心理，使行政执法工作得不到必要的支持和配合。第二，在一定程度上承认民间权威，由宗族族长、寨老、社老、石牌头人等组织或者个人出面解决问题，可能更易于获得村民的支持和配合，有利于问题的解决，也有利于行政决定的执行。第三，由民间权威出面解决问题，还可以减轻行政机关的工作压力，减少行政工作的成本。

在利用民间权威处理行政事务时，必须正确处理国家行政权力与民间权威的关系。第一，民间权威处理行政事务不能违反国家法的原则性规定。例如，对于某些严重的违法行为，不允许民间权威仅仅根据民间法“私了”，应当由行政机关追究当事人法律责任的，即使对方已经“私了”，也应当根据国家法追究其应负的责任。对此，行政机关负有监管责任。第二，必须保证民间权威处理问题的公平、公正，真正能够使当事人心服口服，达到当事人关系和谐、社会稳定的效果。不允许出现宗族族长、寨老、社老、石牌头人以势压人，偏袒一方的状况。一旦出现这种状况，行政机关应及时纠正。

（五）增强民族自治意识，加强民族自治立法

民族自治地方自治机关应当清醒地意识到，民族自治地方依法享有自治权，自治机关有权根据本地方的情况，在不违背宪法和法律的原则下，采取特殊政策和灵活措施，加速民族自治地方

经济、文化建设事业的发展。民族自治地方自治机关应当通过调查研究，充分了解本地的经济、文化等方面的发展状况和本地方的实际，以便制定出适合本地发展现状和发展需要的政策和措施。尤其重要的是，要充分利用民族自治地方的自治立法权，要把那些经过实践检验的、行之有效的发展措施、政策上升为法律制度，以进一步巩固。

民族自治地方的自治机关必须做好自治条例、单行条例的制定工作。为此，必须正确认识自治条例、单行条例的本质。民族自治地方自治条例、单行条例的本质是对法律和行政法规的变通。所谓“对法律和行政法规的变通”，是指在坚持法律、行政法规的基本原则和精神的前提下，作出具体内容（具体的权利义务关系）不同于法律、行政法规的新规定，以适用于特定的区域和特定的人。自治条例和单行条例的这一本质，使其有别于一般的地方性法规，地方性法规只能是对宪法、法律和行政法规的具体化规定，不能作出不同于宪法、法律和行政法规的规则，否则会被认定为无效。如果对自治条例、单行条例的本质没有正确的认识，在立法实践中就会把自治条例、单行条例混同于一般的地方性法规，这样，不仅不能充分利用民族自治地方的自治权，而且会障碍民族自治地方立法的发展。在实践中，不少地方制定的自治法规，很少有变通法律和行政法规的内容。因此，民族自治地方的自治机关必须明确自治条例、单行条例与一般地方性法规的界限，需要变通法律和行政法规的事项，以民族自治条例、单行条例的方式规定，不需要变通法律和行政法规的事项，以地方性法规的形式规定即可。

第九章

西部民族地区农村多元纠纷解决机制调查研究

党的十六大报告将社会更加和谐作为全面建设小康社会的目标之一，首次把和谐社会的概念写进党的纲领性文件，这是中国共产党从全面建设小康社会、开创中国特色社会主义事业新局面出发提出的一项重大任务，适应了我国改革开放进入关键时期的客观要求，体现了广大人民群众的根本利益和共同愿望。关于和谐社会的具体内涵，胡锦涛同志在十六大的报告中明确提出："我们所要建设的社会主义和谐社会应该是民主与法治、公平与正义、诚信友爱、充满活力、安定有序、人与自然和谐相处的社会。[①]"和谐社会的构建离不开纠纷的有效化解，完善的纠纷解决体系是和谐社会不可或缺的重要基石，只有建立了适应社会需要的纠纷解决机制并在此基础上形成完善的纠纷解决体系才能从根本上保障和谐社会的实现。

西部民族地区农村在政治、经济、文化等方面有其特殊性。因此，在传统的意义上，构建和谐社会的纠纷解决机制在西部民

① 《人民日报》2005 年 2 月 20 日第 1 版。

族地区农村是一个不容忽视也不可回避的重要领域。

一、我国西部民族地区农村的纠纷

西部民族地区农村的纠纷，也是社会纠纷的一种，是因从事各种社会活动的主体之间的利益分配、权利义务争议而引起的一种紧张的、相互冲突的社会关系。这种紧张的、相互冲突的社会关系如果不及时加以消除，就可能给西部民族地区农村发展乃至整个社会造成破坏，并最终会影响到我国现代化法治建设的进程。因此，对西部民族地区农村纠纷解决机制的研究是十分必要的，而研究西部民族地区农村纠纷解决机制的成因则是研究西部民族地区农村纠纷解决机制的必要前提。

（一）纠纷的主要种类

根据调查的材料，以及从当前西部民族地区农村纠纷的发生数量和频率看，我国西部民族地区农村的纠纷主要包括以下几种类型：

1. 土地纠纷

在我国广大的西部民族地区农村引起此类纠纷的原因主要有以下几个方面：一是因法律和政策的变化引起的纠纷。例如，20世纪80年代中期，我国很多地区根据国家政策实行的是“两田制”，即“责任田和口粮田”的区分承包制度，而新的《农村土地承包法》规定实行的是“家庭联产承包”，即土地以农户为单位进行承包，土地承包规定30年不变，其目的在于维护农村的稳定。这一规定的实施，一方面引起了村民要求及时收回责任田并按照家庭联产方式重新分配，而原来的承包合同又没有到期的问题（这一问题曾在前一个时期引起不少纠纷，尤其是原承包土地条件较好的农户不愿意解除原合同）。另一方面又产生了新的问题：农村以户为单位进行承包经营，30 年不变，假设土地承包经营后第二年又增添了人口，按照《农村土地承包经营法》“增人不增地、减人不减地”的总原则，新生儿及嫁入本村的妇女等将得不到土地。《农村土地承包经营法》第 5 条规定：“农村集体经济组织成员有权依法承包由本集体经济组织发包的农村土地。”为了依法享有和行使承包土地的权利，这些新增了人口的农户就可能会要求行使承包权，从而引发纠纷。

二是因土地承包引发的纠纷。常见的有 3 种：其一，土地发包中发生的纠纷。《农村土地承包法》第二节对土地承包的原则和程序作出了明确规定，但在实践中此类合同大多系村民委员会或者村民小组与承包户签订，不符合“经本集体经济组织成员的村民会议三分之二以上成员或者三分之二以上的村民代表的同意”的规定。在有的地方，村干部利用手中的权力，不经民主议定便私自发包，有的甚至以明显的低价发包。该种情况下村民本来就有意见，一旦出现土地价格上涨或土地收益提高，就容易引发群体性矛盾和纠纷。还有的层层转包甚至一地多包，从中渔利而引发纠纷。其二，承包合同履行过程中发生的纠纷。其三，有关承包合同效力的纠纷。涉及承包合同是否合法、有效的问题以及无效合同的处理问题。

三是因土地征收补偿引发的纠纷。根据宪法规定，出于公共利益和公用事业的需要，在依法补偿的前提下可以征地。这一规定虽界定了征地与侵权的分界线，但由于相关部门法未作出具体规定，实践中公益性征地与商业性征地也没有区分，一些地方政府以“土地利益总体规划”为由征地，以获取土地增值收益；一些工商企业在政府的支持下，为获取巨额利润而实施商业性开发征地，因补偿不到位或补偿过低，侵犯了村民的土地权益。因土地征收补偿引发的纠纷比较复杂，既包括征收人与集体经济组织关于土地补偿费、安置补偿费的纠纷，又包括征收人与土地所有人或使用人关于地上附着物补偿费、青苗补偿费的纠纷，同时还包括集体经济组织与其成员之间补偿费二次分配引起的纠纷。

四是因土地所有权界限不明引发的纠纷。由于历史原因，有些土地权属不明确，没有核准颁发土地使用证书，一些离村较远的荒地，逐渐被离土地比较近的农户开发种植，开发初期没有人提出异议，后来经开发土地状况变好或种植的农产品价格上涨，开发者获得了较大利益，因此，村集体及有的村民提出要收回土地，而开发者又不愿意将自己的劳动成果交出，从而引发纠纷。

2. 山林权属纠纷

山林权属纠纷是指公民、法人或者其他组织之间因对林木、林地所有权、使用权的归属发生争执而引发的纠纷。山林权属纠纷较之一般的纠纷有其显著特点。一是长期性。我国林业政策从1964年的“四固定”到1982年的“林业三定”，再到现在的集体林权制度改革，历经多次变革，逐步趋于完善、合理。但是，有的纠纷，从制定政策起，或从解放以前就产生而一直未得到公平、公正、合理的解决，历时几十年、上百年时间。二是复杂性。引发纠纷的原因复杂，既有历史上确权、划界工作的粗放，很多工作在办公室里就完成，事实难以查明，也有的纠纷是因填表工作不认真等原因造成的。三是广泛性。多数山林权属纠纷涉及的范围和人数比较广，有的纠纷又有当地宗族等封建势力抬头挑唆引起，这种纠纷，稍有不慎就容易引发群体性大规模的事件。四是破坏性。引起山林权属纠纷的核心是争夺山林资源所有、使用、收益的权利，一旦发生纠纷，双方往往会尽其最大能力，以夺取现有的、最大的经济利益为直接目的，而不顾资源的保护和再生，从而造成山林资源的毁灭性、掠夺性破坏。因此，妥善调处山林纠纷，引导纠纷当事人通过正当、有效途径解决争执，是促进一个地区经济发展、社会稳定的重要而且必要的举措。

3. 水利权属纠纷

水利在农村生产生活中是一种不可或缺的重要资源，在当代中国农村由于自然环境的变迁、人口的快速增长，使人均拥有水资源的总量不断下降，加之农林水管理体制多次变动。水利权属的纠纷在西部民族地区农村与土地纠纷、林地纠纷被并称为“三大纠纷”。在西部民族地区农村由于水利本身对农业的重要性，以及水利资源的有限性，由水利权属引发的纠纷在西部民族地区农村的“三大纠纷”中占有一定的比重。据调查统计，2006 年，宜州市发生“三大纠纷”案件共 201 起，其中，土地权属纠纷 101 起、山林权属纠纷 85 起、水事纠纷案 15 起。

4. 离婚纠纷

由于生活观念及生产方式的影响，农村离婚本来是很少见的，在很多人的传统心态中，离婚是一件很丢脸的事情。但是，近年来农村的离婚率上升迅速。一些外出打工的年轻夫妇随着视野的开阔和观念的改变，开始走进法院，用离婚诉讼的方式结束婚姻。

5. 借贷引起的债务纠纷

以往，农村人之间的借贷绝大部分发生在熟人之间，凭借双方的信赖关系借款和还款，写借条或者有钱不还，都会觉得难堪，或者不近人情。随着农村的发展，经济交往频繁，各种借贷也不断发生。现在有人，或说是少部分人，因为种种原因，无力或者不愿偿还债务，纠纷也就不可避免。

（二）当前西部民族地区农村纠纷的出现的特点及原因

1. 当前西部民族地区农村纠纷的特点

当前我国西部民族地区农村的纠纷主要呈现以下几种特点：

（1）纠纷范围具有广泛性。以往，农村土地纠纷多发生在农村社会内部，发生在农村土地制度框架内的经济生活中，如上述因土地承包合同履行中发生的纠纷、集体经济组织与其成员之间补偿费二次分配引起的纠纷、因开发荒地引发的纠纷等。这些纠纷反映了我国农村人口多而耕地资源稀少的深刻矛盾。现在，工业化、城市化的迅猛发展对土地的需求越来越大，不可再生的土地资源增值效应变得更加突出，因而村民与有关乡（镇）政府之间、村民与土地使用单位之间、村民与工商企业之间的矛盾和冲突使纠纷的范围更加广泛。如：

例一　广西金秀瑶族自治县大樟乡新村村沙梨坪村民小组与国有金秀林场沙梨坪林站林地纠纷

纠纷地位于沙梨坪屯与国有金秀林场沙梨坪林站之间的直冲口沙梨坪河西岸，面积约 4 亩。地内沙梨坪林站职工秦秀琪 2005 年种的八角幼苗 2006 年被沙梨坪屯群众砍毁、扯掉，现成荒地。

1978 年金秀县筹建“百万林场”，1979 年 5 月 30 日，广西金秀瑶族自治县革命委员会金革字〔79〕第 107 号，决定成立了金秀林场大樟分场（场址设在合江口）。现在的合江林站、沙梨坪林站、六要坪林站就是当时筹建起来的，林场的土地都是从周边村、屯划拨的，签有划界协议。林场与沙梨坪村民小组（沙梨坪生产队）于 1978 年 10 月 26 日签定了《金秀瑶族自治县国营百万林场与大樟公社新村大队沙梨坪生产队划定场界协议书》（以下简称《七八协议》)，协议书上有沙梨坪生产队代表赵进龙签字；1982 年应沙梨坪村的迫切要求，于 10 月 27 日双方又签订了《关于调整沙梨坪林站与沙梨坪村山界林权的协议书》(以下简称《八二协议》)，协议书上有沙梨坪村代表赵进福、兰佩新、赵进凤签字，该协议明确划定了林场与沙梨坪村民小组的山林权属界线，该争议地在林场界线范围内；1981~1984 年该县进行了“林业三定”工作，林场与周边村、屯的核界工作，在“林业三定”工作组的核定下顺利完成，林场与沙梨坪生产队的界线于 1984 年 7 月 14 日重新整理出《沙梨坪生产队山界林权协议书》(以下简称《八四协议》)，该协议沙梨坪村民小组至今一直保存着，没有提出异议，协议内容与《八二协议》基本一致，争议地在林场界线范围内；1987 年 10 月 7 日金秀县人民政府给国有金秀林场沙梨坪林站核发了《山界林权证》，争议地在发证范围内。1995 年沙梨坪林站与沙梨坪屯曾因地界和越界耕作发生纠纷，在大樟乡政府和有关部门的协调下于 1995 年 7 月 20 日双方达成协议(以下简称《九五协议》)，也未涉及该地块。

《八二协议》后，沙梨坪林站即在该争议地连同争议地上部的连片 3.7 公倾(55.5 亩)荒山挖坎造林,83 年又在地内进行育苗，造林后一直抚育管护到 2004 年砍伐销售，之前沙梨坪屯也没有提出异议，直到 2005 年林场再造林时沙梨坪屯才提出林地争议，并把沙梨坪林站职工所造的八角苗砍掉。

沙梨坪村民小组的主要理由是“1979 年建立百万亩林场时，参加划界的公社领导及有关方面的人员赵进官、赵进金等确定，沙梨坪河从芒种冲口到沙梨坪屯这一河段两岸的平地及平地以上 50 米的坡地属沙梨坪屯（生产队）管辖”，这一理由沙梨坪村民小组提供不出任何书面文字凭证材料，工作组在调查中也没有找到该内容的相关材料，各时期的协议条款也没有该项内容，沙梨坪村民小组自己也称：“我们虽然没有见到原来的文字记载……”

金秀县调处办经过调查后，认为从1978年金秀县筹建百万亩林场的《七八协议》到《八二协议》、《八四协议》、《九五协议》，林场与沙梨坪村民小组的土地权属界线清楚，该争议地属林场所有；1987年县人民政府给沙梨坪林站核发了《山界林权证》，争议地在林权证范围内；林场从筹建、造林、抚育、经营管理到木材砍伐销售，20多年没有争议。各时期的协议是在平等自愿的基础上签定的、县人民政府核发的《山界林权证》是合法有效的、林场的经营管理事实清楚，该林地权属林场所有，沙梨坪村民小组干预林场的正常生产经营活动属侵权行为，建议县政府函复沙梨坪村民小组：该林地权属清楚，属国有金秀林场沙梨坪林站所有，并停止侵权行为。

（2）纠纷主体具有多样性。这是纠纷范围的广泛性所决定的。西部民族地区农村的纠纷主体包括作为集体经济组织的村委会、村民、有关的乡（镇）政府、土地征用的相关单位、单个农户、外村的村委会或村民；此外，近几年因外嫁女、嫁城女、丧偶、外出读书或打工等导致户籍变动引发的纠纷亦日益增多，使纠纷主体呈现多样化特征。在现实中，作为纠纷主体一方的村民，在村委会、乡（镇）政府及政府部门、工商企业面前，通常处于弱势，关系村民切身利益的土地发包、土地调整、征地拆迁等政策及方案的制定，村民的利益诉求很难反映进去，这是需要予以充分关注的。

（3）纠纷的性质具有多元性。西部民族地区农村纠纷比较复杂，大量纠纷以平等主体间权利义务冲突为主，属于民事法律关系性质，如合同、民事侵权；涉及乡（镇）政府或其他政府部门侵犯村民土地承包权以及政府部门作出错误的行政行为引发的纠纷，则属于行政法律关系性质；当土地纠纷诱发大规模群体性冲突、暴力，或涉及黑恶豪强势力时，又可能需用刑事法律进行调整。

（4）纠纷的内容、层次和领域日益复杂，常常是经济领域矛盾、思想文化领域矛盾、社会生活领域矛盾交织在一起，形成十分复杂的纠纷网络，既有对抗性的一面也有非对抗性的一面。原来的民间纠纷多出现在婚姻家庭、邻里、债权债务、房屋等方面的矛盾纠纷，现在则扩展到社会经济生活和政治生活的各个领域。在生活方面，为鸡毛蒜皮的小事互相“治气”而引发的纠纷较多。常因相邻间的宅基地、通行、排水、采光或田间地埂等问题引起纠纷；有的因生活往来间的磕磕碰碰的小事，比如打场、晒粮等；在家庭方面，兄弟间互相摩擦、不讲亲情、不赡养老人的案件时有发生；在婚姻方面，由于婚姻观念不强，夫妻感情不牢，农村离婚案件的比重较大，且呈逐年递增趋势；经济领域纠纷，因借款或各种形式的欠款而引发的债务纠纷和因承包土地、果园等而引起的农业承包合同纠纷增多；此外，乡村中因承包果园、山林、土地、农机等而形成的农业承包合同纠纷也相当突出，发包方单方面变更或终止合同及承包方拒交、拖交或少交承包金的现象也时有发生，一定程度上影响了农村的社会稳定和经济发展。

（5）纠纷的解决方法多样化。由于我国乡村社会纠纷的主体、客体、内容都日益复杂化、多样化，那么解纷的方法多样化也是必然趋势。乡村纠纷有的发生于家庭内部，如赡养纠纷、夫妻关系问题；有的是个体的村民之间的纷争；等等。从产生的直接原因看，有的起因于日常琐事；有的是男女关系引起的家庭间的冲突；有的是经济契约纠纷；有的是地界和建房纠纷，还有的是由于生产（在很多地方尤其普遍的是灌溉问题）所导致的矛盾。这些纠纷解决的机制也是多元的，有的是当事人直接交涉，通过双方协商解决；有的小矛盾随着时间的推移自然地消解，小事化了了；有的是当事人不直接接触，而是向村里的其他成员或在村庄的公共空间散发，最典型的如骂街；有的是请有权威的第三方介入调解，调解者有的是自己的亲戚，如兄弟间的矛盾经常请舅舅过来调解，有的是乡村的“民间精英”，如宗族势力强的村落族长，有的是村组干部；有的冲突可能最后诉诸法律；还有的纠纷由于双方的实力太悬殊，一方干吃亏而无可奈何，表面上看起来没有引起什么更大冲突，却牢记仇恨，期待着“三十年河东，三十年河西”。归结起来这些解决方式包括私力救济、社会型救济、公力救济和无救济等各种类型。

2. 当前西部民族地区农村纠纷出现的原因

改革开放以来，市场经济不断深入乡村地区，加快了西部民族地区农村的现代化进程，我国的农村社会结构也随之发生变化。社会结构的变化必然会引发纠纷的产生，当前西部民族地区农村的纠纷便呈现出许多新的特点。然而，随着纠纷的种类、矛盾主体的格局的变化，西部民族地区农村纠纷呈现的新特点，也导致了产生纠纷的深层原因，发生了不同程度的变化。通过调查发现西部民族地区农村纠纷的现实直接成因，主要有：

第一，村民法制观念淡薄。农村基层，特别是边远山区，一些村民法制观念淡薄现象仍有不同程度的存在，具体表现在，农村实行联产承包后，私人承包范围扩大，为争水、争地、争承包权发生矛盾后，不能自觉运用法律武器，不是靠公力救济，而是靠私力救济，轻则骂、重则打、急则杀，有的仅为小孩吵架、家畜、林地等方面小事，斤斤计较，引起邻里不和。

例二　金秀瑶族自治县水事纠纷调处案

2003 年元月 15 日，金秀县桐木镇大蚕村委第九队，因县和平纸厂建设投产后，该厂经常往河里排放乌黑的废水，臭气难闻，河流受到了严重污染，河中鱼虾灭绝，人畜根本无法饮用。为此，全村群众召开村民大会讨论，集资到本队与金秀镇和平村民河口屯交界的小冲取水。第九队人口 1600 多人，农户 320 户，全队人均集资 100 元，共集 16 万元。在动工兴建中，金秀镇和平村委的河口屯村民就来干涉，不给接这条小冲水。双方为此发生纠纷，且双方群众争吵非常激烈。当时两镇人民政府立即赶到现场平息争吵和组织协商。

第二，当前乡村矛盾纠纷复杂化，打官司难，也是其中一个重要的原因。由于村民大部分不十分富裕，而打官司不仅费时、费力、费钱，最终的结果往往可能会“赢了官司输了钱”，不确定性因素太多。如发生纠纷有关人员插手矛盾纠纷调处，使纠纷久拖不决，有的不了了之。现在乡村一旦发生矛盾纠纷，不是按照正常的程序要求处理，而是争相找关系、找路子、找后台，出了一个小纠纷，双方都有相关人员出面打招呼、写条子，致使小纠纷变成大纠纷，互不相让，越闹越大，无法处理。有的部门对群众反映的问题不闻不问、视而不见或互相推脱，致使小事拖大，大事拖难，最终演变成老大难问题。这样既影响了干群关系，也是造成纠纷的一个重要因素。

第三，政策法规宣传教育不到位。普法工作虽开展多年，但流于形式、走过场，只停留在刷标语、出墙报、法律咨询等形式，普法工作很难做到规范化、普及化。再者由于村民素质不一，很难一一普及，造成村民的普及程度很不平衡，有的村民对国家法律、法规漠不关心，认为学与不学、用法与不用法没有多大利害关系，遇到纠纷问题总是不能拿起法律武器来维护自己的合法权益，只是按照乡村旧风俗旧习惯来解决处理。这也是产生纠纷的一个重要因素。

第四，一些基层干部对解决乡村纠纷的重要性认识不到位。有的认为乡村工作千头万绪，没有时间顾及乡村纠纷问题；有的认为乡村经济工作才是“硬指标”，而解决纠纷问题是“软指标”。没有认识到正确处理纠纷的新时期促进社会稳定的重要性，没有作为发展经济创造良好社会氛围来认识，没有作为社会综合治理的重要内容来认识，只是满足于开会、发文件，流于形式。这种认识不到位，工作不主动，造成工作不落实的状况是化解纠纷不力的主要原因。

第五，基层组织建设薄弱。乡村基层干部专业结构单一，尤其是村一级干部参加政策理论学习不够，对法律知识掌握得不多，处理问题时主观因素影响大。有的干部工作方法方式简单粗暴，有的滥用职权，以权代法，以情代法。还有相当部分村民文化水平较低，法制意识淡薄，参政、议政意识不强，因此在村两委的选举上，有很大的盲目性和附和性。这些都会影响干群关系，这也是产生纠纷的一个重要原因。

二、西部民族地区农村纠纷解决方式

（一）西部民族地区农村纠纷解决方式

目前的西部民族地区农村，纠纷解决大约有 3 种途径：一般的纠纷，主要指家庭纠纷、邻里纠纷等，村民倾向于选择民间调解的方式，调解的第三方主要是亲戚朋友和村干部；在与政府有关的纠纷中，倾向选择政府部门调解或裁决；在婚姻纠纷、财产所有权纠纷、人身伤害等严重的纠纷中，大部分村民倾向选择司法部门解决。一般说来，村民在面对纠纷时，首先想到的是尽快、圆满地解决问题，而不是将事态扩大，因此一旦纠纷发生，当事人都希望利用自身及其家庭的力量，通过双方间的协商将事情摆平。一旦出现了双方协商未果、相持不下的局面，纠纷的解决就超出了当事人的能力范围，这时就需要一个更具权威的主体村民委员会。可见一般的涉及人情的纠纷或者涉及长远关系维护的纠纷，人们更倾向于选择传统的调解方式，而严重的纠纷或者具有临时性、单一性、偶然性的纠纷，诸如人身伤害、财产归属的纠纷，村民更倾向于选择诉讼方式解决。这类纠纷大多对当事人影响重大，而司法部门往往能给出明确的说法，利于保护当事人尤其是弱者的权利。

我国乡村村民在解决乡村纠纷的过程中，奉行的是一种适用主义逻辑，通常遵循的是从行为习惯到理性选择这样一种解纷运作模式，据此，西部民族地区农村的纠纷解决机制大致可以分为民间非正式的解纷方式和官方正式的解纷方式两大种类。就前者而言，包括有自行解决、民间权威（宗族、长老裁决）、基层调解组织（如乡镇法律服务所、村民委员会调解）；后者则主要是指法院调解（又可称为司法调解）和诉讼途径。

1. 民间非正式的纠纷解决方式

（1）自行解决

通常这种自行解决，我们可以称之为私力救济，或者可以视为一种狭义的“私了”现象，即没有第三方参与的和解，自行解决主要包括：自决、避让和当事人双方的协商和解这 3 种形式。自决的本质是村民当事人一方或多方依私人力量（暴力或非暴力），使自己的某种权益得到实现或补偿，并使相对方得到一定的制裁和惩罚。他们往往借助于某些其他力量，主要是与纠纷利益者相一致的家庭、团体、民族或其他主体，这时的弱者极可能因此得到不公正的结果。如果纠纷双方势均力敌，以强力解决纠纷很可能是两败俱伤。避让，是指纠纷发生之后，一方当事人主动放弃争执，从而使纠纷归于消灭的行为。选择这种解纷方式，是因为村民会考虑到在乡村这个大群体内，大家“低头不见抬头见”，人际关系与交往极为频繁，互谅互让是应该的，再加上为了一点鸡毛蒜皮的小事伤了彼此间的和气，太不值当。于是主动避让，放弃争执。当然，现实中有时也存在弱势一方因为畏惧而主动放弃与对方的争执的。和解，是指民事纠纷的双方当事人之间相互协商，妥协让步，自愿达成合意，以自行协议的方式解决纠纷。应当说和解反映了乡村社会经济活动主体自觉消除自身冲突的过程，体现了主体的一种自我调节控制能力。纠纷发生后，绝大多数村民也会尽可能采取和解这种比较缓和、柔性的手段来解决矛盾，尽量避免伤感情、伤和气、伤面子，以免往后在“熟人社会”中与他人相处的孤立或带来一些不必要的麻烦，使纠纷不仅在形式上、行为上，而且在心理上、情感上得到消除。因此在权衡利弊之后，这种解纷方式往往也是可供选择的纠纷解决模式。

民间自行解决纠纷在实体上，不受国家法律规范的刚性约束，可以适用习惯、风俗、伦理道德等各种社会规则；在程序上，可以不拘形式、灵活多样，追求实际效果和目的；在结果上，可以不同于判决的、综合案件背景、当事人实际情况、前因后果等复杂多面的因素和条件选择解决结果的方式。再次，合情合理。纠纷双方在没有国家强制力参与的情况下，根据自己的意愿解决纠纷，体现出相互间的尊重，达成意思自治的理想结果，有利于彼此间感情的维系。最后也是最关键的就是诉讼成本的利益衡量。因为法律诉讼成本过高，而程序的特点则是它必须依据规则，只要是正当程序都存在一定成本。越复杂的规则可能越教条，越正当的程序往往投入越高。然而，在民事纠纷的解决方面，自行解决方式也存在弱点。由于缺乏国家力量介入，使其不具有强制性，只是当事人之间达成协议，虽然节省诉讼资源，但可能给当事人带来更多的麻烦。如一方拒不执行，最后只得再告到法院，有的时候还容易发生二次伤害。由此，应该注意的是，私力救济如果被提倡，其非程序性决定它的解决方式无法规范，从而很容易导致暴力、讹诈等。因为在一些自行解决的纠纷中，即使双方达成了解决协议，最后协议的实现还是需要依赖一种力量。作为当前乡村的一种社会需要，我们应在公正地、不违背善良风俗的基础上对自行解决式的解纷机制加以引导。

（2）宗族权威裁决

宗族权威裁决是一种建立在血缘、亲缘、地缘和业缘关系基础上的宗族调解的解决纠纷的方式，在中国历史上源远流长，乡民选择这种解决途径，首先是一种行为惯性，其次从成本收益的角度分析，运用这种纠纷解决方式的成本是很低的。人们可以很方便地在自己的社会关系网中寻找到合适的调解人，并且只需要象征性地支付一定的报酬或不需支付。通过这种民间非正式解纷方式，不仅更利于矛盾冲突的解决，而且对熟人社会人际关系的影响最小。虽然这种传统解决方式的目的不是分清纠纷当事人的谁是谁非，而是要促使当事人和息相安，所以有时不能真正地保护当事人的权利。当然，由于村民对这种解纷方式的运作比较熟悉，所以在纠纷解决的过程中或多或少也能保持一定的控制力。

以血缘和文化聚族而居产生的宗族仍然是乡村纠纷的解决方式之一。黄宗智先生有关清末民法的一项研究已经表明，某个地区纠纷的数量、规模、复杂程度，要取决于这个地区的经济发展水平、商业繁荣程度。[①] 这种需求，已经为某种决定性质的权力提供了滋生蔓延的契机。并且，我们还发现宗族解纷机制的运作体现了中国传统伦理的作用。其依靠世代相承的血缘谱系关系来界定族内严格的社会规范和权利与义务，长幼尊卑各司其职，墨守着本家族的道德规范和清规戒律，皆不得逾越本分。如果逾越或违背，家族便会对此人进行制裁，因为在族人的眼中，族长相当于法官，具有裁判权，而族规就是国法，对族人具有强大的约束力。

（3）基层组织调解纠纷

在当前乡村社会的基层纠纷调解组织是指镇以下的调解组织。具体来说，这些调解组织主要包括乡镇司法所、村调解委员会。究其性质多是党政合体的协调组织。乡镇司法调解机构的主要职责为解决干群矛盾、疏通党群、干群之间的关系，调处民间纠纷；指导村级调委会的工作。村调解委员会的职责则在于排查预防、跟踪监控、处理一般性邻里纠纷、宅基地纠纷、婚姻纠纷等。我国《人民调解法》第 7 条也对人民调解委员会的性质进行了明确规定："人民调解委员会是依法设立的调解民间纠纷的群众性组织。"从前述的镇村各级纠纷调解机构情况来看，当前的基层调解组织与民诉法规定的人民调解委员会已然不同，其具体运

---

① 黄宗智：《清代的法律、社会与文化：民法的表达与实践》，上海书店出版社 2001 年版，第 160 页。

作程序已远远超出了“自治组织”的范畴，而是非诉讼纠纷解决方式根据我国国情的进一步发展。在这里，值得强调的是基层组织调解中的“人民调解”，人民调解，是指在人民调解委员会的主持下，依据法律、法规、规章、政策以及社会公德、公序良俗等，对涉及民事权利义务的民间纠纷，在查明事实、分清是非的基础上，通过说服教育和规劝疏导的方法，促使当事人双方互谅互让、平等协商、自愿达成调解协议，解决民间纠纷的一种群众性自治活动。2010 年 8 月 28 日，全国人大常委会审议通过了《中华人民共和国人民调解法》，使人民调解这项具有中国特色的化解矛盾、消除纷争的非诉讼纠纷解决方式步入了法制化、规范化的轨道，使人民调解工作迈入了新境界。在民间调解纠纷形式中，乡镇司法所的法律工作者与村干部在这一过程中具有举足轻重的作用。在农村，村民对行政机关及其延伸机构向来具有很强的依赖性，遇到纠纷习惯于找政府或村委会来评理和解决，相反，司法机关并不是他们解决纠纷的首选机关。乡镇司法助理员和村干部调解纠纷的核心原则是平息纷争，在他们看来一般有两种调解的办法：一种是“说和”，一种是“强制”；或者说一种是依据朴素情理即道德观，一种是依据国家法律。受传统道德观念的影响，对于调解的结果，只要双方达成了协议，村民极少反悔。这一点也体现了传统特色的乡土社会诚信原则。

正是因为基层调解人员在熟悉“地方知识”和不拘泥于严格的法律规定的基础上，综合全面地考虑了争议双方的整体、长远利益，通过协商、礼让寻得令双方都满意的解决方式，其解纷特点也是符合乡村“熟人社会”管理模式要求的。因此，我们可以说，是乡村社会长期文化进程中自发形成的社会规则创造了这一解纷形式。

2. 官方正式的纠纷解决方式

（1）法院调解

与城市纠纷调解率较低相比，在乡村或少数民族地区，法院调解率一般普遍较高。这是因为当事人之间的纠纷相对简单、当事人能力比较接近，操作司法的可能性也比较小，因此调解的过程相对单纯，容易达成和解。法院调解又称诉讼调解，是指在法律提供的平台上，法官基于审判权的主持和指导下，双方当事人基于各自的处分权和独立意思能力，通过自愿协商的意思糅合过程以期达成调解协议，消除民事纠纷的一种诉讼活动。上文中也提到，对于相对比较严重的纠纷或者具有临时性、单一性、偶然性的纠纷，诸如人身伤害、财产归属的纠纷，村民更倾向于选择诉讼方式解决。诉讼的方式就包括了法院调解，在法院调解的过程中，当事人的处分权和独立意思能力是调解成功与否的关键，审判权只是提供调解平台以及促成法官扮演“主持人”角色的基础因素。民间调解与法院调解的根本区别就在于后者是依法调解。

在现实生活中的诸多纠纷往往是在当事人不知法不懂法的情形下产生的。当然法官这种引导依据的是双方当事人的自愿或合意。应当说法院调解吸取了私力救济与公力救济各自的优点，并加以糅合，它既体现了当事人的意思自治，又可以使法院灵活地行使审判权。法官在法院调解中扮演着双重角色，一方面作为调解人，用情与法两种筹码说服当事人互相谅解以达成调解协议、解决纠纷；另一方面，作为法律的代言人，作为公断者，要对法律负责，对法之公平、正义精神负责。这就要求法官不仅要遵守调解的程序，而且要适当地控制调解结果，以使其符合法之最低限度的正义。

（2）诉讼

诉讼被视为乡村社会纠纷解决方式的最后防线。诉讼是指法院在纠纷双方当事人及其他诉讼参与人的参加下，就案件进行审理和作出裁判的行为。正是它所体现的国家解决纠纷的权威性、合法性、规范性和强制性的特点，使得对抗性较强、矛盾较尖锐、冲突较激烈的纠纷通过诉讼的渠道来解决，成为当事人最后的司法救济选择。然而，当前乡村社会虽然如火如荼地进行着一系列农村改革，但究其本质仍属于传统的农业社会，“熟悉的社会，没有陌生人的社会”[①]。从目前中国乡村的现状来看，尽管村民正陆续地走出村庄，部分打工、学艺的村民又回来，现代性气息慢慢渗入乡村，但是受传统农耕生活环境的深刻影响，村民接受和应用法律的能量、频率都不是太高，加上文化素质偏低、受传统法文化影响，并且现代法律普及宣传的缺乏，都会为传统的民间习惯和乡土正义观的形成提供其存在、发展的文化土壤和社会条件。而从社会学视角来看，无论法律多么健全和完善，也无法渗透到人们的衣食住行等日常生活的各个领域。所以，乡民们“省时”、“省钱”的解纷观，加之顾及农村社会人与人之间相互熟识、相互依赖的现实，避免人际关系的倒退甚至破裂，使彼此间更愿意在和睦气氛中解决纠纷。因此，寻求司法程序，把纠纷的相对方告上法庭，可以说是基层当事人最无奈的“理性”选择。

通过上述分析可以看出，乡村社会村民解决纠纷的途径，并不存在一个固定、统一的模式。当纠纷发生后，他们并不是立即想到诉诸法律手段，而是本着以家族和乡邻关系为基础的人情、

① 费孝通:《乡土中国》，南京：江苏文艺出版社2007年版，第9页。

礼俗和习惯规矩的某种民间规范来进行调解和缓和。村民在权衡各种利弊之后，更多的是考虑解决纠纷的成本问题，因此他们选择法律、法律机构来解决纠纷矛盾的愿望更大程度上取决于打官司与其他解纷方式的比较。可以发现他们更多地倾向于调解与和解解决争端，尽管他们也认为法院在解决纠纷过程中具有的权威性、客观公正性，但是实践中真正上法庭寻求纠纷解决的情况还不是很多，除非非讼不可。因此，“重视审判外的纠纷处理机关及其解决纠纷的过程，并对其发挥的功能进行研究，不只是因为它们构成一个社会纠纷解决体系的基础部分因而具有量的重要性，而且还因为对它们的研究在提高社会解决纠纷的整体质量上也具有重大意义。”①

（二）影响村民选择纠纷解决方式的各种因素

1. 传统的厌诉心理

中国文化的主要奠基者孔子明确提出了中国传统文化中的“无讼”理想。“听讼，吾犹人也，必也使无讼乎！”儒家学说的统治地位确立之后，构建尊卑有别、长幼有序、相互谦让、互不争讼、和睦安宁的社会秩序，以及人与自然和谐统一的宇宙秩序一直是经世治国的方略。由于传统的乡村社会，民众被封闭在由自然经济决定了的熟人社会之中，摆脱不了互助共济的需要，必以和睦共处和谐无为为前提，熟人之间碍于情面不愿将纠纷诉之公堂，正是传统“无讼文化”的影响。“厌讼”、追求和谐融洽的人际关系在中国有深远的历史渊源。对后世影响较大的古典文化

① ［日］棚濑孝雄：《纠纷的解决与审判制度》，王亚新译，北京：中国政法大学出版社2004年版，第79页。

典籍中,《易经》中“讼，则终凶”;《论语》中“听讼，吾犹人也。必也使无讼乎”，都体现了“耻讼”和“厌讼”的思想。在中国的传统文化中，儒家思想对后世影响深远。儒家继承周公的道德教化提出“仁”和“恕”，讲求从内心上去规范人的行为，即“克己”，他反对权利相争，以求得人与人之间的和谐相处。和谐成为儒家追求的至上理想。因此，“和为贵”的谚语成为人们千古传诵的信条。在传统的乡土社会，因为“和”而忍让的人会受到称赞，且人们有一种普遍心理——尽量避开法庭，对他们而言，打官司是一件不光彩的事。即使在今天的农村，村民也希望安分守己、不惹是非、过太平日子，吃点小亏没什么大不了。经历了传统和法制思想洗礼的当代村民，在面临自身利益受到损害时，打破“和合”观念，用诉讼的方式来维护私利和尊严，已不是什么新闻，但是无讼文化在农村的影响力要远远超过城市，因为朝夕相处的社区环境让人们更乐于遵从传统文化。这种文化的影响力虽然在村民利益损失十分重大的时候是不发挥作用的，但是在处理鸡毛蒜皮的小纠纷上，还是影响着人们对纠纷解决方式的选择。此外，在西部民族地区农村发生纠纷时，由于“厌诉”这一传统文化心理因素的存在，村民对于调解等非诉方式将会采取非常积极的态度进行配合，努力促进调解的达成，以逃避他们所不愿意面对的诉讼。因此，这种“厌诉”心理在一定程度上也是促进纠纷解决的一个重要因素。

2. 法律制度因素

目前农村的法律制度还不够完备，一方面是由于法律制度自身的问题，任何法律都会或多或少地存在着一定的空隙，法律只能规定一个大的范围和幅度，现行法不能适用于每一个具体的案件。另一方面则是由于我国正处于转型时期，有关农村的法律、法规不可避免地带有过渡的性质。针对农村的一些法律规定过于笼统，过于原则化，不能很好地适应农村的实际，缺乏针对性和可操作性。在当前的立法指导思想上，有关农村的立法更多侧重于管理法，而忽视对村民私利的保护。比如当前的农村土地制度就大大落后于农村经济发展的现状。村民所主张的权利得不到落实，从而导致了村民对法律的不信任。此外，农村的司法机构设置还不能满足村民的要求，法院太远，虽然每个乡镇设有一个司法所，但是由于司法所工作人员配备不足，一个小纠纷，村民跑很多趟也不一定能妥善解决，使得村民对法律失去了信心。朱苏力教授认为："中国农村社会在一定领域内是超越正式法律控制的，一方面是因为正式的法律制度干预破坏了原来存在于农村社会中的传统习俗，而这种内生的习俗曾很好地协调着农村的社会关系；另一方面是因为政府还不能提供足够的或对路的'法律'服务来保持农村的社会秩序。[①]"

3. 组织因素

对于大多数中国村民来说，遇到纠纷，找到一个居中的"第三者"进行调解说和，依然是传统的选择之一。过去的民间调解组织，可以凭借宗族权威，或者组织的权威或者个人的威信来解决纠纷，但是这些民间调解组织在农村正逐渐消失，取而代之的人民调解委员会在数量上正逐年递减，同时由于缺乏相应的约束力，这就使得调解的威信有减弱的趋势。

在前面的分析中，我们可以看到从制度层面、文化层面和组织层面上，目前我国农村的法制环境是不利于村民拿起法律的武

① 朱苏力：《道路通向城市：转型中国的法治》，北京：法律出版社2004年版，第5页。

器，讨个说法的。首先，多年的普法教育并没有从根本上改变法律制度落后于农村现实的状况；其次，“无讼文化”在“半熟人社会”中依然具有影响力，虽然给“情面”在纠纷解决时依然可以起到重要作用，但是利用“面子”来解决纠纷的民间调解组织正逐步瓦解，丧失了其应有的功能，政府所提供的组织又不能很好地发挥作用。

4. 知识因素

通过宣传和普及等方式，国家将法律自上而下地灌输给村民，这种方式使得国家的法律难以内化为村民自己的知识，农村纠纷的解决更多依据的不是国家的法律和政策，而是乡土社会日常生活的内在逻辑，是村民自己所了解、熟悉、接受乃至于视之为当然的知识。对于国家法律这些新知识令村民感到陌生，也就很难成为指导他们生活的有效指南。梁治平指出：“在一个仍然保有若干乡土社会特征的社区里面，日常生活所固有的逻辑，与体现于一种处处以个人为单位的现代法律中的逻辑，这两者之间往往不相契合，以致后者在许多方面不能很好地满足村民的需要和解决他们的问题。[①]”国家推行的法律知识和村民所掌握的乡土知识之间存在如此巨大的鸿沟，首先是由于我国当代的法律大部分是由西方移植过来的，与本土的法律资源之间缺乏融合；其次，我国的法律的立法主要是法学家和法律工作者。而法学家和法律工作者作为知识分子，长期热衷于扮演普遍价值的捍卫者、村民的同路人和代言者角色，然而知识分子场域的视野深深植根于历史状况中。在这样一种“场域”中，知识分子出现了集体无意识的状

① 梁治平：《乡土社会的秩序、公正与权威》，北京：中国政法大学出版社 1997 年版，第 421 页。

况，不管是法官还是知识分子，他们所利用的是社会权力机制的隐秘作用，而忽视了村民的实际需求，只有注意到这点，我们才能发现村民在法律知识的学习和运用时为什么持有一种漠然的态度。因为他们认为法律的制定并不是服务于自己，而是约束自己。法律知识作为一种符号权力，严重地破坏了农村原有的社会秩序，但是在行动时，村民依然遵循自己最熟悉的知识法则，法律显然不是最熟悉的知识。在法律领域村民的权利和国家这个强大组织相比，是显得弱小、无力的，而律师、法学家作为知识分子并不是自己真正的代言人，村民就在行动中反抗着这种权力的侵蚀，虽然很无力，也很被动，甚至被法学家和法官嘲弄为“不懂法”，村民却坚守着自己所熟悉的知识，只有这种知识才是村民之间所达成的共识。在一定的区域范围内，道德上的要求是大致相同的。在法律文本和道德文本之间，村民更倾向于依靠自己所熟悉的道德文本来解决纠纷。试想两个地域上相距很遥远的两个村民发生了纠纷，一般肯定是依靠司法的方式来解决，而在熟悉人之间不用司法方式解决，就是因为他们有着彼此都认可的道德文本，无须用自己所不熟悉的法律文本来作参考。

5. 个人利益因素

农村发生的纠纷基本是有关婚姻、家庭、赡养、抚养、继承、债务、房屋、田地、宅基地、山林、水利、承包、经营以及伤害、损害赔偿等，这些纠纷一般对村民的身体、心理和经济上造成伤害。因此，村民在选择纠纷解决方式时，就要考虑个人受损的程度，损失比较小，一般就采取“忍了算了”的方式来化解，而对于比较大的经济纠纷，或者心里面实在憋不了那口气，或者身体上造成比较大的伤残，村民一般不会通过私下调解的方式，而是注重运用法律的方式解决。这是因为村民觉得司法的方式去解决可以给村民留下“他不是好欺负的”印象，一个村子里面，彼此熟悉，如果自己损失严重，却得不到赔偿或者给对方相应的惩罚，就会被别人骂成“窝囊废”，一定要用司法的方式解决，让政府的力量和法律的力量来给对方施加影响，让对方感觉自己不是好欺负的，才能在村庄中挺直腰杆做人。

6. 交易成本因素

科斯认为不存在交易为零的情况，交易成本永远为正，由于司法的方式解决纠纷需要花大量的时间成本和经济成本，一般的小纠纷寻找司法的方式解决，从交易成本上来看是不划算的，而运用社会关系网络解决纠纷，所需要花的经济成本相对就要低得多。村民在是否寻求司法的方式来解决纠纷之前，都会作一个权衡。目前，农村的土地纠纷如果是集体的土地纠纷很容易运用法律的方式来解决，因为集体上诉，费用可以平摊，就减少了个体的交易成本，而且有可能“搭上便车”。而农村很多纠纷的特点就是一些小矛盾、小利益，所以运用司法方式解决往往得不偿失。在交易成本的计算中，村民往往会考虑到司法的方式解决是否会造成周围的村民对自己的不好印象，也就是是否对个人生活产生影响。

除上述因素外，还存在其他因素影响当事人对纠纷方式的选择。有一点要注意，上述因素是对众多纠纷进行系统考察、概括而来，并非任何一种纠纷解决过程中都会同时受到上述因素的影响，各因素对当事人的影响也视具体纠纷的不同而不同。具体的解决过程究竟如何，也就要看各个影响因素之间相互作用的结果了。这与当事者的个人因素息息相关，但是与其基础即社会状况的变迁程度紧密相连。村民选择某种方式来解决纠纷是受到多重因素影响的，村民在纠纷解决方式上倾向于运用社会网络的方式解决是基于自己的实践理性基础之上的，村民遵循着一种固有的逻辑，在法律和乡土知识之间寻找一条适合自己的行动路径，农村的纠纷解决方式虽然不是按法学家所想建构的模式推行的，但是不管是用司法的方式、民间的方式，还是用多元化解决纠纷的方式，来处理农村的纠纷都是无可厚非的，只要符合村民的实践需求，能维持农村的社会秩序，什么样的方式来解决纠纷并没有好坏之分。

三、构建和谐的西部民族地区农村纠纷解决机制

（一）现行农村纠纷解决机制的反思

1.“纠纷解决机制”的概念

根据一般界定，纠纷指的是在一定范围内各社会主体相互之间的社会均衡关系的失衡状态，所谓的社会均衡关系就是社会秩序，所以也可以说纠纷就是社会秩序失衡而产生的混乱状态。而乡村纠纷则是在乡村生活中，乡村主体相互之间丧失均衡的一种状态。然而何谓“纠纷解决”，19 世纪英国法学家威廉·马白克爵士较早对纠纷的解决下了定义。他认为，解决一个纠纷就是作出一种权威，或关于孰是孰非的具有约束力的决定，亦即关于谁的观点在某种意义上能够成立、谁的观点不能成立的一种判定。[①] 我国学者顾培东对纠纷解决不同层次的意义作了分析：纠纷的解决首先要求冲突的化解和消除，这意味着纠纷主观效果的全部内容从外在形态上被消灭，社会既定的秩序得到恢复，而不问纠纷

① ［美］马丁·P·戈尔丁：《法律哲学》，齐海滨译，上海：三联书店 1987 年版，第 217 页。

解决的实体结果如何；其次，纠纷的解决要求实现合法权益和保证法定义务的履行，这是对纠纷解决实体方面的要求，它力图弥补纠纷给社会既有秩序带来的破坏；再次，纠纷的解决要求法律或统治秩序的尊严与权威得以恢复；最后，在最高层次上，纠纷的解决还要求冲突主体放弃和改变藐视以至对抗社会统治秩序和法律制度的心理与态度，增强与社会的共容性，避免或减少纠纷的重复出现。① 有学者认为，顾培东提出的“后两个层次上的纠纷解决主要体现为对社会和个人的更高要求，它往往是隐性的、理想意义上的纠纷解决”②。齐树洁教授将“纠纷解决机制”定义为，各种纠纷解决方式、制度的总和或体系。③

2. 我国西部民族地区农村纠纷解决机制现状分析

（1）纠纷日益增多并复杂化

首先，随着农村社会、经济的不断发展，农村中的矛盾纠纷不断增多。究其原因，一方面是因为农村生产、生活方式的改变以及权利意识的提高。在农村，除了宅基、婚姻、财产等各种传统纠纷外，因土地承包、村民自治以及交通事故、劳动工伤而引发的纠纷不断增加。另一方面，农村法制观念不强和道德水平下降也是重要的原因。新中国成立以来，经过党和国家几十年持续开展普法教育，农村的民主法制建设有了长足的进步。但是从总体来看，农村法制观念仍然不强，法律知识非常缺乏。这主要表现在以下几个方面：一是守法观念淡漠。有的村民随意侵害他人

---

① 顾培东：《社会冲突与诉讼机制》，北京：法律出版社 2004 年版，第 27~29 页。

② 齐树洁：《纠纷解决机制的原理》，《和谐社会与纠纷解决机制》，何兵主编，北京：北京大学出版社 2007 年版，第 8 页。

③ 齐树洁：《纠纷解决机制的原理》，《和谐社会与纠纷解决机制》，何兵主编，北京：北京大学出版社 2007 年版，第 9 页。

权益，并且拒绝承担应有的法律责任，导致农村矛盾纠纷增多。二是维权知识不足。有些村民在权利受到侵害后，因为对纠纷解决的合法途径不甚了解，往往以违法的手段来维权，导致矛盾进一步增多和加剧。而农村道德水平下降，进一步导致了农村婚外情、赡养等纠纷的增多。

其次，农村纠纷日益复杂化。随着农村社会、经济的不断发展，村民的生产、生活的活动范围不断扩大，导致了跨组、跨村、跨乡、跨县甚至跨省纠纷的不断增多。再加上许多农村纠纷往往涉及家族、村寨的利益，纠纷参与人数动辄数十人，甚至上百人，使纠纷变得更加复杂，增加了纠纷解决的难度。

（2）调解的纠纷解决作用降低

作为生活在“低头不见抬头见”这种熟人社会中的我国广大的村民，还深受“和为贵”、“息讼”等传统观念的影响，往往力图避免“一年官司十年仇”的结局，对以情义与和谐为重的调解有较大的认同感。再加上调解成本的低廉性、方式的灵活性和快速性，使调解成为村民解决纠纷的首选途径。因此，切合了中国的传统文化和社会现实的调解（包括人民调解、行政调解以及各种行业性或纯民间性的调解一直在农村纠纷解决中发挥着巨大的作用），成为“维护社会稳定的第一道防线”。

但是，20 世纪 80 年代以后，调解的作用不断下降。其原因是多方面的，一方面在法制宣传和实践中，存在过分地突出和依赖法院诉讼的现象，调解工作没有得到应有的重视；另一方面，调解也存在调解人员不足、调解工作资金短缺、调解协议得不到法院的有效认可等问题，极大地降低了调解机构和调解人员对调解工作的积极性。另外，不同地区调解机构和调解人员之间联系、沟通的缺乏，以及某些调解人员调解能力较差，也使农村日益复杂化的纠纷难以得到及时有效的解决，影响了人民群众对调解工作的信赖与选择，导致了调解的纠纷解决作用进一步降低。

（3）诉讼障碍重重

由于种种原因，和解、人民调解和行政调解等诉讼外的纠纷解决方式并不能解决农村中发生的全部纠纷。一旦这些纠纷不能通过和解和人民调解等方式得到解决，诉讼便是摆在纠纷当事人面前最后和最权威的解决途径。然而，法院诉讼之路有着太多的障碍。第一，经济条件的制约对于普通村民来说，是绝大多数刚刚解决温饱问题的普通村民难以承担的。聘请律师的代理费、案件受理费，为应诉而支付的差旅费、食宿费等。第二，村民的法律知识贫乏，不熟悉诉讼流程，害怕诉讼。第三，路途的遥远和诉讼时间的耗费。农村地域广阔，村民住所和法庭往往相距几十甚至上百公里，诉讼非常不方便。处在最基层的人民法庭通常要管辖上万乃至数十万人口，而同时，这些机构的工作人员的数量相对较少、素质也不怎么高，工作效率低下，等等，也都造成诉讼经常久拖不决，令需要养家糊口的村民耗不起。再加上现实中存在的司法不公正以及执行难等问题使村民的诉讼之路更加艰难。总之，在当前的农村，矛盾纠纷不断增多。但是，由于调解的纠纷解决作用降低和诉讼之路的障碍重重，农村中的许多纠纷得不到及时有效的解决，不利于构建和谐的社会主义新农村。我们必须正视所面临的问题，积极寻找可行的对策。

3. 现行纠纷解决机制的反思

围绕农村纠纷的解决途径和方式，按照国家介入的程度和制定法作用程度来划分，可以分为诉讼与非诉讼两类，在这两类解决机制有许多需要反思之处。

（1）诉讼方式的反思

正如顾培东所说，“由国家权力而非冲突主体或其他第三人来解决社会冲突，是诉讼的本质特征所在。①”诉讼通过国家这个独立于当事人和利害关系人的媒介，用既定的法律规范，套用争议事实，最后得出具有强制力的唯一结论。诉讼这种解决农村社会纠纷的方式，具有诸多好处。首先，诉讼使得纠纷处理处在当事人可预期的范围内，当事人可以通过既有法律对于纠纷的解决作出预先的判断，防止了结果的出人意料。其次，诉讼可以保证当事人和利害关系人充分参与纠纷的解决，并充分行使诉讼权利，防止法官的过度自由裁量。再次，诉讼的结果因为打上了国家意志的烙印，所以具有了现实的正当性。获胜的一方可以借助这种正当性，要求国家强制执行生效的判决。保证了权利的行使和义务的履行。最后，由于诉讼本身的特点，当事人之间的纠纷可以在预期的时间内解决。诉讼虽然冗长，但是不会过分拖沓。但是诉讼这种解决纠纷的机制在农村不具有完全的优势。对于农村社会，我们对待纠纷的解决，着眼点就必须是农村社会。由于诉讼是基于市民社会、精英文化、个人利益彰显以及泛西方化的纠纷解决机制，那么无可避免的就是与农村社会不能很好地匹配，有“水土不服”，有“异化”。从传统上看，中国历经几千年而未变的“厌讼”心理对于诉讼方式的运用起了巨大的抑制作用，这正如马克思所说“一切已死的先辈们的传统，像梦魇一样纠缠着活人的头脑”②。自古以来，占据封建社会主导的是儒家思想。传统

① 顾培东：《社会冲突与诉讼机制》，北京：法律出版社2004年版，第40页。

② 《马克思恩格斯全集》第8卷，北京：人民出版社1972年版，第121页。

儒家思想对农村社会的影响相当大，因为村民祖辈都居住在同一片土地上，世世代代都在较为单一的地区繁衍生息，很少接触外面陌生的世界。所以传统的“厌讼”思想不仅是残留而是根植在心中，反而打官司这种观点却让村民觉得奇怪和难以接受。当遇到纠纷解决时，村民就会自然地避开诉讼。因此加强诉讼在农村纠纷解决机制中作用，必须审视传统对于诉讼这项制度的冲击和否定。

从法律缺陷上看，诉讼这种机制，是以国家制定法为出发点和最终归宿，而法律调控手段的单一和立法的天然滞后，难以保证诉讼结果的正当性。诚然任何事物都是有缺点和弊端的，但是诉讼的这项缺陷对于其解决农村社会的纠纷是很不利的。

从效率上看，当事人选择哪种纠纷解决机制是必然要考虑到成本的，虽然村民的纯朴和对自然公正的追求是那么执拗和倔强，但是也不会因为一时断送自己的一世。诉讼本身就是一件高成本的事，当事人不仅要花费诉讼费，还要支付律师费、车马费、复印费、吃饭等等，还不包括误工的费用。这样的高成本，让低收入的村民去负担，他们是难以承受的。

从结果上看，虽然诉讼可以“一刀两断”，使得纠纷得以最终在国家层面上消弭掉，却割断了农村社会世代相传的血亲和友谊。诉讼着眼的是解决每一个单纯的纠纷，而不考虑判决后的一系列附随问题。我们试想，在农村社会这样的熟人社会里，一个离婚案件，它割裂的又怎能是一份破裂的情感。它牵扯着两个家庭、两个家族甚至两个村之间的感情。诉讼把表面的、局部的纠纷“生硬地”解决，却将熟人社会中维系社会和谐的那种“乡土亲情”和更复杂的人际关系割断了。诉讼的结果就是，官司打完了，当事人被周围孤立了。

（2）和解——非诉讼方式的反思

“瘦的和解胜过胖的诉讼”，这一西方著名法谚生动并十分幽默地说明和解与诉讼对于解决争议所起的作用以及在争议解决体系中的地位。和解作为社会解决纠纷很常用的一种方式，在农村社会这样的熟人社会中，所起到的作用是不可低估的。农村社会的纠纷，多数是邻里之间的“鸡毛蒜皮”的小事情。没有过多的不能互相退让和妥协的涉及根本利益的事。并且熟人社会的利益不是独立的，不是绝对孤立的。一个个人、一个家庭的一时的利益，与一个家族、一个村落的长远利益在根本上是难以割裂的。婚姻、相邻关系、饲养动物致人损害等等纠纷，由于涉及的都是祖辈相识的村民，又都不是“杀人放火”和“抱人家孩子下井”，那么又有什么问题不能大家坐下来和气地解决呢。和解在解决农村社会纠纷中有很积极意义。首先，和解把当事人双方的积极性最大程度地调动。因为和解是当事人双方自愿地投入到解纷机制中来，所以自然比诉讼这种一方发起，而另一方被生硬地拉进来，在当事人意愿参与、积极促成结果方面，要有很大的优势。

其次，节约司法资源。司法的资源毕竟是有限的，国家能够提供给公民通过诉讼解决纠纷的通道也不是无限宽广的。而通过和解，把农村社会的纠纷在社会内部得以解决，不需要动用国家的司法资源。从而为国家集中司法资源去解决更加棘手的社会纠纷提供了可能，也有效地防止了诉讼爆炸的恶果。

再次，因为和解可以最大程度地体现纠纷双方的意志，所以时间成本和物质投入会很低。而一旦促成了纠纷的解决，这种时间和物质的投入又演变成了双方的“情感投资”，又把部分成本转化成了收益。和解的效率与诉讼相比是相当高的。

最后，可以避免更大的纠纷的产生。由于把纠纷控制在很小的范围内，并且在产生纠纷的最初阶段就启动了和解的程序，将避免纠纷的扩大，也避免了民事纠纷转化成刑事纠纷，对于社会和谐是十分有利的。但是，和解也有不足之处。首先，由于和解基于纠纷双方的意思，且和解的结果也是这种意志的体现。最大的问题就是这种意志常常与国家制定法相冲突，有时是规避或违反。虽然这种冲突、违反和规避不一定都是基于纠纷双方的故意，并且这种冲突、违反和规避还有着深刻的社会根源。但是毕竟这种方式在不能得到国家确认之前，很难保证和解最后的公信力。再有，和解要求双方自愿地接受和履行和解，缺乏国家强制力的保障。如果一方故意不履行，另一方不能通过国家的强制措施使对方履行，那么和解在一定程度上就失去了意义。

另外，由于农村社会的和解是基于伦理风俗、血缘和友谊而建立，而中国农村社会又处在巨大的转型之中，地缘的、人缘的因素受到市场经济和人口大范围流动的强烈冲击，使得和解原有的社会基础发生改变。现在的农村社会中，熟人之间的淳朴的诚信关系慢慢发生着改变。而使得和解变成是一方的淳朴被另一方的狡猾利用的过程。现在农村社会里，某些进城务工人员在繁华的城市生活里“转变”了观念，利用假农药、种子来欺骗自己的乡民，就是最好的例证。

所以，和解需要相互的诚信基础。而这一基础已经在越来越大的程度上为经济利益所代替，因此，和解的功能有被异化的危险。更为重要的问题在于，人们对非诉讼方式在农村社会纠纷解决中的地位、作用认识的不同，致使相适应的解纷手段几近“销声匿迹”，一度活跃在农村的人民调解委员会、治安保卫委员会、司法助理员等基层组织和人员都“不翼而飞”，农村社会纠纷的解决只能“对簿公堂”，殊不知村民打不起官司。

（二）多元化农村纠纷解决机制的构建

十六届六中全会通过的《中共中央关于构建社会主义和谐社会若干重大问题的决定》中提出“要坚持协调发展、加强社会事业建设，扎实推进社会主义新农村建设，落实区域发展总体战略，实施积极的就业政策，坚持教育优先发展，加强医疗卫生服务，加快发展文化事业和文化产业，加强环境治理保护”。把建设社会主义新农村放在了五大部署的显著位置。在这样的大背景下，法学研究也应当更加关注新农村建设中的纠纷解决的创新问题。对于农村纠纷的解决需要结合诉讼与非诉讼机制，各取两种机制的长处，有效地控制和化解纠纷，合理分流纠纷。多元化农村纠纷解决机制既是一个描述性的概念，也是一种建构性的理论。多元化农村纠纷解决机制的目标是，以各种既有机制的协调互补为前提、以法治与社会自治的结合为基础，基于社会实际需求和现实条件，通过民主程序或实践经验建构合理的多元化纠纷解决机制。联系现在农村纠纷解决的实际，我们应当对既有制度的不足之处进行完善，并且对急需建立而尚未建立的制度进行创新。

1. 完善和提升诉讼机制

第一，要保证最大限度使农村社会纠纷可以纳入诉讼渠道来获得救济。无论非诉讼机制有多么大的优势，都必须坚持用司法做社会正义维系的最后一道屏障。农村社会纠纷必须都有进入诉讼的可能。这就要求在受理案件的范围上作必要的扩充，对于一些集体性的维权和集体性的冲突以及村民与行政机关发生争议等等情况，必须可以让村民通过诉讼来维护权利，不能以各种借口将广大村民挡在法院的大门外。

第二，保证当事人充分地参与诉讼并充分行使权利。当事人能否公平地参与诉讼并是否依照自由意志行使自己的诉讼权利，对于纠纷的公正解决以及生效判决的履行是至关重要的，也关系到诉讼解决纠纷的效力和公信力。要尽全力保证判决结果的可执行，避免再给村民一张“判决白条子”。

第三，必要地简化诉讼程序，减少诉讼成本。诉讼程序的复杂和诉讼成本的高昂是村民不选择诉讼的重要原因。将程序作必要的简化可以让村民更了解诉讼和运用诉讼，降低诉讼费用可以保证经济收入低的村民获得诉讼救济，不会因为贫困而无法得到司法帮助。

第四，尽可能减少法律漏洞和法律相互间的矛盾。诉讼是建立在法律之上的活动，诉讼机制有效发挥与否直接受制于立法。中国现有立法中，经常出现的法律漏洞和法律规定间的相互矛盾，使得村民不能理解和接受，进而通过诉讼解决社会纠纷缺少操作性和合理性。

第五，要建立适合中国农村社会的诉讼方式。人们怀念“马锡五”审判方式的原因在于“马锡五”审判方式体现了“审判为民，审判便民”的精神，在时代发展的今天，诉讼形式也应基于此进行制度创新，如包括恢复和扩大农村法庭制度，以及建立农村基层警务机构，等等。

2. 扩大和创新非诉讼机制

第一，恢复诚信的农村社会氛围。在农村社会，诚信曾经不是一个突出的社会问题，或者说诚信不是一个问题。但是我们还要警惕利益对于一个纯朴社会的冲击，也要杜绝单纯利益最大化和“向钱看”的思想。农村社会纠纷的解决立足于伦理风俗，并以诚实互信为前提，所以能否恢复到过去熟人社会的诚信氛围，对于农村纠纷的解决至关重要。

第二，要加强国家法律对于和解的引导。法律是国家制定和保证实施的强制性规范，而非诉讼机制是纠纷双方“私下的”、“民间的”解决方式，两者之间的不协调对于构建和谐社会与建设社会主义新农村是有弊无益的。我们应当在立法过程中有效地建立机制，吸纳民间解决纠纷的合理成分，在法律上肯定“民间的”、“私下的”、“乡土的”解纷机制，让农村社会的非讼解决机制能发挥更大的作用。

第三，充分尊重村民的利益表达。村民的利益是客观的，不能人为地抹杀。但是与利益相比，利益表达才更具有实际意义。利益表达是需要整个社会去关注的，需要整个社会去倾听的，需要整个社会去感受的，需要整个社会去包容的。而现在的现实是，村民走到城里人的身边，遭到的大多是白眼。很多城市市民看不起村民，认为他们是下等人，说的是没有水平的话。所以，村民就被人为地排除在利益表达的群体之外，甚至直接关系到村民切身利益的立法，都是一些西装革履的精英在空调房里想出来的，没有关注村民的切身感受。市民社会有自己的代表，可是全国各级人大和政协中，有多少是全职的村民？利益的表达在新农村建设中必须给予高度的重视。所以对于农村纠纷的非诉讼解决，需要有效地让村民去表达。不表达就难以体现村民真实的意志。给予村民说的权利，不仅仅是诉讼中要解决的诟病，更是非诉讼解决机制要思考的问题。

第四，最大化地挖掘社会的解纷力量。将法律援助机构、律师、青年志愿者以及参加社会实践的大学生在解决农村纠纷中的能量释放出来。发挥这些组织和个人运用社会科学知识解决农村纠纷的特长，集中尽可能多的力量，争取最广大的社会支持，促进农村纠纷的非诉讼解决。

第五，加快新型非诉讼解纷机制的创新。这些年来，农村社会纠纷呈现出一些新的趋势，出现了一些新型的纠纷，那么我们就必须相应地创新我们的非诉讼解纷机制。如由村长、乡村教师、村里德高望重的老人以及妇女代表组成纠纷解决组织，对本村的纠纷进行调解。创造适合中国农村现状的仲裁制度，简化仲裁程序，降低仲裁费用，扩大仲裁的适用范围，等等，做到既利于最大化地将农村纠纷解决在农村，又利于整体法治环境的构建。

3. 注意诉讼与非诉解纷机制合理衔接

一个健全、和谐并充满活力的社会，应该不是所有纠纷都要通过国家强制力来解决。否则，这种纠纷解决机制的配置就是脆弱的。因为，“在维护社会秩序方面，结构明确的行为规则和正式的强制程序所起到的作用都很有限”，“许多冲突和争议并不涉及法律问题，完全能够通过某种非正式的方式，在不危及社会和平的情况下得到解决”。①

对于我国以人民调解为代表的非诉讼纠纷解决机制所具有的优势，在讨论 ADR 的时候已作了论述。因此，和谐社会纠纷解决机制的合理配置就是要建立一套全面、协调、相互衔接的纠纷解决方式。具体而言，主要体现在以下两个方面：

首先，从纠纷解决的主体来看，纠纷解决机制的合理配置就是既要包括以国家为主体的诉讼和审判机制又要包括以社会为主体的人民调解等非诉讼纠纷解决机制。在配置合理的纠纷解决机制方面，国家与社会的作用同等重要，过于强调任何一方或忽略另一方都不利于整个纠纷解决机制的建构。在崇尚“诉讼万能”

---

① ［英］彼得·斯坦、约翰香·德：《西方社会的法律价值》，王献玉译，北京：中国人民公安大学出版社 1990 年版，第 40~41 页。

和片面否定人民调解机制的今天，如果能够重新考虑将国家所垄断的纠纷解决权部分地向社会回归，实现纠纷解决权在国家与社会主体之间均衡分配，如果能够在法院体系外培育出一套体系完善且能与法治相兼容的非诉讼纠纷解决系统，那么这种纠纷解决机制的配置将会是相互配合、相互补充的一套完整的纠纷解决体系。正如何兵所说，“作为纠纷解决的最终和最高机构，国家所要掌握的应当是最终解决权而不是最先解决权，这应成为纠纷解决机制整体重构过程中的基本原则。[①]”但是我们不得不承认，在当今中国，法治已经被公认为是现代化建设中所必不可少的，诉讼也是法治社会解决纠纷的一种最为正式的机制。顾培东认为，由于诉讼是国家权力来解决纠纷，这一事实所派生出来的两条规则使诉讼要比调解等非诉讼纠纷解决方式在冲突解决方面的有效性更突出。一是解决冲突的根据只能是国家立法；二是由诉讼所确定的冲突权益处置和补偿办法通过国家暴力强制所产生的威胁而得到实施。[②]诉讼、审判处理纠纷在其特定社会条件下会起到其他非诉讼纠纷解决机制所难以替代的作用，即审判通过特殊的程序作为维系整个政治和社会秩序的基本支点，发挥着秩序正统性的再生产功能。王亚新认为，社会中所发生的能够给社会体系的正统性带来重大冲击的危险时，最终可以为诉讼、审判所吸收或中和。作为判定者的法院构成了社会处理纠纷体系中的“绝对的第三者”，在秩序中占有可称之为“平衡器”的特殊位置。[③]另外，诉讼和审判除了解决纠纷的功能外还具有许多延伸性功能，

---

① 何兵:《现代社会的纠纷解决》，北京：法律出版社2003年版，第191页。

② 顾培东:《社会冲突与纠纷解决》，北京：法律出版社2004年版，第40页。

③ 王亚新:《纠纷、秩序、法治——探寻研究纠纷处理与规范形成的理论框架》，《清华法律评论》(第二辑)，北京：清华大学出版社1999年版，第85页。

如依照法律来保护个人的正当权利，阐明和宣传国家的正式法律规范并产生能够指导社会行为的原则与规范，同时通过诉讼活动，在一定程度上能够影响国家社会政策的制定与实施等等。[①] 因此，虽然人民调解等非诉讼纠纷解决机制在某些方面具有许多优势，但已不是解决纠纷的最主要或官方最提倡的模式了。人民调解应被视为除诉讼之外可供选择的最主要的纠纷解决方式。换句话说，和谐社会中纠纷解决模式的合理配置应是以诉讼、审判为主，以人民调解等非诉讼纠纷解决方式为补充的多元化模式。

其次，从纠纷解决的范围来看，纠纷解决机制的合理配置要求纠纷解决的各种方式之间是和谐统一、相互衔接、相互补充的，其核心是诉讼机制与人民调解等非诉解纷机制之间的衔接与互动。以人民调解为例，如果单纯地从法律条文的规定来看，人民调解是我国民间自我管理、自我解决纠纷的一项社会制度，由此，许多学者强调人民调解机制的自治性质。在实践中，无论从组织还是从程序上来说，人民调解与诉讼之间的关联都是比较微弱的，除了法院对于当事人反悔的调解协议应一方当事人的起诉进行审查外，法院与人民调解组织之间几乎没有联系。笔者认为，随着国家与社会的逐渐融和，非诉讼纠纷解决机制已经不可能再具有单纯的“自治性质”了。既然强调要建构以诉讼为核心的多元化纠纷解决机制，那么，法院就要承担起对人民调解的监督和指导职责。这种监督并不仅仅局限在对调解协议的审查方面，而是要对人民调解进行深度监督与指导。从组织方面来说，要加强人民调解组织与法院的交流与沟通，防止二者的疏离。传统人民调解

① 左卫民、周长军：《变迁与改革：法院制度现代化研究》，北京：法院出版社2000年版，第95~105页。

的弊端之一就是部分调解人员素质低下，造成人民调解解决纠纷的质量不高。因此，人民调解与法院之间的工作交流对于提高人民调解人员的专业素质有着重要的意义。从纠纷解决的范围来说，纠纷多种多样，针对不同的纠纷需要提供不同的解决途径。

4. 建立各种专门性解纷机构

现代市场经济有其内在的交易逻辑和发展规律，自然发育是市场经济一大特色。市场秩序的营造和维持主要依据市场主体的自治。建立在行业自律与自治基础之上的各种专门性纠纷解决机构的出现是现代社会市场经济发展的必然。当今世界上现代型纠纷集中发生在产品责任、消费者纠纷、环境污染等领域，这些新型纠纷如前论述，不适合于法院审理，所以西方许多行业都设有专门的纠纷解决机构，一些通行的专业 ADR 就是由这种行业自治组织的纠纷解决机构的实践发展起来的，如日本的国际商事仲裁协会、公害调查委员会、建筑工程纠纷审查会、交通事故裁定中心等。另外在消费者侵害、中高层大楼建筑、专利权使用、承包、职业妇女歧视等纠纷领域中设立了各种各样的特殊处理机关。这些机构处理纠纷，适用程序比较简便，纠纷解决比较迅速低廉，更重要的是，这些机构往往拥有自己的或有关部门的调查机构，而且有精通特定专业领域知识的人员负责处理纠纷，在信息收集判断上具有优势，使更符合实际的纠纷解决成为可能。例如日本的公害调查委员会的调查委员由各个领域的专家担任，而且该委员会被赋予了较大的证据收集权限（如强制进入检查、命令提出文件、听取参考人意见等），此外该委员会的职员还可以从事调查或委托有关部门进行调查。这些成功实践对于我们建构市场经济中各行各业纠纷解决专门机构及机制是不无借鉴意义的，也许这就是我国现代型纠纷解决的前景。

无论什么样的纠纷解决机制，在现实中其纠纷解决过程都必然向适合于既存社会条件的方向转化。换言之，无论什么样的纠纷解决制度，在现实生活中其解决纠纷的形态总是为社会的某种条件所规定的。要充分发挥某种制度的作用，必须有适合于它的一定的社会条件存在；反之，如果不存在这样的条件或条件不充分，该制度就会慢慢地变为有名无实。

结语

构建社会主义和谐社会的重大战略举措，是中国共产党人根据马克思主义的基本原理和我国社会主义建设的实践经验，在我国对内加快推进工业化、城镇化，对外迎接经济全球化的挑战，以及我国经济社会生活出现的四个多样化的大背景下提出来的。根据新世纪、新阶段我国经济社会发展的新要求和我国社会出现的新趋势、新特点，我们所要建立的和谐社会是全体人民各尽其能、各得其所而又和谐相处的社会，用社会学的术语来表达就是经济和社会、城市和乡村、东中西部不同区域、人和自然、国内发展和对外开放等关系良性互动和协调发展的社会。社会主义和谐社会和法治社会，两者的目标是一致的，都旨在追求在规则和秩序范围内的社会和谐与进步。但社会主义和谐社会的内涵更为丰富，包含了政治、经济、文化、道德、环境等广泛的领域，法治社会从制度层面集中体现了社会主义和谐社会的政治、经济领域中的内容，当然所体现的是最重要的方面。

从法学的视角，构建和谐社会就是要从法律的角度来减少社会中不和谐的因素，将其控制在最低程度。应该说，作为一种社会现象，只要有人类社会存在，就会存在纠纷。纠纷本身并不能被彻底消除，纠纷实际上会产生许多能使人类生活更具有实际意义的东西。尤其是随着社会的发展，人们之间利益关系不断调整与变化，纠纷增多更是正常的现象。当然，发生纠纷必然要有其一定的负面作用。博登海默认为，凡是人类建立了政治或社会组织单位的地方，他们都力图防止出现不可控制的混乱现象。因为，在一个混乱不堪的世界，人类试图过一种有理性、有意义、有目的的生活的所有努力将受到挫折。因此，有序的生活方式要比杂乱的生活方式占优势。那么，对于和谐社会建构过程中的纠纷与社会矛盾，“关键在于社会必须对纠纷进行适当的调节，使纠纷不以将会毁掉整个社会的暴力方式进行。”因此建立一套全面、协调、持续发展的化解纠纷机制是构建和谐社会诸多方面中必不可少的内容。

和谐社会并不是要达到没有纠纷、没有社会矛盾的社会状态，而是需要有一套科学的纠纷解决机制对社会矛盾和纠纷迅速地加以适当的调节和解决，防止纠纷扩大化、恶性化，使社会呈现活而不乱、活而有序的和谐状态。人类社会历来就需要一种多元化的调整控制系统，其中每一种子系统既有其独立的运行空间，又能形成相互间的互补，满足社会和当事人的多元化需求和选择自由。多元化纠纷解决机制就是对这一客观需求及其合理性的描述。在现代法治社会，这种需求得到了正当化和理论化，即建立在现实主义认识论和多元价值观基础上的多元化纠纷解决机制理念。这一理念不仅是描述性、解释性和反思性的，同时也是建构性的，在现代语境下，它既能够融于法治原理、制度和实践之中，又可为和谐社会的治理提供创新和发展的理念支持。[①] 任何社会都会

---

① 范愉：《非诉讼纠纷解决机制研究》，北京：中国人民大学出版社 2000 年版，第 338~446 页。

自发形成一种事实上的多元化纠纷解决机制，但其中各种解纷方式之间未必是协调互动的，可能存在着某种无序竞争或冲突，甚至效果不佳。因此，现代多元化纠纷解决机制的理念并不推崇自在的多元化状态，也不是对这种事实状态的简单承认，而在于积极进行理性的建构。其目标是，以各种既有机制的协调互补为前提、以法治与社会自治的结合为基础，基于社会实际需求和现实条件，通过民主程序或实践经验建构合理的多元化纠纷解决机制。这一机制应包括：由公力救济、社会救济和私力救济构成的多元化制度体系；由协商、调解和裁决及其组合构成的多元化纠纷解决方式；由地域性、行业性、自治共同体及各种专门化机制构成的多元化纠纷解决系统；以及各种机制本身的多元化程序设计，例如司法程序（如民事诉讼程序）的多元化。毫无疑问，这种多元化机制不仅将为当事人带来获致救济和解决纠纷的便利，也是实现社会和谐的必由之路。

第十章

出嫁女土地权益保护问题调查研究

土地是农民生存之根本，土地问题，自古以来就是我国农民的根本问题。我国自 1978 年实行家庭联产承包责任制以来，农民基本上都有了自己的承包土地。但是，随着我国改革步伐的加快、城市化进程的加速推进，全国各地相继出现了征地热潮，并由此引发了一系列矛盾。在这当中，有被征地农民、农村集体经济组织与征地单位、地方政府的矛盾；也有村集体内部因土地被征用而引发的“出嫁女”土地承包权或土地补偿款分配等问题的矛盾。上述矛盾，已经在一定程度上影响到社会的稳定与和谐发展。有学者指出，土地争议位居“三农”问题首位，是当前影响农村社会稳定和发展的首要问题；农村土地纠纷已取代税费争议而成为目前农民维权抗争活动的焦点。[①] 在上述问题中，“出嫁女”这一特殊群体的土地权益问题尤为引人关注。据全国妇联对 30 个省市区 202 个县 1212 个村的抽样调查，在没有土地的人群中，妇女占了七成，有 26.3% 的妇女从来没有分到过土地，有 43.8%

① 于建嵘：《土地问题已成为农民维权抗争的焦点——关于当前我国农村社会形势的一项专题调研》，《调研世界》2005 年第 3 期，第 22 页。

的妇女因结婚而失去土地。“出嫁女”除了土地承包权被侵害之外，土地征用补偿款也遭到侵害。例如，课题组所在地——南宁市西乡塘区，目前有“出嫁女”约4300户，共7400多人（含子女），涉及44个村，312个村民小组。其中有相当部分人的户口仍留在原村民小组内，居住该村并履行该村的村民义务，而所在的集体经济组织不承认她们为该组织成员，拒绝其参与集体经济利益分配。这些问题阻碍了农村妇女的生存和发展，是造成这部分弱势群体陷入贫困的重要原因。因婚姻流动而失去土地的妇女，正如社会学学者所揭示的那样，往往会陷入身份危机：作为生产者，她们没有生产资料，作为消费者，她们没有衣食之源；但作为纳税人，在一些地方她们还得承担除农业税以外的其他费用和提留。严格地说，她不是农民，因为她没有土地使用权；但她也不是居民，因为她没有城市户口。因此处于这种条件下的妇女事实上存在一种“身份危机”，严格地说，无地女性实际上已经成为“社会边缘人”，在乡村里、在家庭里沦为没有权益的“二等人”。[①]

农村妇女的土地及其相关权益被侵害，还引发了其他严重的社会问题。大量的失地妇女为维护自己的权益不断上访上诉，给社会带来了一些不良的负面影响，一定程度上危害到社会秩序的和谐与稳定。据全国妇联系统统计，仅2003年妇联就受理农村妇女土地承包及相关财产权益等案件投诉近9400次，占全国妇女财产权益类投诉的56.15%，同比上升47.26%。[②]而本文所研究的个案发生地——广西壮族自治区，也频频出现“出嫁女”群体

---

① 陆建华：《中国社会问题研究》，北京：石油工业出版社2002年版，第382页。

② 参见全国妇联主编：《〈中华人民共和国妇女权益保障法〉修改论证材料》，2004年9月，第67页。

上访事件。据广西南宁市妇联的统计资料显示，仅 2006 年 8 月到 9 月的短短时间内，就有 4 起“出嫁女”约 90 多人到市人大、市信访局、市人民大会堂等上访、静坐，影响到社会秩序的正常运行。南宁市西乡塘区，近年来“出嫁女”上访就达 1000 多人次。现在纠纷案件仍然呈上升态势。可见，农村妇女土地权益问题，是近年来妇女维权的一个热点问题，也是一个影响到社会稳定的重要问题。此问题能否科学合理地解决，对于维护妇女的合法权益、维护一方社会的和谐稳定起着至关重要的作用。对于“出嫁女”问题，不同的利益群体有不同的看法和主张。而作为矛盾和纠纷解决的主要政府职能部门和司法部门，对待此问题的态度和处理办法也有不同的意见和做法。中央和地方的调查研究表明，侵害妇女权益的案件在国内各地都有出现，且为数不少。部分地方政府领导或者基层政权以“村民自治，政府不便干预”为由对农村涉及妇女土地权益事件不重视，或者重视不够，解决不力，导致矛盾激化，引发群众上访甚至大规模的群体性事件，影响了农村社会发展和稳定。① 有些地方通过司法途径来解决此类问题，但效果也不尽如人意，广大村民不认可法院的判决，使得判决很难执行。

近年来，随着问题的出现和不断发展，如何解决“出嫁女”土地权益纠纷，已经越来越成为学术界研究的热点问题和难点问题。从不同的视角分析“出嫁女”问题，可能会得出不同的解决问题的方法和途径。当前，国内各大媒体或学术界大多以女权主义的视角对“出嫁女”土地权益问题进行分析，以加强和完善相

① 中共中央办公厅、国务院办公厅厅字〔2001〕9 号《关于切实维护农村妇女土地承包权益的通知》。

关立法，进一步增强“男女平等”和妇女的维权意识作为解决问题的关键，却忽略了此类问题存在的更深层次的根源，忽略了民间法的内生性及其深厚的社会基础。正是由于在理论上未能很好地探寻出此类问题的深层根源，因而，实践中解决“出嫁女”土地权益问题还是存在颈瓶，还是没能找到比较合理的解决途径，或者有些地方按国家法律判决了，但结果还是没有达到人们所预期的效果。那么，究竟应该怎样看待“出嫁女”土地权益问题，才能寻找出解决问题的最佳途径和方法呢？本课题组将以广西南宁市郊的“出嫁女”土地权益问题为背景，从国家法与民间法的双重视角，分析农村妇女土地权益问题的矛盾和冲突的焦点，并试图就如何解决这些矛盾和冲突，维护农村地区社会秩序的稳定，为促进城乡和谐社会的建设与发展寻找出路。

一、“出嫁女”问题的由来及其现状

南宁市——广西壮族自治区首府，毗邻粤港澳，背靠大西南，面向东南亚，是我国西南出海大通道枢纽城市和区域性核心城市，是中国走向东盟的前沿城市，也是中国经济快速发展的新区域和外商投资的新热点城市。南宁市是一个以壮族为主的多民族聚居城市，也是我国少数民族自治区中唯一具有南方风情和沿海开放特点的城市。自 20 世纪 90 年代以来，南宁市的城市建设日新月异，城区规模不断扩大。2002 年 12 月 23 日，国务院批准撤销南宁地区，将原南宁地区的横县、宾阳、上林、马山、隆安 5 县划归南宁市管辖，2003 年 6 月 27 日，南宁市人民政府正式接管。2004 年 9 月 15 日，国务院批准调整南宁市市辖区行政区划，撤销城北区，永新区、邕宁县，设立西乡塘区、良庆区、邕宁区，将新城区更名为青秀区。2005 年 4 月 30 日，新设立的各城区政府正式成立。至此，南宁市共管辖兴宁、青秀、江南、西乡塘、良庆、邕宁 6 城区和武鸣、隆安、马山、上林、宾阳、横县 6 个县。截止到 2005 年 3 月 18 日，行政区划调整后，全市总人口 648 万人，其中市区人口 245 万人。

正是由于城市规模的不断扩大，南宁市与国内其他城市一样，面临着城市化发展过程中出现的一系列问题。其中，"出嫁女"土地权益问题就是南宁市政府进行城市建设和扩大城区发展规模过程中出现的一个重要社会问题。本文所指的"出嫁女"，是指原南宁市郊区农村农业户口的妇女与其所在村组以外的男子结婚，而无法将户口迁出或不愿将户口迁出本村组的妇女。[①]而"出嫁女"土地权益问题（以下简称"出嫁女"问题）是指原郊区近郊（指 2002 年南宁市进行城区行政区划调整前的划分）的"出嫁女"，因在集体经济分配（村集体土地被征用，村民用补偿款或其他集体资产来发展第三产业的收益）、宅基地分配、土地使用承包权分配等方面，"出嫁女"自身及其子女未能享受或者未能完全享受与本村组村民同等待遇，进而提出与本村组村民享受同等待遇的要求，在要求得不到有关部门妥善解决时，发生向各级党委、政府及有关部门告状上访、静坐的行为和现象。[②]根据南宁市妇联调研统计数据，至 2002 年，全市共有"出嫁女"5793

① 国内其他地区的"出嫁女"问题，可能还包括其他类型，如入赘男子问题，但在广西南宁市，这类问题并不是很突出，例如，各村大都允许无儿户家庭的女子招男子入赘并给予村民待遇。对于当地矛盾不是很突出的问题，本文将不涉及。

② 南宁市妇联 2006 年 11 月调研数据显示，2006 年到妇联系统及部分县区信访部门反映"出嫁女"问题的总数共 108 件，涉及人数 226 人，涉及土地 53.03 亩（不完全统计），涉及金额 366.166 万元（不完全统计）。

人，其中嫁农业户口 2184 人，嫁非农业户口 3609 人，她们的子女有 6381 人。纯女户招婿上门 111 人，离婚 154 人，丧偶 116 人。全市能享受村组集体经济分配的“出嫁女”有 3829 人，占“出嫁女”及子女人口总数的 66.1%，子女有 3365 人，占“出嫁女”子女人口总数的 52.7%；能享受土地承包分配的“出嫁女”有 2426 人，占“出嫁女”人口总数的 41.9%。子女有 1596 人，占“出嫁女”子女人口总数的 25%；能享受村宅基地分配的“出嫁女”有 3410 人，占“出嫁女”子女人口总数的 58.9%，子女有 3365 人，占“出嫁女”子女人口总数的 52.7%；一直未得到解决的“出嫁女”有 833 人，占“出嫁女”人口总数的 14.4%，子女有 1270 人，占“出嫁女”子女人口总数的 19.9%。南宁市妇联的最新调研统计数据则表明，南宁市的“出嫁女”数量在增多。至 2007 年 8 月，全市约有“出嫁女”10162 人，主要分布在西乡塘区、江南区、兴宁区、良庆区、青秀区等五城区。其中，西乡塘区辖 3 个镇 9 个街道办事处，均分布有“出嫁女”。据统计，目前南宁市共有“出嫁女”约 4300 户，含子女共 7400 人，反映“出嫁女”问题强烈的有 1948 人。江南区辖 4 个镇、3 个街道，“出嫁女”主要分布在沙井、江南、福建园三个街道所属 16 个行政村，共有“出嫁女”及子女 2134 人。其中，福建园、江南街道的“出嫁女”及子女共 1170 人，基本能享受与村民同等待遇。而沙井街道“出嫁女”问题比较严重，该街道共有“出嫁女”（含子女）964 人，分布在所属 11 个村，其中，能享受村组宅基地 504 人，能享受承包地 109 人，能享受集体分红 91 人；居住在本村组的 433 人，子女能享受宅基地的 442 人，能享受承包地的 3 人；户口未迁但居住在本村组且未能享受村组集体利益分配的 193 人，户口未迁但不居住在本村组且未能享受村组集体利益分配的 408 人。

兴宁区辖3个镇、2个街道，不得享受与村民同等待遇的“出嫁女”有300多人，主要集中在三塘镇降桥村，朝阳街道办事处的虎邱村、鸡村，民生街道办事处官桥村等经济较好的“城中村”。[①]

南宁市“出嫁女”所诉求的权益，主要集中在：（1）土地承包权。在第二轮土地承包中，部分县区“出嫁女”不仅分不到新的土地，而且过去分配的土地也被强行收回。如兴宁区三塘镇降桥村一组于1995年以生产经营方式改变为名，将各农户稻田收回来发展养鱼副业，并在1998年春第二轮土地延包时，明确表示不给“出嫁女”分配土地。江南区沙井镇南乡村七组也收回了“出嫁女”的承包地。（2）宅基地使用权。“出嫁女”婚后另立门户，在申请建房用地时，往往不获批准。尤其在城乡接合部，宅基地隐含很大的经济利益，很多村组在宅基地分配问题上采取了男女不平等的政策。如城北区秀灵村四组、万秀村五组，均不给“出嫁女”分配宅基地。（3）股份分红权。股份分红权是“出嫁女”权益受侵害表现最突出的问题，农村通过表决股份分红方案的形式，剥夺或者限制“出嫁女”的合法权益。在近郊，土地集中开发利用程度较高，许多村组都有第三产业，但部分村组在确认股东、进行分红时，将“出嫁女”及其子女排除在外。兴宁区三塘镇降桥村、兴宁区安宁街道办事处皂角村、新城区官桥一组、永新区石埠镇西明村、永新区上尧村第三生产队等村组均剥夺了“出嫁女”的股份分红权。（4）村集体征地补偿款分配权。关于征地补偿款，在1988年《土地管理法》中规定“土地补偿费、

---

① 以上统计数据资料均来源于2003年10月、2007年5月南宁市妇联向政府有关部门作的关于“出嫁女”问题情况汇报总结。

安置补助费不得私分”，但1998年的《土地管理法》取消了此项规定。这意味着1998年之前的征地补偿款，除附着物和青苗补偿费外不能分配给个人，1998年之后，是可以分配的。实际上许多村组都对征地补偿款进行分配，并规定“出嫁女”不能参加分配，或者分配少于其他村民。比如，新城区官桥村一组、永新区上尧村第四生产队、江南区沙井镇富镇村20组、兴宁区安宁街道办事处皂角村等村组的“出嫁女”都没有分到征地补偿款。在上述出嫁女问题诉求中，问题比较突出地集中在村集体股份分红权和村集体征地补偿款分配权两大方面。

南宁市的“出嫁女”主要分为以下几类：（1）“农嫁非”，即农村女子嫁给城镇男子。这类妇女由于国家户口政策规定，其本人和子女的户口不能迁入城镇，户口继续保留在原村组。这类“出嫁女”以前大多都能享受本村的土地承包权和宅基地使用权。但随着“出嫁女”的增多，各地出现了比较复杂的情况。有些村给予“出嫁女”村民待遇，有些村不给，有些村只给一部分利益。[①] 现今“农嫁非”这类“出嫁女”诉求最为集中的问题，是要求她们及其子女能与其他村民一样享受原住村组的土地利益分配和第三产业分红。这是南宁市“出嫁女”问题中最为集中和突出的群体。（2）“农嫁农”，即嫁给外村农民的妇女。该类妇女嫁出后，户口未迁出，其原居住地的村组通过土地小调整收回了其土地承包权，而夫家居住地大都也没有分给她们

① 比如，有的村只给母亲和一个小孩村民待遇，其他小孩不给；有的村与“出嫁女”签订协议，一次性给予“出嫁女”补偿5000~8000元钱，以后“出嫁女”不得再回来要求分配村集体的利益；有些村原来已给予“出嫁女”土地承包权，后来由于种种原因又收回去；有些村“出嫁女”有过土地承包权，但后来土地已被征用完无承包地可分，就不能享受其他村民所享有的相关土地权益。

土地承包权。该类“出嫁女”丧失了土地承包权的同时，也丧失了原住村的土地征用补偿款和村集体的第三产业收益分配等权益。（3）离婚“出嫁女”。“出嫁女”离婚后，将户口移回娘家，而娘家所在村组拒绝其承包土地，同时也不能享受村集体收益分配；或者有些“出嫁女”离婚后，仍然在前夫村集体生活，其村民待遇也会被取消。

南宁市“出嫁女”问题的产生，主要是从1992年开始的。当然，在此之前也有部分“出嫁女”问题，但相对来说比较少，“出嫁女”与其他村民的利益冲突不十分明显，绝大多数“出嫁女”及其子女基本能与本村村民享受同等待遇。后来由于城市建设加快，原郊区近郊农村土地被大量征用，人均耕地面积锐减，有的村组甚至已经没有集体耕地。在这一阶段，农村干部进行集体土地延包和土地承包调整时，部分村组依照《中华人民共和国村民委员会组织法》（试行），通过村民集体讨论，制定村规民约，不再给“出嫁女”及其子女享受参与集体土地承包、宅基地分配和集体经济年终分红的权利。“出嫁女”与本村组其他村民在利益分配方面的矛盾激烈，而且愈演愈烈，“出嫁女”到各级党政部门告状和上访的事件不断出现。2005年5月11日，南宁市“出嫁女”共20人集体进京到全国妇联上访。2006年8月10日，兴宁区、江南区、西乡塘区三城区的30名“出嫁女”到南宁市人大上访。2006年9月12日，兴宁区民生街道办事处官桥村一组22名“出嫁女”因待遇问题到南宁市信访局上访。2006年9月21日，20多名原郊区“出嫁女”因待遇问题到南宁市人民大会堂上访。2006年9月27日上午，兴宁区、江南区、西乡塘区三城区的21名“出嫁女”到南宁市人民大会堂上访。“出嫁女”大规模的上访，一定程度上危害到社会的正常秩序，给社会带来了不良的影响。①

对于“出嫁女”问题的产生，一开始笔者百思不得其解，为何历史上此类问题没有发生，究竟是什么因素导致此类问题的产生，为什么这个问题发展到现在变得越来越复杂？②通过调研和查阅相关资料，笔者感觉到“出嫁女”问题产生的原因也许是多方面的。它既与生产资料所有制形式、经济发展水平、婚姻人口管理法律法规等因素有关，又与人们的思想意识有关。从深层次来说，国家法与民间法对此问题的不同规制，是“出嫁女”问题产生和难以解决的根本根源。因而，本文从国家法与民间法的双重视角，分别在两种语境下分析“出嫁女”问题，以期能找到解决“出嫁女”问题的最佳路径。

二、民间法语境下的“出嫁女”土地权益

（一）民间法对“出嫁女”问题的规制

20世纪80年代初，我国人民公社制度解体后，乡（镇）成为基层的政权组织，村（行政村、自然村和村民小组）则由群众性自治组织村民委员会（以下简称村委会）实施管理。据统计，从1982年各地开始建立村委会试点，到1985年，全国一共产生

① 资料来源于2006年12月南宁市妇联向政府有关部门作的关于“出嫁女”问题情况汇报。

② 之所以说其复杂，是因为许多旧的问题未解决，新的问题又不断出现，比如说原来有些村给“出嫁女”村民待遇的，近几年又不给了。有些村甚至出现女孩把男朋友带回来就被取消村民的待遇。

了大约94万多个村委会。[①]1998年生效实施的《中华人民共和国村民委员会组织法》第二条规定："村民委员会是村民自我管理、自我教育、自我服务的基层群众性自治组织，实行民主选举、民主决策、民主管理、民主监督。村民委员会办理本村的公共事务和公益事业，调解民间纠纷，协助维护社会治安，向人民政府反映村民的意见、要求和提出建议。"第二十条规定："村民会议可以制定和修改村民自治章程、村规民约，并报乡、民族乡、镇的人民政府备案。村民自治章程、村规民约以及村民会议或者村民代表讨论决定的事项不得与宪法、法律、法规和国家的政策相抵触，不得有侵犯村民的人身权利、民主权利和合法财产权利的内容。"作为正式制度在基层社会的延伸，实践证明，村委员组织在构建和维护乡村社会的法律和秩序方面有不可忽视的重要作用。根据村委会组织法的规定，村委会有权根据当地的实际制定村规民约。这是国家法律在一定程度上认可民间规范效力的重要表现。

也正是有国家法律的认可，在20世纪八九十年代，各地村民组织纷纷根据本地的历史和现状制定成文或不成文的村规民约来调整本村的社会秩序。在各地所制定的村规民约中，既有部分内容与国家的法律法规精神相一致，对国家法起到积极补充的作用；也有的与国家的法律法规相冲突和抵触，引发各式各样的矛盾。[②]本文所要探讨的问题，正是村规民约中对"出嫁女"问题

① 杜西川等编：《村民委员会法律知识手册》，北京：农村读物出版社1987年版，第26~27页。

② 关于此问题已有相当多的学者进行论述，本文在此不多赘述。具体可参见：胡欣谐，钱珺：《村规民约与国家法律的理论、现实及和谐之道》，《江苏警官学院学报》2006年第4期；高鑫：《论村规民约与国家法律的冲突》，《广东行政学院学报》2001年第6期；张学亮，秦勇：《放宽法律的视界：国家法与民间法关系解读》，《求实》2006年第3期；等论文。

的规制与国家法不一致所引发的冲突和矛盾。

据笔者所调查的广西南宁市郊，只要存在“出嫁女”问题的村（组），所制定的村规民约中，基本都有关于“出嫁女”问题的明确规定（尽管有个别村没有把“出嫁女”土地权益明确写在村规民约上，但村民都知道此内部约定）。比如：虎邱村规定：“女子出嫁后，户口关系仍在本村未迁出的，当月登记结婚，享受当月村、组生活补助费，次月开始停发村、组生活补助费……”万秀村在本村征地生活补助费的分配细则中明确规定：“1988 年元月 1 日后农嫁农的，包括其子女，不得享受生活补助费及其他村民待遇。”1993 年 4 月“秀灵村民享受经济福利待遇若干暂行规定”中规定：“一、户口在我村的村民原则上享受村、组的一切经济福利待遇……四、我村女方结婚对象是农业户口的，应迁到对方去，如不迁出，不得享受村、组的一切经济福利待遇。五、我村女方结婚对象是城镇户口，无法将户口迁到对方，而户口仍留在本村的，其本人可享受村、组的经济福利待遇到 1992 年 12 月 31 日止，但半年以上不回村参加生产劳动和政治活动的其责任地收回，当年的经济福利待遇（包括其子女）也不得享受。六、从 1993 年元月 1 日起，凡我村外嫁的人（不论男女，不论新旧包括其子女）一律不得享受村、组的经济福利待遇。七、有女无儿户，准许一个女儿招丈夫上门，允许将其户口迁入女方所在的村民小组，迁入者可享受村民的同等待遇”[①]。

很明显，从表面看上述村规民约的相关规定，是与我国现行法律法规相抵触的（有关法律规定具体内容下文将详细介绍），有歧视妇女的表现。同时，我们可以看出，村规民约作为一种民

① 上述资料均来源于笔者田野调查所收集。

间规范，明确把“出嫁女”排除在村集体之外，也就是把她们“他者化”了。因而在这样的认定前提下，理所当然地就不给予“出嫁女”相同的村民待遇了，限制或剥夺“出嫁女”权益也有了“合法”的正当理由。

对于村规民约对“出嫁女”问题的规制，我们细细分析，有几点疑问值得思考：一是村委会或村民小组为什么会作出这样的规定？二是明知这样的规定是与现行法律法规相抵触的，为什么还要坚持自己的做法？三是他们的做法是否绝对不合理？

（二）村委会（或村民小组）坚持自己做法的根源

对于村委会（或村民小组）以村规民约的形式对“出嫁女”的土地权益作出限制这一普遍做法，[①]一些媒体和部分学者把原因归结为农民没有法律意识，或者法律意识不高。[②]因而几乎都不约而同地将提高农民的法律意识作为解决问题的关键。然而，这是问题的事实和关键吗？答案是否定的，理由有以下几点：

第一，在一些法院所受理的“出嫁女”案件中，大多数村委会到庭听审，而且还请了律师。也许有人会认为这是当事人一方

---

① 之所以用“普遍”一语表述，因为根据笔者所接触的资料，国内出现“出嫁女”问题的村组，基本上都是以村规民约的形式剥夺“出嫁女”的村民待遇。

② 关于“出嫁女”问题的分析和评论，笔者利用百度搜索“出嫁女”相关问题时，有200多篇评论持上述观点。比如：《新华快评：岂能如此漠视妇女权益》，新华网呼和浩特 http://news.china.com/zh_cn/news100/11038989/20060812/13535586.html，2007年7月15日访问；《维护“出嫁女”权益广东作表率》，www.china-woman.com/rp/main?fid=open&fun=...10K，2007年8月30日访问；《“出嫁女”户口没有迁出能否参加村里的分红》http://www.jxzfw.gov.cn/2004-3/2004316155047.htm，2007年8月30日访问；等等，在此不一一列举。

行使对抗另一方诉求的当然之举，这难道也可以证明其有法律意识吗？当然可以。我们可以想想，村委会去上庭不仅耽误工夫（开庭都是白天，这也是干农活的时间），而且是充当一种“不光彩”的被告角色（乡土中国的传统观念），既然这样，为什么非去不可呢？这就给我们一个不容忽视的信息——它充分说明村委会已经意识到了上庭听审的必要性，意识到了如果不到庭听审就有可能会错过为自己辩驳的机会，所以有必要到庭上去听一听，说一说，看看到底是不是自己有“理”（当然这个理对于他们来说可能有另一番意义，下文将会提到）。村委会一方聘请了律师。这是很能反映问题的，不管律师持的是什么理由，不管其话语是否与村民们所持的“理”相符，至少村民们意识到了其所运用的话语系统可能与法言法语不符，因而需要一个懂得这些专门知识的人的协助。这就反映了他们对诉讼结果的看重，意识到了胜诉对他们的意义。

第二，“出嫁女”也是农民中的一员，她们懂得拿起法律的武器来维护自己的权益。这里笔者不是在玩文字游戏，而是要提请大家注意，承认这个前提，你就应该更加能够意识到作为共同生活的集体成员，“出嫁女”与农民更有可能分享同一种话语，同一种思维模式，因而“出嫁女”所持的观点也必然为他们所了解。故而，我们也不妨“一叶知秋”，由此证明农民的法律意识并非如同我们所想象的那样低。

第三，本文所指的南宁市城乡结合部的村子，基本都聘请有律师为村里提供法律服务（这是一个具有很强的现代法制符号）。由于“出嫁女”问题发生地，一般都是处于城乡结合部，它具有地理上的优势，使得村民接受现代化之下的有关法制理念更为便利，因而现代村民的法律意识并非我们原来所想象的那样低，村民法制观念已在不同程度上有了提高。

正是基于上述三点，笔者认为简单地将出现“出嫁女”问题的症结归纳为农民没有法律意识是不妥当的。它有可能会将我们导向一个错误的思想倾向，认为只要不断地通过单纯的法制宣传，简单地重复强调遵守法律的重要性，提高他们的思想觉悟，就能达到解决问题的目的。既然村委会的做法不是因为其法律意识的缺乏，那么，这个问题产生的根源到底是什么？对国家法律有所了解的村民们，为何要在“出嫁女”问题上坚持自己的做法？笔者认为，村委会或村民小组之所以这样做并坚持这样做的根源是多方面的。国内各地情况不一样，所存在的根源也不完全一样。它既有历史的原因，也有现实原因；既有主观原因，也有客观原因。但归结起来，村委会（或村民小组）之所以坚持这样做，主要有以下几方面的因素。

1. 受“嫁出去的女儿，泼出去的水”传统习俗的深刻影响

“习俗作为一种自发社会秩序，一旦生成，它就能作为人们社会活动与事务中的一种常规性固化习俗本身所覆盖的团体、社群或社会中成员的现象型行为，从而它本身也就作为一种事态、一种情形像一种社会规则那样对成员的各自行为有一种自我强制性的规约。”[①] 自古以来，我国的绝大多数民族中就有男婚女嫁的传统婚姻习俗，“嫁出去的女儿，泼出去的水”这一传统观念在许多人头脑中早已根深蒂固。因而，“‘出嫁女’户口跟着男方走”的传统做法也是自然而然。“嫁出去的女儿，泼出去的水”，按通常理解，一方面是指，女儿出嫁以后与娘家就不在一起共同生活了，与娘家的家产也没有关系了；另一方面是指，女儿出嫁以后

① 韦森:《习俗的本质与生发机制探源》，载《中国社会科学》2000 年第 5 期。

就不再是娘家的人了，是人家的人了，不能为自己家出力了。而根据我国的户籍制度，一个人的户籍在某一行政区域，这个人就是这个区域的居民，就享有这个区域居民的权利，履行这个区域居民的义务。因此，"'出嫁女'户口跟着男方走"意味着妇女出嫁之后，户口应当迁到夫家，成为夫家所在地的居民，在夫家所在地享有村民（或居民）权利，而不能再享有娘家所在地的村民权利。

村委会的逻辑是，根据习俗，"出嫁女"的户口应当跟随丈夫走，如果妇女与外地人结婚而不迁走户口，则违反了习俗。因而，即使"出嫁女"户口还在本村，也不能享受本村村民的相关待遇。村委会的逻辑无疑是与国家法的话语相左的，但是，在民间法的语境下，这种逻辑有其存在的合理性。"'出嫁女'户口跟着男方走"习俗的存在，有着深刻的社会基础，这就是社会继替中的单系偏重规律。根据笔者理解，费孝通先生所谓的社会继替，指的是在人类社会发展过程中，一个新的社会成员的生存空间、物质和社会的支配范围，一般需要从原有社会体系中旧的社会成员那里继承而获得。[①]社会继替以亲属体系为原则，即社会新成员一般是从其具有亲属关系的旧成员那里获得生存空间、物质和社会的支配范围的继承。从人类的抚育功能而言，亲属体系是双系的，父母共同对孩子的抚育负责，在家庭中父母是并重的。但是，"亲属体系一旦被利用来作继替的原则，它就不能不适合继替作用的需要而偏重于单系了"[②]。

---

① 费孝通：《乡土中国　生育制度》，北京：北京大学出版社 1998 年版，第 226 页。

② 费孝通：《乡土中国　生育制度》，北京：北京大学出版社 1998 年版，第 242 页。

也就是说，作为社会继替原则的亲属体系只能是单系偏重而不能是双系的。根据费孝通先生的分析，双系继替在事实上是不可能的。“假如继替过程采用了双系原则，我们就不但要从父亲手上获得社会地位和财产，而且还要在母亲手上获得社会地位和财产”，而母亲的社会地位和财产又必须从其父母那里继承来。在这种情况下，每个人“所继承到的却只是父母每人的一部分，因为有一部分得给我们异性的同胞带去给他或她的子女的。一个男子和他的姊妹分得了他们父母的财产和地位后，在结婚时，和他夫人从她父母那里得来的财产和地位合并起来组成一个生活的单位，他们的新家庭”。然而，这是难以实现的，因为“社会地位时常是不能分的”，加之财产也是很难分的——对“乡土中国”中的农民意味着命根的土地尤其如此，在农业社会财产却又基本上是指土地。因而，“为便利起见，最好是由婚姻配偶一方面不必带财产过来，若是全社会都一律如此，不是等于大家分一半又受一半吗？这个简单的办法就是继替中的单系原则。”可见，单系继替是为节约继替成本而作的制度选择，是符合理性要求的。但是，单系继替不能彻底贯彻，必须有所偏重，因为还要考虑双系抚育中养成的感情联系。①

社会继替单系偏重中的单系既可以是父系，也可以是母系，但是，自从人类告别母系社会以来，就逐渐形成了以男性为主导、女性从属的社会结构。男性在社会、政治、经济和家庭生活中始终占主导地位，与之相对应的是社会希望女性从属于男性。在当今社会，虽然妇女与男子普遍都在国家法意义上获得了平等的地

① 费孝通：《乡土中国 生育制度》，北京：北京大学出版社1998年版，第242~246页。

位。但是，在今天的乡土中国，应当说传统的社会结构还是没有发生根本的改变。因此，单系继替在现实中就表现为父系继替。与父系继替相对应，也就逐渐形成了男“娶进”、女“嫁出”，“从夫居”，“‘出嫁女’户口跟着男方走”的习俗。

2. 人地矛盾加剧和集体收益有限引发的利益冲突

“出嫁女”问题存在的村组，大多数存在人地矛盾加剧和集体经济利益有限现象，人口在逐年增多，耕地在逐年减少，集体经济利益有限。而“出嫁女”户口不迁出村组，嫁入本村组的妇女户口又不断迁入，在分配利益时，就会造成“蛋糕越切越小”的现象。尤其是，如果一旦开了先河给予“出嫁女”村民待遇，就会面临许多问题，如越来越多的“出嫁女”包括其子女回来争土地及其财产权益，长此以往、日积月累将会影响到当地村民的生存。于是村民认为，给予“出嫁女”村民待遇无异于从自己身上切掉利益，为保住自身既得利益和本村整体利益，以及今后本村子子孙孙的发展，广大村民就是不同意“出嫁女”参与集体再分配。另一方面，部分村民也特别强调要义务共担，“农嫁农”、“农嫁非”、长期在外经商或远嫁他乡不住本村组的，也就是那些“空挂户”，村民特别反感，强烈反对这部分“出嫁女”群体享受村民土地利益。

由于“农嫁女”（即农嫁农的妇女）在村（组）中处于相对少数，且她们提出的问题又涉及其他村民的切身利益，因而村民大会表决的结果往往是不同意“农嫁女”继续享受集体经济分配待遇。比如南宁市安吉镇苏卢村一组，就只有10名“农嫁女”，该村在召开村民会议就“农嫁女”能否享受本组分配待遇的问题进行表决时，280名有表决权的村民中，有241人参加表决，其中240人不同意给予享受，只有1人同意。甚至连“农嫁女”的父母、兄弟都不同意她们享受分配本组待遇。一些村委则认为，保护小部分“出嫁女”利益，就可能损伤到大多数村民的利益，从而激起更大矛盾，影响到大局稳定，因而对“出嫁女”有关土地权益往往不予以保护。

3. 对村民自治权的不正确理解

村委会认为，土地承包的调整、土地补偿款的分配、集体收益分红等是《村民委员会组织法》赋予村民的自治权，政府无权干预。《村民委员会组织法》第二条规定：“村民委员会是村民自我管理、自我教育、自我服务的基层群众性自治组织，实行民主选举、民主决策、民主管理、民主监督。村民委员会办理本村的公共事务和公益事业，调解民间纠纷，协助维护社会治安，向人民政府反映村民的意见、要求和提出建议。”而且召开村民会议程序合法，符合《村民委员会组织法》第十七条中的规定，召开村民会议应当有本村十八周岁以上村民的过半数参加，或者有本村三分之二以上的户的代表参加，所作决定应当经到会人员的过半数通过。此外，《村民委员会组织法》第四条规定，乡、民族乡、镇的人民政府对村民委员会的工作给予指导、支持和帮助，但是不得干预依法属于村民自治范围内的事项。因而，村委会认为根据上述法律规定的精神，对于属于本集体内部事务的“出嫁女”问题，村组可以自治，这是村集体内部的利益分配，是行使村民自治权的表现，其他部门，包括政府部门都无权干涉。

通过上述分析，我们可以看出，“出嫁女”所在村的村委会并非否认“出嫁女”的土地权益，而是认为她们的土地权益应该到她们所嫁的男方村集体享受，而不是在本村享受。正是由于代表广大村民意志和利益的村委会，在“出嫁女”问题上认为自己是有理有据的。因而，他们始终坚持自己的做法。甚至于有些村干部的态度非常强硬，表示“只要自己还担任村干部一天，就会为绝大多数村民维护利益，上级政府部门的领导同意给‘出嫁女’利益的，就由他们给”。

三、国家法视野下的“出嫁女”土地权益

（一）国家法律、地方法规对妇女土地权益的规制

保护妇女这一特殊群体的合法权益，是国际上加入联合国《消除对妇女一切形式歧视公约》的每一个成员方应遵循的基本原则。联合国《消除对妇女一切形式歧视公约》第 14 条第二款规定：“缔约各成员方应采取一切适当措施，消除对农村地区妇女的歧视，以保证她们在男女平等的基础上参与并受益于农村发展，尤其是保证她们……有机会取得农业信贷，利用销售设施，获得适当技术，并在土地改革和土地垦殖计划方面享有平等待遇。”我国是《消除对妇女一切形式歧视公约》的缔约方之一，理应遵循男女平等的基本原则。因而，在男女平等基本原则的理念之下，我国所制定的法律、法规，从根本大法宪法到其他基本法律、法规，都明确体现了这一平等原则。《中华人民共和国宪法》第 48 条规定：“中华人民共和国妇女在政治的、经济的、文化的、社会的和家庭的生活等各方面享有同男子平等的权利。”同时，在具体的部门法上，还专门针对妇女的土地权益问题，进行了明确的规定。比如，2005 年 8 月 28 日第十届全国人民代表大会常务委员会第十七次会议通过的《妇女权益保障法》（修正案）第二条规定：“妇女在政治的、经济的、文化的、社会的和家庭的生活等各方面享有同男子平等的权利。实行男女平等是国家的基本国

策。国家采取必要措施，逐步完善保障妇女权益的各项制度，消除对妇女一切形式的歧视”；第三十二条规定：“妇女在农村土地承包经营、集体经济组织收益分配、土地征收或者征用补偿费使用以及宅基地使用等方面，享有与男子平等的权利”；第三十三条规定：“任何组织和个人不得以妇女未婚、结婚、离婚、丧偶等为由，侵害妇女在农村集体经济组织中的各项权益。因结婚男方到女方住所落户的，男方和子女享有与所在地农村集体经济组织成员平等的权益。”第九届全国人民代表大会常务委员会第二十九次会议于2002年8月29日通过的《农村土地承包法》第六条也规定：农村土地承包，妇女与男子享有平等的权利。承包中应当保护妇女的合法权益，任何组织和个人不得剥夺、侵害妇女应当享有的土地承包经营权；第三十条则明确指出，“承包期内，妇女结婚，在新居住地未取得承包地的，发包方不得收回其原承包地；妇女离婚或者丧偶，仍在原居住地生活或者不在原居住地生活但在新居住地未取得承包地的，发包方不得收回其原承包地。”2001年国务院颁发的《关于切实维护农村妇女土地承包权益的通知》中规定：“为了方便生产生活，妇女嫁入方所在村要优先解决其土地承包问题。在没有解决之前，出嫁妇女娘家所在村不得强行收回其原籍承包地。对于在开展延包工作之前嫁入的妇女，当地在开展延包时应分给嫁入妇女承包地。对于妇女嫁入时已经完成延包工作的，如当地实行‘大稳定、小调整’的办法，应在‘小调整’时统筹解决；如当地实行‘增人不增地、减人不减地’的办法，则出嫁妇女原籍的承包土地应予以保留。不管采取什么办法，都要确保农村出嫁妇女有一份承包土地。”

对于各地因“出嫁女”土地权益受侵害而产生纠纷的解决办法，法律法规都作了明确规定。《中华人民共和国农村土地承包法》第51条规定：因土地承包经营发生纠纷的，双方当事人可以通过协商解决，也可以请求村民委员会、乡（镇）人民政府等调解解决。当事人不愿协商、调解或者协商、调解不成的，可以向农村土地承包仲裁机构申请仲裁，也可以直接向人民法院起诉。《妇女权益保障法》和《土地承包法》都明确规定，当村民、妇女的承包经营权、宅基地使用权等财产权益受到剥夺、侵害时，被害人可向人民法院提起诉讼。2003年8月，南宁市人民政府办公厅发出《关于切实维护我市农村“出嫁女”合法权益的意见》简称《意见》，第九条也明确规定：各县区、各部门要切实承担起解决“出嫁女”问题的责任，对于因“出嫁女”权益问题产生的纠纷，要积极进行调解并依照有关法律、法规、政策进行处理。当事人如对处理不服，可依法向上级人民政府申请行政复议或向人民法院提起诉讼。

对“出嫁女”土地权益纠纷，各地政府也结合当地实际制定相应的地方法规和政策，以期能解决问题，化解和平息矛盾。本文所探讨的问题的发生地——南宁市人民政府就先后制定和颁发了两个针对“出嫁女”问题的“意见”。一个是1995年南宁市人民政府制定的《关于解决郊区“出嫁女”有关经济待遇问题的意见》，其中规定：（1）对于长期居住在本村并认真履行承包责任和其他应尽义务的“出嫁女”（农嫁非），其本人应该享受与其他村民一样的同等待遇，其按计划生育政策规定生育的子女，根据《中华人民共和国婚姻法》第二十条规定，应享受与本村其他村民子女同等待遇。考虑到近郊人多地少和按夫妇双方都负有抚养教育子女的义务的有关规定，“出嫁女”按计生政策生育的子女的待遇，可按夫妇双方共同负责的原则处理。（2）对于搁荒承包田地或把承包田地长期出租给别人，随夫另谋职业的“出嫁女”，应按有关规定收回承包土地，并不应参加集体分配；"出嫁女"及子女因政策问题户口无法迁出的应允许保留户口在本村。（3）为了加强户口、人口管理，属农业人口与农业人口结婚的，应在结婚后三个月内办理户口迁移手续。（4）对出嫁非农人员的"出嫁女"及其子女，村队有农转非指标的，应优先安排这部分人农转非。（5）对1982年实行大包干后，"出嫁女"生育的子女，长期居住在本村队承包责任田地，户口仍是农业的，现已长大成人的，有的甚至结了婚，又生了小孩的，就应该视为本村队的村民，应享受与本村队村民同等待遇。2003年8月，南宁市人民政府办公厅针对"出嫁女"问题又发出的《关于切实维护我市农村"出嫁女"合法权益的意见》（以下简称《意见》）。《意见》第二条规定，农村实行土地承包责任制以来分有承包责任田（地）（含第三产业用地）并履行各种义务的"出嫁女"及其子女住在原村并与村民一样履行义务的，均享受村民应有的待遇。第三条规定，"出嫁女"及其子女的户口仍在原村，但居住地不在原村，又没有履行村民义务的，其待遇由村民会议（村民代表会议）确定。第四条规定，农村中的纯女户，允许其女婿到女家落户，落户后履行村民义务的，上门女婿及其子女享受村民应有的待遇。第五条，离婚或丧偶后的"出嫁女"及其子女，凡在居住地与村民一样履行义务的，享受村民应有待遇。①

可见，从国家立法上看，"出嫁女"的土地承包经营、集体经济组织收益分配、土地征收或者征用土地补偿费等权益是得到法律保护和认可的。但在司法实践中，上述规定的实施情况又是

---

① 以上资料来源于南宁市妇联和"出嫁女"代表张某所提供，在此特向他们表示感谢。

怎样呢？特别是当“出嫁女”以土地权益中的征地补偿款权益受到村委会侵害为由向法院提起诉讼，她们能否会得到司法的救济？

（二）人民法院对“出嫁女”案由不受理到受理的转变及其根源

“出嫁女”土地权益纠纷出现之初，人民法院对“出嫁女”以土地权益（主要是征地补偿款问题）受到侵害为由提起的诉讼基本是不受理的，“出嫁女”更多的是通过上访、信访等非诉讼手段来维护自己的合法权益。针对此问题，最高人民法院于1994年12月30日作了相应的司法解释，该司法解释认为：“土地管理法明确规定，征用土地的补偿、安置补助费，除被征用土地上属于个人的附着物和青苗的补偿费付给个人外，其余由被征地单位用于发展生产和安排就业等事业。现双方当事人为土地征用费的处理发生争议，不属于法院受理案件的范围，应向有关机关申请解决。”

后来，“出嫁女”土地权益纠纷日益增多，有些地方法院开始受理“出嫁女”的起诉，受理的依据主要是以下司法解释的规定：2001年最高人民法院《关于人民法院对农村集体经济所得收益分配纠纷是否受理问题的答复》规定：“农村集体经济组织与其成员之间因收益分配产生的纠纷，属平等民事主体之间的纠纷。当事人就该纠纷起诉到人民法院，只要符合《中华人民共和国民事诉讼法》第一百零八条的规定，人民法院应当受理。”2002年，最高人民法院《关于徐志君等十一人诉龙泉市龙渊镇第八村村委会土地征用补偿费分配纠纷一案的批复》进一步明确了人民法院对土地征用补偿费分配纠纷的受案范围。2005年最高人民法院通过的《关于审理涉及农村土地承包纠纷案件适用法律问题的解释》，则专门针对人民法院受理农村土地承包民事纠纷的有关事项作了具体规定。上述3个司法解释，为人民法院受理和审判“出嫁女”土地权益纠纷案提供了依据。

对于接受过法学教育洗礼的笔者来说，司法是社会公正的最后一道防线的理念早已根深蒂固，因而对于法院当初为何不受理此类案件的原因百思不得其解。是由于法律真的存在真空，法院受理此类案件不存在法律依据，还是另有他因？“出嫁女”土地补偿款问题出现之初，法院对此类案件是否受理的确没有法律规定，也没有相关的司法解释。而且在1994年最高人民法院的司法解释中认为此类案件不属于人民法院的受案范围。我国属于大陆法系，这就使法条成为司法适用的圣经，因此这样的解释初看起来是很有些道理的。但笔者以为，这样的解释不能说明问题。在这里，引起笔者思考的问题是，为什么当初最高人民法院认为此类案件不属于法院的受案范围，后来却又规定予以受理？

笔者认为，人民法院对“出嫁女”案从最初的不受理到最终受理的总的发展过程，是法院面对民间法（“出嫁女”案中表现为村规民约）与国家法的激烈冲突，根据双方力量对比情况的变化所采取的从妥协、回避到伺机而动、积极应对的、调适国家法与民间法关系的过程。法院当初对“出嫁女”案采取妥协、回避的战略并不意味着怯懦和退缩，而是基于当时我国乡土社会的现实，是一种“留得青山在，不怕没柴烧”的智慧，是一种明智的选择。但是，法院对“出嫁女”案不予受理只能是权宜之计，它的目的在于等待时间，等待“‘出嫁女’户口跟着男方走”的习俗被新的权利话语影响，等待这种习俗赖以生存的社会结构的改变。当乡土社会融入现代生活的语境中，法院就有能力去解决它。具体说来，人民法院对“出嫁女”问题从最初的不受理到最终受理的总的发展过程，主要是受到以下几个因素的影响：

（1）我国城市化进程的加速发展，解决此类问题的语境已相对有所改变。本文所提的“出嫁女”所在村处于城乡接合部，是当今不完全意义上的农村，土地对他们来说已经失却了费孝通先生所说的“生于斯，死于斯”的意义了。可他们仍然看重土地，应该说是在土地意味着眼前现实的利益，即补偿款的意义上来看重的。因此，可以说“出嫁女”案中的农村，已经部分甚或基本上融入了现代都市生活的语境，这个语境一旦改变，权力在其内部的运作方式也必然跟着改变，法院在执行过程中遭遇的抵抗可能就不会那么强烈了。

（2）计划生育初见成效。从 20 世纪 80 年代起，我国就开始实行计划生育，并将此作为一项国策，但是在该政策实行之初，计划生育控制最有效的范围仅限于城市。而在农村，一家生三四个小孩的并不少见（这不仅体现了民间法的强大，同样也可以说明农村处于国家权利的边沿）。而经过 20 多年的努力，计划生育已渐见成效。在农村，独生子女也更常见了（虽然独子更多见些）。这样一来，继承制中也就没有双系单系之分了。

（3）“出嫁女”问题日益增多，如果此类问题久拖未决，将会影响到社会的和谐稳定。“出嫁女”问题并非某个地方特有的现象，而是国内各地城市化进程中出现的比较普遍的现象。笔者在网上查阅的资料显示，北方内陆的内蒙古、黑龙江省，沿海地区的江浙、福建、广东、广西等地方都有此类问题发生。比如，广州市妇联 2003 年 9 月对所属六区两市的调查显示：完全没有获得征地补偿款的出嫁妇女有 6498 人，完全没有享受股份分红的出嫁妇女有 7635 人。[①] 近年来“出嫁女”要求土地补偿款的现象日益增多，这无形中使“出嫁女”成为一个利益团体。俗话说，人多力量大，当“出嫁女”问题成为一种不可忽视的声音，再加上相关法律法规的进一步完善，法院处理起来理由就更充分，周围的怨言也就没有那么大了，遇到的阻力也没有那么大了。

正是基于外界因素的推动，使得农村正在经历着一场从农村到城市的变革，使得过去理所当然的事不那么有理了，使得“今天的乡民们并不仅仅依据自己先前熟悉的习惯性规则提出自己的权利主张”，因为“他 / 她们和我们一样都生活在这个现实的迅速变动的世界，同样在主动或被动地适应着这个变动的世界”[②]。也许正是在这种适应之后，法院对其判决才有了更多的确信。

（三）当前人民法院面对“出嫁女”案的困惑及其根源

法院对“出嫁女”案从最初的不受理到最终受理是一个总的发展过程。“总的”表示的是整体、一般情况，从最初的不受理到后来的受理是一种趋势，具体到各地方法院有可能存在特殊情况。受地方各种具体因素影响，同样的“出嫁女”案件，有些地方法院受理，而有些地方法院则不受理。据资料显示，厦门市两级法院在 2000 年至 2004 审结的 212 件（2000 年 5 件；2001 年 5 件；2002 年 38 件；2003 年 45 件；2004 年 119 件）土地纠纷案中，涉及“出嫁女”权益的案件达到 130 件之多，占案件总数的 61%。在这 130 件中，一审审结后息讼的有 88 件，

---

① 参见全国妇联主编：《〈中华人民共和国妇女权益保障法〉修改论证材料》，2004 年 9 月，第 66 页。

② 费孝通：《中国绅士》，惠海鸣译，北京：中国社会科学出版社 2006 年版。

经二审的案件有42件。[①]从笔者了解到的情况中，这算是受理此类案件较多的地方。而有些地方的法院对此类案件的受理则作了种种限制，像本文所关注的广西壮族自治区南宁市即属于此情形。广西壮族自治区高级人民法院分别于2003年和2006年下发了两个与“出嫁女”土地权益相关的“通知”。2003年，广西壮族自治区高级人民法院出台了《广西壮族自治区高级人民法院关于当前暂不受理几类案件的通知》，该通知规定了广西各级人民法院暂时不予受理的13类案件，其中第六条规定，村民因土地补偿费、安置补助费问题与农村集体经济组织发生的纠纷案件，法院不予受理（但是直接支付给个人，未经集体经济组织安排发生的纠纷案除外）。2006年，广西壮族自治区高级人民法院下发了《关于严格执行最高人民法院〈关于审理涉及农村土地承包纠纷案件适用法律问题的解释〉的通知》，其中第二条规定：“因农村承包地之外的土地征收，集体经济组织成员就土地补偿费、安置补助费分配提起的民事诉讼，在最高人民法院未作出明确规定之前，暂不予受理。”以上述两个通知为依据，广西南宁市各级人民法院目前对“出嫁女”土地权益纠纷案，只是部分受理。其中，对于“出嫁女”土地权益纠纷中涉及村集体的征地补偿款及其收益的案件，南宁市各级人民法院不受理。广西桂林市法院系统2006年开始受理，2009年又中止受理，出现了“漂移”状态。

既然法律对妇女的土地权益明确规定予以保护，当妇女的土地权益受到侵犯而寻求司法保护时，为什么法院对其中的部分诉求置之不理呢？依笔者看来，地方法院对“出嫁女”征地补偿款土地权益仍不受理的规定，可能主要是基于下列因素考虑。

① 蒋月等：《农村土地承包法实施研究》，法律出版社2006年版，第147~148页。

1. 考虑到民间法还有其存在的深厚社会基础

民间法与国家法的一个重要区别在于，民间法是由人们在长期的共同生产、生活中逐渐地、自然地形成的，而国家法是由国家自觉制定的。从这个角度来说，在乡土中国，民间法较之于国家法可能更具有“力量”，因为民间法的产生源于人们的日常生产、生活的需要，有其存在的社会基础，而国家法是一种外来的知识，不一定适合乡土社会的需要，在乡村有可能水土不服。当没有外界因素介入的时候，民间法维持着乡土社会的基本秩序，毕竟这是大家共同认可的规范。而且对于此类事件基本上都发生在中国的农村——一个相对处于国家政权边缘的地方。尽管我国历来被强调是中央集权极其强大的国家，尽管古语有云：普天之下，莫非王土，率土之滨，莫非王城。但由于历史条件的限制，使得“天高皇帝远”，由此而形成了“皇权与绅权共治”的局面[①]。所以中国农村的语境成为了不可忽略的因素——在这里，国家政权的运作可能是不尽如人意的，一味地强调国家法是徒劳的。

2. 考虑到可能会与村民自治发生冲突

村民自治运动是从20世纪90年代开始的一场民权运动，被法学家认为是市民社会崛起的一种象征，因此具有重要的意义。而在“出嫁女”案中，村委会认为，不给予“出嫁女”相关土地权益是根据《村民委员会组织法》所赋予的自治权力，是经过“村民一致同意”作出的决定。同时根据《村民委员会组织法》规定，乡镇政府对村民委员会的职责只是指导、支持和帮助，没有权力

① 费孝通：《中国绅士》，惠海鸣译，北京：中国社会科学出版社2006年版，第49~61页。

干预村民行使自治权。有学者认为，法院在对村规民约进行审查时，只能对其形成决议的过程是否合法作出审查，对于实体部分，即使村民形成的决议侵犯了少数人的利益，但这是村民自治的结果，是大多数人的意见，我们在选择一项制度时，也应承受该制度所带来的不足，村民自治即是如此，法院对村民自治所形成的实体内容无权进行审查。①

3. 考虑到民间法的内生性所引发的执行难问题

学者王启梁先生的一项研究表明：社会中存在着多元的规范体系，内生性是民间法之类的非正式规范的基本特征。不同性质的规范的互动最终促成现有秩序的形成。②而在其另一项更为深入的研究中，充分说明了即使有国家强制力的支持，非正式制度（习俗）仍然可能导致法律的失败。③因此，如果不顾民间法的内生性及其存在的深厚社会基础，空谈对国家法的信仰是不现实的，只有当信仰能给人以利益的时候，人们才会将其作为信仰。执行是人民法院将其判决由一纸公文变成现实的过程，执行能否实现，是判断人们能否信仰法律、认可人民法院判决的标志。因此，如果有了法院判决却执行不了，是会严重影响到司法权威的。执行难，在这里必然会成为法院要考虑的因素。

前两年，南宁市某一法院在解决“出嫁女”案问题上曾经有过这样的事例：法院受理“出嫁女”征地补偿款案之后，依有关程序查封、冻结了某村的账户，后来引发了全体村民到法院围攻

---

① 韩俊杰：《村民决策法院无权干预》，载《中国青年报》2003年8月4日。

② 王启梁：《基层农村的规范体系与社会秩序的形成》，载《广西民族大学学报（哲学社会科学版）》2006年第1期。

③ 王启梁：《非正式制度的形成及法律失败——对纳西族“情死”的法律人类学解读》，载《云南民族大学学报（哲学社会科学版）》2006年第5期。

的恶性事件。最后，代表国家法的人民法院被迫妥协了。此外，从内蒙古自治区呼和浩特市28位“出嫁女”案的判决结果来看，也存在此问题。按媒介的报导，此案的判决意义非常重大：从审判角度来看本案的判决，能够反映出重要的政治意义和司法的现实意义。然而，事实上，本案28位“出嫁女”胜诉以后，执行判决难成为了突出的问题。[①]由于广大村民从内心里根本不接受国家法律所认可的“理”，因而他们也不配合执行法院的判决，使得法院的判决成为一纸空文。为什么会出现这样的尴尬局面？也许有人会说，执行难是当今社会普遍存在的问题，为什么却以这一理由来说明此问题呢？难道不可以像其他案子一样强制执行吗？强制执行此类案件恐怕并非那么简单。因为首先要有执行物可执行。比如，土地资源是有限的，村里的土地都已分完，如果给这些“出嫁女”权利，其他“出嫁女”也回来争地争房，那村上的其他人就没法过下去了。其次，如果法院只考虑现行判决的效果，以强制执行的方式维护“出嫁女”的权益，势必遭到广大村民采取过激的方式抵抗（实践已证明广大村民就是这么干的），从而激化社会矛盾，造成社会更大的不稳定（之所以说更大是相对于“出嫁女”问题所引起的社会不稳定而言）。还是费孝通先生说得好：“法治秩序的建立不能单靠制定若干法律条文和设立若干法庭，重要的还得看人民怎样去应用这些设备。更进一步，在社会结构和思想观念上还得先有一番改革。如果在这些方面不加以改革，单把法律和法庭推行下乡，结果法治秩序的好处未得，而破坏礼治秩序的弊病却

① http://www.woman-legalaid.org.cn/read.php?kind=dxal&file=20070711103832，2007年7月29日访问。

已先发生了。[①]"

我们知道，国家法律具有普遍性、统一性、强制性和权威性的特征。按照卢梭所言："法律的对象永远是普遍性的……法律只考虑臣民的共同体及抽象的行为，而绝不考虑个别的人（地方）以及个别的行为"[②]。但是由于地域辽阔、普遍存在十里不同风、百里不同俗的事实，在这样复杂多样的社会中，多元的规范需求是客观存在的。法律多元理论研究表明，"即使是在当代最发达的国家，国家法也不是唯一的法律，在所谓正式的法律之外还存在大量的非正式法律"[③]。国家法与民间法二元结构的客观存在，使得它们两者所调整的内容既有融合之处，也有互相冲突之处。分别从国家法与民间法的视野来看待"出嫁女"问题，我们可以看出，它们两者在"出嫁女"问题的态度上是不相一致的。民间法视野下，"出嫁女"土地权益是不应该在本村得到保护，而是应当到男方去享受的应得的利益，当然如果"出嫁女"情况特殊，也只是有限度地给予"出嫁女"一些权益，而不能与其他村民一样全部享受作为本村村民的一切待遇。而国家法对此规定却是要求要保护"出嫁女"的土地权益。一方规定要给"出嫁女"土地权益，一方却坚持不给，这样矛盾和冲突必然就产生了。

四、国家法与民间法在"出嫁女"问题上冲突的根源

关于国家法与民间法在"出嫁女"问题上产生冲突的根源，

---

① 费孝通：《乡土中国　生育制度》，北京：北京大学出版社 1998 年版，第 58 页。

② ［法］卢梭：《社会契约论》，北京：商务印书馆 1980 年版，第 50 页。

③ 梁治平：《清代习惯法：社会与国家》，北京：中国政法大学出版社 1996 年版，第 28~32 页。

笔者认为应从以下几方面进行分析：

（一）两者的价值取向不一样

其实追寻国家法与民间法两者的特征就可以看出，“国家法与民间法的冲突是理想与现实的冲突，是现代与传统的冲突，是观念与实践的冲突。这种冲突反映了国家法与民间法追寻的法律价值取向是不同的。[①]”广大农民长期生活在乡土社会特定的环境中，受民族传统文化观念的影响，认为合于礼俗的就被看成是合理的、正义的，反之就是不合理的、不正义的。正如田成有所说的：“民间法所维护的正义从观念上是一种礼俗的正义，即一种特殊的民间‘正义’”[②]。在“出嫁女”土地财产问题上，“农民们之所以尊奉一些长期流行的习惯，首先是因为这些习惯具有根植于社会生活中的合理性，因为它们为社区成员所能带来的好处更多于它们的害处。”[③]而国家法对于“出嫁女”的有关规定是以国家法律的普遍正义观为依据的。它所维护的是一种“普遍正义”，它期望通过立法和法律的有效运作来建立和维持一个社会良好的秩序。它通常不考虑每一地方的具体实际情况和风俗习惯。

其实这两者的冲突，本质上说，就是两种正义观——普遍正义和特殊正义的冲突。代表普遍正义的国家法是抽象的、统一的，因而在“出嫁女”问题上，它也是只能作一个统一的抽象规定。它不会具体考虑到这些规定是否与各地农村的实际情况相符合。而代表特殊正义的村规民约是适应农村的特定情况制定的，它以

① 田成有：《乡土社会中的国家法与民间法》，载《思想战线》2001年第5期。

② 田成有：《乡土社会中的民间法》，北京：法律出版社2005年版，第177页。

③ 梁治平：《乡土社会的法律与秩序》，载王铭铭等编：《乡土社会的秩序、公正与权威》，北京：中国政法大学出版社1997年版，第416页。

维护本村的大多数村民（不包括“出嫁女”，“出嫁女”是少数）利益为宗旨。换言之，国家法在“出嫁女”问题上追求的是，所有村民（包括一般村民和出嫁女）享有同等的土地权益，而民间法（这里主要指村规民约）追求的是本村大多数村民的利益，这就与国家法对“出嫁女”权益的维护（国家法并非对“出嫁女”权益给予特殊保护，而是把她们视为一般村民）产生了冲突。民间法与国家法在“出嫁女”问题上的冲突，在没有利益产生的时候是不清晰的，一旦两种话语所代表的主体出现利益的对立①，这种冲突就以各种方式充分地表露出来。正是由于国家法与民间法的价值取向不一，因而两者在“出嫁女”问题上出现矛盾是不可避免的。

（二）国家有关法律法规与农村的实际不相符合

我国农村从1983年前后开始实行土地家庭承包经营，当时规定承包期限为15年。为稳定土地承包关系，党中央于1993年提出，第一轮土地承包期到之后，土地承包期再延长30年不变。这一规定已写入1998年修正的《土地管理法》，具有法律效力。为稳定土地承包关系，党中央提出“增人不增地，减人不减地”、“大稳定、小调整”的原则。在农村土地延包过程中，村民们纷纷与村基层组织签订农村土地承包经营合同，并领取了土地承包经营权证书。但是，假如认可30年不变的法律规定，那么“出嫁女”在娘家的土地就不应该收回，相应地，该女子嫁到外地也就不能分得土地，也就是生不增，死不减，嫁入嫁出都不变。这

① 随着农村城市化进程加快，农村因土地大规模被征用而获得大量土地补偿款，这些土地补偿款如何分配成为了两种话语所代表的主体对立的焦点。

势必造成当事人，尤其是因婚姻的缔结而嫁入或嫁出这部分人的生产生活不方便。因而相当多的农村村委组织一般都通过决议，在村内根据形势的变化自行调整土地承包的期限，三年或五年小调整一次。这种调整，就有可能侵害到一部分妇女的权益，导致一部分妇女因为这样的调整或不调整而有可能失去土地。一旦有妇女可能失地，她必然会要求保住自己原来应得的土地份额，这样就会打破村子原有的分配均衡。

尽管在《土地承包法》中规定，承包方案或在承包期限内调整承包地，须经集体经济组织成员的村民会议三分之二成员或者三分之二以上村民代表同意，《村民委员会组织法》也规定，村集体经济所得收益的使用、村民的承包经营方案、宅基地的使用方案须提请村民会议讨论决定，所作决定应当经法定到会人员的过半数通过。但是，“出嫁女”人数甚少，加之大多数村民对“出嫁女”存在偏见，表决解决“出嫁女”问题的事项，要想获得三分之二或过半数通过，这是根本不可能的。以上这两部法律规定，在保护大多数人利益的同时，对如何保护弱势群体，如“出嫁女”的利益，客观地说有一定欠缺。

再有，“出嫁女”权益纠纷的大量存在，正是妇女基本权利缺乏国家强制力保障所致。我国《妇女权益保障法》第三十条规定：“农村划分责任田、口粮田等，以及批准宅基地，妇女结婚，离婚后，其责任田、口粮田和宅基地等，应当受到保障。”《村民委员会组织法》第二十条规定：“村民会议或者村民代表讨论决定的事项不得与宪法、法律、法规和国家的政策相抵触，不得有侵犯村民的人身权利、民主权利和合法财产权利的内容。”《村民委员会组织法》第四条规定：“乡、镇的人民政府对村民委员会的工作给予指导、支持和帮助，但是不得干预依法属于自治范围内的事项”。从表面上看，上述法律都在不同程度上对出嫁妇女的土地权益予以保障。但我们细细看，却发现这些法律规定并没有真正能发挥其对妇女权益保障的作用。比如，对村民会议或村规民约违反上述法律、侵犯妇女合法权利、违背男女平等原则的行为，应承担什么法律责任及如何监督纠正，由哪些机关按照什么样的程序进行制裁，法律并未规定。而且有些法律规定过于原则粗糙，不易操作，导致对“出嫁女”权益保护的缺位。同时，法律虽确认了村集体经济组织或村委会乃至村民小组有权行使土地经营管理权，但对于村集体经济组织、村民委员会、村民小组的法律地位及其在行使土地经营管理权时与村民发生冲突时相互之间如何协调等问题，均未作出明确规定。

（三）民间的传统习俗与国家法的语境不同

苏力断言，“国家法与民间法之间有文化的隔阻。①”这是很有见地的。中国几千年来的传统习俗就有“男婚女嫁”，“嫁出去的女儿泼出去的水”，“妇女从夫居”（当然不排除一些少数民族有不落夫家或入赘的习俗）等文化观念和习俗，并认为这些习俗和观念是天经地义、自然而然的。因而，广大村民在我国传统文化观念和习俗的语境下，一般都是认为女子结婚后理应到男方家生活和落户。女性因婚姻的缔结，“出嫁女”的身份自然而然就被人们“他者化”，其相应的权益就要被排除在本村集体这一社区以外了（除非与本村的男子结婚）。可时代发展到今天，在各地的城乡接合部偏偏出现了大量的已婚妇女嫁而不走的“怪”现象，并要求在村里与村民共同分享所得的利益（如果妇女嫁而不

① 苏力:《法治及其本土资源》，中国政法大学出版社2004年版，第75页。

走，不要求享受本村村民的待遇，也就不会发生“出嫁女”问题了)。再加上出现“农嫁女”问题的村组，大多存在耕地逐年减少，而人口逐年增多的矛盾，且村组集体经济收益有限，“农嫁女”不迁出村组，嫁入本村组的妇女户口又不断迁入，这一现实客观上加剧了“农嫁女”与其他村民的利益冲突。一些村民从生存角度考虑，担心以后无地可耕，集体经济分配变少，影响到他们的生活，考虑到本村发展，出于整体利益考虑，难免会以传统的看法来对待“出嫁女”问题。

国家法语境之下的“出嫁女”问题却与传统文化不一致，在男女平等的原则之下，我国的《婚姻法》第九条规定：登记结婚后，根据男女双方约定，女方可以成为男方家庭的成员，男方可以成为女方家庭的成员。《农村土地承包法》第三十三条规定：“任何组织和个人不得以妇女未婚、结婚、离婚、丧偶等为由，侵害妇女在农村集体经济组织中的各项权益。因结婚男方到女方住所落户的，男方和子女享有与所在地农村集体经济组织成员平等的权益。”在国家法的语境之下，女子结婚可以自由选择居住地，女子不因婚姻的缔结而改变其相应的土地权益。正是由于两者对待“出嫁女”的语境不一样，因而矛盾和冲突就不可避免了。

如果“出嫁女”问题长期不能得到解决，其后果将是相当严重的：一方面，“出嫁女”这一特殊群体的权益得不到保障，直接影响到社会和谐稳定。另一方面，它还会间接影响到我国人口与计划生育法的实施。由于“出嫁女”不能享受本村福利待遇，村民重男轻女思想会更加严重，村上群众都要生男孩(因为一出生就可马上获利分红直到老)，男女比例失调问题必将日趋恶化。那么怎样做才能既维护广大村民的利益，又不损害“出嫁女”的利益，最终达到社会的和谐发展呢?

五、解决“出嫁女”问题的路径

村规民约、村委会、村民小组、政府、人民法院对“出嫁女”土地权益的不同态度和做法，是民间法与国家法的冲突在“出嫁女”问题上的集中体现。“出嫁女”问题的解决过程，实质上就是调适民间法与国家法之间的冲突的过程。

关于如何正确调适民间法与国家法之间的冲突，建立和维持良好、稳定的社会秩序，实现社会正义，促进社会和谐发展，学界已经作了较多的讨论。对这一问题的解决主要存在 3 种不同观点。第一种观点认为，国家法和民间法分别代表着不同的知识传统和文化形态，并且受到不同原则的支配。因此，要有规划地进行文化移植，消除两者矛盾的最好方式是使民间法不断明确化、系统化，使之被纳入国家法律体系之中。第二种观点认为，国家法与民间法存在根本的矛盾，而矛盾主要是由民间法的落后生成的，民间法无论从形式内容上，还是从结构功能、系统化的程度上都与现代国家法的要求相去甚远。因此，两者矛盾的解决应从根本上对民间法予以否定、摈弃，以国家法取而代之。第三种观点认为，对于农村法治实践，不应理解为农村非正式制度或秩序的完全“自治”以及与国家法律制度或秩序的分庭抗礼与平起平坐，而应理解为两者在农村社会中的“分工”和“配合”，也就是国家法与民间法要建立一种良性互动机制。这种观点是建立在前两种观点基础之上的。[1]

---

① 张学亮、王学栋:《中国乡村社会法治秩序的建构——从国家法与民间法的关系考察》，载《天津市政法管理干部学院学报》2005 年第 3 期，第 78~82 页。

这3种观点中，前两种观点过于绝对，忽略了民间法产生的土壤和存在的相对合理性，无视民间法正在发挥调整农村社会中各种关系的客观现实，片面强调国家法的优越性。因而，对这两种观点，赞同者甚少。第三种观点即互动论，是目前的多数观点。笔者原则上同意互动论。但是，就笔者所掌握的情况看，主张互动论者只是笼统地认为国家法与民间法应当共存，相互分工、相互配合、相互补充，共同发挥调整社会关系的作用。如果说有稍为具体的论述，那就是田成有等学者对民间法与国家法的调整范围作了大致的分工。比如，田成有先生认为，属于最基本、最重要的社会关系，必须由国家法运用强制性规范予以确定和调整，如刑法调整的社会关系就是如此；具有强烈的“地方性知识”和民间色彩的社会关系，可以依靠民间法处理；属于民间法与国家法都可以涉及的社会关系，既可以由民间法来确定和调整，也可以由国家法来调整。[①] 对于这种分工，笔者心中存在诸多疑问。比如，那些只能由国家法调整的社会关系，如果民间法抢先介入（这种情况实践中并非少见），或者民间法存在浓厚的基础，在群众中根深蒂固，国家法将如何应对？国家法与民间法都可以确定和调整的社会关系，如果两者同时或者先后予以调整，而调整的依据、结果相冲突，最后的结局将会怎样？对于诸如此类的问题，论者并没有给出答案。因此，互动论并没有给调适国家法与民间法的冲突提供切实可行的解决方案。

笔者认为，调适国家法与民间法冲突所要解决的根本问题是：当某一社会关系或者纠纷受到互相冲突的国家法和民间法的双重调整时，如何有效地化解冲突，恰当地处理两者的关系和解决纠

① 田成有：《乡土社会中的民间法》，北京：法律出版社2005年版，第38~40页。

纷？对此，笔者的观点是：在现行国家法的体系下，相对地尊重民间法的作用，逐步地解决“出嫁女”问题。当产生民间法的生产、生活条件和环境尚未发生根本的改变，民间法的存在还有着相对的合理性和深厚、广泛的民众基础，从而为村民所信奉，而自上而下的国家法尚未真正被大多数村民接受，未能内化为广大村民的内心信念，国家法在农村社会施行的条件尚未成熟，国家法的权威在农村社会尚未确立，这种情况下，国家法应该作适当的妥协、让步。如果国家法在农村社会施行的条件尚未成熟而强行推行，必然会遭受村民的重重抵制，难以实现，这样，一方面，国家法在农村社会的形象受到损害，另一方面，民间法对农村社会关系的调整受到影响。结果很可能是：农村社会秩序混乱，人们无所适从。但是，国家法对民间法的妥协和让步不应是消极的、无条件的，而是暂时的，有条件的。国家法在向民间法妥协、让步的同时，也应积极地对民间法施加影响，更重要的是，国家法应当创造在农村社会有效施行所需要的各种条件，促进国家法在农村社会的实施。当国家法在农村社会施行的条件已经成熟，而民间法已经失去其赖以生存的土壤，失去其存在的合理性，国家法即应向农村社会推进，以实现国家法治的统一。具体来说，解决“出嫁女”问题的路径，应逐步进行，分为当前解决对策和远期目标方案两个步骤。

（一）当前解决“出嫁女”问题的对策

如前所述，在民间法视角下，村委会不愿意给予“出嫁女”相关的土地权益，最根本的问题是利益冲突，即害怕本集体成员（除“出嫁女”以外）的人利益受损，害怕打破先例给予一部分“出嫁女”相关利益之后，其他“出嫁女”也来争夺利益。当然，在目前“出嫁女”矛盾冲突严重甚至激化的状况下，如果完全按国家法的有关规定来全部解决“出嫁女”问题，是不切合农村实际的，也是不可行的。但是，如果在“出嫁女”问题上一味地没有原则地向民间法妥协，恐怕此类问题将会越来越复杂，问题解决的难度也会加大。而且，从另外的角度来说，如果此类问题始终没能解决，没能给“出嫁女”一个说法（不管这说法是否能完全符合她们的本来诉求），也不符合我国法治建设的基本精神，也会让社会上的一部分群体对我们的法治失去信心和信念。笔者所访谈的“出嫁女”代表肖肖就是一个典型。肖肖为了维护自己的土地权益而多方诉求，近 20 年也未果。[①] 她表示对党和政府以及法律都不相信了，这些都是骗人的。看来，“出嫁女”问题无论如何都该有一个说法了。目前国内解决“出嫁女”问题比较成功的做法，应属广东、深圳一带推行的股份制改革。[②] 南宁市曾有人在政府会议上，建议南宁市也可借鉴此做法来解决“出嫁女”

① 这是笔者调研的个案，为了遵循社会文化人类学调查的规范，个案中的地名以及人名均采用化名。肖肖是广西壮族自治区南宁市郊秀村第 6 生产队人，1976 年与某单位职工结婚。由于属农嫁非，她的户口一直没有办法迁到男方单位。自结婚后，肖肖就一直在出生的村组承包经营土地，后来她先后有了两个小孩。在 1988 年，村集体调整土地之前，她的两个小孩未都能分配得土地承包经营。而 1988 年之后至今，两孩子就没有了土地承包经营权了，也不能享受村里的集体福利分配待遇。肖肖本人也从 2000 年开始（之前她的户口曾被村里未经她本人同意就转为非农户口，后来她通过打官司，公安部门又恢复了她的农业户口，但就是不能享受村里的经济分配待遇（每人每年平均约 2000 元）。目前她家的生活来源主要是依靠每月 1000 左右的出租房费维持生活。类似她这种情况的“出嫁女”，在南宁市“出嫁女”中占相当大的比例。她们为了维权，已经结成了自己的组织，多次到政府和司法部门上访，要求解决她们受侵害的权益。但有关部门至今也没能给她们一个说法。

② 比如广东江门市广蓬江区白石村的经验和做法，蓬江区白石村的村规民约以一个明确的时点为截止时间，在这个时点前已出生，不分男女，都属原始股东，均享受股份分配，从而切实维护了“出嫁女”的合法权益。

问题。笔者认为这想法是好的，但南宁市推行这一做法的条件还不成熟。因为，一方面当地经济还不够发达，第三产业分配还不能完全保障村民的基本生活需要；另一方面当地民间法的力量还比较强大，且“出嫁女”的诉求情形也比较复杂。事实上，据了解，前两年南宁市政府有关部门曾试图推行这一做法，但在调研过程中没有获得多少群众支持，以至一直没有推行就证明了这论断。笔者认为当前解决“出嫁女”问题的关键在于两方面：一是党和政府以及司法等有关部门，要积极主动承担起调适国家法与民间法的重任。有关部门在调适中尤其要注意，既要以国家法为依据又不完全固守国家法，要在运用法律的同时充分考虑到当地农村的实际状况。二是解决此类问题，司法机关要有一个相对合理的、可行性的认定标准和方案，为受理和解决“出嫁女”问题做好充分的准备。

1. 政府部门要主动承担起调适国家法与民间法的重任

面对国家法与民间法在“出嫁女”问题上的冲突，我们的政府部门有职责和义务承担起调适国家法与民间法的重任。因为：第一，出嫁女问题的出现，大部分是由于政府批准征地而起的，矛盾出来后，各级政府还是群众解决此类问题所信赖和依靠的对象。事实上，出嫁女问题的出现，群众认为很大一部分因素在于政府部门。政府有关部门为了公众利益而征地，由此引发了一些矛盾，但政府解决此类矛盾的措施又不力，导致矛盾越来越复杂和激化。因而，“解铃还需系铃人”，应该说，通过政府有关部门认真细致的工作，调适国家法与民间法在“出嫁女”问题上的冲突，是比较可行的。政府部门也应该有信心和有能力，在出嫁女问题上做好自己的本职工作，才不辜负群众对他们的信任。第二，政府有关部门有调适国家法与民间法的条件。政府部门可以根据当地实际情况，制定切实可行的地方性政策或地方性法规来调适两者的冲突和矛盾。其实，如前所述，南宁市人民政府在这方面已进行实践了，分别在1995年和2003年制定和发布了两个针对出嫁女问题的文件。第一个文件过于偏重民间法，忽略国家法的基本精神，导致部分出嫁女权益不仅没有得到维护，反而原有的利益也失去了。2003年的政府文件，应该说比较符合目前现状，兼顾了国家法与民间法两者的精神。第三，政府各级有关部门有进行调解工作的有利条件，能让矛盾和纠纷尽量在调解中解决，这样可避免司法机关放开受理“出嫁女”案件后，所出现的无法承受的案件积压现象。“出嫁女”问题从产生至今，一直都没有得以解决，如果完全由司法机关通过诉讼程序解决，恐怕司法机关难以应对，将会积压大量的案件。最好的办法是由政府部门发挥主导作用，通过宣传政策、法律法规，晓之以理、动之以情，让群众能接受我们的地方性规章制度，最终达到化解矛盾的目的。如果有些问题通过政府部门调解还是不能解决的，就进入司法程序解决。而要通过司法程序解决“出嫁女”问题，最为关键的一步在于确定司法机关受理并支持此类案件的标准。

2. 确定司法机关支持“出嫁女”诉求的标准

如前所述，广西南宁市的法院之所以不受理“出嫁女”案，尽管根源是多方面的，但如果有一个统一的相对合理的支持“出嫁女”标准，应该说对此类问题的解决还是有可能的。纵观国内其他地区的司法实践，法院受理此类案件并最终能顺利解决的关键，是在于有一个认定的标准，确定谁是村集体组织的成员，谁就有权获得本村村民的待遇。而确认某一公民是否具有集体成员的资格，在审判实践中，目前有两种依据。一是户籍主义模式，即只要具有本集体经济组织农业户籍的，就视为集体经济组织成员，可以平等享受分配权利。有学者就是这样认为："对于'出嫁女'，该类纠纷应以户口所在地为确认村民身份的标准，只要户口在被征用地农村的即为该村村民，就能以村民身份要求分配土地征用补偿款，只要符合《民事诉讼法》第108条的规定，就应予以受理。[①]"二是户籍加义务结合模式，即除了具有本集体经济组织农业户籍的外，还应与其他成员一样尽义务，才作为集体经济组织成员。

诚然，"户口"不仅是一种身份的体现，而且是一种资源享有权的确认，具有某地的户口就意味着可以享有某地各种资源分配的权利。[②]但对于上述两种解决问题的依据模式，笔者认为都有不合理之处。首先，前一模式过于简单，适用结果可能会导致成员认定方式简单化和认定范围扩大化，给某些人取得不当利益以合理的借口，从而不利于发挥征地补偿费对真正依靠土地生存农民的补偿功能。因为，我们不排除现实生活中会有以下情况出现：有的"出嫁女"故意不将户口迁出，以期在土地征用时分得补偿款；有的"出嫁女"仅仅将户口挂在娘家，并未与娘家所在村建立土地承包关系。这些情形，恰恰是民间法视野中的广大村民所不能接受的。如果我们对于"出嫁女"的诉求不作划分，而是单纯采取以户口为认定标准，将会导致部分案件处理以后产生负面效果。其次，第二种模式虽然有一定合理性，但是忽视了现在农村义务负担上的一些实际情况，导致单纯使用该模式会有一

① 蒋月等：《农村土地承包法实施研究》，北京：法律出版社2006年版，第162页。

② 王会伟：《户籍制度改革：还户籍的未来面目》，载2001年12月21日《法制日报》。

定难度，也易出现混乱。据了解，农村居民负担义务的形式有不同标准，有的地方按照承包土地情况负担，有的地方按照常住人口负担，也有的地方简单按照户籍登记负担，就是同一地方，不同种类的负担义务可能也会有不同负担方式。

因此，综合上述解决问题的标准和模式，结合当前农村社会的实际情况，笔者认为确认某一公民是否具有村民资格，享受本村民的待遇，既不能以已婚男或已婚女为划分标准，也不能仅仅依据户籍，而是要依据户口加义务再加生产生活来源为认定标准。其理由在于：（1）它一定程度上兼顾了国家法与民间法，符合相对公平的理念。依据此标准，可以比较符合社会实际，对“出嫁女”的权益保护没有一概而论，而是根据不同情况分别对待。只有这样做，才能避免在对待“出嫁女”问题上的一刀切，引起村民的不满。特别是在目前我国土地征用频繁的时期，可以避免一些妇女利用结婚以及其他方式来获取将要被征用的土地所在村组的户口，借此获得土地征用补偿。（2）它符合司法解释的有关精神和规定，比较有利于司法部门解决纠纷。《最高人民法院关于审理涉及农村土地承包纠纷案件适用法律问题的解释》第二十四条规定：“农村集体经济组织或者村民委员会、村民小组，可以依照法律规定的民主议事程序，决定在本集体经济组织内部分配已经收到的土地补偿费。征地补偿安置方案确定时已经具有本集体经济组织成员资格的人，请求支付相应份额的，应予支持。但已报全国人大常委会、国务院备案的地方性法规、自治条例和单行条例、地方政府规章对土地补偿费在农村集体经济组织内部的分配办法另有规定的除外。”可见，农村土地补偿费以及安置补助费，属于农村集体经济组织的财产，可以享有该费用分配权的主体必须具有本集体经济组织成员资格。同时因为土地补偿费以及安置补助费，主要为了解决失地农民的生产生活安置问题，因此在集体经济组织成员资格认定上，不仅仅依据户籍登记，还要审查权利主张人是否依赖该集体组织生产生活。可见这是比较合理的标准，既考虑到国家法的精神，又兼顾到民间法的效力基础，它将会使法院受理“出嫁女”案件有更充分的信心。比如，基于上述认定标准，对于“农嫁非”，户口无法迁出的“出嫁女”，婚后还在本村存在过土地承包关系的（之所以说存在过，是因为有些村现今已没有土地可承包了）；而且生产生活大都在本集体、又无其他生活来源的，应给予其及一个子女享有与其他村民同等的分配利益。但对于“农嫁非”，户口无法迁出的“出嫁女”，如果婚后不在本村存在过土地承包关系的（比如婚后就到男方生活并已自谋职业有稳定生活来源的），不应给予其及子女享有与其他村民同等的村民待遇。此外，其他不符合我们上述认定标准的“出嫁女”，在现行状况下还是暂时不能支持她们的请求。以后条件成熟了，所有的“出嫁女”问题将会迎刃而解。

（二）今后解决“出嫁女”问题的根本出路

当然，如上所述，在国家法与民间法的这场博弈中，国家法向民间法的妥协和让步是暂时的，是有条件的。为了实现国家法向农村社会的有效推进，必须创设国家法在农村社会施行的各种条件。就“出嫁女”土地权益纠纷这类案件而言，必须创造条件，使国家法真正能在农村社会得到贯彻和施行，使政府、法院能按照国家法的规定维护“出嫁女”的土地权益，支持“出嫁女”的利益诉求。笔者认为，在“出嫁女”土地权益纠纷问题上，国家法要得以有效贯彻，以支持、维护“出嫁女”的土地权益，必须从以下方面创造条件。

1. 大力发展农村经济，缩小和消除城乡差异

民间法与国家法二元格局的形成与发展，缘于农村社会与城市社会差异的客观存在，而农村社会与城市社会的一个重要区别，就是农村社会经济落后，村民生活水平较低。落后的经济发展状况是国家法在农村社会推行的障碍。这是由于：第一，对于村民来说，国家法的适用与民间法相比，成本往往高得多，村民往往因为支付不起昂贵的诉讼费用而选择民间法；第二，农村社会尤为经济落后导致商品交换不频繁，对合同法、担保法等国家法的需求不多。因此，在"出嫁女"土地权益纠纷问题上，要使国家法在农村社会取得话语权，必须进一步加大农村改革开放的力度，增加在农村投入，通过各种途径，大力发展农村经济，缩小和消除城乡差异。具体说来，就"出嫁女"土地权益的国家法保护而言，发展农村经济，缩小和消除城乡差异的重要意义主要体现在以下几个方面：

（1）经济发展能为国家法在农村社会的使用提供经费的支持。如前所述，对于村民来说，在农村社会适用国家法的费用要比适用民间法成本高得多，这是村民不选择国家法而选择民间法的重要原因之一。而这种状况反过来又成为国家法在农村社会推进的障碍，因为对法的信仰是在法的适用中逐渐培养的，村民适用民间法而不选择国家法，那结果就是村民信奉民间法，而对国家法的信念难以确立。而通过发展农村经济，村民富裕起来了，诉讼费用不再是村民的沉重负担，选择国家法就成为可能。在适用国家法的过程中，村民对国家法的信念就会逐渐形成，而这又将促进国家法在农村社会的施行。

（2）经济发展将促进村民对国家法的需求。随着生产力的提高，农村经济的发展，村民的物质生活将不断丰富，商品交换将日益频繁，农村市场将日益繁荣，城乡市场将不断走向融合。随着城乡市场一体化格局的形成，效力仅局限于本地方的民间法已不能适应村民的需要，有的甚至已成为村民经济交往的障碍。而另一方面，村民为了正常的经济交往和解决纠纷，对合同法、担保法等国家法需求必然日益增多，国家法在农村社会中必将发挥越来越重要的作用，与此同时，民间法的作用空间必然越来越小。

（3）经济发展将使村民对土地的依赖逐渐减弱，依据国家法解决“出嫁女”问题的阻力将随之减小。伴随着改革开放在我国农村的深入发展，随之而来的是农民外出务工增多，甚至不少农民投资经商、办厂，农民收入大幅度增加。农民的收入中，土地耕作所占的比例大大减少，农民“靠山吃山，靠水吃水”的状况也必然随之发生根本的改变。同时，经济发展了，农民的收入大幅增加了，土地收益在大多数农民收入中所占的比重也将变得越来越小，农民依靠获得更多的土地收益来维持和改善生活的状况也将发生改变，即农民将越来越不必依靠土地收益来维持和改善生活。而村民、村委会、村民小组等不愿意给予“出嫁女”土地权益的主要考虑是，“蛋糕”就那么多，分的人多了，每个人得到的自然就少了。因此，随着农村经济的发展和农民收入的增加，国家法支持“出嫁女”土地权益诉求所遇到的阻力必然会逐渐减小。这方面的典型例子是南宁市琅西村。近些年来，琅西村通过发展第三产业等多种途径，使得农民的收入得到了很大的提高，因而，琅西村的“出嫁女”能够根据国家法的规定，与其他村民一样，享受村民的同等待遇，享有土地承包、宅基地使用和土地收益分红等权益。

（4）经济发展将使农村社会由“熟人社会”演变为“半熟人社会”甚至“陌生人社会”，从而使民间法在“出嫁女”问题上逐渐失去存在和发挥作用的空间，以国家法调整农村社会关系的需求将更为迫切。随着农村经济的发展，农村交通状况不断得到改善，人员的流动变得越来越频繁，再加上外出务工人员不断增加，网络开始进入农村社会等因素的影响，费孝通先生所描述的"熟人社会"必将为"半熟人社会"甚至"陌生人社会"所代替。而民间法存在和发挥作用的重要基础是熟人社会，只有在熟人社会，民间法才能有效地约束人们的行为，在"半熟人社会"或者"陌生人社会"，"面子"、"礼俗"等民间法借以发挥作用的约束因素将难以影响人们的行为，人们违反民间法所需付出的成本将大为减少甚至当事人可以忽略不计。而国家法不同，它以强大的国家强制力为后盾，能适应"半熟人社会"和"陌生人社会"的需要。因此，农村经济发展带来的必将是民间法调整的失灵和国家法向农村社会的推进。

（5）经济发展是培植村民的国家法观念的物质基础。历史的发展已经证明，观念的更新以社会经济的发展为基础，现代法治观念的培植和形成需要社会经济的发展作为支撑。而国家法的施行应当是观念先行，没有村民对国家法的信仰，国家法就不可能在农村社会有效推进，不可能在调整农村社会关系中被村民自觉遵守和适用。因此，为了在农村社会培植和形成国家法的观念，促使村民自觉遵守和适用国家法，必须发展农村经济。

2. 增强农村的司法力量，完善农村的法律服务

这里的司法力量是从广义来说的，不仅指法院、检察院这些狭义的司法部门的人员配备和物质条件，也包括公安、政府等执法部门的人员配备和物质条件。要使国家法在农村得到有效施行，国家必须在农村配备充足的司法力量，这是国家法向农村推进的物质条件。如果农村的司法力量配备不足，农民就可能"告状无门”，或者尽管“告状有门”，但门槛太高，告起状来很不方便，或者成本很高，效率又低，耗时又长。这种状况必将影响农民求助国家法解决纠纷的积极性，使他们转而求助于民间法，因为借助民间的权威，以民间法解决纠纷，有时不仅简单得多，而且更省时省力。纠纷的解决不仅是裁决问题，更重要的还是裁决的执行问题，如果判决不能执行，将会严重影响国家法的权威，进而影响国家法在农村的推行。现在广西一些地方法院判决“出嫁女”胜诉，判决却根本得不到执行，应当说与农村司法力量不足有很大关系。广西壮族自治区高级人民法院 2003 年制定的 180 号文件规定不受理包括“出嫁女”土地补偿款案在内的 13 类案件，其重要理由之一，正是这类案件难以执行，考虑到如果判决得不到执行会损害法院的形象。

而目前，我国农村司法力量不足是一种普遍现象。比如，广西各地乡镇的公安派出所一般只有两到四名民警，有的派出所没有配备警车，有的地方一个派出法庭管辖几个乡镇。许多地区农村的交通非常落后，为了到派出所、司法所等部门解决纠纷，往往单程就要花费大半天时间，费时又费力，而派出所、司法所由于人员不足，很多纠纷不能到现场、到农民所在地处理。这样，农民就往往转而求助于民间法，以民间的各种方式解决问题。因此，国家必须加大投入，在农村配备足够的司法力量，为国家法在农村的施行提供充足的物质条件。

完善的法律服务也是国家法在农村得以推行的重要保证。首先，派出所、乡镇司法所等部门应当以为农民服务、公正、合法、及时地解决纠纷为宗旨，想方设法为农民解决纠纷创造各种便利条件。比如，现在推行的警务进村的做法，就给农民提供了很大的便利，收到了较好的社会效果。其次，司法人员必须言传身教，秉公执法，公正地处理纠纷，只有这样，才能在农村社会树立起对国家法的信仰。如果司法人员不是秉公执法，而是徇私枉法，把执法作为谋取私利的手段，势必损害国家法在人民群众中的形象，使人民群众对国家法产生排斥心理，阻碍国家法的在农村的推进。再次，对于农村中的弱势群体应给予特殊的照顾，比如，在诉讼中给予法律援助，或者减免诉讼费用等，这样才能使法律在农村中得到平等的适用，法律面前人人平等的原则才能得到贯彻，才能深入人心。相对于村委会、村民小组和其他村民来说，“出嫁女”属于农村中的弱势群体，在她们的土地权益受到侵害时，给予她们法律上的援助尤为重要。据笔者掌握的资料，一些影响重大的“出嫁女”土地权益纠纷案，正是因为得到了强有力的法律援助，“出嫁女”的权益才得到了保护。[①] 而这些案件产生的积极影响，必将推进国家法在“出嫁女”土地权益纠纷解决中发挥更大的作用。

3. 在农村大力开展法治宣传活动

不少学者曾经指出，国家法在农村社会的实行不是仅仅依靠法治宣传、喊喊口号就能实现的。[②] 笔者认为，仅仅是法治宣传、喊喊口号诚然不能实现国家法在农村的有效推进，但是，要实现国家法在农村的有效推进，法治宣传是必不可少的重要环节。国家法在农村社会实施的条件尚未具备时，仅仅依靠法治宣传确实不可能真正树立起人们对法律的信仰，不可能有效推进国家法在

---

① 比如，北京大学法学院妇女法律研究与服务中心，近年来在此类问题上提供了大量的法律援助，为维护“出嫁女”的权益作出了较大贡献。他们曾先后为安徽省桐城市韩某、朱某等5名“出嫁女”土地征用补偿款纠纷案、广东惠州钟某等38名“出嫁女”维护农村土地权益案提供法律援助。

② 苏力:《法治及其本土资源》，北京：中国政法大学出版社2004年版，第34页。

农村社会的适用，但是，当国家法在农村社会施行的条件已经具备，在农村社会中通过各种形式，大力开展法治宣传教育活动，对于在农村社会中树立国家法的观念，实现国家法的施行又是非常重要的。我国有着几千年的封建社会历史，在我国农村，封建礼俗根深蒂固，虽然经过了新中国成立以来大半个世纪的法治建设，经过多次普法宣传，在农村开展了声势浩大的“送法下乡”活动，但是，现代法治观念还没有深入人心，国家法的实施还存在观念上的障碍。因此，要通过法治宣传，使农民认识和了解国家法，信奉国家法，自觉遵守国家法，使村民在发生纠纷时积极运用法律予以解决。要通过法治宣传，在农村社会中普遍树立起契约、平等、公平、正义等现代法治观念。就“出嫁女”土地权益纠纷的解决和“出嫁女”权益保护而言，必须使村民牢牢树立起男女平等的观念，消除歧视妇女的陈规陋习。

特别重要的是，必须更新“男娶女嫁”的传统观念，因为正是基于“男娶女嫁”的传统观念，使农村“女方户口跟着男方走”的做法有了依据，村委会才有理由堂而皇之地要求“出嫁女”把户口迁出，才有理由在“出嫁女”未迁出户口时否定她们的村民身份，进而剥夺她们的土地权益。在旧中国的封建宗法制度下，男尊女卑，夫权统治，家庭结构是以男性为中心的。在婚姻形式上，历来都是男娶女嫁，女到男家，从夫居，即结婚以后女方成为男方家庭成员。个别情况下也有男到女家，但往往都是因女方家庭的“招赘”，大都受着传宗接代思想的支配，男方则是迫不得已而为之，赘夫在社会上相对来说是受歧视的。“男娶女嫁”这一传统习俗是人类社会发展到一定历史阶段的产物。在母系社会的后期，由于男子在生产中的作用日益重要，社会地位逐步提高，男性希望保存和继承财产的强烈愿望。要求实行男娶女嫁，把财产按父系继承下去，这是“男娶女嫁”传统习俗产生的经济根源。应当说，社会发展到今天，在我国农村中革新“男娶女嫁”的传统观念，倡导婚姻法第九条规定的“女方可以成为男方家庭的成员，男方可以成为女方家庭的成员”的条件已经基本具备。现在我们要做的就是：大力宣传男女平等原则，营造男方落户女方家庭，成为女方家庭成员的社会氛围。

4. 建立和完善农村社会保障制度

长期以来，我国由于农村生产力发展水平低下，经济落后，国家财力有限，农村的社会保障制度很不完善。农村社会保障制度存在的各种问题影响着国家法对“出嫁女”土地权益的保护，其中，养老保险制度的缺失，直接制约着“出嫁女”土地权益的国家法保护。在我国农村，“续香火”、“养儿防老”的观念由来以久，而这种观念的形成，其根源就是农村的经济落后，国家在农村没有建立起有效的养老保障体系，农村养老责任主要不是国家和社会承担，而是由个人承担。加上我国农村男娶女嫁的风俗习惯，儿子就成了养老、防老的主要责任承担者，甚至是唯一承担者。正是儿子在农村养老中的重要地位，促使农村重男轻女思想和“嫁出去的女儿，泼出去的水”的传统观念的形成。而如前所述，重男轻女思想和“嫁出去的女儿，泼出去的水”的传统观念是民间法主张“出嫁女”的“户口跟随丈夫走”的思想根源。因此，要打破我国农村中普遍存在的重男轻女、“嫁出去的女儿，泼出去的水”这些传统观念，真正树立起男女平等观念，实现对农村土地权益平等保护，根据国家法切实保护“出嫁女”的土地权益，维护农村社会稳定与和谐发展，国家在农村社会保障中应当承担起责任，要建立起一套完善的农村社会保障制度，使村民老有所养，消除后顾之忧。否则，在农村，重男轻女的思想不可能根除，“男女平等”观念不可能真正树立，从而，“出嫁女”土地权益的保护就难以实现。

5. 贯彻国家计划生育政策，控制农村人口增长

人多地少矛盾的存在是当前“出嫁女”土地权益受到侵害的重要原因。从笔者对南宁市部分“出嫁女”土地权益纠纷问题较为突出的村子看，村委会、村民谈到为什么不给予“出嫁女”分红、土地补偿款等时，说得最多的就是，现在人多地少，如果让“出嫁女”与其他村民一样享受分红、土地补偿款等村民待遇，那么一般村民从土地中得到的利益就太少，他们的生活就会受到影响，甚至生存会受到威胁。当南宁市政府、妇联到农村做村委会、村民的思想工作时，后者说得最多的也是这个问题。

此外，上文已经述及，“出嫁女”土地权益受到侵害与社会继替中的单系偏重规律有关，而计划生育政策的实施将对这种单系偏重规律产生影响，因为根据计划生育政策，一对夫妇只能生育一个或者两个孩子，这样，每对夫妇都有儿子的概率就会大大降低，而这必将促使人们改变这种单系偏重的社会继替观念，进而影响人们的相应行为。单系偏重的社会继替规律的改变，对于男女平等观念的倡导，对于“出嫁女”土地权益的维护，无疑是重要的。

由上可见，在农村严格贯彻国家计划生育政策，对于“出嫁女”问题的解决具有重要意义。应该说，我国农村不少地方的计划生育已经取得了较好的成效，人口增长的速度已经大大减缓。但是，仍然存在相当一部分农村、相当一部分村民公然违反计划生育政策，计划外生育严重，导致这些地区人口增长过快。因此，必须进一步贯彻落实国家的计划生育政策，严格控制农村人口增长，缓解人多地少引发的矛盾，从而为“出嫁女”问题的解决创造条件。

结语

由于城市化的快速发展，城市文明在短期内进入农村，农村村民被动地接受城市化所带来的一切：平房变成了高楼；道路变宽了；耕地变少了；过去单调封闭的社区环境已不再封闭；大众媒体的大举入侵，在改善农民文化生活的同时，也使他们看到了“外面的世界真精彩”；城乡之间的人口流动规模不断增大；乡镇企业迅速崛起……所有的这一切变化，使得昔日费孝通先生笔下的“乡土中国”发生了极大的改变。[①] 然而，这种变化并没有中断中国乡土传统的延续，总体而言，我国城乡二元社会的基本格局还没有发生根本的改变。相应地，民间法与国家法并存的格局也将继续存在。民间法与国家法由于在产生和存在基础、价值取向、发生作用的方式等方面均有着较大差异，因此，它们之间的冲突是不可避免的。民间法作为一种地方性知识，[②] 具有顽强的生

① 根据费孝通先生的观察，中国的农村是乡土性的，其重要特点是，“乡村里的人口似乎是附着在土上的，一代一代的下去，不太有变动。”虽然也有人口的流动和分化，“可是老根是不常动的”。由于人口的流动率低，社会的环境相对封闭，乡土社会的生活又是“富于地方性的”。人们在这种社区中生于斯、长于斯，彼此之间甚为熟悉，因而，这又“是一个‘熟悉’的社会，没有陌生人的社会”。见费孝通：《乡土中国　生育制度》，北京：北京大学出版社 1998 年版，第 7~9 页。

② 著名学者吉尔兹对“地方性知识”的理解是：“法律就是地方性知识；地方在此不只是指空间、时间、阶级和各种问题，而且也指特色（accent），即把对所发生的事件的本地认识与对可能发生的事件的本地想象联系在一起。见［美］吉尔兹：《地方性知识：事实与法律的比较透视》，邓正来译，载梁治平：《法律的文化解释》，上海：三联书店 1994 年版，第 74~171 页。

命力，与以国家制定法为符号所代表的现代法治的要求不是很相符合。当其赖以存在的社会、经济基础还没有发生根本改变，它将始终会以各种形式存在并表现自己。国家法的实施及被有效遵循过程，也是同家法与民间法相互博弈的过程。面对民间法与国家法的冲突，对民间法一味地挤压和排斥是徒劳的，理智的选择是采取适当的措施，调适国家法与民间法二者的关系，促进二者的良性互动，同时积极创造条件，实现国家法向农村社会的有效推进。

村委会、村民小组与政府、法院在“出嫁女”问题上的对立，体现的正是民间法（在“出嫁女”问题上主要表现为村规民约）与国家法的冲突。由于我国农村“乡土社会”的传统近期内不可能发生根本转变，与这种传统相适应的、延续了几千年的传统观念和习俗——妇女结婚“从夫居”、“嫁出去的女泼出去的水”等不会在短期内得以改变，它仍将在广大村民的社会生活中产生巨大的有形或无形的影响，左右村民的思维和行动。因而，在“出嫁女”问题上，国家法与民间法的冲突就不可避免。在这种冲突中，面对两个力量对比极为悬殊的利益群体（处于弱势地位的“出嫁女”面对的是广大全体村民），我们必须关注社会的接受程度。在“出嫁女”土地权益纠纷问题上，虽然国家法在与民间法的较量中在局部地区取得了胜利，占据了一定的优势，国家法在局部地区、在一定程度上得到了贯彻，但是，从整体来看，由于上述原因，在国家法与民间法的这场博弈中，国家法尚未从根本上取得优势地位，国家法在向农村社会推进中阻力重重、步履艰难。代表国家法的政府、法院的正确选择应当是：在这场博弈中充分运用自己的智慧，审时度势，见机行事，与代表民间法的村委会、村民小组展开周旋，在条件成熟的地区坚定不移地推进国家法，实施国家法，而对于民间法力量强大、推行国家法的条件尚不具备的地方，则按兵不动，向民间法作适当的妥协、让步，以维护农村社会的稳定和有序。

村委会、村民小组与政府、法院在“出嫁女”问题上的“斗争”，体现的是一场国家法与民间法的博弈。总体而言，在这场博弈中，对于地方政府、法院的表现，我们应该给予它们更多的理解和支持，而不是简单地否定或者不负责任地、盲目地指责。当然，在我国法治化日益加快的进程中，我们期待着政府各职能部门和司法机关能有更出色的表现，让少数人权益也能得到保障，最终构建出一个和谐的社会。

近两年来，我们欣喜地发现，在农村“出嫁女”土地权益保障问题上，一些地方出现了可喜的变化：

几年前，因银凯工业园建设需要，南宁市经济技术开发区那历村的土地被征用。一般情况下，已出嫁的女性村民无法获得回建安置房或相应补偿。但那历村不少“出嫁女”户口还留在原籍，没有了土地，生活将变得很艰难。为解决“出嫁女”的生产生活问题，2010 年 6 月，南宁经济技术开发区管委会与那历村“出嫁女”签订了协议，将洪胜那历路口的 3.5 亩土地作为“出嫁女”的宅基地。新房于同年 9 月动工，建好后，可自住也可出租。“出嫁女”卢水姨说，安置房紧靠银凯工业园，周边有多家大企业，房子不愁租不出去，一楼临街铺面还可以开小吃店或小卖部。据了解，在这几栋集中建设的安置房中，每名“出嫁女”都分到了 44 平方米的房屋面积。2012 年 4 月 17 日下午，南宁那历村 19 名“出嫁女”正式入住回建安置房。

2010 年南宁市西乡塘区的永和村、雅里村“出嫁女”共有 282 人，全部享受村民同等待遇。村委规定，凡是户口未迁出、履行村民义务的享受村民同等待遇；纯女户允许一个女婿享受村民同等待遇；“出嫁女”的子女（户口在村里）按比例逐年递增待遇，直至完全享受。南宁市西乡塘区的北湖万秀村“出嫁女”660人享受“同酬两免”待遇。即分配一视同仁；看病免费和治病免费。其子女享受“出嫁女”一半的待遇。

南宁市留村的“出嫁女”问题，是广西2011年重点项目云桂铁路4月份征用留村1000多亩土地后形成的新的“出嫁女”问题。土地被征用后，留村76名户口仍在原籍的出嫁女要求参与征地的土地安置费，但遭到村委和村民们拒绝，由此形成了出嫁女的农村集体经济利益分配纠纷问题。为此，经开区管委会参照上一年解决那厉村“出嫁女”问题的做法，以人为本，创新社会管理，从征地一开始就着手同步解决“出嫁女”问题。通过与出嫁女主动沟通，广泛对群众进行政策、法律的宣传，并协调多部门合作，只用半年时间便与留村村委及出嫁女们达成了协议。2011年12月6日，南宁经济技术开发区，与留村出嫁女代表、南宁市那洪街道办事处、南宁市留村签订协议书，协商解决留村出嫁女问题。协议包括另行选址重新安排出嫁女回建用宅基地。同时，开发区还根据相关政策给予出嫁女自谋职业补助每人5万元。至此，留村76名“出嫁女”问题得到妥善解决。

桂林市叠彩区大河乡乌石村委早年有24名年轻女性出嫁，出嫁后原分配承包的土地和户口全部留在村里并在村里继续生产生活。土地被征用后，一些村民小组认为，女性们嫁了人就是“嫁出去的姑娘泼出去的水”，只按人头分给了50%的土地补偿费。“出嫁女”们由此起诉到法院，叠彩区法院审理认为，作为在村里仍有户口和承包土地的“出嫁女”及子女，应该享有与其他村民同等的权利，遂判决她们胜诉。村民小组却知错不改，拒不履行法院生效判决确定的义务。2007 年，法院在执行中，发现村民小组已把土地补偿款分给了村民，“出嫁女”们的权益无法实现。叠彩区法院执行庭的法官在调查中发现，村民小组领取土地补偿款，是通过村委会账户下发，便向村委会发出协助执行通知书，要求村委会协助扣划村民小组以后所得的土地补偿款。转眼过去一年半的时间中，村委会阳奉阴违，先后两次把村民小组的土地补偿款下发。法院得知这一违法行为，立即要求村委会予以追回，逾期追究法律责任。同时，分管执行工作的院领导和执行庭的法官们，多次登门进行法制宣传，说服村委干部依法办事。经过反复努力，村委会才主动把“出嫁女”们的土地补偿款缴到法院。2009 年 3 月 17 日下午，桂林市叠彩区法院依法为辖区乌石村“出嫁女”们执行回土地补偿款 100.2 万元。

梁素清、李爱华二人系融水县融水镇新国村古选屯村民，户口在该屯第二生产队。梁素清为照顾母亲和弟弟而招郎上门，于 1981 年与其丈夫吴达炬结婚；李爱华于 1971 年与其丈夫梁建忠结婚。梁素清、李爱华二人的丈夫均是外地人，均是男方到女方家生活，属招郎上门，婚后一直在古选第二生产队劳动、生活至今。1981 年农村体制改革，古选第二生产队分给梁素清、李爱华二人同等份的承包责任田、责任山。1997 年进行土地延包时，古选第二生产队将梁素清、李爱华二人承包的责任田、责任山强行收回。古选第二生产队 2005 年度平均分配给该队每个村民土地赔偿款 800 元，该年又平均分配给全村每位妇女“三八妇女节”过节费 7 元，2004、2005、2006 年该队平均分配给全村村民柴火费、妇女的“三八妇女节”过节费共计每人 105 元。而梁素清、李爱华未能享有上述待遇。为此，她们多次找有关部门解决未果，遂诉至融水县法院，要求依法享有集体所有制的土地承包经营权，并由生产队赔偿经济损失等 8447 元。法院判决支持了二人的请求。判决生效后，古选屯第二生产队拒绝履行其法定义务，2006 二申请执行人向融水县法院依法申请执行，要求履行上述义务。但是，被执行人融水镇新国村古选村民小组第二生产队为集体经济组织，无财产可供执行。2010 年 3 月，二申请执行人得知，被执行人古选村民小组第二生产队所在的新国村民委古选村民小组在融水县人民政府征用该村民小组集体土地 46.28 亩作为融水县友兴汽车维修及驾驶员培训中心项目建设用地而得补偿款 46.28 万元时，向融水县法院提出申请恢复对原生效法律文书的执行。融水县法院立案后，经多方调查，得知被执行人古选第二生产队所在的新国村民委古选村民小组在领取该宗土地补偿款后，以该村民小组第九生产队的名义存于中国农业银行融水县支行的情况后，立即依法冻结并扣划该二案案款。经主办执行人员多方面细致思想教育工作，村干部及广大村民思想上有了充分的认识，表示支持法院的执行工作，梁素清、李爱华终于拿到了自己依法应得的土地补偿款。

第十一章

关于村民自治的调查研究

——以“中国村民自治第一村”为例

广西壮族自治区宜州市是中国版图上的一个边陲城市，但宜州市开创了中国内地农村村民自治的先河。宜州市屏南乡合寨村是中国第一个村委会的诞生地，合寨村也因此被誉为“中国村民自治第一村”。合寨村村民从初建村民自治的制度以来，一直不断地健全和完善村内民主选举、民主决策、民主管理、民主监督等各项民主制度，将国家的大政方针和村内的民主管理科学合理地结合起来，基层民主政治建设一直走在全国前列。本文主要叙述了合寨村村民自治的萌芽、发展过程以及对其的现状进行分析，并探寻其村民自治工作的经验和存在的不足，同时积极找出解决问题的对策，对于以点带面，将丰富的改革创新经验和精神向当今社会推广，建设社会主义新农村和构建社会主义和谐社会具有重大意义。

《中共中央关于推进农村改革发展若干重大问题的决定》中明确指出：“坚持改革开放，必须把握这个重点，给农村发展注入新的活力。”但是，这一重点该如何抓，这一动力该怎样注入。20 世纪 80 年代以来，中国的农村在村民自治制度的引导下取得了累累硕果，然而新时期，农村将如何创造更多的硕果呢？本文将以中国村民自治第一村——合寨村为例，带你了解合寨村的制度运转情况、工作成效、经验及存在问题等情况，从而明确以上问题的答案，为建设社会主义新农村指出明路。

一、村民自治制度的产生、发展及其重大意义

（一）合寨村简介

1. 合寨村概况

宜州市屏南乡合寨村地处大石山区，是少数民族村。其西接柳江县土博镇、东邻忻城县欧洞乡，南面则通宜州市，是三县（市）的交界处，距屏南乡政府所在地 12.5 公里。全村 12 个自然屯，41 个生产队，1050 户，各村分散，人口 4298 人，其中 95% 以上的群众是壮族。全村总面积 33.4 平方公里，耕地面积 3578 亩（其中水田 1664 亩，旱地 1914 亩），有林面积 3860 亩，经济作物 880 亩，主要有水稻、玉米、甘蔗、桑园等。境内有里洞水库，水库容量 600 万立方米，灌溉全村的水田。

2. 20 世纪 70 年代末的合寨村

主要农作物及副业：

20 世纪 70 年代末，合寨村的主要农作物有玉米、水稻、黄豆，都是一些老品种，产量大概每亩 500~700 斤，一年一季。同时也会种一些木薯，产量不高，一亩 200~300 斤。副业主要有养猪、养牛还有养鸡。

主要的农业基础设施：

当时合寨村有两条简单的水利渠道：一条是在国民党时期便

开始建成的，拦河坝引水，称为“中坝沟”。另外一条则是解放后建成的，从水库引水，称为“渠道”。

生活情况：

当时村民的一日三餐基本上都是吃稀饭、野菜和黄豆，有时则可以吃些面条（合寨大队有一个面条加工厂，人们可用小麦与面条加工厂换面条）。村民每年只有在春节、清明、七月初七、七月十四、八月十五和重阳这几个大节日才会有些肉吃。

教育情况：

当时合寨村基本普及小学教育，读初中的比例却只有十分之一二。学生小学毕业后一般是留在家里帮助干农活，或者是帮助父母照顾刚出生不久的弟弟妹妹。

治安问题：

当时合寨村主要存在的社会治安问题有：赌博、盗窃、砍伐树林、放浪荡牛马、拦路抢劫、搞封建迷信活动、唱痞山歌、拐卖妇女等。

由于合寨村地处三县的交界，人来人往很多，一些赌徒便在其中。为了开发市场，赌徒开始在村里摆设赌局。最初只是小规模的、流动的赌局，参与的人也不是很多。但是在很短的时间内，村子里赌博的人数日益增加，有时甚至出现了两三百人聚赌的情况，赌场也开始变得处处皆是，赌博的数目从原来几分几毛地赌，发展到了后来的一两块甚至是几块地赌。参与赌博的人员主要是青年人，而部分老人、妇女以及小孩也参与到了其中。当时赌博的方式有推牌九和猜玉米两种，由于猜玉米具有简洁、快速、操作简单等特点，后来逐渐成为了赌博的主要方式。

随着赌博现象的日益严重，盗窃现象变得猖獗起来。盗贼一般是在夜间进行偷窃，而像衣服以及鸡这种东西白天也会有人偷，所以有时即使是白天，只要农户不在家，都要把未干的衣服放到屋子里挂，把鸡鸭等牲畜赶回屋子里关锁好，才能安心。而到了晚上则更是夸张，为了防止盗贼撬门而入，竟要拿几根粗木棍把门给顶住，牛、马则要牵回家中，与人同住。

由于农民的防盗意识越来越强，盗贼难以下手，因而转向了盗窃村集体的一片林木。虽然农民分田到户了，却还有一片集体林木没有分。这片集体林木过去一直是村民们年底分红的一项重要收入。大队为了看管这片集体林木，聘请了 6 个工人专门看守。然而这么大的一片树林，6 个人是守不住的。

这里便有一个真实的事例，1979 年 8 月，30 多个带着土枪的盗贼就在白天上山盗砍树林，大队的干部发现后，想制止他们，猖狂的盗贼竟在山上警告大队的干部不要上山，否则不死即残。大队的干部只好上报派出所，派出所的警察以及一些民兵赶到了现场。然而盗贼并没有害怕，继续在山上砍伐林木。在不能确认盗贼的人数及有多少武器的情况下，警察和民兵也不敢直接上山抓人，无奈之下，总指挥下令干警向山脚开阔处扔了一枚手榴弹，才把盗贼们吓坏了，落荒而逃。事后，据大队的干部统计，一共被盗伐了 3 亩多的林木。未被运走的树木横七竖八地卧倒在山地上，真是一个巨大的损失，而这样的事例还有很多。

当时还有一种极不文明的现象，即“放浪荡牛马”。“放浪荡牛马”也就是各队彼此之间放马牛到对方的田地去吃庄稼、践踏庄稼的一种现象。庄稼是农民的命根子，原本这些老品种的收成就不多，一家人勉强才够填饱肚子，所以被“放浪荡牛马”这种坏风气影响后，农民的生活变得更加艰苦了。

在合寨村也经常会发生一些违法犯罪事件。

在合寨村通往欧洞乡的山路上，有一个长且陡的斜坡，对于当时马力不足的汽车来讲，上这样的坡是很费力的，司机们只能挂低挡慢慢开上去，因此需要一些时间，而不法分子则利用这些时间，趁司机不注意爬到汽车的托卡上，慢慢地将托卡上的水泥或者铝板等扔到车下，让同伴接应，迅速撤离。这个团伙一共有4个人，作案数次，后来只抓住了3个，分别被判了5年、7年还有8年。

一个广东的工人经熟人介绍到合寨村相亲，刚到合寨村林场附近便被3名歹徒拦路抢劫，身上的钱全部被抢光……

此外，封建迷信活动、唱痞山歌的恶习以及拐卖妇女等治安问题在合寨村也不断出现，严重影响了村民的正常生活。

正是由于合寨村存在着如此严重的治安问题，才使得后来合寨村村民为努力改变这一现状而实行村民自治埋下了伏笔。

（二）村民自治的萌芽、产生

合寨大队的里洞水库，在人民公社时期，蓄水量非常丰富，足够灌溉合寨大队的3个片区，也就是上片的大村、新村、肯塄、乾浪；中片的拉垒、果律、果地上、果地下；下片的果作村、果前村、南台村、板甘村，以及果立大队的部分村子。

然而在大炼钢铁时期由于人们对森林造成了严重的破坏，以及在分田到户后，盗砍盗伐现象的频繁出现，使得里洞水库的蓄水量锐减。从而造成了合寨大队下片区的4个村子以及果立大队的一些村子缺水灌溉。也不知道是谁组织，或者是一拍即合，下片的4个村和果立大队的部分村子的一些农民竟组织起来，他们扬言迟早有一天要把水库炸开，让水库里的水流到他们的田里去。

1979年10月6日晚，大村的生产队长韦文林见到形势紧急，便召集了上片的4个村的生产队长和队干到自己家中，共同商讨维护水库安全的大计。此次会议一共召集了15个人，他们分别是：韦文金、蒙金纯、莫云吉、罗炳权、韦建仁、罗云候、蒙顶堂、蒙国祥、蒙国芬、蒙国林、蒙卫明、蒙振厚、张现行、韦绍成、韦绍新。

这次会议大家一致通过要把上片的4个村子联合起来，成立一个治安联防队，这样水库的问题就可以解决了。而且有了治安联防组织，就可以对村子里面的治安问题进行管理，这样严重影响村民正常生活的治安问题也可以解决了。

众多难以解决的问题终于找到了解决的方向，人们都有些兴奋，马上便成立了治安联防队，通过选举，由韦建仁担任治安联防小组主任，由蒙国祥、韦文金、张现行、蒙国芬担任副主任，由蒙顶堂拟《村规民约》稿，代表逐条商议讨论。最后定下《村规民约》6条，其内容包括：

第一条，如果本地人勾结外地人来偷盗或者赌博的，要禁止。

第二条，听说其他地方还有拐卖妇女的，我们要防止。

第三条，放浪荡牛马的，窝藏坏人的，出事以后要找主家问罪。

第四条，本片内凡有偷牛盗马者，一铲九族。

第五条，本片凡有拐、赌、淫、偷不法行为，群众一定要抓来批斗，严重者要报案依法处理。

第六条，外人到我片作案，全片主任吹牛角号，男女老少出动拦路守坳。[①]

1979年10月18日，韦建仁召集4个村的各户代表参加治安联防大队的成立大会。大会在新村球场的晒谷坪召开，4个村共

---

① 由广西壮族自治区宜州市合寨村村民委员会提供。

129户，每家来一个代表，约莫120多人参加了大会。

大会主要是向村民介绍联防大队成立的经过，并强调成立这个组织的必要性。紧接着与代表们逐条讨论《村规民约》，干部们根据大家的意见，对条款作了部分修改，然后各户代表签字画押盖手印，表示自觉遵守。

至此，合寨大队最早的一个治安联防组织成立了。①

1979年10月22号，带着雷管和炸药前来欲炸水库的群众，在得知上片已成立了联防组织，对他们将要炸水库的行为有防备时，放弃了行动。

而且随着治安联防组织的成立，上片的治安问题得到了管理，逐渐好转起来。因此，下片和中片也开始仿效这种成功的经验。

1979年11月中旬，合寨大队的中片，也就是拉垒、果律、果地上、果地下4个村成立了中片的治安联防组织。同时，合寨大队的下片，果作村、果前村、南台村、板甘村，也成立了下片的治安联防组织。

此时，合寨大队的3个片区都已成立了治安联防组织。

而治安联防组织又是如何转变成村民委员会的？带着这个问题我们继续展开调研。

1980年年初，担任合寨大队党支部书记的蒙宝亮带领民兵进行了多次抓赌行动，但赌博现象仍然很严重。这使蒙宝亮感觉到，要减少这些现象，必须换一种新的模式，单靠教育是不够的，必须罚钱才行，但是治安联防组织不是正式的组织，没有罚钱的权力。

---

① 参考《探访中国村民自治第一村》——新华网广西频道4月3日电（记者陆汉魁、刘广铭）。

所以蒙宝亮想寻求一种解决的方法。

于是他找到了本村的，也就是中片的治安联防片长蒙成顺。蒙成顺和蒙宝亮又去找了蒙光新、蒙国顺、蒙国伦、蒙正昌、蒙正奉、蒙加凤、蒙正贤等十多个人，一起到蒙光新家里开会，他们分别是各生产队的队长、指导员以及队干。

蒙宝亮跟大家表达了自己的想法，大家都觉得有道理，应该将教育与罚钱相结合，否则无法杜绝违法乱纪的现象。同时大家也考虑到了，要罚钱就必须有正式的组织，在经过大家的讨论及多方的考虑之后，大家决定这个组织叫“村民委员会”。

1980 年 1 月 8 日下午 4 点多，蒙宝亮与蒙光新等人在村口的晒谷坪召开“果地村民委员会成立大会”。果地村有 800 多人，到会的有 510 人。

在会上，蒙成顺宣读 14 条《果地村公约》。接着，每户代表即户主领到了一张白纸，用来无记名投票，推选村民委员会名单。

依照得票顺序，村民委员会干部是蒙光新、蒙成顺、蒙国顺、蒙国伦、蒙正贤 5 个人。

蒙光新得票最多，为村民委员会主任，蒙成顺为村民委员会副主任，其他 3 个人是委员，分别担任会计、出纳等职务。

至此，最早的一个村民委员会成立了。然而让人遗憾的是，有关这次会议留下来的一些原件现在已经找不到了。

韦焕能是果作村的生产队长，且韦焕能与蒙光新是亲戚，因此他很快便知道果地村成立了村委会。当他得知果地村成立村委会，治安和其他方面开始有了好转时，便受到了启发，觉得本村也应该成立一个村民委员会。

1980 年 1 月 15 日，韦焕能召集村里其他 4 个生产队干部韦有全、韦定陆、覃立轩、韦鹏舞等人，商量成立村委会事宜。

与果地村一样，会议开展得非常顺利。大家一致通过要成立一个村民委员会。

1980年2月5日，韦焕能组织全村各户在老樟树下开群众大会，全村125户，每户来一个代表，实到85户代表即85人。

代表们投票选出“果作村村民自治委员会”的成员。会议宣布果作村村民委员会成员是韦焕能、韦有全、韦定陆、覃立轩、韦鹏舞5人，依据得票数多少的次序，确定了主任韦焕能，副主任韦有全、韦定陆，委员覃立轩、韦鹏舞，两个委员分别担任会计和出纳。

1980年7月14日，合寨大队的果作村召开全村大会，经群众讨论通过了《村规民约》和《封山公约》。[①]

村规民约

1. 必须提高思想觉悟，认真体会安定团结的重要意义。

2. 严禁赌博，不准在私宅、村里开设赌场，违者罚款10元。

3. 为了保苗夺丰收，严禁放猪，违者罚款5角，并给赔偿损失处理。

4. 维护正常的娱乐活动，不准在村内、村附近对唱野山歌，违者罚款每人10元。

5. 不准在路边、田边、井边挖鸭虫，受损失的罚工修补。

6. 不准盗窃，违者按件加倍赔偿并罚款5元，情节严重者，呈报上级处理。

7. 遗失东西（指拾到别人遗失的东西——编者注），拿回交给村委，归还原主。

---

① 由广西壮族自治区宜州市合寨村村民委员会提供。

8. 不准在泉边、河边大便，不准在上游洗衣、洗头梳发，晾晒蚊帐、床单等污染东西。

9. 讲卫生光荣，不讲卫生可耻，自觉做到码头经常冲洗，保护清洁。

封山公约

一、不准毁林开荒，违者每平方尺罚款5角。

二、不准在封山内砍柴、挖树根、割草皮、打石头，违者每百斤罚款10元。

三、村里的风景树不准折枝乱砍，违者罚款15元。

四、不准盗窃林木，违者每百斤罚款15元。

五、实行护林有功者奖、毁林者罚的办法，对维护林木有功者奖5%资金。

六、不准在育林区放牛羊群，每头罚款1元，外村罚2元。

果地村成立村委会最早，却丢失了原始材料；果作村成立村委会第二，却保留了原始材料。怎么办，究竟判定谁是第一村呢？

后来，上级领导妥善地处理了此事，用合寨行政村的概念包容了果地和果作这两个村。

因此，现在人们提起中国村民自治第一村，总是习惯笼统地称“合寨村”。

合寨村的经验很快被各地仿效，在广西，仅宜山、罗城两县就有675个村建立了村民委员会。其他如河南、山东等省份的一些农村地区也陆续出现了村委会式的自治组织。当时各地的村委会名称并不统一，有的称“村管会”，有的称“议事会”，也有的称“治安领导小组”。在后来的村民自治实践中，广大农民还发明了“海选”、“两票制”、“竞选组阁制”、“村务公开”和“村民代表会议制”等程序性和实体性创造。

1982 年 12 月，村民委员会的法律地位得到了确认，从此，村民自治制度迅速发展……

（三）村民自治的发展与现状

从 1982 年 12 月，第五届全国人大第五次会议通过的新宪法，确认了村民委员会的法律地位开始，村民自治的发展经历了 3 个时期。

村民委员会建立时期。时间是 1982 年至 1987 年。1982 年 12 月，第五届全国人大第五次会议通过的新宪法，确认了村民委员会的法律地位。1983 年 10 月，中共中央发出《关于实行政社分开建立乡政府的通知》，对建立村民委员会的工作提出了具体要求。此后，村民委员会的建立进入了普遍的、具体的实施阶段。到 1985 年，全国共建立村民委员会 948618 个。到 1987 年《村民委员会组织法》颁布之前，除个别省以外，全国农村绝大多数地区普遍建立了村民委员会。

村民自治法律制度基本框架形成时期。时间是 1987 年至 1990 年。1987 年 11 月 14 日，全国人大常委会通过了《中华人民共和国村民委员会组织法（试行）》。这部法律依据宪法第 111 条规定，对村民委员会的性质、地位、职责、产生方式、组织机构和工作方式以及村民会议的权力和组织形式等作了全面的规定。此后，全国各地开始贯彻《村民委员会组织法》，在实践中逐步建立和完善村民自治的各项制度。到 1989 年年底，全国有 14 个省、自治区、直辖市在试点基础上开始依法选举村委会干部，促进了民主选举制度的建立和完善。

村民自治活动深入发展和基层民主逐步走向规范化和法制化时期。时间是1990年以后。1990年9月26日，民政部发出了《关于在全国农村开展村民自治示范活动的通知》，全国各地普遍开展了村民自治示范活动。1994年2月，民政部又发布了《全国农村村民自治示范活动指导纲要》(试行)，对村民自治示范活动的目标、任务、指导方针、具体措施等作了全面系统的规定，并第一次明确提出要建立民主选举、民主决策、民主管理、民主监督四项民主制度。1995年年底，全国有29个省、自治区和直辖市确定了村民自治示范县、市63个，示范乡镇3917个，示范村82266个，形成了省有示范县、市，地区(市)有示范乡镇，县、市有示范村的格局。在村民自治模范单位的影响和促进下，全国村民自治活动不断深入，四项民主制度进一步健全。截至1998年6月底，全国已有26个省、自治区、直辖市的人大常委会制定了实施《村民委员会组织法》的地方法规。福建、江苏、辽宁、湖南、河北、贵州、内蒙古、河南、宁夏9个省、自治区还制定了专门的村民委员会选举办法。1997年9月，中国共产党第十五届全国代表大会的报告，突出强调要扩大基层民主，进一步完善民主选举制度和村务公开制度。1998年6月10日，中共中央办公厅和国务院办公厅联合发出《关于在农村普遍实行村务公开和民主管理制度的通知》，对完善四项民主制度，尤其是民主决策、民主管理、民主监督制度，提出更具体的要求。这一切，使农村基层民主的制度化水平进一步提高，广大农民的自治和民主权利得到更有效的保障。

当前，全国80%的村建立了村民代表会议制度，基本实行了民主决策村中重大事项；80%以上的村建立了以村务公开栏为主的多种公开形式，实行了民主监督制度；70%以上的村制定了村民自治章程和村规民约，实行了民主管理村中事务。在这个阶段，村民自治从基本普及到全面展开，从综合均衡推进“四个民主”到开展农村社区建设，建设社会主义新农村，村民自治的制度体系逐步完善，自治组织逐步健全，民主形式更加多样，民主自治理念更加深化，技术程序愈益完备，在改善农村社会治理，促进民主政治发展方面都发挥了重要作用。2007 年党的十七大报告史无前例地把基层群众自治制度确立为我国社会主义民主政治的四项制度之一和中国特色社会主义政治发展道路的重要内容，村民自治的地位得到重大提升。这一阶段的主要特点是在强化国家对乡村社会的公共服务能力和社会保障制度建设的基础上，运用多种资源促动村庄社会内部的社会组织发育，以建构支撑村民自治制度运转的公民文化和组织精神。

回顾了村民自治的萌芽、产生及其发展与现状，我们发现村民自治制度具有重要的历史及现实意义……

（四）村民自治制度的重要意义

村民自治得以在合寨村萌芽试行并在广大农村普遍推行，是农民“想当家，当好家”的逐步探索的推进进程，冲破了旧体制的束缚，是中国民主政治的“演兵场”，是社会主义民主政治的发展史上的一个重要的里程碑，其有着重要的现实战略意义。

村民自治是一场政治运动，促进了解放思想，与时俱进的思想潮流。村民自治的横空出世震惊了中国整个政治文化论坛，在如火如荼的经济体制改革大背景下，村民自治是否走“农村包围城市”的发展道路及其为何能在民主意识十分薄弱的农村社会发展起来，这都引发了学者对于此的思想大讨论，形成思想开放、文化逐步繁荣的大环境。

村民自治有效促进了基层管理职能的转变，建立服务型的基层组织，减少管理成本，提高了行政效率。民主选举是村民自治的标志和基础，村民选举思想觉悟高、议政能力强的人才到村级领导班子，由“要我选”向“我要选”过渡。民主决策是核心，改变了过去村干部一手包揽村务的局面。民主管理是重点，疏通村民参与民主管理村务的渠道，保证村民多形式的参与管理，约束村干部行为。民主监督是保障，推行了村务公开制度，以“明白墙，明白卡”的形式向村民公开村里的重大事情和普遍关心的问题。村民自治拆掉了干部与村民的“隔心墙”，搭建起了“连心桥”，加强了党同人民的血肉联系。村民自治改变了村干部的工作作风，提高村民民主意识，构建起自我管理、自我服务、自我教育的基层民主管理的职能形式，使村民民主自治组织成了服务型的基层组织，扩宽民主渠道和村民参与议事的方式，大力减少了村务管理的成本，推进了村级民主法制建设。总之，在政治上，村民自治告别了自改革开放以来农村存在的一种“权力真空”或瞎指挥的混乱无序状态，“稳定是压倒一切的方针”，自从有了村委会，村务的管理统一到了民主选出的干部手中，使农村恢复了稳定，得到了有序的管理，提高了农民当家做主、自己管理本村事务的意识。此外，还为国家和政府减轻了管理村务的压力，使政府有精力抓大放小，集中精力推进农村经济建设。

在经济上，通过村委的管理和建议，村民能自主根据本村的实际情况，发展适合本村的经济，坚持走适合本村村情的致富道路。村民自治推进了农村公益事业的蓬勃发展，传递脱贫致富的信息，促进农村产业化的发展，有效地维护农村稳定的大局。村民自治是村级行政组织，落实党和政府关于“三农”的政策文件，传递了致富的市场信号，促进农村产业结构调整和产业结构不断优化升级，疏通致富渠道。与此同时，带领农民大力兴办农村公益事业促进基础设施不断完善，促进农村科学统筹大发展。村民自治是满足农民在经济上富裕，政治上民主，思想文化上繁荣的根本要求，是解决“三农”问题的驱动器和稳定器，村民自治是村民人心所向，团结广大农民始终跟着党着走，维护农村社会安定的大局，构建起和谐的新农村。

迎着社会主义新农村建设的号角，在推进农村发展政治、经济、社会文明的方面，村委会将在这一建设中发挥着主力军作用，国家的政策精神，关键还是要由村委会来宣传和贯彻。所以，不断推进和完善村民自治制度，对完成社会主义新农村建设的历史任务具有重大的推进作用。

一个社会要取得长足的发展，需要一系列的制度来做支撑和保障，“改革开放初期，邓小平在总结党的经验教训时提出，制度带有根本性、全局性、稳定性和长期性。他曾经深有感触地说，还是制度靠得住。”[①] 而合寨村由衰转兴，由弱变强，何尝不是“制度”在起着根本性的作用……

二、合寨村村民自治制度实施情况及取得的成就

（一）合寨村村民自治实施情况

合寨村作为我国村民自治的第一村，村民自治制度由来已久，近几年来更是形成了一套较为完善的制度，其中包括了村民会议制度，村务民主决策制度，村务公开制度，村民代表联系户制度，

① 参见人民日报网关于中共十六届六中全会《决定》的评论。

两委联席制度，村务民主听证会制度，村务公开民主管理制度，村财务管理制度，民主评议村干部工作制度，村民代表会议制度，村务民主决策制度和村务公开制度等等。其中较为具有代表性的是“四个民主”制度，治安管理制度，党员带动群众致富制度，调解制度和计划生育制度，接下来我们将从这几个制度入手，更全面而且更深层次地揭开合寨村村民自治的美丽面纱。

1.“四个民主”制度

民主选举

民主的关键是有人保证民主的实施，保障人民民主权利得以实现，因此，民主选举在“四个民主”中处于首要的地位。由村民直接选举村民委员会，既是法律赋予村民的一项基本民主权利，也是基层民主的重要体现。

合寨村的民主选举在遵循《选举法》的同时拥有许多特点，这些特点使得合寨村的民主选举更为符合人民群众的要求，更能反映百姓真正的需求，为确保人民民主的顺利实现提供了强有力的制度保证。

第一，明确合理选举的总体要求。

合寨村的选举有着一系列合理并且科学的选举要求，这些选举要求就等同于整个选举流程的指导思想，使得选举活动由始至终都围绕着“选出真正能为民办实事的带头人”这一目标有条不紊地进行，其主要内容[①]包括：

（1）坚持以“公推直选”为主要选举形式。合寨村进行民主选举一律都要以“公推直选”方式进行，具体的步骤是：

① 参看《中共宜州市委办公室、宜州市人民政府办公室关于印发宜州市村级党支部、第五届村民委员会和第三届社区居民委员会换届选举试点工作方案的通知》。

了解群众诉求。由村级党组织牵头，以村民小组为单位，采取设置意见征集箱、召开意见征集会等方式，广泛征求群众最想最盼的事和最关心的难点、热点问题以及对合寨村今后几年农业产业发展和基础设施建设等方面的要求，整理成文，公布上墙，为候选人发表竞选演说提供依据。

"四评"确定候选人。根据综合确定的目标，通过"四评"（自我荐评、群众相评、组织考评、公开竞评）确定参与选举的候选人。候选人应有不低于应选人数 20% 的差额。

（2）坚持候选人条件，保证人选质量。要坚持干部队伍"四化"方针和德才兼备的原则，根据建设社会主义新农村的实际需要，真正把"六强"创业型优秀人才选进村委班子，提高村班子的工作能力和水平。候选人的条件包括各方面的要求，例如：拥护中国共产党的领导，自觉践行"三个代表"重要思想，牢固树立和认真落实科学发展观，思想解放，有经济头脑，组织能力强、学习能力强，热心为村民服务，法制观念强，民主作风好，能够尊重民意，善于做群众工作，年富力强，身体健康，文化水平比较高等等。通过这些要求可以较为全面地反映候选人的素质和能力，让选民拥有一个客观科学评价候选人的标准。

（3）坚持遵守村党组织、村委会换届的次序。

（4）大力提倡交叉任职，精简村干部职数。合寨村的选举本着有利于加强党的领导、提高工作效率、减少村级支出的原则，充分尊重民意，严格依法办事，最大限度地提高村党支部书记、村委会主任"一肩挑"和村"两委"成员交叉任职的比例，最大限度地减少享受固定补贴和误工补贴的人数。

（5）坚持改善和优化班子结构原则，选配好年轻干部和妇女干部。

（6）坚持和完善村“两委”任期目标承诺制和践诺奖惩制。合寨村的村民们把村干部任期目标作为年终工作实绩考评的依据。未完成任期目标和兑现承诺的，或因不作为、失职导致村秩序混乱的，或民主评议不满意率超过50%的，或违规决策给村集体和群众造成重大经济损失的，或自身违反党纪、法律法规，受到处分或处罚的，村“两委”成员要主动辞职。对拒不辞职的，是党组织书记、副书记的，由乡镇党委免去其党内职务；是党组织委员的，由乡镇党委提议召开党员大会进行表决，取消其委员资格；是村委会成员的，由村民依法对其罢免。乡镇党委、政府要加强考核管理，严格兑现奖惩，充分调动村干部建设社会主义新农村的积极性。

第二，做好选民登记工作，不能登错、重登、漏登，保证村民的选举权。

要在真正意义上实现民主选举，就必须做好选民登记工作，保证每一个拥有选举权的群众都能充分地行使选举权，确保选举的民主和有效。

凡是年满18周岁的合寨村村民都应当在户籍所在地的村进行选民登记。选民登记按村民小组进行并公布名单。选民登记后迁出本村、死亡和依法被剥夺政治权利的村民，从选民名单上除名。精神病患者不能行使选举权利的，经村选举委员会确认，不列入选民名单。选民登记的办法，可在上届选民登记的基础上，采取“三增三减”的办法对选民进行补充登记或除名。[①]

“三增三减”指的是：应增加的三种人员是：（1）上次登记后

① 参见《中共宜州市委办公室、宜州市人民政府办公室关于印发宜州市村级党支部、第五届村民委员会和第三届社区居民委员会换届选举试点工作方案的通知》。

至本届选举日满 18 周岁的村民；（2）户口迁入本村的有选民资格的村民；（3）被剥夺政治权利期满后恢复政治权利的村民。应减去的三种人员是：（1）上次登记后户口迁出本村的村民；（2）上次登记后至本届选举日前死亡的村民；（3）上次登记后至本届选举日前依法被剥夺政治权利的村民。①

第三，平等竞争，民主择优。

合寨村的新一届村“两委”成员候选人都要根据建设社会主义新农村的目标要求，立足本村实际，重点围绕加快农村经济社会发展、增加村级经营性收入和农民收入，深化党务、村务公开和民主决策等内容，客观负责地提出自己的任职设想、工作目标和措施办法，在党员大会和选民大会正式投票前进行演讲，作出承诺，回答党员、群众提出的问题。所作承诺要符合本村实际和个人能力，不得乱许愿，不得违反国家法律法规和有关政策。村党组织成员候选人和村委会成员候选人的演讲内容，分别由乡镇党委和村民选举委员会把关。选民根据候选人的演讲和综合表现，客观地评价候选人，从候选人中择优选出自己信任的候选人，从而投出圣神的一票，充分地行使自己的选举权。②

第四，保证村民的投票权，确保公平、公正。

保证村民的投票权，就要坚持“选举村民委员会，有选举权的村民超过半数参与投票，选举有效；候选人获得参加投票的村民的半数的选票，始得当选”的原则。合寨村的村民选举通过设立秘密写票处、实行无记名投票、公布计票，选举结果当场公布，

① 参看《中共宜州市委办公室、宜州市人民政府办公室关于印发宜州市村级党支部、第五届村民委员会和第三届社区居民委员会换届选举试点工作方案的通知》。

② 参看《中共宜州市委办公室、宜州市人民政府办公室关于印发宜州市村级党支部、第五届村民委员会和第三届社区居民委员会换届选举试点工作方案的通知》。

严格控制流动票箱的使用，依法办理委托投票手续等方式，切实地保证了投票过程的公正、公开和公平，为村民选出满意的代言人把好投票关。[①]

第五，完善罢免程序，保证村民的罢免权。

随着修订后的《村民委员会组织法》的贯彻实施，罢免“村官”，这一相对陌生而又刺激的现象渐渐潜入乡村政治生活，在最近几年，有逐步上升的趋势。引人注目的是，每一场罢免都会闹得沸沸扬扬，或成为当地媒体的追逐对象，或成为人们茶余饭后的谈资。近几年来发生的罢免个案都在一定程度上引起了一些不必要的风波。由此可见，罢免从法律条文到走入乡村实践，还有一段艰难的跨越。而合寨村在村官罢免问题上有着自己较为成功的经验。

合寨村的村民们都很清楚：真正的民主除了保证选举民主外，还应该包括较为完善的罢免制度。在村干部无法继续为村民服务，无法起到良好的带头作用时，村民可以行使自己手中的权利，罢免不称职的村干部，这是将村民的选举权全面地落到实处的重要体现。让村民手中拥有罢免的权利可以使村民没有后顾之忧地享受民主选举带来的实惠和好处。

通过对多年工作进行的深入的思考，合寨村总结出了在村官罢免问题上应该注意的一些问题以及在具体工作中的一些经验：

第一，尊重被罢免者申辩的权利。《村民委员会组织法》规定，举行罢免会议时应允许被罢免人出席并进行申辩。在合寨村里，提出罢免要求的村民都要先仔细听一听，被罢免者说的有没有道

① 参看《中共宜州市委办公室、宜州市人民政府办公室关于印发宜州市村级党支部、第五届村民委员会和第三届社区居民委员会换届选举试点工作方案的通知》。

理，考虑一下双方在一些问题上是不是有误解。在合法合理的条件下，让双方充分沟通，避免误会的发生，减少双方的摩擦。

第二，村民积极参加罢免投票。有的村民参加了罢免要求的提出但等到正式投票时，却又不参加投票，不履行自己的权利。有的在被罢免者的“糖弹”面前，拱手出卖自己的权利。如果一方面对现任的村委会干部强烈不满，另一方面又不珍惜自己手中的权利，那村民还有什么资格说不满意呢？因此，合寨村通过开展深入人心的宣传和组织，让村民们明白在进行罢免村官过程中村民参与投票的重要性和必要性。

第三，尊重投票结果。民主是一种妥协，不能让每一个人都满意，只能照顾绝大多数人的意见。如果罢免要求没有被通过，就说明村中绝大多数人还是信任他（她）的，提出罢免要求的村民不能因为自己的要求没有被满足，就拒不承认结果，而应当继续支持村委会的工作。

第四，不要滥用罢免权。有的村民出于一己私利或报复心理，明知罢免不可能被通过，也积极联名提出罢免建议。这样，折腾来折腾去，把一个村子搞得经济滑坡、人心涣散，最后受损失的还是村民自己。因此，这种狭隘心态是极为不可取的。合寨村的村民们都较为充分地认识到了这一点，因此他们能较为理智地行使自己的罢免权。

合寨村正是将把握民主选举的整体方向，确定候选人，做好选民登记，确保投票的公平、公开和完善村官罢免制度等民主选举的各个方面都做到合理安排和全面落实，才能在真正意义上实现民主选举，成为了全国村民自治的模范村。

民主管理

“瓜田不弯腰，篱下不伸手，路不拾遗，夜不闭户”这些一直都是人们追求的一种理想的生活状态和社会环境。而合寨村展现给世人的正是这样一幅和谐的景象。合寨村的村民们是怎样实现这个梦想的呢？他们的秘诀就是实行科学合理的民主管理。

在村民自治的活动中，村民们为了达到自我管理、自我教育、自我服务的目的，根据党的方针政策和国家的法律法规，结合本地的实际情况，由全体村民讨论制定村民自治章程和村规民约及村中的各种规章制度，这一套制度就统称为民主管理制度。合寨村的民主管理制度的内容包括：在村民自治的过程中，村民们依照系统配套的村民自治制度，自己当家做主，有参与选举的权利，选举产生自己满意的村委会成员；有参与村民会议和村民代表会议的讨论决定村中重大事项的权利，提出自己的建议和意见；有参与村级事务的办理和管理的权利；有参与制定和修改村民自治管理章程和村规民约，依法管理村务的权利，切实履行自己的权利和义务。

接下来从以下几个方面重点介绍合寨村在民主管理方面的经验：

（1）制定相关的村规民约，保证实施村民自治的各项活动。

合寨村制定村规民约的历史要追溯到 20 世纪的 80 年代。当时，合寨生产大队的农民听到外地搞起“分田到户”，也自发地将田地分到户，村民的生产积极性高涨，生活很快好转。但合寨地处三县交界，社会治安状况本来就不太好。随着分田到户以后，人民公社的“三级所有，队为基础”的农村管理体制的凝聚力和约束力很快减弱，农村基本形成权力真空，当时的干部有的无能为力，有的放手不管，有的束手无策。村里，偷盗、赌博、乱砍滥伐集体山林现象一天比一天严重，山林土地纠纷大大增多，社会治安状况急剧恶化，群众对此十分不安。为了改善村里的治安状况，维护村民的人身财产利益，合寨村果地屯的韦鹏舞等人制定了一份规定了村民生活秩序的约定，每一户派出一个代表共同讨论，结果大家对这份约定异口称赞，全都自觉地在约定上签了字，表示自己以后都按照约定约束自己的行为。从此，合寨村踏上了民主管理的道路。

合寨村的村民自治章程即村规民约一般包括以下内容：[①]一是村民组织，主要是村民会议、村民代表会议、村委会和村民小组的产生、构成及权利义务关系。二是经济管理和社会发展，重点是本村企业和财务管理、生产服务、土地和宅基地管理和使用，劳动积累、承包费的收取和使用，村级公共事务和公益事业的办理等。三是社会关系及社会制度，制定社会治安、村民风俗、邻里关系、婚姻家庭和人口及计划生育等方面的制度，还可以对社会保障、社会救济、村干部廉政制度等方面作出规定。

合寨村的村规民约中有这么一条约定：每个村民都要学法、知法、守法，自觉地维护法律的权威和尊严，维护社会秩序和公共安全，不扰乱公共秩序，不阻碍公务人员执行公务，同一切违法犯罪行为斗争。由此可见，村规民约不只是一种约束，更是一种责任和义务：1996 年的一天，果地屯发生了盗猪案，一户人家价值 2500 元的大肥猪失踪了，村民小组蒙城顺知道后马上动员全屯 100 个人（每户派一个代表）分几路四处追寻，当天晚上就在柳州地区的合山市抓到了盗贼。

制定村民自治章程和村规民约依照严格的程序：[②]（1）村委会组织村民学习党的农村干部和农村工作的文件和政策，学习国家

① 见《合寨村民主管理宣传栏》。

② 见《合寨村民主管理宣传栏》。

关于农村的法律法规；（2）将草案张榜征求意见，村委会向村民进行宣传动员，鼓动群众进行广泛的讨论，提出本村群众最关心最急需解决的问题；（3）将草案提交村民会议进行讨论和表决，通过后即为生效；（4）村委会通过上墙、印制小册子等形式向村民公布已经生效的村民自治章程和村规民约；（5）报乡人民政府备案。

合寨村的村民通过制定一系列的村规民约，达到完成自我管理的目的，并且紧跟时代的步伐，通过科学合理的程序及时增加和修改村规民约的内容，让民主管理时刻散发着时代的朝气，让村规民约成为合寨村民主管理的制胜法宝。

（2）抓好干部群众的双向监督和制约的工作。

要实行真正的民主管理除了制定相应的村民自治章程和自治组织外，还要加强干部群众的双向监督和制约工作，这样才能保证民主管理取得良好的成效。

在对干部的监督上，合寨村突出了3个方面的监督约束[①]，一是严格村干部的约束，要求群众做到的，干部必须带头做到；二是严格党内监督约束，在工作中发现村干部有违反村民自治章程苗头的，就及时召开班子民主生活会和干部会进行教育，把其消除在萌芽状态；三是自觉接受群众监督，在全村12个自然屯设立了意见箱，对群众反映问题较多的干部，轻者在村民代表大会作检查，重者由村民罢免其职务。

在加强对干部监督的同时，合寨村采取了3种方式加强群众自我监督[②]：第一，实行责任监督，采取村干部各包一片，每名

① 参见《屏南乡村民自治的经验和做法》。

② 参见《屏南乡村民自治的经验和做法》。

党员联系村民代表5户的办法，包片干部、党员和村民代表所承包的片、户风险共担、利益共享。第二，开展检查评比监督，结合开展“五好”村党支部争创活动，村里开展了“计划生育星”、“遵纪守法星”、“科技服务星”、“文明礼貌星”等共“十星文明户”评比活动，半年初评，年终总评。凡是“十星”都达到的家庭，在其家门上挂“十星文明户”牌，第一年挂牌的如第二年达不到的则摘牌，目前已有78%的家庭达到了“十星文明户”。第三，严格奖惩监督。村里规定，不管什么人违反“小宪法”（村规民约），一律通过广播曝光，对突出的好人好事和被评为“十星文明户”的家庭，村里进行一定的物质奖励，合寨村的相关章程还在随着实际变化处于不断更新之中。

不论村民自治的制度如何的完善，要想实现民主管理就必须同时提高村干部和村民的素质，否则再好的制度也不过是一纸空文，因此，抓好村干部和村民的双向监督和制约，既是实现合寨村民主管理的基础，也是实现合寨村民主管理的有力保证。

民主决策

如果你问合寨村的村民什么是民主？他们会这样回答你：村民自己决定自己的事情就叫作民主。而实际上合寨村的村民们也在用行动证明着民主决策是村民民主自治不可或缺的一部分。

在合寨村里凡是与农民切身利益相关的事项，如村集体土地承包和租赁，集体资产处置、村干部报酬、村公益事业的经费筹集方案和建设承包方案等，都要实行民族决策机制。合寨村的民主决策机制拥有较为科学和完备的体系。

合寨村村务决策的基本形式是村民会议和村民代表会议，凡是与村民群众利益密切相关的事项，都通过召开村民会议和村民代表会议进行民主决策，不能由个人或少数人决定。召开村民会议，由本村 18 周岁以上村民的过半数参加，或者由本村三分之二以上的代表参加，所作决定应到会人员的过半数通过，要确保决策的作出是由所有有资格的村民的民主决定。

合寨村民主决策的内容包括：学习贯彻党的方针政策和国家的法律法规，贯彻落实上级党委政府决定决议和工作部署，与农民群众切身利益密切相关的事项，如村集体的土地承包和租赁、集体企业改制、集体举债、集体资产处置、村干部报酬、村公益事业经费筹集方案和建设承包方案等，以上都属于村务决策的内容。①

1987 年，韦姓某人在果作屯的大樟树球场旁的空地上，占用集体土地建了一间房子，群众对此产生意见，将情况汇报到村小组处，村小组干部与他进行了沟通，希望他主动拆房，归还集体土地，未果，矛盾持续了一年多。在村民会议上，有代表提出这一问题，经过村民的讨论，大家达成共识，一致决定推倒该房，次日，大家齐动手将房屋拆除，收回了集体土地，韦某人在得知该决定是村民集体意见后，不敢有任何异议，还主动承认了错误。这是民主决策解决村里事务的体现。

除此之外，合寨村的民主决策还给村民们带来了许多实惠，改善了村里的环境。合寨村经济发展较为落后，所谓“要致富，先修路”，1996 年，为了更好地发展经济，提高合寨村民的经济水平，村委会在村民代表会议上提出了维修村里公路的提案，村民同意后，集资 3.2 万元进行公路维修，包括村级公路和板甘、拉雷、潜朗屯在内的 2.5 公里的屯级公路。1999 年，经过村民

① 见《合寨村民主决策宣传栏》。

代表会议讨论决定，集资 18 万元，进行电网改造工作，对全村 1000 多户的电路进行维修，降低了电价，还维修了村里的通信网络，实现了家家通电话。2001 年，村委会办公的地方是 20 世纪 70 年代修建的泥瓦房，至今已成为了危房，经过村民代表会议讨论决定，集资 15 万元，在市政府的支持下，盖了两层、共计 340 平方米的钢筋结构楼房作为村公所，于 2002 年竣工，从此，村委会结束了在危房中办公的历史，用上了宽敞明亮的新办公楼。民主决策为村民们的生活带来了福音，这正是合寨村的民主制度能保持强大生命力的原因。

合寨村实行民主决策有一套自己的程序，具体步骤包括：（1）提出方案。由村党支部、村委会、村集体经济组织、十分之一村民联名或五分之一以上村民代表联名提出方案；（2）受理议案。由党支部统一受理议案，并召集“两委”联席会议讨论，研究提出具体的意见或建议；（3）征求意见。村党支部就方案的内容，广泛征求党员群众的意见，并就其合理性、合法性问题咨询有关部门，在提交会议决策前将方案内容提前三天对村民公布；（4）讨论方案。由村委会将方案提交村民会议或村民代表会议讨论，讨论时让村民或村民代表充分发表意见；（5）表决方案。凡是会议表决的内容均按照《村民会议和村民代表会议议事规则》规定的参会人数、表决人数、表决形式和有效票数来进行；（6）监督执行。由村党支部、村委会组织实施村务决策事项的办理，并将表决结果、决定事项的实施情况，及时向村民公布，自觉接受村民的监督。（7）集体决定作出的决策，除发生自然灾害等紧急情况外，不得随意更改，如因情况发生变化确需更改的，通过村民会议或村民代表会议讨论决定。每次村务决策的具体内容，形成书面记录并妥善保存。正是因为有了这一合理且行之有效的程序，合寨村的村民民主管理才会取得良好的效果。[①]

民主监督

人们经常说："没有监督的民主就不是真的民主。"因此，民主监督成为了合寨村民主自治的不可或缺的一个重要部分。

在合寨村民主监督指的是村民通过村务公开栏、村民会议和村民代表会议等形式，对村委会工作和村委会成员及其行为所进行的监察、审议和评议。而民主监督的主要对象则包括村委会及村党支部及其所从事的村务管理活动。村委会成员及党支部成员掌握着村庄的公共权利，其在管理村庄的公共事务的过程中的行为和活动往往直接影响到全体村民的利益，因此他们的行为构成了民主监督的主要对象。[②]

合寨村村民监督的内容及其实现形式：第一是村务公开，即通过村务公开栏、明白卡、召开会议等形式将村务管理的过程和结果告知全体村民，尊重村民的知情权，接受村民监督；第二是民主评议村干部，即通过召开村民代表会议或村民会议的形式，由村民或村民代表对村干部一定时期内的工作情况或工作表现进行评价，肯定成绩，找出不足，提出改进工作的意见和建议；第三是村委会向村民报告工作，即通过召开村民会议或村民代表会议的形式，村委会将一定时期内的工作情况和下一步的工作打算报告村民或村民代表，请其审议，提出建议意见，并表决通过。[③]

在合寨村民主监督的内容当中，财务民主监督和民主评议制度是其中重要的两个组成部分。

① 见《合寨村民主决策宣传栏》。

② 见《合寨村民主监督宣传栏》。

③ 见《合寨村民主监督宣传栏》。

（1）加强村级财务监督力度，落实并完善财务民主监督管理制度

1980 年，合寨村的村民们就从党员干部、村民代表中选了 4 名思想好、觉悟高、原则性强的同志成立了民主理财小组，每季度对村里财务进行逐笔审核和清理，发现不合理的开支有权拒绝入账，然后将支出收入逐笔登记造册，分发到各村民小组，并利用公开栏、广播进行公开。1997 年合寨村的村务公开正式走上了规范化管理轨道。与村委会换届同步，每 3 年以村民小组为单位对村民代表进行改选，然后在代表中推选出 5 名素质高、德才兼备并具有财会知识的村民代表担任民主理财组成员，同时明确规定村干部及其配偶、直系亲属不得担任督查组成员。多年来，村里大小财会事务均通过了民主理财组的审核，得到了村民的信任。此外，结合推进民主制度建设，还成立了 12 人组成的村级事务监事会和 7 人组成的集体经济审计组。这“两组一会”把村民关注的敏感问题全辐射到了，成为村里的“小纪委”。[①]

在合寨村的民主理财方面，有这样一个不成文的规定，村支书、主任不拿钱和账，由一名支委委员负责日常开支的审批，500 元以上的开支由村“两委”会研究同意，重大开支和投资项目，必须经村民议事会讨论和村民代表大会表决通过。村里每张票据，必须经具体经办人、批准人、村主管财务的支委和民主理财小组长签字，方可入账。理财小组每季度对村里的收支情况都要进行一次全面的检查和审核，每季度财务经理财小组审核后方可公开，对于村集体经济的管理，党支部、村委会还对“两组”提出了严格要求：凡不认真、不落实，甚至弄虚作假的，不仅开

① 参见《屏南乡村民自治的经验和做法》。

除出组，还要予以经济处罚，履行职责好的，给集体经济挽回损失的给予重奖。从而使“两组”同志既感到村“两委”的信任，又感到身上责任重大，在工作中严肃认真，一丝不苟。[①]

这几年以来，合寨村为了加强村级财务管理，推进村级财务工作规范化、制度化，不断提高村民民主理财的水平，根据有关法律法规和政策规定，结合合寨村的实际情况，制定了一套更为科学合理的制度，制度的主要内容包括以下几点[②]：

第一，村级财务实行村民民主理财制度，由村民民主理财小组代表村民进行，民主理财小组成员由村民会议或村民代表会议从村务公开监督小组成员中推选产生。

第二，民主理财小组设组长1人，副组长1人，成员1至3人。民主理财小组任期与村民委员会任期相同，新一届村民委员会产生后，应及时召开村民会议或者村民代表会议推选产生村务公开监督小组成员，同时推选产生民主理财小组成员。

第三，民主理财小组遵循“用公平的方式监督财务，用规范的管理制约开支”的原则，建立程序严密、科学规范的理财监督约束机制，负责对本村集体财务活动进行民主监督。

第四，民主理财小组向村民会议或村民代表会议负责并报告工作，参与制定本村集体的财务计划和各项财务管理制度，有权检查、审核财务账目及相关的经济活动事项，有权否决不合理的开支。

第五，村民有权对本村集体的财务账目提出质疑，有权委托民主理财小组查阅、审核财务账目，有权要求当事人对财务问题

① 参见《屏南乡村民自治的经验和做法》。

② 参见《合寨村村级财务管理规定》。

作出解释。当事人对否决的不合理开支有异议的，可提交村民会议或村民代表会议进行讨论决定。

第六，民主理财小组每月清理一次财务收支事项，并在村务公开栏上公布清理结果。

第七，村级财务收支审批按下列程序进行：（1）经集体讨论决定作出财务收支事项；（2）落实专人负责财务收支事项工作；（3）当财务事项发生时，经手人取得有效的原始凭证，并注明用途和签字；（4）将原始凭证交民主理财小组集体审核；审核同意后由民主理财小组组长签字；（5）将民主理财小组审核同意后的财务事项及原始凭证报党支书、村民委员会主任审批；（6）经审批同意并签字后，由会计人员审核记账，并按照财务公开程序进行公开，接受群众监督。（7）经民主理财小组审核确定为不合理开支的事项，或经党支书、村民委员会主任审核未同意的不合理开支，有关开支由责任人承担。

正是因为有了这一系列严谨而且科学的民主监督财务制度，合寨村的村民们才会对村干部的工作给予全力的支持和真心的认可，可以这么说，财务的民主监督为合寨村的民主自治提供了强大的保证，为合寨村的民主自治迈出了至关重要的一步。

（2）完善民主评议村干部工作制度，充分发挥保证民主监督制度的现实功能

在合寨村，村委会成员及党支部成员掌握着村庄的公共权力，其在管理村庄的公共事务的过程中的行为和活动往往直接影响到全体村民的利益，同时他们作为为群众办实事的服务者，应该接受村民的监督，及时发扬优点，改正不足，以便更好地开展工作，真正做到为民做实事、做好事。民主评议村干部制度就是行之有效的监督方法之一。

民主评议的对象包括村党支部成员、村民委员会成员、村集体经济组织班子成员、村民小组长以及享受由村民或集体承担误工补贴的其他村务管理人员。合寨村的村党支部成员和村民委员会成员的民主评议，由乡镇党委、政府具体组织，通过召开村民会议或村民代表会议、村民座谈会等形式进行；村民小组长和其他村务管理人员的民主评议工作，由村党支部、村民委员会具体组织，通过召开村民小组会议或村民代表会议、村民座谈会等形式进行。民主评议一般一年进行一次，在每年的 12 月或次年 1 月进行。①

在合寨村，民主评议的内容，主要是对评议对象一年来的工作情况，包括思想品德、工作能力、工作作风、工作实绩、廉洁自律等方面的情况，进行客观评价，按照优秀、称职、基本称职和不合格 4 个档次进行评议。②

而民主评议的主要程序则包括：

（1）主持人报告参加评议会议的人数，宣布评议会议开始，并说明评议的目的、意义和要求。参加会议的人数必须超过应到会人数的三分之二以上，方为有效；

（2）被评议对象作述职报告，报告一年来的工作情况。根据与会人员的意见，由村党支书和村民委员会主任代表作述职报告后，可不再进行个人述职；

（3）与会人员对评议对象一年来的工作进行评价或质询；

（4）被评议对象就群众提出的意见或质询进行解释或答复；

---

① 见《合寨村村务管理工作事项制度》。

② 见《合寨村村务管理工作事项制度》。

（5）主持人发放“民主评议测评表”，由与会人员对评议对象进行无记名测评；

（6）由工作人员当场收回测评表，村民委员会成员的，当场计票，并宣布测评结果；村党支部成员的，测评表和测评结果上报上级党委。

（7）会议小结。主持人对测评会议进行简要总结，并提出下一步工作要求。[①]

根据民主评议结果，不称职票数达到50%以上的，认定为不合格的，给予批评，并限期改正。

在合寨村的民主评议工作中，村民始终坚持确保民主决策的效果，把群众满意与否作为衡量村干部是否合格的标准，评议结果与村干部的使用和补贴标准直接挂钩。对连续两年被评为不合格的村干部，是村党支部成员的，按党内有关规定处理；是村民委员会成员或村集体经济组织班子成员的，应责令其辞职，不辞职的应启动罢免程序；对其他村务管理人员，由村民委员会召开村民会议、村民代表会议作出处理决定。[②]

在合寨村村民对村干部进行民主监督的方式除了民主评议外，还包括村干部激励约束机制、两委班子廉洁自律自我鉴定制度等等，通过这些制度，村民们可以全面地对村干部的工作进行评价和监督，对干部的工作起到了良好的促进作用，为合寨村的村民民主自治提供了优秀的人力保障。

2. 治安制度

合寨村在实行村民自治的20多年中，总结出了这么一条经

① 见《合寨村村务管理工作事项制度》。

② 见《合寨村村务管理工作事项制度》。

验：只有在和谐稳定的环境中才能真正地实现民主自治，才能从根本上维护村民的利益。

2005年之前，牢牢抓住合寨村的治安稳定工作就一直都是村委会成员的工作重心之一，而在2005年合寨村更是正式提出了建设平安合寨的目标，正式落实了平安建设制度。合寨村以平安村（屯）、平安家庭创建活动为载体，充分发挥基层党组织的核心作用；积极预防和化解人民内部矛盾；调动广大人民群众在创建活动中的积极性，主动参与社会治安综合治理工作，切实维护广大人民群众的合法利益，努力促进社会治安防控体系建设，为保证人民安居乐业、维护社会稳定、构建社会主义和谐社会作出更大贡献。[①]

合寨村建设平安合寨的总体要求：大事不出，中事不出，小事少出，保持社会和谐稳定，促进全面建设小康社会奋斗目标的顺利实现。

平安村要达到以下的标准：[②]

（1）综治的基层组织机构健全并发挥作用；

（2）群防群治队伍健全，制度落实（治安巡逻队和治安委员会）；

（3）治安防范和公共安全措施严密，人员责任到位，经费保障；

（4）人民调解网络发挥作用，矛盾纠纷调解及时；

（5）民主法治工作扎实，村规民约完善、规范；

（6）"五户联保、十户联防"，"治安中心户长"等活动正常

---

① 参见《合寨村建设平安活动实施方案》。

② 参见《合寨村建设平安活动实施方案》。

开展，制度坚持；

（7）“平安家庭”达 95% 以上，社会治安状况良好。

为了实现这一目标，合寨村主要采取了以下的措施[①]：

（1）坚持全党动员，全民动手，全社会参与的齐抓共管原则，动员广大人民群众，投入到平安建设活动中去。

（2）坚持“属地管理”和“谁主管谁负责”的原则，进一步强化乡、村干部在平安建设活动中的责任。

（3）坚持“明确任务、突出重点、分布实施、整体推进”的原则，加强宣传教育，使平安建设活动扎实有效地开展。

（4）实行目标考核、严格奖惩原则，加强监督指导，落实奖惩措施，推动平安建设活动不断深入。

在这些办法和措施当中，群防群治制度、“五户联保”和“十户联防”制度发挥着至关重要的作用。

在合寨村治安群防群治的制度中最关键的两个词为：治安联防大队和治安委员会。治安联防大队指的是合寨村一项全民参与的治安防治群众组织，具体形式和内容为：各屯根据实际情况自行组织，每晚由 2~4 名值班村民（村民轮流）担任巡逻队成员，从晚上 10 点到次日凌晨 4 点在各屯范围内进行巡逻，主动积极地预防违法犯罪现象的发生。而治安委员会则是村委会专门成立的用以监督治安巡逻队的工作安排和巡逻工作开展的组织。

20 世纪的 80 年代，与合寨村相邻的柳江县赌博抢劫现象比较严重，合寨村为了维护本村的治安，保证村民人身和财产安全，成立了由治安委员会领导的治安巡逻队，各屯根据实际情况自行组织，每晚由 2~4 名值班村民（村民轮流）担任巡逻队成员，从

① 参见《合寨村建设平安活动实施方案》。

晚上10点到次日凌晨4点在各屯范围内进行巡逻，积极预防违法犯罪现象的发生。合寨村的治安联防大队巡逻队从开始运行到今天已经经历了20多年，这么多年来，治安联防大队为保护合寨村村民的人身和财产安全发挥了重要的作用。这个组织的出现让不法分子心生畏惧，不敢在合寨村为非作歹。

2004年一天的深夜，寂静的果作屯响起了震耳欲聋的锣声，熟睡中的村民从睡梦中惊醒过来，原来是巡逻队员手上的警示锣被敲响了，村民们立即走出家门了解情况，才知道韦姓某人的摩托车被人偷了，村民们马上分组朝着各个方向追小偷，与此同时巡逻队长打电话通知果作屯附近村屯的巡逻队员。10分钟后小偷就被果地屯的巡逻队员抓到了，因为大家的配合，韦姓某人不仅追回了摩托车，还拿到了被小偷损坏的摩托车的修理费。

除了治安联防大队外，"五户联保"和"十户联防"也是合寨村平安建设的特色制度。

在合寨村每一个村民都要签订"五户联保"承诺书和"十户联防"承诺书。

"十户联防"承诺书的主要内容包括[①]：坚持"看好自己的门，管好自己的人"，切实预防各种案件和群体事件的发生。做到"治安联防，经济联合，好事联办，困难联帮"。

所辖联防户的各种矛盾纠纷均化解在萌芽状态。

无黄赌毒活动，无违法犯罪活动。

无重大安全事故，无各种案件和群体事件的发生。

坚持围绕党和政府的中心工作，有针对性地开展普法、依法治理。

① 见《合寨村"十户联防"承诺书》。

按要求搞好平安建设软硬件建设，不断完善社会治安防控机制，建设健全义务巡防队，落实各种责任，消除治安隐患。

户户实现“平安家庭”达标。

“五户联保”承诺书的内容则包括①：平安是福，平安是人民群众的迫切愿望。为实现平安、和谐、稳定的社会，作出以下承诺：

保学法守法用法，坚持“没事学法，有事找法，办事约法”。

保安全防范，接受交通、防火、生产、食品安全、防病传染等方面的安全教育，积极预防各种安全事故的发生。

保无黄赌毒。坚持相互监督相互制约，远离黄赌毒，不听信邪教，不传播谣言，不做有损于社会的事。

保合作信用。邻里户间真诚协作，在合作医疗、社会保险、公益事业、误工就学和经济建设等方面互助联保。

保安定团结。不扯是拉非，不挑拨离间。

保同谋发展。互通信息，民主决策重大事件；助老扶幼，不歧视弱势群体。

如果有人不被其他村民接受共同签订承诺书，则表明这个人在操行和品德等方面存在着一定的问题，这个人将成为治安监督的重点对象。如果有人违反了承诺书上的规定，与他共同签订的村民就有及时揭发举报的义务，如果这个人在接受教育后仍然不思悔改，那么与他共同签订的村民就会对他采取道德上的谴责，例如：不再参加他家的任何酒席，不再和他进行任何经济和生活上的来往……就是这样通过“五户联保”和“十户联防”制度，将合寨村的村民们连成了一张大网，彼此监督，彼此约束，将不

① 见《合寨村“五户联保”承诺书》。

安定因素消灭在萌芽之中。

合寨村的赌博现象曾经十分严重，许多村民将打工、劳动辛辛苦苦赚来的钱全都投进了赌博这个无底深渊里，许多家庭因为赌博而妻离子散、家破人亡。村里的治安因为赌博也变得混乱不堪，偷牛盗马的现象屡禁不止，村民人人自危。为了解决这一因赌博而引起的治安问题，合寨村制定了村规民约，明确规定了禁止赌博现象，村里的各家各户都在村规民约上签了字盖了章，后来随着时代的发展又制定除了“五户联保”、“十户联防”承诺书。从此，谁家开了赌场或家里有人参与赌博活动，村干部就会召集与他相关的乡亲朋友对其进行教育，让其自觉遵守村规民约和承诺书，远离赌博，如果此人仍然没有改正，就会严格按照村规民约对他进行罚款。从此人人都明白了“远离赌博是幸福生活的开始”，人人主动地遵守村规民约，赌博现象在合寨村里销声匿迹，欢笑与快乐又回到了合寨村。

合寨村的治安制度还包括：平安活动考评制度，平安活动民意测评制度，稳定状况排查制度等等。通过制定这一系列行之有效的措施，合寨村的治安状况非常好，村民的牛、摩托车随意放在路边也从不担心会被人偷走，村里民风纯朴，村民们生活在一个安定温馨的环境之中，同时也为合寨村的民主自治建设提供了一个稳定和谐的环境。

3. 调解制度

在我国的农村，村民之间纠纷的解决问题一直都是农村治安建设、经济建设和和谐社会建设要突破的重要问题，而在实行了村民自治的合寨村，对于村民纠纷的解决工作取得了较好的成绩，这完全要归功于村民自治的调解组织——人民调解委员会（包括各屯的民间调解组织）。人民调解委员会是调解民间纠纷的群众自治组织，经人民调解委员会调解达成的，有民事权利义务内容，并有双方当事人签字盖章的调解协议，具有民事合同性质。当事人应当按照约定履行自己的义务，不得擅自变更或者解除协议。人民调解委员会调解的范围主要是民间纠纷，包括发生在公民与公民之间、公民与法人和其他社会组织之间涉及民事权利义务争议的各种纠纷。[①] 例如：婚姻纠纷，家庭纠纷，邻里纠纷，赡养、扶养、抚养纠纷，继承纠纷，房屋纠纷，宅基地纠纷，生产经营纠纷，合同纠纷，债务纠纷，损害赔偿纠纷和其他民间纠纷。

合寨村人民调解委员会的任务是[②]：

（1）调解民间纠纷，防止民间纠纷的发生、激化；

（2）通过调解工作宣传法律、法规、规章和政策，教育公民遵纪守法守公德，预防民间纠纷的发生；

（3）向村民委员会所在单位和基层人民政府反映民间纠纷和调解工作的情况。

人民调解委员会在调解民间纠纷时应当遵守下列原则[③]：

（1）依法原则。对民间纠纷，依据法律、法规、规章和政策进行调解，法律、法规、规章和政策没有明确规定的，依据社会主义道德进行调解；

（2）自愿平等原则。在调解活动的全过程，坚持在双方当事人自愿平等的基础上进行调解；

（3）尊重当事人的诉讼权利原则。不得因未经调解或调解不成而阻止当事人向人民法院起诉。

---

① 见《合寨村人民调解制度宣传栏》。

② 见《合寨村人民调解制度宣传栏》。

③ 见《合寨村人民调解制度宣传栏》。

要达到良好的调解效果，作为调解委员会的成员就必须做到不偏不倚，公平公正，具体要求为[①]：（1）尊重事实，依法办案；（2）严守法律不得徇私舞弊；（3）不得对当事人压制，打击报复；（4）不得侮辱、处罚纠纷当事人；（5）不得泄露当事人隐私；（6）不得吃请受礼；（7）对当事人要热情接待，以理服人，以法制人，不简单粗暴；（8）解决矛盾纠纷原则上在人民调解庭按程序进行。

而作为纠纷的双方当事人也要明确自己的权利与义务，这样才能保证纠纷在和平的气氛中得以顺利地解决。因此，合寨村的相关制度中对此明确作出了规定[②]。纠纷当事人的权利是：（1）自主决定接受、不接受或者终止调解；（2）要求有关调解人员回避；（3）不要压制强迫，表达真实意愿，提出合理要求；（4）自愿达成调解协议。纠纷当事人的义务是：（1）如实陈述纠纷事实，不得提供虚假证明材料；（2）遵守调解规则；（3）不得加剧纠纷，强化纠纷；（4）自觉履行人民调解协议。

在合寨村里，民间纠纷的解决流传着这样一个传统，如果两家人有了矛盾，各村屯小组的调解员就会前去调解，若双方达成调解的合意，在调解员的主持下，由有错误的一方出钱摆上一桌当地称为“和气酒”的酒席，请双方的房叔兄弟作为见证人，当着大家的面向另一方道歉，大家心平气和地解决矛盾。通过这种方式解决纠纷，可以在不损害双方感情的基础上解决问题，将矛盾化解在萌芽状态中。

1987年的一晚，果作屯的罗云室偷偷进入了韦炳进的卧室里

① 见《合寨村人民调解制度宣传栏》。

② 见《合寨村人民调解制度宣传栏》。

意图偷盗财物，不小心惊醒了韦炳进的妻子，韦妻大声呼叫，罗云室被当场抓获，事发的第二晚村小组干部找到了罗云室，他们转达了村小组的意见，暂时不将此事上报，但要求罗赔礼道歉，村小组干部诚切地说道："大家都是同村的兄弟姐妹，应该以团结为主，大事化小，小事化了，只要你能真诚地承认错误，大家以后都不会看不起你的。"罗云室听了之后低下了头，轻轻地应了一声，并且同意出钱请韦罗两家的房叔兄弟来吃一顿做和酒，在酒席上，罗云室当着大伙的面诚恳地向韦炳进道歉，而韦炳进也欣然接受了罗的道歉。从此，两家不但没有因为此事而成为冤家，反而成了全村邻里互助的模范。

村里调解的纠纷常见的是家庭纠纷，2001 年，果地屯的韦家发生了纠纷，事情源于韦 ×× 与继父杨 ×× 的关系不合，韦 ×× 常常因为一些口角而将老人关在门外，不让杨 ++ 进屋，半夜里常常听到杨 ×× 凄惨的哭喊声。村小组的成员知道这一情况后亲自上门做调解工作，干部们耐心地分别与两个当事人沟通，一方面他们劝说韦 ××：人人都有年老力衰的一天，善待老人就是善待自己，应该纠正错误，好好对待继父；另一方面他们告诉杨 ×× 对待年轻人应该以理解为主，不要对年轻人过多地要求。在干部们耐心的沟通下，两代人终于达成了谅解，再也不因为小事而争吵不休了。

合寨村的民间纠纷调解工作之所以取得好的效果，还不得不归功于村民对调解工作的配合和支持。2007 年的一天，果作屯的韦以杰来到了自己的甘蔗地上烧甘蔗，不小心烧到了韦胜能承包果律村土地所种的树，韦胜能要求韦以杰赔偿 20 万元。这个数字对家庭经济困难的韦以杰来说无疑是天文数字，韦以杰根本无力偿还，这让韦以杰的生活陷入了困境。果作屯的村小组成员获悉这件事，主动提出了要帮助韦以杰解决这一问题。他们找到了韦胜能，与他寻求解决矛盾的其他方法。通过交流，他们与韦胜能之间达成了协议，只要在大寒节气之前，买树苗重新种上，就不用进行金钱赔偿了。但是，那么多的树单凭韦以杰一家之力根本不可能在大寒之前完成种树的任务。于是，村小组干部就发动屯里的村民，一起帮助韦以杰。在全屯80多人的共同努力下，终于在大寒完成了补种的任务。在完工的那一天，韦以杰深深地向来帮忙的村民躹了一躬，表示了自己的谢意。正是因为有了村民的热心帮助才使得这个纠纷顺利得到了解决，村民的热心、关心和互助体谅之心是调解委员会的调解工作得以顺利开展的源源不断的动力。

将纠纷在微笑中解决，让村民在和谐中幸福生活，这既是村民调解工作的目标，同时也是合寨村推行民主自治的目标。

4. 党员带动致富制度

"经济带动一切"，经济发展是我国农村建设首先要解决的问题，因此合寨村在推行民主自治的同时，也十分注重发挥村干部尤其是村党支部成员的带头作用，促进合寨村经济的发展，带领村民们走上致富的康庄大道。

在合寨村的各项制度和规定中，村干部和村党支部成员带动致富的精神和原则随处可见，例如：在村委会主任的职责中明确规定：（1）村民委员会主任在村党支部的领导下主持全村的工作，其主要职责是：组织制定和完善本村经济、社会发展计划和规划，村经济计划和社会发展规划的制定必须在充分发动群众，集中多数群众意见，正确分析评估当地自然资源、社会资源的基础上进行，并报告乡政府批准和实施；（2）组织和帮助村民开展生产，选择致富项目并在资金、技术、信息等方面做好服务工作，千方百计帮助贫困户脱贫致富；（3）重视发展村办经济，增加村集体经济收入，努力为村民多做实事，增强村委会的凝聚力。[①]

同时，在合寨村村民委员会职责中还写道：村民委员会是在国家法律规定的范围内，由村民自我管理、自我教育、自我服务的群众自治组织，具有法人资格，受乡政府的指导和村党支部的领导。主要职责是：组织村民发展经济，做好本村生产的服务协调工作，促进农村生产建设和社会主义市场经济的发展[②]。

而在村民委员会主任的职责中更是明确地标明：村民委员会主任在村党支部的领导下主持全村的工作，其主要职责在带动致富方面有：（1）组织和帮助村民开展生产，选择致富项目并在资金、技术、信息等方面做好服务工作，千方百计帮助贫困户脱贫致富；（2）重视发展村办经济，增加村集体经济收入，努力为村民多做实事，增强村委会的凝聚力；（3）重视了解村民的思想、生产、生活情况和迫切需要解决的问题，积极向上级反映群众的意见，争取政府的支持、帮助和指导，为村民解决实际问题[③]。

党员作为村里的先进分子，在促进合寨村经济发展的工作上更是有义不容辞的义务。在合寨村，作为一名党员要做到密切党群关系，组织带领群众完成好经济建设工作，这是党员发挥先锋模范作用的有效措施。在这方面，党员的主要工作内容包括：每个党员自定或者由党支部根据具体的情况分别安排1~2名困难群众，作为党员目标管理来考核，支部书记或副书记为主要负责人；主要任务是了解群众思想、生产生活等方面的情况，向他们

① 见《合寨村村委会主任的职责》。

② 见《合寨村村民委员会职责》。

③ 见《合寨村村民委员会主任职责》。

宣传党的路线、方针、政策，听取群众意见和建议，传授科学技术，介绍致富经验，为群众解决生产和生活问题；党员每月要与联系对象联系两次以上，要定期向党组织汇报联系帮扶情况；党员联系帮扶对象的生产生活、思想等方面提高的幅度大小，作为评定优秀党员的条件之一。而党员带动致富的纲领为：以粮为纲，多种经济共同发展：养蚕，养猪，养牛等，主要进行的是技术指导[①]。

例如：合寨村党支部书记韦向生就与板甘屯的韦加金结成了对子，主要对他进行养猪的技术指导和资金扶持以及对南台屯韦瑞祥进行养蚕的技术指导；村党支部组织委员蒙超对果地屯的蒙成云进行养牛的技术指导和劳力帮助；而村党支部书记蓝锦宣则与果作屯的蔡庭辉结成了对子，对他进行有关修理的技术指导。

在党员干部和村民的共同努力下，合寨村的经济正朝着更快更好的方向前进，相信，合寨村村民的生活将在自身的辛勤劳动和努力拼搏中如同芝麻开花——节节高，一天更比一天好！

5. 计划生育制度

正所谓“人口无小事”，计划生育工作一直是我国农村工作的重点和难点。在农村，要从根本上改变人民根深蒂固的“多子是福”的生育观念，需要在农村制定一套科学且人性化的计生制度，需要农村的基层干部掌握有效合理的计生工作方法，同时还需要加大计生工作的宣传力度，逐渐扭转村民们的计生观念，多管齐下，才能在和谐的气氛中做好计生工作。合寨村的干部们充分认识到了这些，因此合寨村的计生工作在这些年来取得了较好的成效，而合寨村在计生工作中积累的经验也有许多地方值得分

① 见《合寨村党员带动致富宣传栏》。

享和探究。

首先，制定有关计划生育的村民自治村规民约。

合寨村作为村民自治第一村，在计划生育工作的开展方面也始终发挥这一特色，利用村规民约引导村民自觉配合计划生育工作，使合寨村的计划生育工作实现村民的自我约束、自我教育、自我管理。根据《中华人民共和国村民委员会组织法》和中共中央、国务院《关于加强人口与计划生育工作稳定低生育水平的决定》，结合村里的实际情况，制定了合寨村计划生育的村民自治村规民约，具体内容有：

（1）根据国家法律、法规，村民自觉实行计划生育，做到少生、优生、计划生，不违反计划生育法规，违者自觉按国家有关政策、法规接受处理。

（2）已婚育龄妇女按时参加一年四次的妇检和健康检查，积极配合做好生殖保健工作，不得无故不参加检查，如无故第一次不参加妇检的收取违约金 10 元；第二次不参加妇检的，则由村民自治领导小组给予一次性收取违约金 100 元至 200 元。

（3）按时参加本村召开的计生工作会议和人口学校的培训，掌握 3 种以上避孕方法。

（4）外出务工的育龄人员，与村委签订管理合同，并领取《流动人口婚育证明》，方能外出；返回家 5 日内到村委报告，外出期间接受当地计生部门管理，属妇检和生殖健康检查对象的在当地接受检查，并按季度寄回检查证明，如逾期不寄回妇检证明的，则由村民自治领导小组对其丈夫或亲属给予一次性收取违约金 100 元。

（5）符合生育条件的已婚育龄妇女，要按规定领取《生育证》方可怀孕生育。小孩出生 7 天内向村民小组如实申报。在外生育的夫妇不得超过15天申报，否则由村民自治领导小组给予一次性收取违约金60~100元。

（6）按《广西壮族自治区计划生育条例》规定，生育一孩的育龄夫妇，由一方落实放环措施，生育二孩的育龄夫妇，由一方落实结扎措施，落实措施的时间在生育小孩3个月以内。超过3个月属放环对象不落实放环手术，属结扎对象不落实结扎手术的，则由村民自治领导小组给予一次性收取违约金100~200元。受术者造成疾病的，按广西计划生育管理条例规定执行。

（7）广大村民共同遵守《中华人民共和国婚姻法》和《中华人民共和国收养法》之规定，如有违反规定，造成非法婚姻或非法生育及非法收养小孩等行为的由村民自治领导小组给予一次性收取违约金100~200元，情节严重的并交有关政法部门处理。

（8）不支持、包庇、藏匿违反计划生育政策、法规的对象，发现有违反计生政策的人和事，要及时向村委或计生部门报告。对举报者，不准打击报复。将计划生育工作纳入《五户联保》、《十户联防》的条款当中。

（9）实行村务公开，民主监督，公开计划生育法律、法规及本村制定的规章制度；公开本村生育、节育情况；公开违反计划生育政策的处罚情况及计划生育财务收支情况等。

（10）自觉接受村委会和计划生育部门监督和指导本村的计划生育工作。

（11）凡违反本村规民约的，由计划生育村民代表大会研究作出处罚决定，提交计划生育村民自治领导小组执行。[①]

其次，注重与村民的沟通，及时了解村民计生思想动态，掌

① 见《合寨村人口与计划生育宣传栏》。

握科学的工作方法。

除了拥有合理完善的几项村规民约外，合寨村计划生育工作的顺利开展还依赖于计生干部的努力。合寨村的计生干部敬业奉献，非常注重与村民的沟通和交流，注重在日常的交往中收集和了解村民的计生思想动态，尊重和保护村民的隐私。

以在合寨村做了多年计生专干的蒙桂能为例。蒙桂能自从负责计划生育工作以来，投入了大量的精力，有时候为了做工作，常常到县城开会或走访各家各户，家里的事基本都靠妻子一个人料理。妻子有时会因为这些而与蒙桂能吵架，这时他总是默默地抽着烟，坐在门口，听着妻子发牢骚，等妻子气消之后，他都会说一句：这些都是我的工作。

除了工作上尽心尽力外，蒙桂能还很注意开展计生工作的方式和方法。果地屯已经生育两个儿子的蒙金梭的妻子依规定应该去结扎，但是夫妻俩还想再生育一个儿子，于是蒙金梭的妻子就带着孩子跑到了别村躲起来。获悉这一情况，蒙桂能带上了花自己的钱买的几斤猪肉和猪骨头以走朋友的理由去到了蒙金梭家。在与蒙金梭闲聊的过程中，蒙桂能真诚地说：现在养孩子花销大，计划生育实际上是减轻家庭的负担。结扎工作是政策规定的，迟早都要做的。蒙桂能诚切的态度和温暖的话语让蒙金梭逐渐认识到了自己的错误。虽然当时蒙金梭没有说什么，但是第二天他就主动带着妻子去了结扎。这些就是蒙桂能善于与群众沟通的最好体现。蒙桂能常说：做计划生育工作要先弄清楚村民们有什么难处，有什么想法，要尽力辅导他们的家庭、生活和工作，这样才能和村民沟通。

正是因为有了许许多多像蒙桂能这样辛勤的计生干部，合寨村的计生工作才会取得如此佳绩。

最后，加大计生工作的宣传，逐渐扭转村民老旧的计生观念。
风推波浪浪推沙，
推出大海宽无涯；
计生本是国民事，
要让群众多参加。

男孩女孩都是孩，
重男轻女理不该；
抛弃女婴是犯罪，
大男主义莫乱来。

法律严厉如钢刀，
谁人犯罪都难逃；
政治权利剥夺了，
会员资格自取消。
解决人口大问题，
当作战略来实施；
依照法律来处理，
这个决策是够力。

百花齐放共争春，
百鸟飞来共一林；
协会会员有两种，
团体会员和个人。
人口计划生育法，
国家主席来签发；

计生工作法制化，
又利国来又利家。[①]

这些就是张贴在合寨村各个角落的计生宣传标语，正是通过这些简单易懂、生动有趣的宣传标语，以及派送计生用品、赠阅计生宣传册、组织计生宣传会等等形式多样的宣传方式，才使得村民的生育观念在逐渐地改变。以前，合寨村的村民们被“不孝有三，无后为大”的传统生育观念深深地束缚着，总觉得要生个儿子才对得起列祖列宗，在年老的时候才有儿养老、有儿送终。但是，通过这些年来合寨村村干部坚持不懈的大力宣传，村民们已经认识到生男生女都一样，孩子越多负担越大，为了能给孩子一个健康的生活环境，应该实行计划生育。这些观念上的根本转变正是大力开展宣传工作取得的成效。

以上这些都是合寨村充分发挥民主自治的成果，正是因为合寨村的村民们具备了民主管理的理念，才会在计划生育工作的开展中积极配合村干部的工作。

（二）合寨村实施村民自治取得的成就

合寨村实行村民自治在各方面都取得了不错的成果，这些成果无疑是对合寨村村民自治工作开展的最大肯定和鼓励。

1. 村民民主管理中的村规民约实现了村民达到自我管理和自我约束的目的

合寨村的村民们自从制定村规民约以来，从村委会成员到村民都以村规民约作为自己日常生活的行为准则，用自己的行动维护着村规民约的威严。20 世纪 80 年代，村里第一份村规民约刚

① 见《合寨村人口与计划生育宣传标语》。

刚出台，约定中明确写道“封山育林，严禁乱砍伐”，当时合寨村村委会主任韦焕能的小儿子和几个小伙伴不知深浅，我行我素，以身试“法”，上山偷砍封山林木，被群众发现后押送到村委会，群众担心村主任韦焕能徇私，心里直打鼓，“怎么办？”群众小心翼翼地问韦唤能，“依照村规民约条例罚款15元。”村主任韦唤能斩钉截铁地回答。韦焕能心里清楚，如果村规民约执行的头开得不好，那么村规民约就等于是一纸空文，不能因为一己之私而坏了全村的大事呀。于是，人民信服了，此后，再也没有人上山偷砍林木了。正是合寨村村民们多年来严格的自我约束，自觉遵守自治章程（村规民约）的规定，才使得村规民约成为村民们自我管理的依据和保证。

2. 通过合寨村村干部和村民的不懈努力，民主决策已经深入合寨村村民的心里了，村民们真的做到了自己的事情自己解决

一场曾经轰动一时的合寨村山林纠纷案就是最好证明了。20世纪70年代，合寨大队曾在其下属的果作屯所辖区域内划拨1400亩山地用以植树造林，如今，树已成材，价值近百万元，但林场不属于果作屯，由此，果作屯的村民产生了意见，认为村里占了屯里的地造林，使自己的权益受到了侵占，这是非常不合理的，于是，村民在1997年10月向乡政府提出了收回林场的请求，次年2月，乡政府组织有关部门进行调解，未果，尔后，他们又呈文市政府，1998年11月，经市调处办协调，双方还是互不相让，最后该案件演变成为宜州市六大纠纷案件之一。第六届合寨村委会成立后，根据群众的强烈要求，决定尽快解决这一矛盾，经过一系列的准备工作，在市、乡两级政府的关怀下，于1999年11月，村委会召开了由51名各方代表参加的村民代表会议，会上，代表们通过摆事实、讲道理，逐步统一了认识，最后则以举手表决的方式，少数服从多数，形成了这样的决议：林场仍归全村所有，但果作屯每年可提取 15% 的山权费，村委会则代表全村占有其他 85% 的山权费。至此，拖了两年的合寨村的山权权属纠纷案得到了圆满的解决。

3. 民主评议制度有效促进了村干部开展工作，有效促进了村民与干部的交流

合寨村的民主评议制度从 2002 年起开始真正实施，取得了非常良好的效果，以 2005 年举行的对第六届合寨村干部的民主评议为例，统计结果显示：（1）在合寨村村务公开和民主管理民意测评中，参评人数 50 人，实发出满意测评表 50 份，收回 50 份，其中对合寨村村务公开、民主管理程度满意的为 48 人，基本满意的为 2 人，不满意的为 0 人，满意度高达 96%；大多数参评的人员对以后工作开展的建议为村务公开更为联系实际、内容应更为公开；（2）在对两委班子的民主评议中，参加测评人数 30 人，实发测评表 30 张，收回 30 张，其中对村支书韦向生的称职满意度为 96.7%，对副支书韦以明满意度为 90%，对副主任韦焕能的满意度为 70%[①]……从这些直观具体的统计结果中，村干部们充分了解了村民们对自己工作的满意程度，如果村民们有什么意见和建议，可以及时地与村民进行沟通，做好总结工作，不断提高工作效率和工作质量，发扬优点，改正不足，争取做到更好。

4. 人民调解制度真正解决了合寨村村民纠纷，为营造友好温暖的环境提供了保证

合寨村的人民调解制度已经成功地解决了许多村民之间的纠纷，在调解过程中，由于调解员的努力和村民的配合，纠纷通常

① 参见合寨村村委会提供的材料。

在和平友好的氛围中得到妥善的处理，纠纷当事人也在纠纷解决后彼此体谅，一般不会因为纠纷而影响彼此的感情。

在合寨村，村民纠纷的调解工作争取做到：一调小事不出所，二调难事不出村，三调要有成功率，杜绝互相推诿、相互扯皮的现象，按照预防为主，教育疏导，依法处理，防止激化的原则，把人民调解、行政调解紧密结合起来，将工作重心放在“抓小，抓早，抓苗头”，把矛盾问题消灭在萌芽状态，经过调解员多年的努力，合寨村的调解工作效果一年更比一年好，以2006年为例，2006年村调解委员会共接到纠纷10件，其中邻里矛盾3件，家庭纠纷3件，宅基地纠纷2件，其他2件，成功调解8件，2件逐级解决，调解成功率85%，有效地避免了各种矛盾的升级[①]。

5. 在群众的积极配合下，这些年村干部和党员带动致富的工作取得了较好的成果

果作屯的韦庆成生活困难，党员获悉其情况后，积极地教授其养猪养牛的技术，与他一同给田里种上了玉米和优质谷，还给予他一定的资金支持，一年前，韦庆成卖牛收入7000多元，生活水平有了较大的提高，盖起了新楼房，全家人过上了好日子。还有，果地屯的蒙姓老人思想比较固执，坚持种植旧的水稻品种（200~300斤/亩），而不接受新品种（1000斤/亩），老人还不喜欢使用工具而倾向于漫地播种，因此老人的田收成很差，生活困难，后来该屯的党员知道了这一情况，主动对他进行思想工作，摆明利弊关系，终于使老人接受了党员的意见，改种新品种，并使用了新的工具，过上了自给自足的生活。正是因为有了这些党员的坚持与努力，合寨村的经济有了较大的发展，以2007年为例：

---

① 参见《合寨村村委会2006年工作总结》。

合寨村 2007 年人均纯收入增长 2973 元，实现了比上年增长 200 元的目标[①]。

6. 细致兼具人性化的计划生育村规民约，使得合寨村的计划生育工作的开展收效甚好

自 2005 年以来只有两对夫妻超生，这在整个屏南乡甚至整个宜州市来说都是非常好的成绩。

制度具有较强的稳定性，人的认识却能紧跟社会的发展步伐，只有把人的认识与制度相结合，在实践中提炼出精华——工作经验，用以指导工作，才能促进社会的又好又快发展。

三、合寨村实施村民自治的经验

在党的正确领导下，在全国人民的共同努力下，村民自治取得了巨大的成就，历史的脚步踏入了 21 世纪，同时进入了一个关键时期——全面建设小康社会，构建社会主义和谐社会，建设社会主义新农村，三大举措均系农村。中国的农村需要大发展和大繁荣，而农村的发展与繁荣，要由村民自治组织来带头才能完成这一历史使命。在继续解放思想大讨论的背景下，为了更好地发挥村民自治组织的带头作用，我们在中国村民自治第一村调研取经，得到了较多的村委工作经验，并希望能向全国推广，为“三农”的发展、为社会的进步作出我们当代大学生应有的贡献。

（一）党和政府的高度重视与积极推动

村民自治作为一种具有中国特色社会主义的农村基层民主制

① 参见《合寨村村委会 2006 年工作总结》。

度和农村治理的有效方式，尤其是在现阶段形势下，肩负着深入贯彻“三农”政策与文件精神，构建社会主义新农村的历史使命。然而，村民自治的发展和完善并不是一蹴而就的，而是糅和了党和政府、农民以及村干部的力量，是他们智慧与力量的结晶。

“必须坚持党管农村工作，始终把加强和改善党对农村工作的领导作为推进农村改革发展的政治保证。”可见，党和政府是推动农村民主政治发展的主导力量。农村基层民主发展 50 多年来的成就，尤其是改革开放以来农村基层民主的迅速发展充分表明，只有党注重“三农”，注重发挥农民的积极性、主动性和创造性，农村基层民主才得以稳定、快速、健康地发展。脱离了党和政府的关怀与推动，农村的民主只能是假民主，犹如无源之水、无根之木。

当 1980 年 2 月，合寨村作为全国第一个村民自治委员会的诞生地时，随即得到党、国家及地方领导的高度重视。“1982 年宪法正式确认了村民委员会是群众自治组织的法律地位，为村民自治的发展提供了基本法的依据”；1983 年，中共中央、国务院发出文件，正式宣告了人民公社体制的终结，为村民委员会在全国范围内的确立铺平了道路；1988 年，《村民自治组织法》的颁布，使村民自治驶入了快车道……尤其是在当前，从 2004 年开始，中央一号文件都把加强“三农”工作列入其中，更喜人的是，“十七大报告中，‘基层群众自治制度’首次纳入中国特色政治制度范畴，这是中国共产党不断推进社会主义政治制度自我完善和发展的生动体现”。这无疑是党给予村民自治历史成就的充分肯定，同时更加注重到了村民自治的重要性，这将是推进村民自治发展的重大机遇。

“宜州市将合寨村作为换届选举工作试点，积极为合寨村的发展提出可行性、有效性的指导”。[①] 在 2008 年 4 月换届选举市领导莅临指导，村民民主选举热情更是高涨，人声鼎沸，却井然有序，对合寨村民主的正确与快速发展起到了很大的促进作用。

宜州市将合寨村作为全市党务公开工作试点村，政府如此重视，对合寨村而言，是压力更是机遇。合寨村“两委”能不负重托，尽职尽责，保证了公开内容合理、程序的合法，尽最大限度实行了“阳光”党务，使得合寨村民主的发展再上一个大台阶。

所以在当下，解决“三农”问题，实现农村改革、稳定与发展，党和政府的高度重视与积极推动是不可或缺的外在因素。

（二）不断扩大基层民主，真正贯彻落实“四个民主”

“四个民主”是维系村民自治产生、发展的生命线，只有真正贯彻落实“四个民主”在村务工作中，村委会才是真真正正为民办好事、办实事。合寨村是“四个民主”的先行实践者，并且坚持“四个民主”的政治建设要因地制宜的思想，努力实现民主形式的多样化，不断创新与变革，而不能生搬硬套。

合寨村干部始终坚持村干部的民主选举。从宣传、提名、决定候选人到村干部的确定，合寨村委会都严格依照法律法规，认真贯彻政府的政策，虚心听取群众的意见，坚持公平、公正、公开的原则，真正把群众拥护的思想好、作风正、有文化、有本领、真心实意为群众办事的人，选进领导班子。坚持把“六强”人才纳入委员行列，即“组织能力强，带富能力强，协调能力强，自

① 参见《中共屏南乡委员会、屏南乡人民政府关于印发屏南乡合寨村换届选举试点工作方案的通知》屏发［2008］08 号。

律能力强，学习能力强”的六强人才，[1] 做到让想干事的人有机会，能干事的人有舞台，干成事的人有位置。

合寨村干部始终坚持村务的民主决策。村委是由民主决策才得以诞生的，只有延续民主决策才是村委存在的保障与意义所在。在村务重大问题的决策上，合寨村往往通过召开村民代表大会或者党员、老干部会议来讨论决定。20 世纪 90 年代有个林场纠纷案被称为二年纠纷半天解决，堪称为合寨村民主决策的典范，通过全体代表共同协商、讨论、提议、最后表决的民主决策程序，使决策能充分代表最广大群众的根本利益。此外，在制定和不断完善《村规民约》、发展全村公益事业上，合寨村也做到了真正的民主决策。

合寨村干部始终坚持村务的民主管理。合寨村现任主任提到，村委会是一个农民自我管理、自我服务的基层群众自治组织，只有真正实现了民主管理、自我管理，才是真正的群众自治组织；而且管理必须充分尊重农民群众的意愿。鉴于 1980 年合寨村已包产到户，1981 年村民要求分割林场。合寨村第一届村委会主任蒙宝亮组织全村 120 名全体党员、生产干部集体协商、讨论，并从长远的利益与群众的根本利益着想，组织人员劝阻村民分割林场。蒙宝亮深情地对我们说道，如果当时没有集体协商、民主管理，就没有现在的林场；这是功在当代，利在千秋的事情啊！

合寨村干部始终坚持村务的民主监督。通过不断地建立与完善，合寨村已建立了各种监督制度，包括监督事务公开，村干部工作、财政支出。民主的监督使得村干部时刻坚持以对人民负责的工作理念，全心全意为人民服务的宗旨，用民众的监督来不断

---

① 参见《屏南乡合寨村党支部、第九届村民委员会换届选举试点工作方案》。

鞭策自己更好地工作，尽最大努力实现管理的民主化、监督的真实性及决策的公正性。

只有民主选举，才能选出有能力、能代表民众意见的干部；只有民主决策，才能代表最广大人民的根本利益；只有民主管理，才能为民办好事、办实事；只有民主监督，才能实现真正对人民负责。所以要实现新农村的“民主法治，公平正义”和谐秩序，必然要坚持“四个民主”的有机统一，真正做到权为民所用，情为民所系，利为民所谋。

（三）不断完善村民自治工作制度，实现各项工作的制度化、常规化

工作制度关乎工作的效率与质量，尤其是村民自治工作，直接涉及农民的切身利益，关乎农民的生活水平的提高，农业的发展水平的提高，农村民主政治的发展。

鉴于此，合寨村干部以提高工作的规范化，提高工作管理水平为目标，从建立村民委员会至今，先后建立和完善了村务公开、村民代表会议、村务民主决策等十项制度。

在村务公开制度中，合寨村成立村务公开小组，负责有关事务公开事宜，并对村主任负责。在公开之前，报请村主任审批，由村主任审查内容是否真实，是否符合规定，是否是村民所关心的事务，如需资金则由村主任同意并到村民理财小组领取；每年年底，村干部还向村民发放村务公开意见调查表。我们通过查阅资料显示，绝大多数村民对村务公开工作都满意，但有不少村民要求进一步扩大公开的内容，特别是财政支出方面。这一村务公开制度简单而不简约，能有效提高工作效率，又能促进村务公开工作按质按量地完成；既能进一步有效地监督村财政收支情况，

又能有效地了解与监督村干部的所作所为。

“建立与完善一项制度并不难，难的是村干部要真真正正把一项制度贯彻在工作中，按规章制度办事。”村务公开小组组长对我们说。

其次，合寨村干部在进一步深化村民自治工作中深刻感悟到，村民自治工作要进一步深化，要实现村民自治工作更加民主、更加深入地开展，需要有完善的工作制度来支撑，而且要敢于抛弃过时的、不合理的旧工作制度，勇于探索出适应新时期新形势下的创新工作制度。

（四）村干部注重自身素质与工作能力的不断提高

唯有韬光养晦，才能有所作为。素质的高低决定着一个人工作的态度及理念，是成功与否的内在力量；工作能力的强弱决定着一个人办事的效果，是成功与否的外在力量。

作为中国村民自治第一村的村干部，自身素质首先要过得去，他们在工作中贯彻以民为本的工作理念，一位老干部还生动地用“水能载舟，亦能覆舟”的例子来向我们阐述这一千年不变的道理。顺民意，则百事兴。在开展工作的时候，他们认真倾听与采纳群众的意见，尤其是反对者的声音。“言必行”是他们深得群众支持与信任的法宝。在一次村民代表大会上，果律屯代表提出要修建新的水泥路，合寨村计生专员蒙桂能当场拍案说好，并表示发展村里的公益事业，是造福大家、造福子孙的行动，如果果律决心要修路，他个人给果律捐赠 1 吨水泥。后来，蒙桂能践行了自己的诺言。村委干部也因此赢得人们更多的信任与尊重。“群众的眼睛是雪亮的”，这句话的道理正是如此，群众在你心中多重，你在群众心中就会有多重，群众心里自然会有杆秤来衡量。

其次，村干部还通过建立党员先进性教育机制，开展相关活动学习政治理论知识，学习政策精神，学习纪律规则。每年年底，村干部都召集上、中、下三片党小组成员召开座谈会。会议的内容一般为：党员的评议评分、学习新的理论知识、党小组一年以来的好人好事及存在的问题、党员年度个人总结与工作经验交流、党小组年度总结及下年度工作规划、村下年度工作规划等。通过开展党员先进性教育活动，村干部的自身素质得到了不断的提高，进一步提高了工作能力，为更好地开展工作奠定了基础。

我们还注意到，在继续解放思想大讨论的背景下，合寨村能与时俱进，成立了继续解放思想大讨论小组，小组通过邀请乡政府领导开座谈会，与村民代表座谈，倾听老党员、老干部的意见等方式深入开展活动，村干部的理论水平与素质得到了很大的提高。每一期活动之后并将成果用村务公开栏展示出来，以此指导平时工作的开展。此后，合寨村更广泛、更深入地实现民主管理与民主监督，使村干部更自觉接受群众的监督，转变了村干部的工作作风，真正为人民群众办实事。

（五）传承历史文化精髓，促进工作卓有成效地开展

广西是诗的故乡，歌的海洋。河池宜州还是歌仙刘三姐的故乡。刘三姐是唐代宜州下枧村壮族人，深受人们爱戴崇敬，在广西产生巨了大的社会影响。“自电影《刘三姐》蜚声海内外后，‘刘三姐’已成为广西民族文化的代名词和独特的文化品牌。千百年来，宜州人民生性爱歌，以歌传情，唱尽人间的喜怒哀乐。”[①]

村委会工作的开展也能与诗歌挂钩？答案是肯定的。村干部

① 摘自《宜州志》。

善于在传承历史文化精髓的同时，将其融入计划生育工作之中，使计生工作得到卓有成效的开展。本来计生工作是一个较为敏感、棘手的工作，但经他们用诗歌宣传计生，使村民在听到熟悉的诗歌声、陶醉于纯朴的诗歌文化中时，也逐渐受到了计生宣传的影响。

此外，村委会还用诗歌来宣传村规民约，宣传国家的法律法规，倡导村民守法、护法、用法，他们将这些诗歌大量地书写在村民房屋墙壁的宣传栏上，使村民被这些内容潜移默化着。合寨村利用自身有效的文化资源优势来开展宣传计生、普法教育工作是一个高效而且实用的做法。

中国的农村具有很大的普遍性，都亟待着解决政治、经济、文化发展问题；也都有很大的特殊性，都有着自己的优势资源。如果每个村都能充分挖掘自己的优势资源，像合寨村一样将历史人文精髓融入工作中，将是村民自治工作中的一大突破。但反对不结合本村实际情况照搬别人的方式与方法，那样的工作是事倍功半的，走出一条具有本村特色的村民自治道路这才是对的。

（六）经济建设与民主政治相结合，不断推进社会的全面协调发展

经济基础决定上层建筑，农村经济的发展是农村民主发展的基础和保障；而农村民主政治的发展，会为经济的发展提供有利的环境，并逐步推动经济社会的协调发展。合寨村正是以此为指导，经济建设与政治建设两手都要抓，不断发展社会事业，促进社会的全面发展，将全部精力投入到全面建设小康社会中来。

“带富能力”很重要，农民讲究实用，哪个村干部能带领群众走向致富文明之路，群众就支持他。所以当初合寨村选举干部时的“六强”人才标准，带富能力就被摆到了第二的位置。合寨

村干部考虑到村里人多地少的情况，在促进农民增收方面采取了特殊措施：鼓励农民种桑养蚕，为此合寨村还建立了桑蚕帮扶制度，建立起以村委干部、村小组干部及党员等为主的帮扶人员，通过一对一或一对多的对口途径，对种桑养蚕有困难的农户实行资金或技术方面的帮扶；对于村里劳动力过剩的问题，村干部鼓励劳动力外出打工，积极找熟人帮村民在外找工作。此外，村委会还经常带领群众兴修水利、清理沟渠，为农业的稳定发展奠定了基础。由于农民各方面知识有限，有时做事未免有失盲目，而合寨村干部是经过村民认可的“六强”人才，又得到地方政府及有关部门的培养，他们按照“生产发展，生活宽裕，乡风文明，村容整洁，管理民主”的新农村建设发展要求，逐步培养有文化、懂技术、会经营的新型农民；坚持以发展农村经济为中心，以民所需，为民谋利，让农民得到真正的实惠；根据政府的规划与本村的实际情况结合，因地制宜，发展特色农业，充当引导扶持的角色，推动农村经济科学发展。

在推进经济社会协调发展上，合寨村成立了老年人协会等组织，使老人能够“老有所乐”、“老有所用”。老年协会不仅为老年人提供了一个相互学习、共享快乐、安度晚年的环境，而且在村里形成了一种尊老的优良传统；此外老年协会通过社团干部的研究、讨论，为村务难题协商出切实可行的方案。

物尽其用，人尽其才，正是如此，把经济搞上去是头等大事，促进社会的全面协调发展，这是重中之重。

（七）充分发挥历史创造者的作用，注重引导群众的积极性与主动性

人民是历史的创造者，这是马克思主义充分肯定的真理，而

农民是社会劳动实践的直接参与者，必然也成为历史创造者中的一部分。农民的智慧与力量已经为无数事实所证明，所以除了农民生活水平的提高离不开农民之外，农村、农业的发展更离不开农民。

安徽凤阳农民的“胆大妄为”，实行包干到户的家庭联产承包责任制，是新中国成立以来农民的一大创举，极大调动了农民劳动的积极性，促进了农业的飞跃发展。

合寨村村民敢为人先，积极制定村规民约，民主选举产生村民委员会，开创了“四个民主”的先河。从此，合寨村的面貌发生了翻天覆地的变化。全国农村社会治安混乱的局面也在各村村委的建立后逐步得到改善，农村的发展迈上了一个新的台阶。

在新农村建设、和谐社会以及连续涉及“三农问题”的中央一号文件等理念及政策的引导下，“三农”的发展已经来到了重要关头。在党和政府如此强有力的政策及财政支持，充分调动农民的积极性与主动性是非常重要的。合寨村是怎样做到的呢?

建设新农村，让群众做主人、当主角，党委政府的责任主要是加强宣传、引导与扶持，做一个服务型政府，让农民群众根据自己的实际需求作出正确的选择。这样做的效果是农民乐意，政府安心。

所以，在新农村建设大背景下，政府不要将农村的大事小事都管，要给予农民智慧充分发挥的空间，要相信农民是历史的创造者这一马克思主义真理，并将这一真理指导实践的发展。党委政府要做的就是贯彻中央与上级的政策精神，在引导、规范中以人民群众为本，充分尊重群众的意愿和创造，善于调动群众的积极性、主动性和创造性；“充分发挥农民主体作用和首创精神，紧紧依靠亿万农民建设社会主义新农村”。[1]

此外，在其他经验方面，合寨村还通过“一肩挑”从根本上解决了村级“两委”的关系，并明确界定党支部和村委会的工作职责，分工合作，为村务工作的顺利完成奠定了基础；在人民调解委员会工作上，能落实以和为主、用心沟通、换位思考等调解方法，使矛盾基本化解在基层。

合寨村以它开创村民自治制度而恩惠于全国农村，因它为中国村民自治第一村而名闻于全国。当然，首创并不永远代表第一，合寨村一直在谦虚地谋发展，同时也在借鉴着他人成功的道路。

由于合寨村地处山区、经济发展潜力有限、资金不足等原因，在村民自治制度上有些稍落后于东部地区农村，但合寨村在村民自治制度上有着更深的文化积淀与精髓——工作经验。我们希望，并且这也是合寨村民深情的愿望，在全国实行改革开放 30 周年之际，能将合寨村村民自治的工作经验推广到全国需要的农村，为推进社会主义新农村的建设献上一些绵薄之力。

村民自治制度经过 30 年的健全和完善，的确取得了举世瞩目的成果，从村民自治发展和实践中总结出来的经验为党和国家进一步推动社会主义民主政治建设提供参照物。村民自治有绩效，但村民自治还处于初始发展阶段，还存在着各种各样的问题，仍需要社会的广泛关注。

---

① 摘自《中共中央关于推进农村改革发展若干重大问题的决定》。

四、合寨村实施村民自治存在的问题及对策

（一）合寨村实施村民自治存在的问题

有一种记忆对于合寨村来说，是温馨的，是苦涩的，是独特的，这种记忆就像合寨村里洞水库的泉水，向远方延伸着……果作屯的村头有一棵古老的大樟树，据村民说已有300多年的树龄，依然郁郁葱葱，粗大的树身须5个人拉起手来合抱，树干上浑身是伤疤，既是合寨村人苦难的记录，记录着村庄发生过的一切事情，又像村庄的灯塔，指引前行的方向……

大樟树见证了中国村民自治第一村的诞生，如愿实现村里的事务由村民自己的管理，实行了自我管理、自我教育、自我服务的一套农村民主制度。现今的合寨村村民自治制度就像大樟树一样，不断吸取泥土的养分，自己成长起来造福村民。经过20多年的制度的发展和完善，村民自治制度在合寨村取得了可喜的成就，但是在看到成绩的同时也不能忽视在制度操作过程中存在的一些问题：

1. 村民小组干部年龄偏大，文化素质较低

合寨村各自然屯的村民小组干部大多数都是老年人，小学文化水平。原因主要是年轻人都外出务工，在家务农的只是老年人。村组干部待遇低，村屯的事物烦琐，能力强、学历高、年轻有为的年轻人不情愿也不甘心到村屯任职。农村家庭联产承包制推行，农民获得自由的农业生产的空间，为了物质的追求，不甘于贫穷落后、年轻有为的农村青年立志摆脱贫穷走出合寨村，成为城市的新成员。因此滞留在村庄的农民都是老年人，村组换届选举时

只剩下年纪大、文化水平低的老年人。

2. 职位结构不合理，形成身兼多职的局面

在合寨村的村屯组干部队伍中，设置了许多不同职能的部门来行使管理村务的权力，使得村务工作有条有序地开展，各部门尽职尽责形成一个村务管理体系。有了制度和执行机构，还需村组干部去操作。从调查结果来看，由于村务工作的需要合寨村成立了许多职能部门，如村民小组长、村民理财小组、治安信息小组、“禁毒”领导小组、村务公开与监督小组和村人民调解委员会等，在这众多的部门中，有些成员兼任了多个职位，就是所谓的“多职一肩挑”。村屯干部都是想村民所想，急村民所急，情为民所系，利为民所谋的，但由于干部年龄结构老龄化，工资待遇低、村务工作的烦琐会给干部带来沉重的工作包袱。另一方面，村干部在处理村务工作和家庭生活生产过程中往往会处于两难的境地，难以协调。作为村组干部最重要的就是为村民办实事，年纪大的干部的精力是很有限的，要顾及家庭的日常生活，如果在村里兼任多个职位，他的精力就会分成三六九，哪里都无暇东顾，可想而知他的村务工作效率。为什么村民自治最重要的一条是民主选举？其实就是让村民自己选出自己信任的、放心的村民骨干为自己办实事，这样才能做到村民当家做主。“多职一肩挑”的结果是村务工作量大，况且待遇低就会给村民自治工作带来许多隐患，比如家庭和村民的利益冲突的时候，无论哪种取舍最终都会影响村务工作的正常开展。再说有些部门是临时需要设立的，日常工作量很少，给人一种形同虚设的感觉，就会淡化村组干部为村民服务的意识。

3. 缺乏纠纷预警机制

农村纠纷涉及面广，关系复杂，隐患多，如果处理不好纠纷将会影响农村的稳定。在合寨村，时有发生的纠纷有邻里纠纷、耕地纠纷、家庭纠纷等。自然屯范围内发生纠纷后，首先由村民小组成员担任“调解员”的角色对纠纷当时人进行劝说调解，促使他们相互谅解、消除纠纷。在调解整个过程中始终坚持“小事不出屯，大事不出村”的调解原则，村民小组成员无法调解的纠纷，则由合寨村调解委员会对其进行调解。重大纠纷或人民调解委员会无法调解的纠纷则由屏南乡司法所对其进行司法调解，这就是目前合寨村的调解程序。单靠纠纷发生后的调解办法是远远不够的，农村的纠纷若不能及时有效地控制和解决，村民的矛盾就会扩大化。虽然合寨村设有调解委员会，但人民调解委员素质参差不齐，调解纠纷并不容易。而乡村离屏南乡较远，乡镇机关难以及时发现纠纷的起源。在合寨村实地调查中发现果作屯在兴建楼房，由于各种因素影响，邻里土地使用权的纠纷不可避免，村民会有意识或无意识地占用邻居和村集体的土地来兴建房子，引起纠纷。“早发现，早处理”是个好的方法，而为什么不能做到“以防为主，防治结合，防患于未然”呢？既然村组干部意识到很可能会有邻里土地纠纷的根源，而为什么不采取些措施去预防呢？可以在建楼房之前，明确土地界限或有目的地宣传些合理利用土地的方法和其他法律法规等。因此，在合寨村缺乏能将纠纷扼杀在摇篮中或尽早发现重大纠纷苗头的预警机制。

4. 在村民自治过程中，农村陋习蔓延

村民自治发展到今天，合寨村以往出现的一些问题如偷盗牲畜、赌博等治安问题得到迅速的解决，呈现出了社会主义新农村的新气象：村务工作多了，村组干部无所事事少了；干部村民交流沟通多了，村民怨言少了；参与支持村务管理的村民多了，指责干部不做事的现象少了；村务“一事一议”现象多了，“干部说了算，村民靠边站”的现象少了。村民自治工作取得了明显的成效。村民自治的各项工作稳步推进的同时，农村的陋习现象借此机会有所抬头和发展，成为影响农村稳定的因素之一。

当前合寨村村民在思想意识形式方面突出地存在旧思想、旧观念的农村陋习：凡是违背公众意愿的，从此你将“与村民隔绝”，村民将不会参加与你有关的红白喜事等。这些旧思想、旧观念在合寨村得到了扎根，普遍形成一种意识隐藏在村民自治这面大旗下面。在某种程度上说，它配合了村务工作的开展，但它长时间抑制村民的思想状态，使得一些有问题的村民不敢提。从调查情况来看，各个自然屯村民小组成员换届选举存在这一现象较为明显。它采取的是“无候选人，无记名”的选举方式，村民根据自己的意愿选举出思想好、作风正、有文化、有本事、有能力为村民服务的村民小组成员，无须考虑被选举人的意愿。被选举人若不情愿担任村组干部成员，可在自然屯选举大会上向村民表明自己的立场和观点。若不表明，一经选举必须任职。一旦你向村民表明你不情愿做干部的意思，就意味着你有能力为村民服务而不服务。相反，情不自愿地被选举为干部的，受农村陋习观念的影响，勉为其难地从事烦琐的村务工作，工作热情低，工作作风差，服务意识差，这都会无形中影响着村民自治的进程。这样的“无候选人，无记名”选举出来的村民小组成员，一方面得考虑自己家庭农业生产，另一方面得顾及屯集体的利益，在两种利益冲突的时候必将牺牲一小部分的利益，这就达不到选举村民小组的目的：为村民忠心、忠诚地服务。通过这样的“双无”方式选举出来的不情愿做干部的人员，依然会被农村陋习给左右，这将偏离村民自治的方向。此外，治安联防大队小组值班机制也存在农村陋习的现象。

5. 村组干部的工资待遇低，直接影响村民自治的进程

村务工作作为天下难的群众性工作，20 多年的村民自治建设说明，进行自我教育、自我管理、自我服务、自我发展的村务工作，必须充分发动群众，激发村组干部工作的积极性和村民的自觉参与性，提高村组干部的战斗力。有句话“做干部难，做村干部更难”，道理显而易见，村民的事无小事，工作烦琐且难度大，村组干部用心血浇灌村民自治这朵花的绽放，理应得到相应的回报，可是合寨村的村干部和自然屯的村民小组成员的待遇非常低，甚至有些是没有工资的。

合寨村作为中国村民自治的示范村，自制制度、执行情况、取得的效果都成为广大农村学习的模范。合寨村各干部众志成城、齐心协力地把村民自治这项政治工程不断推进。有些村干部大公无私，不谋私利，工作不求回报，他们在农村实现自我价值，创造价值，社会应给予尊重。就打个比方，合寨村有个计划生育专职干部，日常负责 12 个自然屯的计划生育信息收集与反馈，做好各种报表，掌握已婚夫妇计生的详细情况和负责日常的行政管理工作。为扭转村民计划生育的观念，计生专干以喜闻乐见的各种形式宣传“生男生女都一样”的计生观念，全方位、多角度地营造淡化生男传后代的计生环境，多年来合寨村 12 个自然屯仅有四五对夫妻违反计生政策，计生工作因此取得了显著的效果。对违反计生政策的超生夫妻进行劝说，开展思想工作，对那些接受教导、改过自新的夫妻，每逢佳节计生专干都会买水果等去看望他们。而计生专干已经是六七十岁的老干部，工作待遇每个月就是几十元、一百元，为了谋生他们必须另谋副业，从事养蚕等维持生计，在农忙季节就很难顾及计生工作，影响整个村民自治的工作进程。计生专干还相对比较好，自然屯的

各村民小组成员都是义务地、无偿地负责本屯的一切大小事务，是他们在艰难中奋进、在顺境中自我加压才能顺利地把村民自治工作落实到实处，他们年复一年、日复一日、含辛茹苦的工作才成就了今天的自治成果，他们的待遇低的问题应该得到社会的广泛关注。

6. 村规民约面临着后人教育的危机和内容的失衡

为了综合治理本村的社会治安与制裁外村人员偷盗赌等行为，合寨村村组干部闭门造车起草了第一份村规民约，其内容大多以“惩罚”为主，若村民行为违背了村规民约，村组干部将对其进行“惩罚”。因此村规民约就成为了村组干部管理村务的法宝。村规民约的各项条款深深地烙印在村民脑海的最深处。如今，我们走访合寨村，与村民提起村规民约，老年人依旧知道其内容；中年人只是肤浅地知道这是村民的约定，对其内容一概不知；年轻人只是听说过有这么一会事，于是村规民约对村民行为的感染力和影响力的内在魅力面临着危机。村规民约在村民的脑海中漫漫淡化了。

随着基层民主政治的建设，村规民约也得到了长足的发展和完善，增添了邻里纠纷、家庭婚姻等方面的约定，新添后的村规民约成为村民自治下治村的工具。但新添后的村规民约依旧拘于原来以“罚”为主的形式，很少涉及有关村民的权利，村民的权利与义务在村规民约上就显现出失衡的状态，仅有“惩罚”而没有“奖赏”，死死地抑制住村民的思想状态，久而久之村民就会对村规民约产生恐惧感。在当今的合寨村，社会治安相对比较好的形式下，村规民约的内容不应该以“罚”字当头，不仅要有惩罚条款，同时也应该有提倡性、鼓励性的条款，将更多正面的、善意的内容纳入村规民约。

7. 村民的文化素质普遍不高，不能为村民自治保驾护航

村民自治在合寨村实施以来，为村民营造了一个和谐安定的生产生活的环境，但在现在的自治的生活里，也暴露了一些问题。主要根源在于村民的文化素质不高，使村民的自治管理能力受到限制，村民自治工作在短时间无法得到有效的推行。在文化贫乏的各个自然屯，民主制度、民主观念和作风就难以树立，而一些农村的陋习就因此得以滋生。村民文化素质低增加了村务工作的难度，影响到村民代表大会的议事能力、决策能力与执行能力。村民自治需要不断地向自治能力强、民主程度高、服务腹地广的方向发展，这不仅仅是村干部素质水准高就能完成的事情，仍需要村民极力配合。在调查中，大部分村民对自治的理解就是简单地自己管理自己的事情，即“四个民主”，如果文化素质不提高，村民自治只能停留在“四个民主”的地步，哪会有党员带领农民致富等一系列的新制度的出现呢？实践也逐步证明，村民素质高的农村，各项自治工作也落实得很到位，村民参与自治的积极性也不断提高，取得良好的成果。素质高，同时也就不容易出现某些农村的不良风俗习惯，素质问题关系着政治、经济和精神文化等头等大事。

（二）克服困难，开创村民自治的新局面

村民自治制度这一新生事物虽然经过20多年的发展与完善，但是目前还很幼嫩，干扰和阻碍自治进程的不利因素还许多，构筑村民自治之路是一项比较复杂的民主政治系统工程，还有很长的路要走，不仅仅是村民的事情，仍需要社会的广泛关注。针对合寨村村民自治存在的一些问题，提出些相对应的建议与对策：

1.壮大农村经济，构建村组干部多元化培养人才库，增强村民小组的吸引力和凝聚力

合寨村与其他农村一样，贫穷落后的面貌迫使一些立志走出农村、改变贫穷的青年走上了进城务工的道路，结果只剩下年迈的老年人依旧在熟悉的农田里“日出而劳，日落而息”，过着面朝黄土背朝天的乡村生活。每逢村组干部换届时节，虽说是“无候选人，无记名”的选举，但是每个选民都很清楚地知道，村里已经没有其他人选了，选来选去还是选往届干部，他们受农村陋习影响必须顺应民意就职，造成了村民小组成员年龄结构偏大、接受教育程度低、文化素质较低的特点，其根源就在于村民小组无力吸引年轻有为的人才。实践证明：一个地方经济如何，很大程度决定了村民小组的服务功能、服务腹地和村民自治的吸引力和凝聚力，直接影响了村民自治的运作和发展。

综上所述，要改变村民小组成员年龄老化、素质低的局面，从根本上要壮大合寨村的经济，尤其是要突出发展的重点，调整产业结构，因地制宜以种桑养蚕、种植甘蔗、玉米等农作物为核心，不断延伸农产品加工—再加工的农作物升值链条，坚持科技兴农生产理念，走党员带领农民致富的道路，集中力量发展优势产业，尝试通过招商引资或充分利用外出务工人员的资金、技术和业务上的优势发展村级企业，从整体上提高村民的收入水平，强化村民组织的服务功能。只有村民的收入水平提高了，进城务工的“临时工人”才可能返乡、返村劳作，他们才可看到在家乡也能致富的曙光，年轻人的回村致富能充分弥补乡村人才库的“空壳”，让本土人才“香”起来，投入到村民自治工作和农业生产中来。

在壮大合寨村经济吸引人才的同时，还应该构建多元化的人才库，抓住国家选调优秀大学生到村任职的有利契机来储备后备人才资源。老龄化素质低的村民小组成员很难开展难度大、创造性的村务工作，很难带领农民致富。大学生到村任职与此不同的是他们接受过新知识新观念的教育，接受过农业技能的培训，掌握科技兴农的技术，他们到农村来能最大程度地提高农业生产水平和村组干部的管理、决策水平，改变村组干部队伍的“青黄不接，无人可选”的人才结构，同时能帮助群众排忧解难，增创致富门路。

2. 建立人尽其才的设岗任职制度

在实行村民自治的农村，其村民说干部都是“做一天和尚撞一天钟”，没有真正情系村民，为民办实事，自治只是空话。与其相反的合寨村，村务烦琐，而干部少了，啥事都要干，形成了“冗位”的现象。应该建立一套科学合理充分挖掘人才，各尽其才的设岗任职制度。根据村务工作需要及村民的意愿，确实需要设岗的，首先由村组干部研究制定设岗任职的方案，广泛听取各界人士意见和建议，在村民代表大会上充分阐述村委会的立场和理由，由村代会讨论是否设岗。而没有必要增设许多临时性的工作部门，村民自治本来就是一个系统且复杂的基层组织制度，这就决定村务工作是细小的、烦琐的，如果不断地增设岗位职能部门易造成“冗位”现象。

解决岗位职能部门的设置问题，仍面临人员任职问题。在此我们认为没必要根据公开平等选举办法来决定就职人员，主要考虑的是村民对现任职干部的信任，通过公开选举办法的结果仍会出现在职干部出任新职的情况。由此建议推行“推选举荐”的方法，由村组干部举荐人才，经人员考核等程序后裁定人员，并给予公示。在一定期限内，村民对此有异议的可向村委会提出。

除此之外，根据现实情况建立村民自治后备储蓄人才小组，把那些年富力强、能促进村务工作开展且能带领村民致富的能人吸纳到人才小组中来，经过实际考核，可把那些细小的村务工作交由他们来完成，这可凝聚村民自治的人心，可减轻村组干部的工作量和培养优秀自治人才队伍。

针对合寨村村情，构建涉农纠纷预警机制和解决机制。

3.“群众的事无小事”这句话的道理显而易见

农村各类纠纷关系着农村稳定的大局，关系着村民自治的进程，因此解决农村纠纷是村务工作的重中之重。在村民自治程度相当高的合寨村，目前仍存在些涉农小型纠纷，其包括邻里纠纷、宅基地纠纷等，具有突出性、频繁性、恶性蔓延快的特点，单靠纠纷发生后的解决机制进行调解处理是远远不够的，纠纷发生后既伤感情，又耽误农时，毫无利处可言，因此从源头上扼杀纠纷的发生，构建纠纷预警机制势在必行。

首先要建立纠纷隐患信息收集和反馈平台。以合寨村人民调解委员会为调解中心，在各个自然村推选一个德高望重的人员担任信息员和宣传员，在日常生活中多注意村民的思想状态，随时收集那些可能引发纠纷的细微信息，将其反馈给调解中心。调解中心对其进行分析并制定解决对策，采取各种有效的预防措施，比如对重点隐患的区域，人员做好宣传教育工作，密切注意动态，及时化解不安定的各种纠纷因素，预防纠纷发生和隐患因素的升级。

其次，为了更好地预防涉农纠纷的发生，可以现场说法，在村、屯边现场模拟开庭说法，现场模拟调解纠纷。调解中心对排查出的纠纷隐患重点区域高发的纠纷案件进行有针对性的纠纷案例设计，到重点区域进行“以案说法，以案育人，以案预防”的宣传教育模拟活动，现场开庭和调解，将纠纷事宜以喜闻乐见的形式将调解全过程一一呈现在村民面前。这可更深层次地教育、感化村民，从而达到预防纠纷的最终目的。人民调解委员会将会得到村民的信任，它不再是个“空壳”的组织，是个“大事化小，小事化了”的村民自治组织，有效地解决纠纷的同时也节约了社会调解成本，人民调解委员会将是最后一道求助防线，将是最后一根救命草，使当事人不至于通过诉讼去解决纠纷。

4. 理顺和完善“两无”选举制度，加强精神文明建设，培育新农民

为了改变村民小组“无候选人，无记名”选举中隐藏的陋习，理应理顺和完善无候选人的民主选举制度。各自然屯村民日常并不太关注其他村民在村的表现，一心一意谋生产，每逢换届仅能凭感性认识选往届干部。改造这一局面的方法之一就是每年定期召开村民总结表彰大会，对村屯工作作出巨大贡献的村民给予表彰，不断地挖掘有为的人才，多注意其为村民服务的思想动态，若其有服务村民的热情，则在村民会议上多讲述他的事迹，从而使其他村民在思想上认同这位新同志，达到集体的共鸣。理顺“两无”的选举方法可弥补原来选举的不足，使新成员形成服务村民的观念，抵制陋习。

另外，要想从根本上去除农村的陋习，务必加强乡村的精神文明建设。推进村民自治政治工程与建设社会主义新农村同步进行，以喜闻乐见的各种形式宣传新农村概念：乡风文明、村容整洁的思想，加强村民与村民小组的血肉联系，而不应因一些村务工作影响干群关系，干群一条心营造乡村良好的村风，有意识地培养新农民。

5. 通过“输血，造血”方式解决村民小组待遇问题

村民自治组织是一个自我管理、自我教育、自我服务的农村自治组织，村里面的一切事情都是由村民自治去管理。在缺乏乡村集体经济的合寨村各自然屯，村民自治组织难以为村民提供良好的社会服务，服务功能不强。面对如此局势，村民自治组织既然是农民当家做主的组织，村干部的工资待遇及兴办的公共事业必将更多地依靠村民出资出力，自己服务自己。

解决村民小组干部待遇问题，理应实行自我筹资的“输血”方式。根据本屯的人均生活水平来决定村民小组工资的幅度，然后村民自己筹资，可均等份按户交纳或依据每户的实际收入水平来决定支付金额，村民小组的副组长兼出纳员管理这笔资金。屯的监督员除了对财务的收支进行核对外，还应对其他村民小组成员的村务工作进行考核、给予评价。实行工资与民主评议干部相挂钩的福利制度，每个季度末定期召开村民代表大会，小组成员作季度村务工作总结，监督员负责组织本屯村民代表对其进行民主评议。根据“民主评议的结果来核定工资金额，按功受赏，实行浮动工资、阶梯式或弹性制发放工作补贴。从实地走访得知合寨村收入水平和人民生活水平并不高，每个家庭每月只需交纳两元工资慈善金即可解决工资来源困难。老百姓自己通过“输血”解决待遇问题，同时也激发干部工作的积极性与主动性，扩大服务功能，加压驱动使他们增强紧怕感，不断“造血”，增加集体收入来源，扩宽收入门路，减轻农民负担，这没有超出村民的合理负担范围。对于连任多届且表现突出或工作成绩优秀的年迈老干部，由县、乡镇政府给予一次性奖励或为其购买农村养老保险等，解决老干部老无所养、老无所医的后顾之忧。

6. 加强村规民约的后人教育与完善村规民约的内容

村规民约制定和颁布后，全村上下男女老少皆知，并依靠舆论和道德的力量来促使村民遵守执行，而不是一纸空文，树立起村规民约的权威。因此村规民约在治村过程中发挥着无与伦比的社会效应。随着合寨村成为中国村民自治第一村和村民自治示范村后，村民逐渐淡化了对晚辈的村规民约教育。因此首先必须通过教学手段，组织对村历史较了解的各界人士汇编村史教材，随之在合寨村小学适量开设村史教育课堂，让后人更加了解村史，以史育人，才能使其深入民众心里，引起全村人的共鸣，形成整个村的传统，使村规民约更有生命力。其次家庭教育和户外宣传相结合。家庭是孩子们成长的主要场所，长辈有意识地灌输村规民约的思想给晚辈，同时在村公共文化场所将其内容公布于众。

加强新农村文化建设，是构建社会主义和谐农村的重要内容。村规民约作为农村的一种文化形式，其内容就应该大力发展社会主义先进文化，倡导健康向上的文化，不应该仅限于村民的义务，可涉及村民自治一切领域，同时也包括村民的各项权利。制定村规民约应紧密结合本村的风土人情，做到有的放矢，应尽可能地将立法涵盖不到的领域都纳入其中加以规范，如移风易俗、邻里互助等，同时应贯穿教育为主、惩罚为辅的原则，将村民享有的权利写入其中。

7. 建设村级文化活动阵地，倡导新文化建设

村民是村民自治的主体，村民文化素质关系着村民自治的程度。要培养出有文化、懂自治的高素质新农民，合寨村必须建设村级文化活动阵地，充分挖掘和利用各种社会文化资源，调动村民对文化活动的热情，传播科学向上、民主的文化知识。其文化活动阵地包括文化形式演说的“学习站”、图书屋、村民学校的“加油站”和文艺演出的“传播站”等，树立村民自治的正确观念，增长村干部、村民的自治知识，使村干部懂得如何尊重村民意愿，如何进行村民自治各项制度的建设与创新；使村民明白村民自治是“自己好当家，自己当好家”的组织形式，如何积极配合村干部开展村民自治工作。村级文化活动要做到定期性宣传和阶段性宣传相结合，增强宣传工作的针对性与多样性，报道村民自治取得的成果和发展中遇到的瓶颈，并增设听取村民心声的文化阵地意见箱，村民需要什么形式的文化，就组织开展与之相适应的文化宣传活动，有目的地、有步骤地提高村民素质。此外还可以参照高校社团的理念在村里适当地成立各种学术性社团，由乡村文化引领其发展。

30 年前，合寨村一场静悄悄的民主政治运动，掀起了全国农村上下政治体制改革；30 年间，合寨村及其其他农村逐步走向“具有中国农村特色的治村制度”。本文从 4 个部分去阐述中国村民自治第一村的村民自治的成果，村民自治的发展成果不单诠释乡村民主的发展，同时也能帮助了解中国现今的民主政治制度。总而言之，合寨村村民自治制度是亘古未有的政治民主事业，是一个农民“好当家，当好家”的渐进过程，需要在实践中不断创新完善与提高。对于这一过程出现的一些问题，社会给予了广泛的关注并对此献策。我们始终相信村民自治与建设社会主义新农村相结合，按照新农村的“二十字”要求，村民自治工程将得到更好、更快的长足发展，深深地扎根于广大农村这片土地上！村民自治仍在路上，在历史的长河中延续着……

图书在版编目(CIP)数据

西部民族地区农村法治与和谐社会的构建：以法人类学为视角 / 何立荣，覃晚萍著 .—北京：中国法制出版社，2015.8

（民族法与区域治理研究丛书）

ISBN 978-7-5093-6638-7

Ⅰ.①西… Ⅱ.①何… ②覃… Ⅲ.①民族地区—农村—法治—研究—西北地区 ②民族地区—农村—法治—研究—西南地区 ③民族地区—农村—社会主义建设—研究—西北地区 ④民族地区—农村—社会主义建设—研究—西南地区 Ⅳ.① D920.0 ② F327

中国版本图书馆 CIP 数据核字（2015）第 196645 号

策划编辑：戴　蕊　　责任编辑：周庠宇　　封面设计：李　宁

西部民族地区农村法治与和谐社会的构建：以法人类学为视角

XIBU MINZU DIQU NONGCUN FAZHI YU HEXIE SHEHUI DE GOUJIAN: YI FA RENLEIXUE WEI SHIJIAO

著者 / 何立荣　覃晚萍

经销 / 新华书店

印刷 / 北京九州迅驰传媒文化有限公司

开本 / 880 毫米 ×1230 毫米　32　　印张 / 14.25　字数 / 332 千

版次 / 2015 年 12 月第 1 版　　2015 年 12 月第 1 次印刷

中国法制出版社出版

书号 ISBN 978-7-5093-6638-7　　定价：39.00 元

值班电话：010-66026508

北京西单横二条 2 号　邮政编码 100031　　传真：010-66031119

网址：http://www.zgfzs.com　　**编辑部电话：010-66010406**

市场营销部电话：010-66033393　　**邮购部电话：010-66033288**

（如有印装质量问题，请与本社编务印务管理部联系调换。电话：010-66032926）